Reihe: Unerwünschte Bücher zur Kirchen- und Religionsgeschichte Nr. 15.3

AHRIMAN-Verlag
Unser Programm ist die
Wiederkehr des Verdrängten

Hyam Maccoby

Der Heilige Henker

Vom archaïschen Menschenopfer zum antiken Gotteslamm

Aus dem Englischen übertragen von Eva Heim

Herausgegeben von Fritz Erik Hoevels

Bibliographische Information der Deutschen Nationalbibliothek
Die Deutsche Nationalbibliothek verzeichnet diese Publikation in der Deutschen Nationalbibliographie; detaillierte bibliographische Daten sind im Internet über **http://dnb.d-nb.de** abrufbar.

Titel der Originalausgabe (London 1982)
Hyam Maccoby:
The Sacred Executioner. Human Sacrifice and the Legacy of Guilt

Reihe: Unerwünschte Bücher zur Kirchen- und Religionsgeschichte Nr.15.3

Hyam Maccoby:
Der Heilige Henker
Vom archaïschen Menschenopfer zum antiken Gotteslamm
Aus dem Englischen übertragen von Eva Heim
Herausgegeben von Fritz Erik Hoevels

1. Auflage 2021

AHRIMAN-Verlag GmbH
Postfach 6569, D-79041 Freiburg
Tel. 0761/502303, Fax 0761/502247
www.ahriman.com

Bestellungen per E-mail: ahriman@t-online.de oder
einfacher über den Warenkorb auf unserer Homepage.
(Bitte geben Sie bei E-mail-Bestellungen Ihre vollständige Postanschrift an.)

ISBN 978-3-89484-614-5

Bildnachweis Umschlag: siehe Seite 235

Gedruckt auf säurefreiem und alterungsbeständigem Papier.
Bestellungen an den Verlag werden innerhalb einer Woche bearbeitet.
Nichtantwort beweist NATO-Postzensur.
(In diesem Falle Bestellung per Einschreiben wiederholen – Lektion für
fdGO- und Zufallsgläubige, ein Nachhilfeunterricht in Staatsbürgerkunde.)

Wir danken Claudia Nießner und René Hitscherich für die Beseitigung von Druckfehlern.

Inhaltsverzeichnis

Vorwort des Herausgebers

Es ist mir eine grosse Ehre, das dritte Hauptwerk jenes Altphilologen herausgeben und dadurch vor Unzugänglichkeit bewahren zu können, der von den vielen Tausenden von Gelehrten, die das versuchten, der Wahrheit über den historischen Jesus und die Gründung der mit dessen Namen verknüpften Religion am nächsten gekommen ist, nämlich Hyam Maccoby, mit dem ich in dessen letzten Lebensjahren immer wieder in freundschaftlichem Verkehr über so manche Fragen unserer Wissenschaft stand. Nie habe ich von einem akademischen Lehrer so viel Erhellendes erfahren können wie von ihm, und ich hoffe, daß ich ihm auch selber mit dieser oder jener Anregung habe nützlich sein können.

Eben weil Maccoby die Wahrheit über den von den Christen so gründlich ins Phantastische und Schlimmeres verzerrten Jesus herausgefunden hat, natürlich auf den Schultern vieler Vorgänger stehend, wurde sein Werk so wasserdicht verschwiegen und von den fachlich »zuständigen« Lehrbeamten nur sozusagen »unter der Bettdecke« gelesen und aus ihm, wenn rätlich, nur so splitterhaft und häufig irreführend zitiert, daß es bis heute jedenfalls im europäischen Kernraum völlig unbekannt und unzugänglich geblieben wäre, wenn nicht der seinerseits durch tausend Schikanen und Diskriminierungen bedrängte AHRIMAN-Verlag sich seiner angenommen und dafür einige Opfer auf sich genommen hätte, was heute, da das im mächtigen angloamerikanischen Sprachraum persistierende Interesse an dem großen Altertumsgelehrten fortbesteht, dessen Verschweigen bei seinen zwergichten europäischen Vasallen immer mehr erschwert, dort gelegentlich aus Sykophantenaugen die übelriechendsten Krokodilstränen austreten läßt, daß dessen Werk, schluchz!, ausgerechnet nur bei jenem Verlag zu finden sei, der dessen Absperrung von der Kenntnisnahme außerhalb des englischen Raumes verhindert hat und für den doch nur Dreckwürfe und Schikanen vorgesehen sind … schluchz! nochmal … (Die *französische* Übersetzung des vorliegenden Werkes, angekündigt von der erzklerikalen, wahrscheinlich in Ordenshand befindlichen »Edition du Cerf«, ist, wie er mir erzählte, nie in die Hände des Verfassers gelangt, obwohl sie im Verlagsprogramm geführt wird oder wurde, und auch meine eigenen Versuche, ein Exemplar von ihr zu ergattern, blieben trotz meines grenznahen Wohnorts erfolglos.) Wie man auf dem Kontinent mit Maccobys lehrreichem und, wenn unverfälscht, spannenden Stück ›Die Disputation‹ verfuhr, möge man an anderer Stelle nachlesen (Ketzerbriefe 123).

Obwohl zunächst in einem ganz farblosen und politisch »unverdächtigen« akademischen Provinzverlag (Thorbecke) erschienen, wurde das hier vorliegende Buch

Maccobys, offenbar weil es über die Geschichte und Funktion der Menschenopfer bis hin zu dem christlichen Gottmenschenopfer-Mythos in einer Weise Klarheit fördert, die ideologisch-propagandistischen Zielen abträglich sein kann, entweder verschwiegen, oder es wurde in einer derart verlogenen und entstellenden Weise präsentiert (z.B. in der ach so »seriösen« Neuen Züricher Zeitung), daß der am Thema Interessierte dieses beim besten Willen nicht darin wiedererkennen konnte und von weiterer Kenntnisnahme abgeschreckt werden mußte.

Nun, hier ist sie wieder möglich. Sein Urteil bilde der Denkende gleichgültiger Rasse und Geschlechts einfach selbst.

Freiburg i. Br., März 2021 *Fritz Erik Hoevels*

Vorbemerkung der Übersetzerin

Da es in dieser Untersuchung oft auf den exakten Wortlaut von Bibelstellen ankommt, die der Verfasser anhand der gängigsten englischen Übersetzungen demonstriert und unter stetem Rückgriff auf das Original diskutiert, ergeben sich für den deutschen Übersetzer einige Probleme. Im deutschen Sprachraum sind bekanntlich die Luther-Übersetzung (hier »L« abgekürzt, in der Fassung von 1912) und die Herder-»Einheitsübersetzung« (= »H«) am weitesten verbreitet; soweit die vorgestellten Probleme sich an Analogien dieser deutschen Übersetzungen diskutieren lassen, wurden diese eingesetzt und, wo es bedeutsam schien, mit den genannten Kürzeln gekennzeichnet. Nur selten war ein Rückgriff auf die englischen Übersetzungen nötig; ansonsten habe ich die Diskussion analogisiert und grundsätzlich die textnähere Fassung vorgezogen. Bei größerem Wiedererkennungswert wurde die Lutherfassung bevorzugt, bei störenden Spracharchaïsmen, besonders bei weniger bekannten Bibelstellen, die »Herder«-Fassung. Die Kennzeichnung L oder H erfolgt nur, wo sie irgend relevant sein könnte; meistens reicht der Stil zur automatischen Identifizierung völlig aus. In den seltenen Fällen, wo eine deutsche Sonderproblematik vorliegt, habe ich kurze Anmerkungen hinzugefügt. Wenn kein im Text vorgestellter Sondergrund vorliegt, folgt die Schreibweise der Namen wegen deren weiterer Verbreitung in der Schönen Literatur – denken wir nur an ›Joseph und seine Brüder‹! – stets und einheitlich der Lutherbibel.

Eva Heim

Vorwort zur deutschen Ausgabe

›The Sacred Executioner‹ wurde erstmals 1982 auf englisch veröffentlicht und regte daraufhin viele Diskussionen in Großbritannien und den USA an. Seither habe ich für meine in diesem Buch vorgetragene These sowohl direkte wie indirekte Unterstützung erfahren.

René Girard und Walter Burkert stellen die Gewaltsamkeit im antiken Ritual und Mythos in den Vordergrund. Ihre Thesen stehen in scharfem Kontrast zu dem blutleeren, allzu intellektualisierten und anti-historischen Ansatz der Funktionalisten unter Führung Bronislaw Malinowskis und der Strukturalisten, angefangen mit Claude Lévi-Strauss.

Inauguriert vom Institute for Holocaust Studies und unter dem Vorsitz von Prof. Randolph L. Braham wurde 1985 ein Symposium über ›The Sacred Executioner‹ am Graduate Centre der City University of New York abgehalten. Dieses Symposium konzentrierte sich auf die Theorie des christlichen Antisemitismus, die in diesem Buch entwickelt wird. Die Sitzungsberichte dieses Symposiums wurden später veröffentlicht in ›The Origins of the Holocaust: Christian Anti-Semitism‹, ed. Randolph L. Braham. Ein ähnliches Symposium wurde auch 1985 an der Harvard Divinity School abgehalten.

Große Unterstützung fand ›The Sacred Executioner‹ in dem Buch ›The Highest Altar‹ von Patrick Tierney. Dr. Tierney, Anthropologe und Feldforscher, kam zu der Ansicht, meine These ermögliche das Verständnis des von ihm bei der Untersuchung peruanischer Menschenopferrituale, die in Vergangenheit und sogar Gegenwart praktiziert wurden (besonders vom Stamm der Mapuche am Titicacasee), gesammelten Datenmaterials. Ein Interview mit mir ist in seinem Buch enthalten (*cap.* 21). Er konstatierte in den Acknowledgements seines Werkes: »Der gedankliche Rahmen für die Untersuchung der Opferideologie sowohl des Alten wie des Neuen Testaments ist auf weite Strecken der bahnbrechenden Forschungsarbeit Maccobys entnommen.«

Ich bin sehr froh, daß dieses Buch jetzt auch das deutsche Publikum erreichen kann. Ich danke Dr. Eva Heim für ihre hervorragende Übersetzung. Ebenso danke ich Dr. Fritz Erik Hoevels für die unschätzbare Unterstützung, die er mir bei diesem Projekt geleistet hat.

Juli 1999 *Hyam Maccoby*

Kapitel 1

Der Heilige Henker

Eine wenig beachtete mythologische Figur ist die des Heiligen Henkers. Darunter verstehe ich eine Gestalt der Überlieferung oder kollektiven Vorstellung (sei es ein Gott oder ein menschliches Wesen), die eine andere Person tötet und als Folge davon sowohl als heilig wie auch als verflucht gilt. Gemeinhin wird eine solche Person im Mythos von der Gesellschaft ausgestoßen und zu langem Umherirren verdammt; dennoch gilt sie auch als jemand, der besondere Vorrechte hat, wie z.B. vor Angriffen geschützt zu sein und eine überdurchschnittlich lange Lebensdauer zu haben. Es gibt zahlreiche Variationen dieses Musters; manchmal gilt diese Person mehr als heilig denn als verflucht, manchmal mehr verflucht als heilig. Das in unserer Kultur bekannteste Beispiel ist Kain, mit dessen Geschichte wir unsere Untersuchung beginnen lassen wollen; aber die weiteren Überlegungen werden uns zu vielen sehr verschiedenen Beispielen führen, die auf den ersten Blick nicht in jene Kategorie zu passen scheinen, die wir eingeführt haben: es sind Romulus, der Gründer von Rom; der ägyptische Gott Set; der skandinavische Gott Loki; der Ewige Jude (und eigentlich die Judenheit als Ganzes, auf deren Leiden als Zielscheibe des Antisemitismus diese Untersuchung ein neues Licht wirft); darüber hinaus Beispiele aus der Literatur, wie der ›Alte Seemann‹ von Coleridge.

Die historische Realität, die all diesen Geschichten zugrunde liegt, ist, wie ich darlegen werde, die Institution des Menschenopfers, die in den ältesten Zeiten weltweit in Gebrauch war, wenn auch normalerweise nur aus Anlaß großer Not und Bedrängnis (Menschenopfer werden sogar heute noch in bestimmten rückständigen Gegenden der Erde praktiziert). Nur sehr wenige Mythen, die wir untersuchen werden, schildern das Menschenopfer offen; statt dessen werden wir Erzählungen von zufälligen Todesfällen einerseits oder von Morden (die aus rein persönlichen Motiven ausgeführt wurden) andererseits vorfinden. Beide Variationen zielen darauf ab, die Gesellschaft von der Verantwortung für die gewaltsamen Todesfälle freizusprechen, die in den Geschichten auftauchen. Denn das Menschenopfer scheint fast nie frei von Schuldgefühlen seitens der Gesellschaft, in der es vollzogen wurde, stattgefunden zu haben, sondern wird automatisch gefolgt von dem Wunsch, diese Schuld abzuschieben, trotz der allgemein empfundenen dringenden Notwendigkeit, die Tat durchzuführen. (Eine Ausnahme hiervon bildet die Gesellschaft der Azteken, die anscheinend fast ganz frei von Schuldgefühlen hinsichtlich der Institution des Menschenopfers war, obwohl sogar hier einige Einzelheiten für unsere Untersuchung in Betracht gezogen werden können.)

Es wird daher im Mythos selbst selten offen zugegeben, daß die Tötung in der Erzählung ein Ritualmord gewesen war. Statt dessen wird man lesen, daß ein Unfall geschehen oder, als Alternative, die Tötung eine böse Tat gewesen sei, begangen von einem Mörder, der in der Folge bestraft wurde. Woher wollen wir nun wissen, daß in Wahrheit eine rituelle Opferung der Gegenstand des Mythos ist? Dies verrät sich durch den weitgehend gleichförmigen Ablauf der jeweiligen Geschichten. Man wird sehen, daß sich irgendein gutes Resultat aus der Tötung ergibt: so wird z.B. eine Stadt gegründet oder eine Nation aus der Wiege gehoben, einer Hungersnot wird Einhalt geboten, ein Volk wird vor dem Zorn der Götter gerettet, oder ein bedrohlicher Feind wird besiegt. Diese guten Resultate sind genau das, was man sich von der Darbringung eines Menschenopfers erhofft hatte. Wenn der Tod ausschließlich als Folge eines Unfalls dargestellt wird, wird niemandem dafür eine Schuld zugewiesen werden; aber häufiger wird die Tötung einer Bosheit des Mörders zugeschrieben. In diesem Fall verrät sich die versteckte Natur der Geschichte durch die ambivalente Natur der Strafe, die dem Mörder zuteil wird. Ein Fluch wird ihn treffen, aber er wird nicht zu Tode gebracht werden; er wird besondere magische Fähigkeiten gewinnen; man wird ihn aus der Gesellschaft ausstoßen, aber peinlich darauf achten, daß er überlebt. Dadurch, daß er die Schuld für das Töten auf sich genommen hat, leistet er der Gesellschaft einen großen Dienst, denn er vollbringt nicht nur die Tat, sondern nimmt auch den Vorwurf dafür auf sich; damit nimmt er aber der Gemeinschaft vollständig die Schuld für einen Mord ab, für den sie in Wirklichkeit sehr wohl verantwortlich ist und von dem sie, wenigstens theoretisch, Vorteile erlangt.

Im religiösen Ritual von Athen finden wir ein Beispiel, das uns einen Schlüssel liefern kann. Einmal im Jahr, während der großen Buphonie (βουφόνια = [Fest der] Rinderschlachtung), wurde ein Stier, der Zeus, den Vater der Götter, repräsentieren sollte, auf dem Altar vor dem Tempel geopfert. Es war Brauch, daß die Priester, nachdem sie den Stier geopfert hatten, in gespielter Panik vom Altar flohen und gleichzeitig eine Gebetsformel ausstießen, die sie von der Schuld freisprach, den Gott umgebracht zu haben. Danach wurde in einem bestimmten Raum des Tempels ein Gericht abgehalten, in dem die Schuld für die Tötung schließlich dem Messer angehängt wurde, das dem Stier die Kehle durchgeschnitten hatte. Das für schuldig befundene Messer wurde zur Strafe zerstört. [1]

In diesem Ritual geht es zwar nicht um ein Menschenopfer, aber es ist auch im Hinblick auf Mythen sehr aufschlußreich, in denen das Opfer ein Mensch ist. Es

[1] Vgl. *p.* 214 und Yerkes 1953, *pp.* 68–74, wo der Ritus auf der Grundlage verschiedener, untereinander etwas widersprüchlicher Berichte von Androtion, Theophrast, Pausanias und Porphyrius rekonstruiert wird.

macht den dringenden Wunsch deutlich, die Schuld abzuschieben und irgendeine Person oder sogar einen Gegenstand zu finden, den man für schuldig befinden und für eine Tat bestrafen kann, die trotz allem als äußerst wichtiger überlieferter Brauch angesehen wird, dessen Nichteinhaltung eine Katastrophe für den Staat heraufbeschwören würde. Die Tatsache, daß in diesem Beispiel das Opfer ein Tier und nicht ein Mensch ist, muß nicht unbedingt bedeuten, daß dieses Ritual aus jüngerer Zeit stammt als die Menschenopfer. In der absoluten Frühzeit sah man Tiere nicht als unter dem Menschen stehend an; im Gegenteil, oft galten sie als göttliche Wesen. Die Tötung eines Tieres führte daher nicht notwendigerweise zu geringeren Schuldgefühlen als die Tötung eines Menschen. [2] Die Zeit der Menschenopfer kam, als der Mensch höher geschätzt wurde und die Götter als Menschen und nicht mehr in Tiergestalt abgebildet wurden. Die Mythen über Menschenopfer, mit denen wir uns hier beschäftigen, kamen noch später auf, zu Zeiten, als Menschenopfer sehr selten vorkamen, nur in Zeiten größter Not, und zu besseren Zeiten fast nie auch nur als Möglichkeit erwähnt werden. Während dieser Zeit nahm das Tieropfer zumeist die Stelle des Menschenopfers ein, nicht weil Tiere als wirkungsvollere Opfer galten, sondern weil die zunehmende Zivilisation und Humanität im Verein mit einer größeren Wertschätzung des Menschen und einer nachlassenden Ehrfurcht vor Tieren dazu beitrugen, daß sich ein Abscheu vor Menschenopfern entwickelte, so daß diese nicht nur auf Zeiten höchster Not beschränkt wurden, sondern auch die Anspielungen auf Menschenopfer im Mythos der Zensur unterzogen und auf verschiedenste Weise bis zur Unkenntlichkeit entstellt wurden. Während dieser Epoche war das Menschenopfer von einem großen Geheimnis umgeben, und die Mythen, die wir untersuchen werden, liegen daher alle in verschlüsselter Form vor.

Im allgemeinen sind Rituale älter als Mythen. Die Flucht der Priester von Athen während des Stierfestes taucht in den meisten Quellen als Ritual auf, nicht als Mythos; trotzdem können wir uns vorstellen, wie ein Mythos daraus hätte entstehen können. Mythen kamen oft auf in dem Bestreben, ein Ritual zu erklären; in vielen Fällen wurden sie auch vom Ritual abgespalten, das seinerseits überflüssig geworden war, und dienten einfach nur noch als Stoff für Dichter oder Dramatiker, obwohl derlei Geschichten durchaus noch rituelle Funktion haben konnten, indem sie an den Festen vorgetragen wurden und als heilige Urkunden galten. Mythen entstehen jedoch nicht ausschließlich auf der Basis von Ritualen, sie können sich auch von einem geschichtlichen Ereignis herleiten; hinter einer solchen Umwandlung läßt sich jedoch der Einfluß des alten Rituals oft noch erahnen, der aus dem tiefen Bedürfnis nach Besänftigung und Buße im Angesicht einer Furcht stammt, mit der man nicht fertig wird. Auf diese Art und Weise kann eine Geschichte, die

[2] Vgl. z.B. Campbell 1959, *pp.* 334–347, über die Bärenopfer im Paläolithikum.

auf tatsächlichen Begebenheiten beruhte, indem sie auf eine Weise ausgelegt wird, die zu einem alten und heiligen Ritual paßt, wirklich die Stelle dieses Rituals einnehmen und so wirken, als ob das Ritual fortwährend vollzogen werden würde. Das beste Beispiel hierfür ist der Fall Jesu, dessen Tod gedeutet wurde als Opferung eines Gott-Menschen zwecks Besänftigung des zornigen Vatergottes und zur Buße für Sünden, die anders nicht verziehen werden konnten; die Schuld für das erschreckende, aber notwendige Opfer mußte von einem ganzen Volk getragen werden, den Juden (wenn auch auskristallisiert in der individuellen Figur des Judas), denen man die Rolle eines kollektiven Heiligen Henkers zuwies.

Eine andere Möglichkeit, für die man vor allem im Alten Testament Beispiele findet, ist die, daß eine Geschichte, in der es ursprünglich um ein Menschenopfer geht, für einen Zweck umgeschrieben wird, der dem ursprünglichen diametral entgegengesetzt ist – ja sogar als Propaganda *gegen* die Institution des Menschenopfers dienen kann. Vielleicht das beste Beispiel hierfür ist die Geschichte von Abraham und Isaak, in der die Bereitwilligkeit des Vaters gefordert wird, seinen Sohn zu opfern, und die nichtsdestotrotz am Ende die Ersetzung des Menschenopfers durch ein Tieropfer rechtfertigt und begründet. Hier ist die Tendenz zum Menschenopfer durchaus noch zu beobachten, obwohl erklärt wird, daß Gott gnädigerweise beschlossen habe, es abzuschaffen. In anderen Geschichten jedoch, entstanden zu Zeiten, in denen der Zivilisationsprozeß weiter fortgeschritten war, läßt sich eine regelrechte Polemik gegen Menschenopfer erkennen, obwohl sie auf einer Handlung beruhen, die vom Ritual des Menschenopfers abgeleitet ist. Der maskierte Kern der Sage wird noch weiter maskiert, bis die Geschichte nicht nur Menschenopfer als schuldhaft ausweist, sondern auch bewußte Gegnerschaft ihnen gegenüber als einem beklagenswerten heidnischen Brauch zum Ausdruck bringt, der den Wünschen eines gnädigen Gottes so ganz zuwiderläuft. Bei der Untersuchung eines solchen Mythos müssen wir eine vorhebräische Schicht aufdecken, in der zwar die Schuld an einem Menschenopfer zum Ausdruck kommt, nicht aber Ablehnung und Empörung über die Institution des Menschenopfers als solchem. Ein Mythos dieser Art, der die ganze komplexe Entwicklung von selbstverständlicher Billigung über schuldvolle Anerkennung bis zur empörten Zurückweisung spiegelt, ist der von Kain und Abel; es wird sich daher lohnen, ihn sorgfältig zu untersuchen.

Die Bibel ist wirklich eine faszinierende Fundgrube an Informationen über einen entscheidenden Schritt in der Entwicklung des Menschen – nämlich sein langsamer Fortschritt von Techniken, Schuld und Verantwortlichkeit durch Opferbräuche anderen zuzuschieben, zur Annahme seiner vollen persönlichen Verantwortung für seine eigenen Taten, sowohl als Individuum wie auch als Mitglied einer Gesellschaft. Der biblische Brauch des Tieropfers sollte unter diesem Gesichtswinkel betrachtet werden, da sein Hauptcharakteristikum in der Tilgung der magischen

Qualitäten des Opfers besteht sowie in der Substitution der Idee von magisch wirksamen Opferriten durch ein System bloßen vorschriftsmäßigen Brauchtums. Das bedeutet, die Opfer sind von nun an nur *Begleitung* des moralischen Vorgangs der Reue, Wiedergutmachung und Strafe. [3] Ein solch gigantischer Schritt zur Reife hin konnte nicht gänzlich aus dem Stand heraus erfolgen; er mußte auf früheren Entwicklungsstufen aufbauen, einschließlich der Institution des Opfers selbst. Einer der wichtigsten Zugänge zum Nachvollzug dieses Umwandlungs- und Sublimationsprozesses besteht im Studium der biblischen Mythen und Erzählungen, die in vielen Fällen primär heidnische Opfermythen sind, ausgearbeitet und von Grund auf umgeformt, um den neuen hebräischen Einsichten hinsichtlich moralischer Verantwortlichkeit zu genügen, auf deren Basis es nicht länger wünschenswert erscheint, mittels verschiedener Kniffe und Ausreden die eigene Schuld von sich auf andere zu schieben. Trotz allem werden wir im Grundmythos des Neuen Testamentes einen Rückfall in zeitlich frühere Arten der Schuldtilgung finden und damit unvermeidlich die Wiederbelebung der Vorstellung, die Schuld durch stellvertretende Sühne abschieben zu können, sowohl in Gestalt einer Opferfigur als auch in der noch wenig verstandenen Figur des Heiligen Henkers – dem Hauptgegenstand des vorliegenden Buches –, welcher stellvertretend die Schuld auf sich nimmt, die die Menschheit aufgrund ihrer verzweifelten Zuflucht zu Ritualen empfindet, in denen sie mittels eines Opfervollzugs ihre Sünden tilgen will.

---

[3] Vgl. Milgrom 1981.

Kapitel 2

Kain

Kain verkörpert das Urbild des Mörders. So, wie die Geschichte in der Genesis erzählt wird, läßt sie ihm keine Entschuldigung für sein Verbrechen, denn den Anstoß dazu gab ausschließlich seine Eifersucht auf seinen Bruder Abel, weil dessen Opfergabe bei Gott größere Gnade fand. Trotzdem will ich im folgenden beweisen, daß Kain in der ursprünglichen Fassung der Geschichte gar kein Mörder war. Er war derjenige, der ein Menschenopfer darbrachte, und in der allerfrühesten Version der Geschichte war mit dieser Tat keine Schuld verknüpft; im Gegenteil, es war eine verdienstvolle Tat, genauso verdienstvoll wie die Opferung Isaaks durch Abraham gewesen wäre, wenn Gott sie zugelassen hätte.

Eine engere Parallele findet sich in der Sage von Romulus und Remus. Diese grausame Geschichte ist der Gründungsmythos Roms und unterscheidet sich ganz erheblich von der fortgeschritteneren Moralität des hebräischen Gründungsmythos von Kain und Abel in seiner endgültigen Form; dennoch bin ich der Meinung, daß beide Mythen viele Gemeinsamkeiten haben und auf einen identischen Typus zurückgeführt werden können. Romulus und Remus waren Zwillinge und gründeten zusammen die Stadt Rom. Ihre göttliche Herkunft und die Tatsache, daß sie von einer Wölfin aufgezogen worden waren, betonen den völligen Neuanfang, den sie machten; es war, als ob die Natur selbst sie geschaffen hätte und sie vor dem Aufgang einer neuen Welt stünden. Während sie an den Grundmauern der Stadt arbeiteten, gerieten sie in Streit über deren weiteren Aufbau. Remus sprang, Romulus zum Hohn, über einen Graben, den dieser gerade ausgehoben hatte, und in einem Anfall von Wut und Zorn erschlug Romulus Remus. Trotzdem ereilte ihn keine Strafe für seine Tat, im Gegenteil, die Götter sandten ihm ein großartiges Zeichen ihrer Gewogenheit; eine Schar Geier flog über ihn hinweg zum Zeichen dafür, daß er ein Volk gründen würde, das dem Geier an Stärke und Erbarmungslosigkeit gleichkommen würde. [1]

Auch diese Geschichte handelt nicht direkt von einem Menschenopfer; aber die Tünche ist in diesem Falle recht dünn. Der Mord hat ausschließlich positive Folgen,

[1] Die ausführlichste Version der Sage von Romulus und Remus findet sich in Plutarchs ›In Romulum‹ (andere Fassungen finden sich bei Dionysius von Halicarnassos, 1–2; Livius, I 4; Valerius Maximus, III 2–3; Plinius, XV 18; Vergil ›Aeneis‹ II 342 und 605; Ovid, ›Metamorphosen‹ XIV 616 und 845; ›Fasti‹ IV und anderen Autoren). In einer Variante wird Remus nicht von Romulus, sondern von einem seiner Begleiter, Celer, getötet, der daraufhin nach Etrurien floh. Er spielt damit die Rolle des Heiligen Henkers und befreit so Romulus von seiner kain-ähnlichen Rolle.

und es gibt zahlreiche Belege dafür, daß es Brauch war, Menschenopfer gerade bei der Gründung einer Stadt darzubringen.[2] Einem solchen Opfer lagen verschiedene Intentionen zugrunde: die Götter zu besänftigen während eines Augenblicks der *Hybris* und ihre Eifersucht dadurch abzuwenden, daß man selbst einen Verlust auf sich nahm; möglicherweise auch die Vorstellung, einen Abgesandten in die Welt der Götter zu schicken, der dort als Schutzgeist für die neue Stadt und als Fürsprecher bei den Göttern für deren Interessen eintreten sollte, auf vertrauterem Fuße, als jedes menschliche Wesen dies je vermocht hätte. Ein Menschenopfer war gewöhnlich geradezu überfrachtet mit derartigen Absichten und konnte verschiedensten, ja sogar widersprüchlichen Zwecken dienen.

Die Maskerade, die uns die Sage von Romulus und Remus anbietet, ist die, daß der Mord aufgrund eines Streits stattfand und daß Romulus demnach keine Schuld traf, da er auf Provokation und Beleidigung reagiert hatte. Romulus erscheint damit als unschuldig und als rechtmäßig Handelnder, der nur seine Mannhaftigkeit durch den Totschlag unter Beweis stellt. Die Sage unterscheidet sich damit gar nicht so sehr von einem offenen, unverstellten Bericht über einen Ritualmord, bei dem man sich nicht schuldig fühlt für die gesellschaftliche Einrichtung des Men-

[2] Zeugnisse von Menschenopfern gibt es überall auf der Welt, und dies nicht nur anläßlich der Gründung von Städten, sondern auch beim Bau von Brücken, Häusern, Palästen, Tempeln und Festungen (»Gründungsopfer«). (Anm.: foundation = Gründung und Fundament) Vgl. z.B. bezüglich Polynesien Ellis 1831, I 346; zu Melanesien Codrington 1891, *p.* 301; zu Nordamerika Boas 1895; zu Südamerika Liebrecht 1879, *p.* 287; zu Siam Frazer 1928; zu Japan ›Encyclopaedia of Religion and Ethics‹ IV 856b. Zahlreiche Sagen und Volkslieder enthalten Hinweise darauf, daß solch ein Ritus früher existiert hat (z.B. die Ballade von der Brücke von Arta aus dem Balkan), und erzählen eindringlich über die Opferung der Frau oder eines Kindes des Erbauers der Brücke, welche diese vor dem Zusammenbruch bewahren sollen. (Solche Sagen findet man in Deutschland, Osteuropa, Indien, Vorderasien, Nordafrika, in den ehemals von Kelten bewohnten Gegenden der Britischen Inseln; vgl. die ›Encyclopaedia of Religion and Ethics‹ II 850.) Beim Abriß alter Häuser in England und auf dem europäischen Festland findet man oft den Körper einer Katze, der in die Fundamente eingemauert ist. Christliche Legenden erzählen von Mönchen, die lebendig unter einem Kloster begraben wurden (z.B. Oran, ein Weggefährte Columbans in Iona). Gelegentlich ersetzte man lebendige Opfer durch Statuen. Manchmal legte man den Grundstein auf den Schatten eines Menschen, und man glaubte daran, daß dieser innerhalb eines Jahres sterben würde. Es wird berichtet, daß in Oldenburg Kinder sogar bis ins 17. Jahrhundert lebendig begraben wurden, um die Sicherheit der Deiche zu gewährleisten (Strackenjan 1908, I 127*sqq*.). Im Nahen Osten haben Archäologen oft die Leichen von Kindern gefunden, die unter dem Fußboden der Häuser begraben waren, und dies auf eine Art und Weise, die die Annahme eines Weiheopfers für das Bauwerk sehr wahrscheinlich macht. In letzter Zeit gab es allerdings mehrfach den Versuch, diese Leichenfunde als Begräbnisse von Totgeburten zu erklären. Die Erzählung in 1 Kön 16,34 über den Tod der Söhne Hiels anläßlich des Wiederaufbaus von Jericho wurde von zahlreichen Experten als Hinweis auf ein Weiheopfer gewertet, obwohl die Bibel den Tod als Folge eines Fluchs darstellt. Daß die Geschichte von Romulus und Remus einen verschleierten Bericht über ein Gründungsopfer darstellt, wurde von mehreren Forschern geäußert. – Bezüglich archäologischer Funde, die das Opfern von Menschen beim Bau einer Stadt belegen, vgl. den Bericht von De Vaux und Stève in ›Revue Biblique‹ LVIII (1951) 401–403 über Tell al-Fara in der Nähe von Nablus.

schenopfers. Ein Zwischenschritt zwischen dieser uranfänglichen Unschuld (die es möglicherweise in der historischen Realität so nie gegeben hat, die wir aber als gedachten Anfangszustand annehmen dürfen) und dem Romulus-Stadium ist der ritualisierte Kampf, wie ihn Sir James Frazer in ›The Golden Bough [Der Goldene Zweig]‹ beschreibt. Bei dieser Form des Menschenopfers wurde der priesterliche Wächter des Heiligen Waldes von einem Rivalen, der ebenfalls diese Priesterschaft beanspruchte, zu einem Kampf auf Leben und Tod herausgefordert. Derjenige der beiden Kämpfer, der getötet wurde, war dann das erforderliche Opfer; auf diese Art konnte man ein Opfer darbringen ohne die unangenehme und allzu offensichtliche Notwendigkeit, ein passives Opfer abschlachten zu müssen. Möglicherweise war dieser Quasi-Streit eine der ritualisierten Techniken zur Verantwortungsvermeidung in einer bestimmten Form des Menschenopfers, und die Legende von Romulus und Remus stellt vielleicht einfach nur dieses Ritual in Erzählform dar. Ein solcher Quasi-Streit wäre gleichwohl ein weiterer Zwischenschritt, um den Greuel des bloßen Abschlachtens von sich fernzuhalten; dafür wäre jedoch notwendig, daß das Opfer mitspielt und einen guten Vorwand liefert, indem es den Henker beleidigt. Eine weitere Variante des »Streit«-Motivs wäre der Gladiatorenkampf zwischen kriegsgefangenen Soldaten, mit dessen Hilfe man den Göttern ein Dankopfer dafür entrichten könnte, daß sie einem den Sieg verliehen hatten. In den showartigen Triumphfeiern des römischen Weltreichs wurden in den Gladiatorenkämpfen jene Züge, die an das rituelle Opfer erinnerten, recht offen beibehalten. [3]

In der Geschichte von Kain und Abel haben wir den Streit zwischen Brüdern am Anbeginn der Welt, und wir finden sogar auch (nur kurz danach) das Motiv der Stadtgründung (siehe Gen 4,17, wo Kain eine Stadt gründet, die er nach seinem Sohn Henoch benennt). Aber es findet sich keinerlei Anzeichen von göttlicher Gnade gegenüber dem Mörder. Im Gegenteil, es gibt massive Anzeichen für göttliches Mißfallen; Gott spricht einen Fluch über Kain aus und verdammt ihn zu ewiger Wanderschaft. Der Tötung soll keine Spur des rituellen Opfers mehr anhaften, sie wird im Gegenteil als bloßer Mord verurteilt, der keinerlei positive Folgen haben kann.

Diese moralische Mißbilligung wird jedoch nicht so konsequent durchgehalten, wie man erwarten könnte. Nach dem Bericht über den Mord an Abel setzt sich die Geschichte in einem ganz anderen Stil fort (ab Vers 17) – so unterschiedlich, daß manche Fachleute daraus ableiteten, daß wir es hier mit einer anderen Erzählung aus einer anderen Quelle zu tun hätten. In dieser neuen Erzählung wird Kain nicht als umherirrender Verbrecher behandelt, sondern als der angesehene Stammvater

[3] Die ersten Gladiatorenkämpfe wurden von den Söhnen des Brutus anläßlich des Todes ihres Vaters (264 v.u.Z.) veranstaltet und traten an die Stelle der Opferung von Sklaven, die man bis zu diesem Zeitpunkt durchgeführt hatte, um die Geister der Toten zu besänftigen (vgl. Valerius Maximus, II 4, 7).

eines Herrscherhauses. Es wird nicht erwähnt, daß er auf Wanderschaft sei; im Gegenteil, er wird dargestellt als Gründer einer Stadt und, was am überraschendsten ist, seine Nachkommen (von denen man ja annehmen sollte, daß auch sie unter den Fluch fallen und umherirren müssen und daß auch für sie die Scholle keine Frucht tragen würde) werden dargestellt als Begründer zivilisierter Fertigkeiten wie der Musik, der Metallverarbeitung und der Viehzucht.

Kains Verbrechen, wie es die Bibel schildert: Die Abscheulichkeit und Gewalttätigkeit des Brudermordes verschleiert die noch grausamere Realität des Menschenopfers. (Ausschnitt aus einem Stich von Lucas van Leyden)

Dieser Bericht, in dem Kain als Stammvater und Begründer eines Herrscherhauses dargestellt wird, stammt eindeutig aus einem Dokument, in dem Kain mit großer Ehrerbietung betrachtet wurde und keineswegs als Urbild des Mörders und schuldbeladenen Vagabunden. Wo konnte man solch ein Dokument gefunden haben? Um diese Frage zu beantworten, müssen wir die Bedeutung des Namens Kain untersuchen.

In Gen 4,1 wird erklärt, der Name Kain von dem hebräischen Wort *qanah* קָנָה, »erwerben« oder auch manchmal »erschaffen, hervorbringen« (die zweite Bedeutung ist wahrscheinlich gemeint, und die moderne englische Bibelübersetzung [= NEB] von Evas Ankündigung, die lautet »with the help of the Lord I have brought a man into being«, ist sowohl der Lutherbibel wie der Herder-Einheitsübersetzung vorzuziehen [L: »Ich habe einen Mann gewonnen mit dem Herrn«; H: »Ich habe einen Mann vom Herrn erworben«]). Das ist nun zwar eine interessante Herleitung (insofern, als hier die primitive Ehrfurcht von Männern gegenüber Frauen mitschwingt, die die weibliche Gebärfähigkeit für eine Besetzung mit göttlicher Schöpfungskraft halten), aber etymologisch ist sie falsch. Die wirkliche Bedeutung von Kain (hebräisch: *qayin* קַיִן) ist »Schmied« oder »Metallbearbeiter«. Es gab nun tatsächlich einen Stamm mit Namen Kain. Dieser Stamm ist üblicherweise bekannt unter dem Namen Keniter, aber dieser Name ist abgeleitet vom eigentlichen Stammesnamen (ähnlich den Stammesnamen Israel, Ammon oder Ascher), der seinerseits der Name des mythischen Helden ist, von welchem der Stamm seine Herkunft ableitet. Die Keniter erhoben also den Anspruch, von jemandem namens Kain abzustammen (nämlich in Num 24,22: »Aber, o Kain, du wirst verbrannt werden [...]«, L; vgl. NEB »Your refuge is doomed to burning [...], O Cain«).

Angesichts ihres Namens ist es wahrscheinlich, daß die Keniter ein Stamm von Schmieden waren, vor allem weil wir wissen, daß es tatsächlich Schmiedestämme im Altertum gab; ein solcher ist unter den Arabern sogar heute noch bekannt. Die besonderen Kennzeichen eines solchen Stammes sind seine nomadische Lebensweise (da seine Fertigkeiten in einem großen Gebiet gefragt sind) und die Tatsache, daß er meist im Rufe steht, mit Magie zu tun zu haben, weil die Fähigkeit, Metall zu bearbeiten, bei Laien ehrfürchtigen Schrecken hervorruft. Ein weiteres Kennzeichen eines solchen Stammes ist normalerweise, daß er musikalische Fähigkeiten und Geschick in unterhaltenden Darbietungen zeigt. Die Nachkommen von Kain wurden im 4. Kapitel der Genesis mit all diesen charakteristischen Eigenschaften in Verbindung gebracht; sie werden beschrieben als die Erfinder von Musikinstrumenten und der Metallbearbeitung, ferner als Zeltbewohner, und sie haben etwas Magisches an sich (wenn wir die schützende Kraft des Kains»zeichens« so interpretieren wollen).

Können wir also daraus folgern, daß Kain, der Ahnherr der Keniter, und Kain, Sohn Adams und Mörder Abels, ein und dieselbe Person sind? Wenn wir die Erzählung der Bibel wörtlich nehmen, ist eine solche Gleichsetzung unmöglich, denn die Keniter werden als ein Stamm dargestellt, der nach der Sintflut lebte. Der berühmteste Keniter, der in der Bibel auftaucht, ist Jethro, der Schwiegervater des Moses, obwohl er in der Geschichte von Moses im Buch Exodus seltsamerweise nicht als Keniter, sondern als Midianiter bezeichnet wird, und nur aus vereinzelten Versen im Buch der Richter erfahren wir, daß Moses' Schwiegervater tatsächlich

Keniter war. Im Buch der Richter (Ri 4,11) heißt es: »Der Keniter Heber aber, der sich von Kain, von den Söhnen Hobabs, des Schwiegervaters des Mose, getrennt hatte [...]« (H); die Lutherbibel übersetzt hier angesichts des Problems, daß der Name Hobab dem Namen Jethro aus dem Buch Exodus widerspricht, die Version »Schwiegervater«, die auch von der englischen Standardfassung gewählt wird (»father-in-law«), mit »Schwager«, was als Übersetzung auch möglich, aber deshalb fragwürdig ist, weil im Buch der Richter genau dasselbe hebräische Wort verwendet wird wie im Buch Exodus bei der Bezeichnung Jethros. In einem anderen Vers wird der Schwiegervater von Moses tatsächlich Kain genannt (jedenfalls in der Septuaginta, obwohl die Hebräische Bibel nicht von »Kain«, sondern von »Keniter« spricht; fast sicher gibt die Septuaginta jedoch die richtige Version wieder, denn die hebräische Fassung läßt den zu erwartenden bestimmten Artikel weg). Wenn aber Moses' Schwiegervater zusätzlich zu den Namen Jethro und Hobab »Kain« genannt wird, kann man annehmen, daß Kain im Stamme der Keniter eher ein Titel als ein normaler Name war und daß der Stammesherrscher immer Kain oder »Schmied« (sozusagen der »Schmied der Schmiede«) genannt wurde, ähnlich dem durchgängig bestehenden Titel »Pharao« in Ägypten oder »Abimelech« im Land der Philister.

Anscheinend waren also die Keniter einer der Stämme Midians. Durch ihre familiäre Verbindung mit Moses waren sie besonders eng mit den Israeliten verbunden. Moses lud seinen Schwiegervater Jethro ein, sich den Israeliten auf ihrer Wanderung in das Gelobte Land anzuschließen, aber wir erfahren nicht, ob dieser zusagte. Später sind die Keniter ansässig im Gebiet der Amalekiter im Norden Arabiens, aber als Saul, der König Israels, die Amalekiter angriff, verschonte er die Keniter mit den Worten: »Auf, zieht fort, verlaßt das Gebiet der Amalekiter, damit ich euch nicht zusammen mit ihnen vernichte; denn ihr habt euch gegenüber allen Kindern Israels freundlich verhalten, als sie aus Ägypten heraufzogen« (1 Sam 15,6). Die Keniter kamen dieser Aufforderung nach und schlossen sich anscheinend den Stämmen Israels an, denn wir finden später ihre Ansiedlungen in Judäa und an anderen Orten.

Die Keniter waren also ein Stamm, dem die Israeliten mit besonderer Freundlichkeit begegneten und den sie schließlich in ihr eigenes Volk aufnahmen. Es gibt in der Bibel nur eine einzige feindselige Äußerung gegen die Keniter, und zwar in dem Fluch bzw. der schlimmen Prophezeiung, die der Prophet Bileam über sie aussprach (der seinerseits natürlich kein Israelit war) im Buch Numeri 24,21–22.[4]

[4] In Gen 15,19 werden die Keniter unter denjenigen Stämmen aufgeführt, die gemäß Gottes Versprechen zugunsten der Nachkommen Abrahams enteignet werden sollen. Dies ist die einzige Stelle, an der ein solcher Bezug hergestellt wird, und sie steht im Widerspruch zu anderen Stellen, wo die Keniter als Verbündete der Israeliten geschildert werden. Offensichtlich war das Verhältnis der Israeliten zu den Kenitern zunächst etwas zwiespältig, bevor sich eine feste Freundschaft herausbildete. Diese

Wie kommen wir also dazu, diesen befreundeten Stamm in Verbindung mit dem Mörder Kain zu bringen, den die Bibel der Israeliten so sehr mißbilligt?

Die Bibel selbst stellt freilich keinerlei derartige Verbindung her und scheint sogar die Tatsache, daß Moses die Tochter eines Keniters heiratete, vertuschen zu wollen, da wir dies nur aus vereinzelten Versen in einem anderen Zusammenhang erfahren, nicht aus der Hauptgeschichte des Moses. Das chronologische Schema der Bibel schließt jede Verbindung zwischen den Kenitern und Kain, dem Sohne Adams, nahezu aus. Denn wenn man der Bibel glauben will, so sind alle Abkömmlinge Kains in der Sintflut umgekommen. Nur die Familie Noahs überlebte die Flut, sie aber stammte nicht von Kain, sondern von Seth ab, dem Sohn, der Adam und Eva nach der Ermordung Abels geboren worden war. Dementsprechend stammten die Keniter, dem biblischen Schema zufolge, wie alle anderen Völker von Noah ab. Für die Keniter wird keine spezielle Abstammungsreihe angegeben, aber da Jethro als Midianiter bezeichnet wird (Ex 3,1) und später als Keniter, sollen wir vermutlich die Keniter als Untergruppe der Midianiter auffassen. Die Abstammungsreihe, die für die Midianiter angegeben wird (Gen 25,2), läßt sie als einen Stamm erscheinen, der sehr spät entstanden ist und von einem Sohn Abrahams und Keturas abstammt, die dieser nach dem Tode Saras zur Frau nahm; nach dieser Darstellung ist Abraham durch die Ehe mit Ketura zum Stammvater zahlreicher Stämme Arabiens geworden. Diesem Schema zufolge wären die Keniter also ein Stamm, der verhältnismäßig spät entstanden ist, sogar später als der der Israeliten, die mit Abraham selbst ihren Ursprung nahmen (datiert gemäß der biblischen Chronologie ungefähr im Jahre 1900 v.u.Z.). Die Keniter waren also – immer nach den Angaben der Bibel – wie die Midianiter ein semitischer Stamm (d.h. stammten von Sem, dem Sohn Noahs) und waren eng verwandt mit den Israeliten; die Bibel äußert sich jedoch ausgesprochen wortkarg und unbestimmt über den Ursprung der Keniter selbst.

Die Freundlichkeit, die in der Bibel den Kenitern gegenüber spürbar wird, steht im deutlichen Gegensatz zu der Feindseligkeit, die den Midianitern gegenüber zum Ausdruck kommt, welchen man vorwarf, die Israeliten sexuellen Versuchungen ausgesetzt zu haben (Num 25,18), und gegen die man einen Religionskrieg führte (Num 31). Den Kenitern begegnete man mit Freundschaft, nicht nur wegen des einen Mannes, Jethro, der durch Heirat mit Moses verbunden war, sondern auch wegen ihres Verhaltens als Stammesgemeinschaft gegenüber den Israeliten; wenn Saul die Dankbarkeit der Israeliten gegenüber den Kenitern zum Ausdruck bringt, erwähnt er Jethro nicht einmal, sondern bezieht sich, wie wir gesehen haben, auf ihre »Freundlichkeit allen Kindern Israels gegenüber«. All dies legt nahe, daß die

---

Ambivalenz zeigt sich auch darin, daß die Bibel die besondere Beziehung zwischen der israelitischen und der kenitischen Tradition verschweigt.

Keniter sich in irgendeiner Weise erheblich von den Midianitern unterschieden, zu denen sie angeblich gehören.

Jethro, der Schwiegervater Moses', wird in Exodus als »Priester von Midian« beschrieben (das hier verwandte hebräische Wort für »Priester« ist *kohen* כהן, das gleiche Wort, das später für die aaronitische Priesterschaft der Israeliten benutzt wurde). Einige Gelehrte haben vorgeschlagen, daß *kohen* כהן in diesem Zusammenhang einfach die Bedeutung »Führer« oder »Herrscher« haben könne, aber das ist unwahrscheinlich; das Wort hat in verwandten Sprachen immer einen Bezug zu religiöser Führerschaft, die allerdings auch manchmal mit dem Königtum verbunden ist. Die einzige andere Person, die in Genesis mit dem Titel »Priester«, *kohen*, erwähnt wird, ist Melchisedek, der Priesterkönig von Salem (Gen 14,18), dem ausdrücklich eine religiöse Funktion als »Priester des Allerhöchsten« zugeschrieben wird und der Abram (später Abraham) mit einer religiösen Formel segnet. Es muß hier angemerkt werden, daß die Bibel die Ausübung religiöser Ämter nicht auf Israeliten beschränkt. Es war nicht nur erlaubt, daß es Priester außerhalb der israelitischen Glaubensgemeinschaft gab, sondern sogar die Existenz von Propheten wie Bileam wurde anerkannt; ein ganzes Buch der Bibel, das Buch Hiob, ist einem nicht-israelitischen Weisen und seinen Anhängern gewidmet. Sowohl die Bibel als auch spätere jüdische Schriften gingen davon aus, daß der Monotheismus schon lange vor der Gründung des israelitischen Volkes bestand und seit den frühesten Zeiten der Menschheitsgeschichte existiert hatte. So wurden z.B. Adam, Henoch, Noah und Sem, die alle vor der israelitischen Zeit gelebt hatten, als Monotheisten von Format angesehen.

Was den religiösen Rang von Jethro betrifft, so haben Gelehrte seit dem 19. Jahrhundert immer wieder die Annahme geäußert, daß er oder die Keniter im allgemeinen möglicherweise einen großen Einfluß auf die Religion Israels ausgeübt hatten.[5] Tatsächlich gibt die Bibel selbst zu, daß Jethro die Entwicklung der israelitischen Religion beeinflußt hat. Nach Angaben des Buches Exodus (Ex 18,14–26) war es der Ratschlag Jethros, der Moses veranlaßte, ein System von Gerichtshöfen aufzubauen, anstatt alle Fälle selbst zu richten. Dieses System war von größter Bedeutung in der religiösen Rechtsprechung Israels, und es ist ein befremdlicher Gedanke, daß die biblische Quelle den Ursprung einer solch wichtigen Einrichtung wie der des Sanhedrin nicht göttlicher Anordnung, sondern dem Ratschlag eines nicht-israelitischen Priesters und Weisen zuordnet. Andererseits gibt es einen Bericht, der im Gegensatz dazu den Ursprung des Rates der siebzig Ältesten (Num 11,14–18) einem Befehl Gottes selbst zuschreibt. Anscheinend hatte man den Eindruck, daß der chronologisch frühere Text des Buches Exodus,

[5] Siehe Stade 1887, I 130*sqq.*; Budde 1899, 1; Rowley 1950, *pp.* 149–160; Vischer 1929; Eerdmans 1947, *pp.* 14*sqq.*; Morgenstern 1927.

der die Entwicklung dem Eingreifen Jethros zuschrieb, unpassend war und nicht in Übereinstimmung mit der Lehrmeinung stand, daß die gesamte Thora dem Menschen direkt von Gott offenbart worden sei. Aber man ließ den früheren Bericht daneben bestehen, und er stellt damit einen interessanten Beweis dar, daß es traditionell einen kenitischen Einfluß auf die fundamentalen Einrichtungen des israelitischen Volkes gab.

Es erhebt sich dann aber die Frage, ob dieser Einfluß nicht in Wahrheit größer gewesen ist, als uns dieses übriggebliebene Fragment der Überlieferung andeutet. Viele Gelehrte waren dieser Meinung. Manche vertraten sogar die Ansicht, die Israeliten hätten ihren Gott Jahwe aus dem kenitischen Glauben übernommen. Diese Theorie nimmt unterschiedliche Formen an: Sigmund Freuds Buch ›Der Mann Moses und die monotheistische Religion‹ hat die Fassung populär gemacht, daß Jahwe ein Vulkangott der Keniter gewesen sei und daß eine Vermischung vollzogen worden sei zwischen diesem Gott und dem allumfassenden Gott des Monotheismus, der aus der ägyptischen Religion (d.h. aus den Ideen des »ketzerischen« Pharaos Echnaton) stammte, woraus eine unsichere Kombination von Monotheismus und Stammesreligion entstand. Diese Theorie hat sich nicht lange gehalten, denn in der Fachwelt ist man nicht länger der Meinung, daß Echnaton Monotheist war, und der sogenannte Beweis für Stammesglauben unter den Israeliten (abgesehen von der Ebene des Ab- oder Rückfalls vom Monotheismus) hat weiteren Nachforschungen nicht standhalten können, auch nicht den Zeugnissen der Archäologie.

Auf der anderen Seite ist die Vorstellung, daß es durchaus einen kenitischen Einfluß auf die israelitische Religion gegeben hat, immer noch sehr lebendig, konzentriert sich aber auf deren Einfluß auf die Bibel selbst. Denn viele der biblischen Mythen und Legenden sind besser verständlich, wenn man davon ausgeht, daß sie Überarbeitungen von Geschichten sind, die der kenitischen Überlieferung entnommen wurden. Die wichtigste Überarbeitung dieser Art ist die Geschichte von Kain selbst.

Obwohl Kain gemäß der Bibel eine Gestalt aus der Zeit vor der Sintflut war und dementsprechend auch nicht der Ahnherr des nachsintflutlichen semitischen Stammes der Keniter sein konnte, kann kaum bezweifelt werden, daß der biblische Kain von jenem Kain abgeleitet ist, den die Keniter als ihren Ahnherrn und Stammesgründer betrachteten. In der Tat gibt es gute Gründe zu der Annahme, daß die ganze Geschichte der vorsintflutlichen Ära und sogar die Geschichte der Sintflut selbst einer kenitischen Sage entnommen sind, welche die Frühgeschichte des kenitischen Stammes beschreibt.

Der Hauptgrund für diese Folgerung ist, daß eine genaue Untersuchung der frühen Kapitel der Genesis zeigt, daß Kain eine weit wichtigere Figur in der Geschichte ist, als es zunächst den Anschein hat. Auf den ersten Blick scheint Kain eine ziemlich geringe Rolle zu spielen; er ist der schuldbeladene Ahnherr eines verworfenen Menschengeschlechts, das zur Zeit der Sintflut zu existieren aufhörte und keinen Einfluß auf die Geschichte nach der Sintflut hatte. Weitaus wichtiger als der Stammbaum von Kain ist der von Seth, des wahren Erben Adams, da dieser frei von Kains Schuld ist. Dies ist die Geschlechterfolge, der die Bibel Respekt zollt, indem sie ihre Geschichte detaillierter wiedergibt, die Länge des Lebens jeder Figur angibt und sogar das Alter, in dem sie Vater der nächsten in der Abstammungsreihe wurde. Der von Kain ausgehende Stammbaum jedoch wird nur als pure Abfolge von Namen angegeben. Dementsprechend beruht die Zeitrechnung der Bibel, nach welcher die Zeitdauer zwischen Schöpfung und Sintflut berechnet wird, auf der Abstammungslinie von Seth.

Doch das ist nur der äußere Anschein. In Wahrheit hat die Stammlinie Seths gar keine Eigenexistenz, sondern ist nur der Schatten oder eine Widerspiegelung der Stammlinie von Kain. Denn es erfordert wenig detektivisches Geschick, herauszufinden, daß die beiden Stammlinien von Seth und Kain in Wirklichkeit eine einzige Stammlinie sind und daß die Linie Seths aus derjenigen Kains abgeleitet wurde und nicht umgekehrt. Wenn wir die Namen in beiden Listen untersuchen, sehen wir, daß es nur eine Liste mit leichten Abwandlungen ist, denn die Namen sind in beiden Listen grundsätzlich die gleichen. Dies läßt sich in tabellarischer Form vorführen:

Adam und Eva

Kain	Seth
Henoch	Enos
Irad	Kenan
Mahujaël	Mahalaleel
Methusaël	Jared
Lamech	Henoch
Jabal, Jubal, Thubalkain	Methusalah
	Lamech
	Noah
	Sem, Ham, Japheth

Wenn wir beide Spalten vergleichen, sehen wir, daß zwei der Namen (Henoch und Lamech) in beiden Spalten erscheinen. Vier Namen sind mit leichten Abwandlungen in beiden Spalten die gleichen (Kain/Kenan, Irad/Jared, Mahujaël/Mahalaleel, Methusaël/Methusalah). Eine weitere Ähnlichkeit (die in der Diskussion weiter unten von Bedeutung sein wird) ist die, daß jede Liste mit drei Namen endet, obwohl diese Namen in den beiden Spalten nicht identisch sind. Es gibt einige Abweichungen in der Abfolge der Namen, wobei sich der Name Henoch am weitesten von seinem ursprünglichen Platz auf der Liste entfernt. [6]

Drei Namen erscheinen in der Seth-Linie, nicht aber in der Linie Kains: Seth selber und sein Sohn Enos und, am Ende der Linie, Noah (wenn wir für einen Augenblick die letzten drei Namen jeweils weglassen). Der Name Enos ist aufschlußreich, denn er bedeutet einfach »Mensch«. Es scheint daher sehr wahrscheinlich zu sein, daß dies ein anderer Name für Adam ist, was auch »Mensch« bedeutet. Daher sind die einzigen überzähligen Namen die von Seth am Anfang und von Noah am Schluß. Es sieht also so aus, als ob diese Namen einfach dem Stammbaum Kains hinzugefügt worden seien, nämlich in der Absicht, eine neue Abfolge zu schaffen, die untadelige Abstammungslinie von Seth.

Die bemerkenswerteste Doppelnennung ist die von Kain selbst, der in der Seth-Liste als die vollkommen harmlose Figur Kenan erscheint. Die Ähnlichkeit zwischen den beiden Namen Kain und Kenan ist im hebräischen Original noch auffallender, wo sie sich nur durch die Verdoppelung des letzten Konsonanten unterscheiden. Dieses Verbergen der gefürchteten Figur Kains in einer unschuldigen Verkleidung zeigt deutlich, daß die Seth-Liste von der Kains abgeleitet ist, und das Motiv dafür war, einen Stammbaum für die Menschheit zu erstellen, der mit Kains Verbrechen nichts zu tun hatte.

Der Name Seth ist abgeleitet von dem Verb schith שית, das »setzen« bedeutet. Die etymologische Herleitung, die in der Bibel (Gen 4,25) angegeben wird, ist gezwungen, und der Name wirkt sehr farblos im Vergleich mit den anderen Namen, die in der Chronik auftauchen. Er könnte fast übersetzt werden mit »er, der hinzugesetzt wurde«, oder »er, der eingefügt wurde« (Anm.: In der Herder-Bibel heißt es phantasievoll »Setzling«, während die Lutherbibel, näher am Original bleibend, dessen Gezwungenheit spüren läßt: »Denn Gott hat mir, sprach sie [*sc.* Eva], einen anderen Samen *gesetzt* für Abel, den Kain erwürgt hat.«), obwohl er wörtlich eher als Befehlsform angesehen werden könnte, »setze (ihn) ein«. Was den anderen zusätzlichen Namen in der Seth-Liste betrifft, Noah, so wird seine Bedeutung weiter unten (*p.* 61) diskutiert.

Eine Schwierigkeit ist die, daß die Abstammungslinie von Kain kürzer ist als die von Seth. Die drei Söhne Lamechs (in Kains Stammbaum) sollen vermutlich die

6 Diese Beziehung stellte als erster Buttmann (1828, I 170*sqq.*) fest.

letzte Generation vor der Sintflut darstellen und lebten dementsprechend zur gleichen Zeit wie Noah; aber dann bleiben nur acht Generationen für Kains Stammbaum, während derjenige von Seth zehn umfaßt. Selbst wenn man annimmt, daß Kains Nachkommen genauso wundersam langlebig waren wie die von Seth, bleibt eine erhebliche Diskrepanz bestehen. Man hätte diese Lücke leicht durch Auslassung zweier Namen der Seth-Liste schließen können: Enos hätte man als bloßen Doppelnamen Adams weglassen können und Kenan als allzu auffällige Doppelnennung Kains. Warum hat man das nicht getan? Die Antwort ist, daß diejenigen, die Seths Stammbaum aufgestellt haben, den Wunsch hatten, eine exakte Entsprechung herzustellen zwischen den zehn Generationen, die sie vor der Sintflut aufführten, und den zehn Generationen bis zum Auftreten Abrahams nach der Sintflut. Dieses Bedürfnis nach Symmetrie zeigt sich auch in dem Alter, das den Stammvätern von Seths Linie zugeschrieben wird; die Altersangaben sind Teil eines sorgfältig errechneten Zahlenmusters, worauf von Gelehrten schon oft hingewiesen wurde. [7]

Ergebnis dieser Beweisführung ist, daß die biblische Chronik der Generationen vor der Sintflut ausschließlich auf einer Chronik der Linie Kains basiert. Solch eine Chronik muß von einem Stamm übernommen worden sein, der in Kain seinen verehrten Ahnherrn sah. Dieser Stamm können nur die Keniter gewesen sein, die nach Kain benannt wurden und unter denen sein Name der eines Königs oder Priesters war. [8] Wir schließen daraus also, daß die israelitischen Schreiber, die die frühen Kapitel der Genesis zusammengetragen haben, als eine ihrer Hauptquellen eine kenitische Sage benutzten, die die heilige Geschichte des kenitischen Stammes nacherzählte und sie bis zu seinem Ahnherrn, Kain, zurückverfolgte. Das hat auch deswegen eine innere Wahrscheinlichkeit, weil die israelitische Überlieferung die Erinnerung an den kenitischen Einfluß auf die Ursprünge der israelitischen Religion bewahrt hat in der Figur des Jethro, dem »Priester von Midian«, der später als Keniter identifiziert und sogar mit dem Titel »Kain« angesprochen wird. Nun waren die Israeliten ein Parvenu-Volk, das von Moses aus einer Sklavenkaste gebildet worden war, welche er aus Ägypten befreit und mit einer universalistischen Vision versehen hatte, die auch eine allumfassende Geschichte verlangte, welche bis zur Schöpfung der Welt zurückgehen sollte; freilich hatte ein solches Volk keine

---

[7] Dieses Muster wurde auf verschiedene Art verarbeitet, aber man geht davon aus, daß es sich über verschiedene Epochen erstreckt und in der Gründung von Salomos Tempel seinen Höhepunkt findet. Vgl. vor allem Bousset 1900 ›Zeitschrift für die Alttestamentliche Wissenschaft‹, XX 136–147, und Skinner 1930, *p.* 135. Die Zahlenangaben in der Septuaginta und der Samaritischen Bibel unterscheiden sich jedoch von denen im masoretischen Text.

[8] Die Bibelphilologen haben allerdings im allgemeinen die Abstammungslinie von Seth eher von der Liste der zehn Patriarchen von Babylon aus der Zeit vor der Sintflut abgeleitet, die uns Berossus überliefert, obwohl die Namen so gut wie keine Gemeinsamkeiten aufweisen.

eigenen Überlieferungen, die so weit zurückgingen, so daß es sie von einer anderen Gemeinschaft borgen mußte, mit der es enge Verbindungen eingegangen war (Moses selbst hatte ja unter den Kenitern gelebt und ihre Tradition angenommen). Es ist wahrscheinlich, daß die Keniter ihre eigene Ahnenreihe bis zum Anfang der Welt zurückverfolgten. Die meisten Stämme des Altertums taten dies; die Israeliten handelten in Wirklichkeit ungewöhnlich darin, daß sie ihren Stammesahnherrn (Abraham, oder genauer, Jakob – denn es war sein zweiter Name, Israel, nach dem die Israeliten sich nannten) *nicht* als Teil des Anbeginns menschlicher Geschichte ansahen. Den eigenen Stamm als den am längsten bestehenden anzusehen und darüber hinaus als genealogische Quelle der ganzen Menschheit, ist in der Tat eine engstirnige Anschauung; es war Teil des neuen Universalismus der Religion Israels, Israel *nicht* als Grundbestandteil der Menschheit auszugeben, sondern als kleine und verhältnismäßig spät entstandene Nation, die auftrat, als die Kulturen Babylons und Ägyptens schon alt waren. Gott in seiner Gnade und liebevollen Güte hatte beschlossen, dieses schwache, kleine und anscheinend unbedeutende Volk zum Werkzeug Seiner Absichten zu machen: »Nicht weil ihr zahlreicher als die anderen Völker wäret, hat euch der Herr ins Herz geschlossen und ausgewählt; ihr seid das kleinste unter allen Völkern« (Dtn 7,7). Man brauchte jedoch eine weite Bühne, auf der dieses unbedeutende, aber auserwählte Volk seine ehrfurchtgebietende Rolle spielen konnte; daher benutzte man die Chronik eines Stammes, der keine derart allumfassende Weltsicht hatte, und beschaffte sich damit ein Panorama allumfassender Geschichte; und dieser Hintergrund einer Menge von Völkern von nah und fern stellte sicher, daß die Israeliten immer über ihre eigenen Grenzen sahen und sich selbst als ein Volk einschätzten, das eine Mission für die ganze Welt innehat, wie dies dargelegt wurde in den internationalistischen Schriften der Propheten. –

Aber was ist nun mit Kains Mord an Abel? Welchen Stellenwert nahm er in der ursprünglichen kenitischen Sage ein? Einerseits ist es höchst unwahrscheinlich, daß die Keniter ihre Abstammung von einem Mörder hergeleitet hätten; auf der anderen Seite ist es aber auch unwahrscheinlich, daß die Geschichte von Kains Verbrechen einfach angehängt wurde an jene Geschichte von Kain, die die israelitischen Kompilatoren in den kenitischen Quellen vorfanden. Kains Verbrechen muß auf etwas beruhen, was dort schon vorlag. Die wahrscheinlichste Antwort ist die, daß in der kenitischen Sage Kain tatsächlich jemanden tötete, dieses aber kein Mord war, sondern ein rituelles Menschenopfer.

In der ursprünglichen kenitischen Sage könnte die Tötung Abels durch Kain durchaus eine ähnliche Geschichte gewesen sein wie die Gründungslegende Roms, die Tötung des Remus durch Romulus. Ähnlich wie Romulus Remus tötete als Einweihungsopfer beim Aufbau einer neuen Stadt und eines neuen Volkes, vollzog auch Kain, der »eine Stadt erbaute«, das notwendige Menschenopfer, welches das zukünftige Wohlergehen der Stadt und des kenitischen Volkes sicherstellen sollte, ebenso wie die Fürsorge und den guten Willen seiner Götter. In diesem Sinne war auch Abraham bereit, seinen Sohn bei der Gründung des neuen Volkes der Israeliten zu opfern, obwohl in einer späteren Fassung der Legende, zu einer Zeit, als man vor Menschenopfern zurückschreckte, die Geschichte so dargestellt wurde, daß Gott selbst den Vollzug verhindert hätte.

Es ist möglich, daß schon die kenitische Sage die Geschichte so weit verschleiert hat, daß die Tötung als Ergebnis eines Streits dargestellt wurde, wie das in der Gründungssage Roms der Fall ist. Wenn dem so war, wie im Falle des Romulus, hätte die Tötung nur wenig oder gar keine Schuld nach sich gezogen, da die Keniter ihren Ahnherrn wohl eher als großen Helden anzusehen pflegten denn als schuldbeladenen Menschen. Es ist durchaus möglich, daß eine gewisse rituelle Unreinheit infolge der Tötung dem Tötenden anhaftete, obwohl er nicht des Mordes schuldig war, und Kain aus diesem Grunde sich für eine Weile in die Wüste zurückziehen mußte, bis er von dieser Befleckung gereinigt war. Dies wäre selbst dann der Fall gewesen, wenn die kenitische Legende, in der Form, wie sie die Israeliten kennenlernten, immer noch auf der primitiven Stufe stand, in der man offen zugab, daß Kain seinen Bruder als Menschenopfer getötet hatte; rituelle Unreinheit wäre trotzdem die Folge gewesen. In der babylonischen feierlichen Zeremonie zum Neuen Jahr mußten die beiden Priester, die ein Schaf opferten und die Wände des Schreins mit seinem Blut beschmierten, in die Wüste fliehen, bis das Fest vorüber war; denn obwohl ihr rituelles Opfer notwendig war, um den Schrein zu reinigen, waren sie durch ihre Tat befleckt worden. [9] Ein Überbleibsel dieser Unreinheit

[9] Es gibt zahlreiche griechische Sagen über eine Läuterung nach einem Aufenthalt im Exil, das wegen eines vorhergehenden Totschlags notwendig wurde, und einige dieser Sagen weisen deutliche Spuren davon auf, daß sie ursprünglich von Menschenopfern handelten. Zwei interessante Beispiele seien im folgenden aufgeführt: 1. In der Darstellung der Buphonien-Zeremonie in Athen, wie sie Theophrast gibt, wird die Entstehung des Ritus durch eine Geschichte erläutert. Der ursprüngliche Stier wurde von einem gewissen Sopatros getötet, der daraufhin nach Kreta floh, wie jemand, der unter einem Fluch steht. Dennoch war er es, der später auf Anweisung des Orakels von Delphi die Institution der regelmäßigen Buphonien-Opfer begründete und damit eine Hungersnot abwendete. Damit war der Fluch, der auf Sopatros gelastet hatte, aufgehoben. Da der Stier, nachdem er getötet worden war, vom Volke roh verzehrt wurde, geht diese Sage über die Zeit des Menschenopfers hinaus zurück auf eine Epoche, in der man das Totem-Tier für heiliger hielt als jedes menschliche Wesen. Die ganze Geschichte ist einigermaßen verzwickt, aber eingehender Untersuchung wert. In bezug auf unsere vorliegende Studie zeigt sie deutlich die Flucht und den Fluch (bzw. die Unreinheit), die auf demjenigen lasten, der das Opfer durchführt, ebenso wie dessen gleichzeitige Heiligkeit und privilegierte Stellung. 2. Der von Plutarch aufgezeichnete Stepteria-Ritus zeigt ähnliche Elemente. In jedem neunten Jahr wurde eine Hütte, die einen königlichen Wohnsitz symbolisierte, plötzlich angegriffen und in Brand gesetzt. Die Täter flohen, ohne zurückzuschauen. Später ging einer von ihnen nach Tempe, um sich zu läutern, kehrte dann aber im Triumph nach Delphi zurück und trug dabei eine Krone. Dieser Ritus stellt offensichtlich die Opferung des Königs im neunten Jahr dar sowie die Flucht, die Läuterung und den Triumph seines Henkers und Nachfolgers (vgl. Plutarch ›Warum die Orakel schweigen‹, 15).

des Opfernden findet sich in der hebräischen Religion, in der der Priester, welcher die »Rote Kuh« geschlachtet hatte (deren Asche für Reinigungszwecke notwendig war), durch den Vollzug des Opfers unrein wurde (Num 19,7), genauso wie die anderen beim Opfer Mitwirkenden, die den Kadaver verbrannten und die Asche sammelten. Das Opfer der »Roten Kuh« war ein primitiverer Ritus als die anderen hebräischen Opfer (wie sich durch die Tatsache zeigt, daß es außerhalb des »Lagers« abgehalten wurde und nicht im Tempel); deshalb behielt es auch diesen ursprungsnahen Zug.[10]

Wir haben so zwei mögliche Stufen der Kain-Legende voneinander getrennt: 1. ein anerkanntes Menschenopfer, dem die Reinigung in der Wüste folgt; 2. ein Kampf, ebenfalls gefolgt von der Reinigung in der Wüste, aber der Reinigung von der Befleckung durch einen gerechtfertigten Totschlag, nicht durch ein Menschenopfer. Eine dritte Stufe (oder eine alternative zweite Stufe) könnte sein: ein Menschenopfer, nach dem der Opfernde für immer in die Wüste verbannt wird, wo er die Schuld des ganzen Stammes für den Vollzug des Menschenopfers mit sich trägt. Dieses Stadium schimmert in dem biblischen Bericht über Kains Tötung von Abel durch, doch kann das nicht von der kenitischen Sage selbst abgeleitet worden sein, in der Kain schließlich gereinigt worden sein muß und man ihm erlaubt hat, seine Stelle als Stammvater wieder einzunehmen. Die Spuren der dritten Stufe in dem hebräischen Bericht müssen aus einer anderen Quelle stammen oder durch eine selbsttätige Entwicklung aufgekommen sein. Diese dritte Stufe ist von größtem Interesse für uns, da sie die charakteristische Stufe des Heiligen Henkers ist – der schuldbeladenen Figur, die von der Gesellschaft verbannt wird, der jedoch die Gesellschaft dafür dankbar ist, daß sie die Last, die für ihre Mitmenschen zu schwer zu tragen wäre, auf sich nimmt. Dieses dritte Stadium ist nicht charakteristisch für die hebräische Religion, die es hinter sich ließ, indem sie das Menschenopfer selbst ächtete. Dennoch gibt es immer noch Spuren davon in der Hebräischen Bibel, nicht nur in der Geschichte Kains, sondern auch in dem Ritual am Versöhnungstag, an dem der Sündenbock in die Wüste getrieben wird als letzte Spur des Motivs des Heiligen Henkers, in dem der Henker nach seiner zentralen Handlung verbannt wurde (vgl. Lev 16 und die weitere Diskussion auf Seite 38*sqq.*).

---

[10] Es gab tatsächlich andere Opfer, die zumindest teilweise »außerhalb des Lagers« durchgeführt wurden, und es bleibt festzuhalten, daß bei ihnen allen derjenige, der das Opfer durchführte, unrein wurde (wohingegen eine solche Unreinheit mit dem Darbringen von Opfern innerhalb des Tempels nicht verbunden war). Es handelt sich um den Stier und die zwei Ziegenböcke vom Versöhnungstag (Lev 16) sowie um die Sühneopferstiere, die geopfert wurden, um für eine unwissentliche Sünde des Hohenpriesters oder der Gemeinde als Ganzes Sühne zu leisten (Lev 4). Die Bibel spricht nicht ausdrücklich von Unreinheit in bezug auf die beiden letzteren, aber die jüdische Überlieferung ergänzt, was ausgelassen wurde; vgl. den Babylonischen Talmud, Yoma 68a.

Durch Vergleich zwischen den Chroniken der Stämme Seths und Kains, wie sie uns das Buch Genesis überliefert hat, läßt sich möglicherweise eine unklare Stelle in der Bibel klären, die schon zu zahlreichen Mutmaßungen Anlaß gab, und gleichzeitig ein verborgenes Charakteristikum der kenitischen Sage aufdecken. Der Abschnitt über Henoch in der sethitischen Chronik lautet folgendermaßen:

> *Henoch war fünfundsechzig Jahre alt, da zeugte er Metuschelach [= Methusalah]. Nach der Geburt Metuschelachs ging Henoch seinen Weg mit Gott noch dreihundert Jahre lang und zeugte Söhne und Töchter. Die gesamte Lebenszeit Henochs betrug dreihundertfünfundsechzig Jahre. Henoch war seinen Weg mit Gott gegangen, dann war er nicht mehr da; denn Gott hatte ihn aufgenommen. (Gen 5,21–24 [H])*

Henoch ist demnach der einzige Patriarch vor der Sintflut, welcher vor der Zeit stirbt, nämlich im für damalige Maßstäbe zarten Alter von 365 Jahren, während die anderen im Durchschnitt etwa 900 Jahre alt wurden. In späteren Legenden wurde reichlich Wirbel gemacht um Henoch, der zum Gegenstand apokalyptischer Schriften wurde. Man war der Meinung, daß er nach seinem frühen Tod von Gott so geliebt worden sei, daß dieser ihn zu einem Engel machte; ja, sogar zum höchsten Engel überhaupt, Metatron, wie einzelne Berichte angeben. Henoch wurde in der christlichen Kirche zu einem Gegenstand besonderer Verehrung, weil er ein Beispiel für einen Nicht-Juden darstellte, der die höchste Stufe des Prophetentums und der Nähe zu Gott erreicht hatte und damit bewies, daß die nichtjüdische christliche Kirche das Recht hatte, das Vorrecht der Juden als Volk Gottes zu übernehmen, ebenso wie jenes, den Vorrang der judenchristlichen Kirche von Jerusalem über das ganze Christentum in Frage zu stellen. In der Synagoge jedoch wurde Henoch zur verdächtigen Figur, wahrscheinlich wegen der christlichen Untertöne, die ihm inzwischen anhafteten, und man sprach ihm jede besondere Bedeutung ab. (Eine ähnliche Entwicklung vollzog sich in bezug auf Seth und Melchisedek, beides nichtjüdische Figuren von hohem religiösen Ansehen. Seth wurde zur Zentralfigur der ketzerischen christlichen Gnostikersekten, während Melchisedek in der orthodoxen christlichen Lehre, vor allem im Hebräer-Brief, in den höchsten Tönen gelobt wird, und zwar als Prototyp einer Priesterschaft, die der levitischen jüdischen Priesterschaft überlegen war. Überraschenderweise scheint allerdings Jethro, der nichtjüdische »Priester von Midian«, nicht für einen ähnlichen Zweck eingesetzt worden zu sein, vielleicht, weil die Überlieferung im Judentum recht verbreitet ist, er sei zu eben diesem übergetreten.)

Gelehrte unserer Tage haben darauf hingewiesen, daß Henoch, als »Gott ihn aufgenommen hatte«, genau so viele Jahre alt war, wie das Jahr Tage hat, und haben Mutmaßungen darüber geäußert, welche Bedeutung dies wohl haben könnte. Man kann sich auch fragen, was genau der Ausdruck, daß »Henoch seinen Weg mit Gott gegangen« war, bedeuten soll und was weiterhin mit der knappen und rätselhaften Feststellung gemeint ist, »dann war er nicht mehr da; denn Gott hatte ihn aufgenommen«. Soll das heißen, daß er unsichtbar wurde oder daß er in einem Wagen himmelwärts gebracht wurde wie Elias?

Was diese Untersuchung betrifft, ist die Veränderung der Position Henochs in der Ahnenfolge der sethitischen Chronik besonders interessant. Er wird hier als Urenkel Kenans aufgeführt, wohingegen er in der Chronik der Keniter niemand anderer als Kains Sohn ist. Wenn man Henoch als Kenans Sohn in der sethitischen Chronik an seinen tatsächlichen Platz zurückversetzen würde, bliebe nur eine kleine Veränderung übrig, nämlich die Umkehr der Reihenfolge von Mahalaleel und Jared (statt Irad und Mahujaël). Die Verschiebung Henochs im Stammbaum ist daher die bei weitem einschneidendste in der sethitischen Chronik (die, wie wir gezeigt haben, von einem späteren Zeitpunkt stammt als die kenitische), und wir müssen uns natürlich fragen, aus welchem Beweggrund die Folge im Stammbaum geändert wurde.

Ich nehme an, daß die kenitische Chronik korrekt ist und Henoch Kains Sohn, nicht sein Urenkel war.[11] Wir können jetzt, was wir von Henoch aus der kenitischen Chronik wissen, mit dem vergleichen, was uns die sethitische Chronik liefert; was unter dem Strich übrig bleibt, sind folgende Angaben: 1. Henoch war Kains Sohn; 2. Kain erbaute eine Stadt und benannte sie nach seinem Sohn Henoch (Gen 4,17); 3. Henoch starb jung. Was legt uns diese Abfolge von Ereignissen nahe?

Man kann sich der Schlußfolgerung kaum verschließen, daß Henoch von seinem Vater Kain geopfert wurde, nachdem dieser die Stadt erbaut hatte, die er dann nach seinem geopferten Sohn benannte, dessen Geist als Schutzgottheit der Stadt tätig sein sollte und welcher die Ehre, der Stadt seinen Namen zu geben, wohl erwarten durfte, wenn er ihr schon willig sein Leben geopfert hatte.

Diese Theorie wird gestützt durch Henochs Namen, der sich von einem Wort herleitet, das »widmen« bzw. »einweihen« bedeutet. Er war derjenige, der gewidmet wurde, mit dessen freiwilligem Opfer die Gründung des kenitischen Volkes und der Bau seiner Stadt eingeweiht wurde. Die Zahl 365, die sich im Zusammen-

[11] Dies steht im Gegensatz zu der weitverbreiteten Ansicht, die sich darauf gründet, daß Henoch in der sethitischen Chronik den siebten Platz einnimmt, parallel zu dem siebten Platz von Evedoranchus (verballhornte Form von Enmeduranki) in der Liste der babylonischen Patriarchen vor der Sintflut, wie sie uns Berossus liefert. Enmeduranki wird nämlich auf einer Tontafel in der Bibliothek Assurbanipals beschrieben als jemand, der in die Geheimnisse von Himmel und Erde eingeweiht war; es ist jedoch keine Rede von einem frühen Tod oder der Aufnahme in den Himmel. Dieser Ansicht nach wurde Henoch in der kenitischen Abstammungsreihe, die die Bibel aufführt, vom siebten auf den dritten Platz versetzt, und die Anordnung der sethitischen Ahnenreihe ist die ursprüngliche. Die Gründe für diese angenommene Verschiebung von der siebten zur dritten Stelle sind nicht klar. Wahrscheinlicher ist jedoch eine Verschiebung in die entgegengesetzte Richtung bei dem Versuch, die kenitische Abstammungsreihe der Struktur der babylonischen Patriarchenliste anzupassen.

hang mit Henochs Namen erhalten hat, ist möglicherweise ein Hinweis darauf, daß ein Sonnenkult in diesem Opferritual mit eine Rolle spielte; man hat vielleicht angenommen, daß Henochs Geist auffuhr, um die Energie des Sonnengottes wieder aufzufüllen (wie dies bei den aztekischen Menschenopfern der Fall war), und es kann sein, daß der Sonnengott von diesem Zeitpunkt an unter dem Namen Henochs verehrt wurde. Er war »bei Gott« in dem Sinne, daß der Sonnengott ihn in sich aufgenommen, solcherart das kenitische Volk zu Verwandten des Sonnengottes gemacht und unter seinen besonderen Schutz gestellt hatte. Die späteren Legenden der monotheistischen Zeit, in denen Henoch der höchste der Engel wurde, stellen ein Echo dieser Vergöttlichung dar.[12]

Den Kompilatoren der sethitischen Chronik erschien dies als abstoßender Primitivismus, und sie konnten nicht zulassen, daß etwas Derartiges offen in der reinen sethitischen Genealogie auftauchte. Henoch wurde zeitlich deutlich von Kain entfernt eingesetzt, um die Verbindung zwischen beiden so gering wie möglich zu machen, und Henochs früher Tod wurde im positiven Sinne umgedeutet in die Himmelfahrt eines Heiligen.

Aber wenn diese Deutung richtig ist, was ist dann aus dem Mord an Abel geworden? Wenn Kain in Wirklichkeit seinen erstgeborenen Sohn opferte, warum erscheint diese Tat dann in der Chronik der Keniter, soweit die Bibel sie wiedergibt, als Mord an seinem Bruder Abel?

Das Opfer eines Sohnes ist ein primitiverer Ritus als das Opfer eines Bruders. In psychologischer Hinsicht entspricht es einer tieferen Unterordnung unter den Vatergott, so, als ob damit ausgedrückt werden sollte: »Du allein hast das Recht, Vater zu sein. Es ist Anmaßung von mir, wenn ich beanspruche, Vater zu sein.« Das Opfer eines Bruders stellt jedoch keine solch tiefe Unterwerfung dar. Es ist sozusagen das Opfer einer überflüssigen Person, die zur Fortsetzung der Ahnenreihe nicht gebraucht wird. Das Opfer des erstgeborenen Sohnes (die gebräuchlichste Form des ursprünglicheren Rituals) stellt einen ergreifenden Appell an den Gott

[12] Eine interessante Parallele zu Henoch findet sich in der griechischen Mythologie. Der Gründer von Athen, Kekrops, hatte einen Sohn von Aglauros (ein anderer Name für Athene) namens Erysichthon. Dieser Name bedeutet »Schützer des Landes«. Es wird nicht berichtet, in welcher Weise er das Land beschützte, man erfährt nur, daß er jung starb und keine Nachkommen hinterließ. In Olympia gab es die Gestalt des Sosipolis (»Retter der Stadt«), eines göttlichen Knaben in Schlangengestalt. In Theben handelte der Gründungsmythos von der Erschlagung einer großen Schlange durch den Gründer der Stadt, Kadmos. Schlangen galten nicht nur als Verkörperung des Bösen, sondern auch als heilige Figuren und symbolisierten dann die Stadtgründer selbst oder ihre Stellvertreter (Kekrops wurde dargestellt als Schlangenmensch [halb Schlange, halb Mensch]). Es kann also dementsprechend sein, daß ein Gründungsmythos, der von der Erschlagung einer Schlange handelt, die verdeckte Form eines Gründungsmythos darstellt, der in Wirklichkeit von der Opferung eines göttlichen Schlangen-Jungen handelt. Daß die Schlange in der Maske der Verkörperung des Bösen dargestellt wird, muß als weiterer Distanzierungsmechanismus gelten, der den wahren Charakter des Mordes verschleiern soll (vgl. Kerényi 1966, *pp.* 171*sq.*).

dar, der da lauten könnte: »Sieh an, ich bin bereit, meine eigene Nachfolge zu zerstören. Ich unterwerfe mich ganz deiner Gnade, bedenke meine Bereitschaft, meine Nachkommenschaft auszulöschen, meine vollkommene Abhängigkeit von deiner Gnade; schenke mir einen zweiten Sohn, damit mein Geschlecht weiterbestehe.« Es ist durchaus möglich, daß in der Form, in der die kenitische Stammessage den Israeliten bekannt wurde, das Sohnesopfer als Weiheritual für den Stamm der Keniter schon durch das Opfer eines Bruders ersetzt worden war. Dies wäre dann als Zeichen eines zivilisatorischen Fortschritts zu werten und als Beginn der Suche nach Ersatzobjekten, wodurch Tiere, Kriegsgefangene oder verurteilte Verbrecher an die Stelle des ursprünglich zu opfernden Sohnes gelangten.

Schon der Name des geopferten Bruders, Abel, deutet darauf hin, daß eine Umwandlung vom einstigen Opfer des Sohnes in das des Bruders stattgefunden hat (entweder noch innerhalb der kenitischen Legendenüberlieferung oder in der israelitischen Version). Denn dieser Name (der richtiger *hevel* הבל lautet; die Umschrift »Abel« stammt, wie viele andere etwas irreführende Formen, aus der Septuaginta) bedeutet wörtlich »Dunst« [Nebenbedeutung etwa: Fata Morgana]. An vielen Stellen steht er einfach für »Leere«; dies ist das Wort, das verwendet wird, wenn im Kohelet, dem »Prediger Salomo«, wiederholt der Satz auftaucht »Alles ist eitel«. Daß das Opfer des allerersten Mordes, der Prototyp aller unschuldig Leidenden und Märtyrer, einen solch nichtssagenden und sogar herabsetzenden Namen trägt, ist überraschend; es ist für uns jedoch ein Beweis dafür, daß es Abel im Sinne der biblischen Erzählung niemals wirklich gab, sondern er nur als Schemen einer handfesteren, aber auch grauenerregenderen Wirklichkeit weiter herumgeistert.

Es gibt eine Reihe von Fragen hinsichtlich der kenitischen Stammessage, die wir jetzt möglicherweise beantworten können. Zunächst erhebt sich diese: »Wer war in der kenitischen Sage der erste Mensch?« War es vielleicht Kain selbst? Sahen die Keniter in ihrem Ahnherrn nicht nur den Gründer des kenitischen Stammes oder Volkes, sondern den Stammvater der gesamten Menschheit? Diese Frage mit »Ja« zu beantworten, hat einiges für sich. Denn einige Einzelheiten, die wir über Kain erfahren, spiegeln Angaben wider, die der hebräische Bericht über die Frühzeit der Schöpfung zu Adam macht.

Als Kain (nach dem israelitischen Bericht) sündigte, indem er Abel ermordete, wurde er von Gott verflucht; die Formulierungen dieses Fluches zeigen auffällige Ähnlichkeiten zu denen des Fluchs, der gegen Adam geschleudert wurde, weil er die Sünde begangen hatte, die Frucht vom Baum der Erkenntnis im Paradies zu essen. So sprach Gott zu Kain: »Wenn du den Acker bauen wirst, soll er dir hinfort sein Vermögen nicht geben« (Gen 4,12 [L]). Zu Adam schon hatte Gott gesprochen: »Verflucht sei der Acker um deinetwillen, mit Kummer sollst du dich darauf nähren dein Leben lang. Dornen und Disteln soll er dir tragen...« (Gen 3,17-18 [L]). Es wäre nicht schwer, sofort irgendeine Erklärung zusammenzuschustern, dahingehend, daß der Fluch gegen Adam den Boden unfruchtbar machte, so daß er hart arbeiten mußte, um ihn zu bebauen, während bei Kain noch nicht einmal harte Arbeit irgend etwas brachte. Folgerichtig wurde Adam nach seinem Sündenfall ein Bauer, der seinen Lebensunterhalt »im Schweiße seines Angesichts« (Gen 3,19) erarbeitete, während Kain nach seiner Sünde zum Nomaden wurde, der von wilden Pflanzen und Früchten lebte, da sein Boden trotz seiner Bemühungen nichts erbrachte: »Ein Flüchtling und Wanderer sollst du sein auf dieser Welt« (Gen 4,12). (Anm.: Dies ist wörtlich; L und H machen aus diesen hebräischen Substantiven Adjektive: »Unstet und flüchtig« [L], »Rastlos und ruhelos« [H].) Keine Frage, so wollten die Redaktoren des 1. Buches Mose, wie es uns vorliegt, den Sachverhalt verstanden wissen. Aber in der kenitischen Sage können die Dinge nicht so gelegen haben, denn wenig später finden wir Kain beim Bau einer Stadt wieder, deren Bewohner durch Ackerbau ernährt worden sein müssen, nicht vom Sammeln wilder Früchte. Wenn also der Fluch über Kain überhaupt in der kenitischen Sage auftaucht und nicht gänzlich von den israelitischen Kompilatoren als Teil ihres Portraits des »Mörders Kain« eingefügt wurde, dann muß es Teil einer Geschichte vom Sündenfall gewesen sein, ähnlich jener, die heute Adam zugeschrieben wird, nur daß nicht Adam, sondern Kain die Rolle des ersten Menschen spielt. Wenn dem so war, dann waren es Kain und seine namenlose Frau, die sich im Garten Eden aufhielten, die Frucht des verbotenen Baumes aßen und dann verstoßen wurden, um fortan ihren Lebensunterhalt mit der schweren Arbeit der Bodenbestellung fristen zu müssen. Das würde auch in soziologischer Hinsicht mehr Sinn ergeben, denn ein Übergang vom Ackerbau zum Nomadentum ist höchst ungewöhnlich, während der Übergang vom Status des Jägers und Sammlers (in idealisierter Weise dargestellt im Garten Eden, dem Paradies, wo man die Früchte nur einzusammeln brauchte, ohne dafür arbeiten zu müssen) zum Ackerbau häufig vorgekommen ist.

Eine mögliche Bestätigung des Bildes von Kain als dem ersten Menschen findet sich in zwei aufschlußreichen Zeilen. Nach seinem Sündenfall, steht in der Bibel, »ließ [Kain] sich im Lande Nod nieder, östlich von Eden«. Was soll diese plötzliche Wiederaufnahme des Namens Eden für einen Sinn haben, wenn dieses doch seit der so viele Jahre zurückliegenden Vertreibung von Kains Eltern Adam und Eva längst im Nebel der Vergangenheit verschollen sein müßte? Wenn aber Kain in der kenitischen Sage tatsächlich selbst der erste Mensch war, ist die Einführung des Namens Eden ganz verständlich. Nachdem er gerade aus dem Garten Eden vertrieben wurde, läßt sich Kain im Lande Nod nieder, das sich im Osten an den Garten Eden anschließt. Wir sind schon weiter oben auf die Formulierung »östlich von Eden« gestoßen (im Hebräischen fast, wenn auch nicht vollständig wortgleich mit der Formulierung, die hier im Zusammenhang mit Kain benutzt wird), und zwar genau im Zusammenhang mit Adams Vertreibung aus dem Paradies, wo gesagt wird, Gott habe einen Cherub und ein Flammenschwert »östlich von Eden« postiert, »zu bewahren den Weg zu dem Baum des Lebens« – vermutlich deswegen, weil anzunehmen war, daß Adam, sollte er sich entschließen, einen Einfall in Eden zu machen, aus dieser Richtung kommen würde. Sowohl Adam als auch Kain befinden sich also nach ihrem Sündenfall »östlich von Eden«, und es ist daher keine unwahrscheinliche Schlußfolgerung, daß Kain ebenso wie Adam einst tatsächlich in Eden gewesen war.

Was hat nun das »Land Nod« zu bedeuten, in das Kain verbannt wurde? Das Wort *nod* נוד bedeutet auf Hebräisch »das ziellose Umherwandern eines Flüchtlings«. Dasselbe Wort wird in dem Fluch verwendet, den Gott gegen Kain schleudert, als er ihn dazu verdammt, »ein Flüchtling und Wanderer« (*na' va-nad* נע ונד) zu werden. Dennoch ergibt sich hieraus ein befremdliches Paradoxon, denn gerade in diesem »Land des Umherwanderns« läßt Kain sich nieder und baut eine Stadt. Und mehr noch: Der über Kain ausgesprochene Fluch kommt nie zum Tragen, denn Kain wird eben nicht ein »Flüchtling und Wanderer«, sondern, ganz im Gegenteil, ein Stadt-Patriarch der ehrwürdigsten Sorte. Die Auflösung dieses Paradoxons ist recht einfach. Der Ausdruck »das Land Nod« bedeutet nicht »Land des Umherwanderns«, sondern »Land des Exils« – also Exils von dem Garten Eden. So gesehen ist jedes Land außerhalb Edens »das Land Nod«, und wie sehr wir uns auch wohnlich einrichten mögen, so können wir doch unsere erste Heimat nie vergessen oder das Heimweh des Flüchtlings unterdrücken. Dementsprechend kam in der kenitischen Sage Kain, der erste Mensch, in das so verstandene Land Nod, aber es lag kein Widerspruch darin, daß er sich anschickte, eine Stadt zu bauen und ein seßhafter Mensch zu werden, weil nämlich ein solcher Zustand auch einem in Sünde gefallenen und aus dem Garten Eden verstoßenen Menschen möglich ist. In der biblischen Kainsgeschichte jedoch, in der aus dem ersten Menschen, Kain, der erste Mörder geworden war, wurde das anschauliche Wort *nod*, welches ursprünglich das Exiliertheitsgefühl des aus dem Paradies vertriebenen Kain beschrieb, von nun an benutzt, um das Umherirren des schuldigen Mörders zu umschreiben, der aus den Häusern und Städten der Menschen vertrieben wurde, und Kain wurde im Wortsinne zum Wanderer – eine Darstellung, die sich als widersprüchlich erwies, als es später notwendig wurde, in die Chronik weitere Einzelheiten der kenitischen Sage einzupassen, in denen Kain als Patriarch einer Stadt vorgeführt wurde.

Ein weiteres verräterisches Echo, das von Kain als erstem Menschen in der kenitischen Stammessage zeugt, bezieht sich auf Kains Frau. In der Genesis steht, daß, nachdem Kain sich im Lande Nod niedergelassen hatte, er »seine Frau erkannte; und sie ward schwanger und gebar Henoch« (Gen 4,17). Über Adam erfahren wir in der Bibel, daß, nach der Vertreibung aus dem Paradies, »Adam Eva, seine Frau, erkannte, und sie ward schwanger und gebar Kain« (Gen 4,1). Von all den Namen, die in der sethitischen und kenitischen Chronik auftauchen, wird dies nur über Adam und Kain gesagt. Noch nicht einmal von Seth, immerhin dem Begründer der sethitischen Linie, wird gesagt, er »habe seine Frau erkannt«. Tatsächlich werden nach Adam und Kain überhaupt keine Ehefrauen mehr erwähnt, und das bis zu Noah in der sethitischen Ahnenreihe und seinem Gegenstück Lamech im kenitischen Stammbaum (wie wir später zeigen werden), die jeweils als Urheber eines Neubeginns der Menschheit betrachtet werden. Der eindrucksvolle Satz »und erkannte seine Frau« bezeichnete also einen besonders wichtigen Geschlechtsakt, wird nur verwendet für Neuerer, und die Tatsache, daß er in bezug auf Kain Anwendung findet, also angeblich einem verkommenen Subjekt und Ahnherrn eines fehlgeschlagenen Geschlechts, ist ein weiteres Indiz für die These, daß eben Kain in der ursprünglichen kenitischen Sage die Stelle einnahm, die in der Hebräischen Bibel mit Adam besetzt wird.

Lorenzo Ghiberti, »Kain erschlägt Abel«, Bronzerelief an der Osttür, der sogenannten »Paradiestür« (1424–1452), des Baptisteriums in Florenz.

Kapitel 3

Die Kainsgeschichte der Israeliten

Im folgenden wollen wir die Kainserzählung näher untersuchen, und zwar in der Form, in der sie die israelitischen Kompilatoren der Bibel entwickelten, welche Kain zum Mörder machten. In der Religion Israels war das Menschenopfer zu jener Zeit, in der diese ersten Kapitel der Schöpfungsgeschichte in ihre gegenwärtige Form gebracht wurden, zur verabscheuenswerten Sünde erklärt worden (obwohl nicht ganz sicher ist, ob das Menschenopfer in früheren Zeiten der israelitischen Religion gänzlich geächtet war). [1] So klagt z.B. Ps 106,37 diejenigen an, welche »ihre Söhne und Töchter Dämonen geopfert haben und unschuldiges Blut vergossen haben, das Blut ihrer Söhne und Töchter«. Die Thora (Dtn 12,31) verbietet das Menschenopfer feierlich: »Wenn du dem Herrn, deinem Gott, dienst, sollst du nicht das gleiche tun wie sie; denn sie [die Heiden] haben, wenn sie ihren Göttern dienten, alle Greuel begangen, die der Herr haßt. Sie haben sogar ihre Söhne und Töchter im Feuer verbrannt, wenn sie ihren Göttern dienten.« Auch die Propheten wettern gegen das Menschenopfer: »Auch haben sie die Kulthöhe des Tofet im Tal Ben-Hinnom gebaut, um ihre Söhne und Töchter im Feuer zu verbrennen, was ich nie befohlen habe und was mir niemals in den Sinn gekommen ist« (Jer 7,31).

In der israelitischen Religion trat das Tieropfer an die Stelle der Menschenopfer. Aber selbst dem Tieropfer kam nicht die volle Bedeutung zu, die mit dem Menschenopfer verknüpft gewesen war; denn die Tieropfer der Israeliten hatten keine magische Errettungskraft, sondern sie waren nur Geschenke, die man Gott am Sabbat und an Festtagen darbrachte, oder sie dienten (im Fall von Sühnopfern) zur Betonung der Tatsache, daß derjenige, der das Opfer darbrachte, bereut hatte, und dazu, die Sühne formell abzuschließen. Daher stellte die Institution des Tieropfers nicht nur eine Ersatzform des Menschenopfers dar, sondern die Verleugnung des eigentlichen Prinzips des Menschenopfers, des Prinzips nämlich, nach dem ein solches Opfer magische Wirkungen hervorbringen würde, sei es in Form von

[1] Beispiele möglicher Menschenopfer in frühen Schichten der Bibel sind die Fälle von Achan (Jos 7), Jephtas Tochter (Ri 11) und Hiels Söhnen (1 Kön 16) sowie die Tatsache, daß ganze Städte der Zerstörung anheimgegeben wurden (z.B. Jericho, Jos 6; Ai, Jos 8). Ein unzweifelhaftes Menschenopfer bringt Mescha, der König Moabs, dar (in 2 Kön 3,27), und der Text schreibt ihm anscheinend eine gewisse Wirksamkeit zu. Die Endredaktion des Genesisbuches wurde wahrscheinlich im 6. Jahrhundert v.u.Z. abgeschlossen, als Menschenopfer schon lange als verabscheuenswert galten.

physischem Schutz oder auch von Sühne für Vergehen gegen den Gott, ganz unabhängig davon, ob bereut wurde oder nicht. [2]

Die israelitischen Kompilatoren der Genesis fanden in der kenitischen Sage die Geschichte eines Menschenopfers vom Typ »Gründungsopfer« vor, also eines Opfers, das man bei Gründung einer Stadt oder eines Volkes darbringt. Möglicherweise war die Geschichte, wie oben dargelegt, schon etwas verschleiert und zu einem Totschlag geworden, der eine rituelle Reinigung erforderlich machte. Wenn dem so war, so spürten die israelitischen Autoren in der Geschichte immer noch einen Hauch von Verteidigung und Rechtfertigung des Menschenopfers als feste Einrichtung, denn sie schrieben die Geschichte nicht nur dahingehend um, daß sie von bloßem Mord handelte, sondern machten sie gleichzeitig zu einer Kampfschrift für deren Ersatz durch Tieropfer.

Es ist oft behauptet worden, es handele sich bei der Geschichte von Kain und Abel um ein Beispiel für den uralten Konflikt zwischen dem Bauern und dem Hirten. [3] Sicher, es steht ausdrücklich in der Bibel, daß Kain »Ackermann«, Abel dagegen »Schäfer« war! Wenn jedoch unsere Beweisführung bis zum jetzigen Punkt richtig war, so ist dieser Gegensatz dennoch nicht Teil der frühesten Form der Geschichte, in der ja Abel überhaupt nicht vorkam und in der das Mordopfer Kains sein eigener Sohn Henoch war. Wenn der Gegensatz zwischen Kains Ackerbau und Abels Schafzucht aber aus der Zeit datiert, in der die Israeliten die Geschichte umschrieben, kann die Absicht nicht gewesen sein, eine grundlegende Rivalität zwischen diesen beiden Tätigkeiten herauszustreichen, da die Israeliten sowohl die Schafzucht (die Beschäftigung ihrer Vorväter Abraham, Isaak und Jakob) als auch den Ackerbau in gleichem Maße hochhielten (Ackerbau war die Hauptbeschäftigung im Gelobten Land und die Grundlage des Zehnten, mit dessen Hilfe der Tempel und die Priesterschaft unterhalten wurden). Sollte überhaupt ein Unterschied bestanden haben, so stand der Ackerbau in höherem Ansehen während jener Zeit, in der das Gelobte Land in Besitz genommen wurde, und es gab sogar eine Zeit (während der nachbiblischen Periode), in der die Schafzucht wegen ihrer verderblichen Auswirkungen auf die Landwirtschaft verboten wurde und nur in Halbwüstengebieten zugelassen war.

Es ist daher eher unwahrscheinlich, daß der springende Punkt an der Geschichte der Konflikt zwischen Schafhirten und Bauern sein soll, erzählt aus der Perspektive der Schafhirten. Schließlich wurde Adam selbst im Kapitel davor von Gott befohlen, den Boden zu bebauen, und das gilt offensichtlich als das normale Los der Menschheit, wiewohl als Ergebnis des Fluches, der aufgrund der Erbsünde ausgesprochen wurde.

---

[2] Vgl. Milgrom 1981.

[3] Vgl. z.B. Hooke 1956, *p.* 67.

Daraufhin wurde argumentiert, der Gegensatz bestünde nicht zwischen Ackerbau und Schafzucht, sondern zwischen Kains Knauserigkeit und Abels Großzügigkeit. [4] Es gibt im Text Anhaltspunkte für diese Interpretation, da Kain, wie geschrieben steht, nur »von den Früchten des Landes dem Herrn ein Opfer brachte«, während über Abel gesagt wird, er hätte »von den Erstlingen seiner Herde und von ihrem Fett« gebracht. Dies reduziert die Geschichte jedoch auf eine ziemlich triviale Ebene und macht aus Kain einen kleinkarierten Bösewicht, der Geiz mit Gewalttätigkeit verbindet. Es ist weitaus wahrscheinlicher, daß der Gegensatz zwischen den Opfergaben dazu dienen soll, die dem Tieropfer eigene Überlegenheit gegenüber Opfern von Feldfrüchten herauszustreichen, denn erstere haben Eigenschaften, die bei Früchten notwendigerweise fehlen, z.B. »Erstlinge« und »Fett«. Wenn man sie als Ersatz für Menschenopfer betrachtet, kommen Tiere der Sache natürlich erheblich näher als Pflanzen. Vor allem kann der besonders wichtige Status des Erstgeborenen beibehalten werden. Es gibt natürlich so etwas wie die »erste Frucht«, aber das ist ein sehr schwacher Abklatsch im Verhältnis zur Erstgeburt eines Tieres. Was das »Fett« betrifft, so bezieht sich das keineswegs auf das Unterhautfettgewebe, sondern auf das Eingeweidefett, das in allen Opferzeremonien im Nahen Osten eine große Rolle spielte, da es als den Göttern besonders heilig galt; strenggläubigen Juden ist es bis zum heutigen Tag verboten, dieses Fett zu essen. [5] Es muß bei den Menschenopfern eine wichtige Rolle gespielt haben, aus Gründen, die nicht leicht herauszufinden sind.

Der Gegensatz zwischen Kains und Abels Opfern besteht also in der Art der Opfergaben, die sie darbrachten, nicht in der Güte der Gaben oder in den Berufen derjenigen, die sie darbrachten. Ein Tieropfer, will die Geschichte uns sagen, ist besser als eines von Feldfrüchten und geeigneter, Gott zu gefallen. Die Tatsache, daß Kain Ackerbauer war, erfahren wir nicht deswegen, um ihn anzuschwärzen, sondern um zu erklären, warum er Feldfrüchte zum Opfer brachte; er hätte, wie sein Bruder Abel, ein Tieropfer bringen sollen, und wenn er keine Tiere besaß, so hätte er sie sich von Abel besorgen sollen, gerade so, wie so viele Bauern im späteren Israel sich Tiere von Schafhirten oder Milchbauern kauften, um die Erfordernisse des jüdischen Gesetzes bezüglich des Tieropfers zu erfüllen, ohne daß irgend jemand ihren Beruf als minderwertig eingeschätzt hätte.

Es ist darauf hingewiesen worden (insbesondere seitens des bekannten Gelehrten S. H. Hooke [6]), daß ein Gegensatz zwischen Tieropfer und Früchteopfer nicht der springende Punkt an der Geschichte sein könne, da im späteren Israel nicht nur Tieropfer, sondern auch Opfer von Feldfrüchten dargebracht worden seien. Wenn

[4] Diese Theorie findet sich erstmals im Midrasch Genesis Rabbah 22.

[5] Vgl. Ex 29,13 und ›Schulchan Aruch‹, Yoreh De'ah, 64.

[6] Vgl. Hooke 1947, *p.* 42.

man jedoch die israelitischen Opfergebräuche genauer untersucht, fällt auf, daß das Opfer von Feldfrüchten dem Tieropfer immer nachgeordnet blieb und sozusagen die Rolle der Beilage zum Hauptgericht spielte, außer im Falle von einigen ziemlich unwichtigen Opferritualen.

Wenn wir anerkennen, daß die Geschichte von Kain und Abel hauptsächlich zur Illustrierung der Überlegenheit des Tieropfers dient (in der Form nämlich, wie sie von den israelitischen Redaktoren umgearbeitet wurde), so führt das zum Verständnis einer recht verblüffenden Passage, der bislang alle Kommentatoren hilflos gegenüberstanden. Es handelt sich um Gottes Ansprache an Kain, nachdem er bemerkt hatte, daß Kains »Miene sich verdüstert hatte«, weil sein Opfer an Feldfrüchten keine Gnade gefunden hatte. Diese Rede wird in der Lutherbibel folgendermaßen wiedergegeben:

> *Ist's nicht also? Wenn du fromm bist, so bist du angenehm; bist du aber nicht fromm, so ruhet die Sünde vor der Tür, und nach dir hat sie Verlangen; du aber herrsche über sie. (Gen 4,7)*

Man hat die Formulierung »Sünde ruhet vor der Tür« bezogen auf eine Figur des personifizierten Bösen, das auf der Lauer liegt, um die Menschheit in die Falle zu locken. Um diese Deutung zu stützen, haben heutige Forscher den Gebrauch eines Terminus in bestimmten babylonischen Texten zitiert, der »der Hockende« bedeutet (ein Wort, das verwandt ist mit dem hebräischen Ausdruck *rovetz* רובץ, der an dieser Textstelle benutzt wird und »hockend« oder »liegend« bedeutet) und für eine Art bösartigen Dämon steht.[7]

Gegen diese von vielen anerkannte Deutung muß die Tatsache angeführt werden, daß die Hebräische Bibel das Böse nicht personifiziert bzw. böse Taten nicht dem Einfluß von Dämonen zuschreibt. Sollte diese Textstelle sich auf eine derartige Vorstellung beziehen, wäre sie die einzige in der gesamten Hebräischen Bibel, und man müßte diese Stelle werten als Eindringen einer ganz uncharakteristischen dualistischen Moralphilosophie in die Bibel. Einen Teufel (im christlichen Sinne) gibt es in der Hebräischen Bibel nicht. Adams Sündenfall wird nicht den Ränken des Teufels oder Satans zugeschrieben, sondern dem Übelwollen eines Tieres, der Schlange (die Vorstellung, daß die Schlange nur die sichtbare Hülle Satans gewesen sei, wurde erst viel später entwickelt, sie findet sich in gewissen apokryphen Schriften, die in den jüdischen Kanon nicht aufgenommen worden sind, während das Christentum sie sich dagegen völlig zu eigen machte). Satan wird im Buch Hiob erwähnt, jedoch als einer der »Söhne Gottes«, d.h. als einer der Engel, denen die Aufgabe zukommt, Menschen anzuklagen und ihre Fehler Gott zur Kenntnis

---

[7] Vgl. Hooke 1956, *p.* 68.

zu bringen (diese Vorstellung findet ihre Fortsetzung im Talmud, der Satan den »Staatsanwalt Gottes« nennt – *meqatreg* מקטרג). Nur an einer einzigen Stelle in der ganzen Bibel wird eine Versuchung einem »bösen Geist« zugeschrieben, und diese findet sich in den sehr späten, nachexilischen Büchern der Chronik, wo Davids Versuchung in bezug auf die Volkszählung auf die Aktivitäten Satans zurückgeführt wird (1 Chr 21,7), obwohl Satan in der entsprechenden Passage im früheren Bericht des Buches Samuel nicht erwähnt wird (2 Sam 24,16). Daß ein solcher Dualismus im letzten Buch der Bibel und in den apokryphen Schriften (möglicherweise aufgrund von Einflüssen aus der persischen Religion) auftaucht, ist die eine Seite; sein Auftreten in der Schöpfungsgeschichte in Form eines Dämons, der darauf lauert, die Menschheit zur Sünde zu verführen, ist etwas ganz anderes – eine solche Deutung der vorliegenden Textstelle, mag sie auch noch so anerkannt sein, ist überraschend und suspekt.

Glücklicherweise ist jedoch auch eine andere Deutung möglich. Das hebräische Wort für »Sünde« in dem Satz »Sünde ruhet [oder hockt] vor der Tür« kann genausogut »Opfer für die Sünden« bedeuten. [8] Der ganze Satz könnte daher bedeuten: »Das Opfer für die Sünden [nämlich das Schaf] liegt vor der Tür.« Das hier verwandte Wort für liegen (*rovetz* רובץ) ist dasjenige, das die Bibel immer für ein liegendes Tier verwendet (vgl. Gen 49,9, »Löwe«, 49,14 »Esel«; Jes 11,6, »dic Parder werden bei den Böcken liegen«), obwohl es stimmt, daß dasselbe Verb manchmal für »auflauern« stehen kann. Diese feindselige Nebenbedeutung des Verbs ist hier aber ganz unnötig; es soll hier nur vermittelt werden, daß, falls irgendwelche Sühnopfer gebraucht würden, das Schaf oder die Ziege, die vor der Tür liegen oder kauern (also ganz leicht zu beschaffen sind), dem Zweck Genüge täten. Wenn man das Wort *rovetz* רובץ als Substantiv nimmt und nicht als Partizip (was notwendig scheint, weil das Wort für Sühnopfer – *hat'at* חטאת – weiblich ist), paßt die Bedeutung »kauerndes Tier« weit besser zum Sühnopfer als zum Dämon.

Es ergibt sich also, daß dieser rätselhafte Spruch, den man als theologisches Apophthegma einer dualistischen Denkweise angesehen hat, die für die Hebräische Bibel recht uncharakteristisch wäre, bei näherem Hinsehen eine viel einfachere und direktere Bedeutung hat, nämlich die, daß als Mittel zur Sühne für Sünden die Darbringung eines Tieropfers empfohlen wird.

Um diese Deutung weiter zu stützen, wenden wir uns jetzt der Untersuchung des Schlußsatzes von Vers 7 zu: »Nach dir hat sie [*sc.* die Sünde] Verlangen, du aber herrsche über sie!« Verschiedene Autoren, so offensichtlich diejenigen des Herder-Teams, welche gleich »die Sünde als Dämon« »an der Tür lauern« lassen, haben dies so interpretiert, als bezöge sich dieser Satz auf einen Dämon, dessen Wunsch es sei, den Menschen in Versuchung zum Bösen zu führen und ihn solcherart zu

[8] Ich verdanke diese Deutung meinem Vater, dem verstorbenen E. M. Maccoby.

zerstören; diesen Wunsch könne jedoch der Mensch enttäuschen mit dem Ergebnis, daß der Mensch dann seinerseits über den Dämon herrsche. Man kann Verschiedenes gegen diese Auslegung einwenden, der Haupteinwand besteht jedoch darin, daß sie die große Ähnlichkeit dieses Spruches, der sich auf einen Dämon beziehen soll, zu der Aussage weiter oben bezüglich des Verhältnisses zwischen Mann und Frau unterschlägt. Nach dem Sündenfall sprach Gott zu Eva: »Dein Verlangen soll nach deinem Manne sein, und er soll dein Herr sein« (Gen 3,16). Der Ausdruck: »Dein Verlangen soll nach deinem Manne sein« bedeutet nicht irgendein negatives oder zerstörerisches Gefühl der Frau gegenüber dem Mann; er heißt einfach, daß die Frau (in der Folge des Sündenfalls) dem Manne untertan geworden ist und natürlich dann ihre eigenen Wünsche unterdrückt, um denen ihres Mannes zu entsprechen, bzw. daß sie ihr größtes Glück darin findet, ihm zu dienen (wie Milton formulierte: »Er dient nur Gott allein, sie dient dem Gott in ihm«). Der Ausdruck: »Er soll dein Herr sein« bedeutet nicht, daß der Mann aggressive Akte der Frau gegen ihn überwindet und unterdrückt, sondern vollendet nur die Feststellung des ersten Halbsatzes; eben weil die Frau von da an ihre Wünsche den seinen unterordnet, wird er zu ihrem natürlichen Gebieter und herrscht über sie. (Man sollte bemerken, daß hieraus folgt, daß im Zustand vor dem Sündenfall für den Menschen kein derartiges Unterordnungsverhältnis bestand.)

Wenn man nach diesem Modell der identischen Wortwahl in bezug auf das Verhältnis zwischen Mann und Frau vorgeht, versteht man jetzt die Bedeutung von Gottes Wort an Kain hinsichtlich der Opfergaben für die Sünden. Er sagt, »Du brauchst keine Bedenken zu haben, Tiere als Opfergaben zu benutzen, denn Tiere sind dem Menschen untertan.« So ist der Satz eine Erweiterung der vorausgehenden Formulierung »Herrschet über die Fische im Meer und über die Vögel unter dem Himmel und über alles Getier, das auf Erden kriecht« (Gen 1,28). Das Prinzip, daß Tiere durch göttliches Gebot dem Menschen untertan sein sollen, beinhaltet, daß der Mensch Tiere zu Opferzwecken töten darf (nicht jedoch, wie es scheint, um sie zu essen, wie der Talmud hervorhebt[9]; das Recht hierzu erhielt der Mensch erst nach der Sintflut; vgl. Gen 1,29 und 9,3). Die allgemeine Formel der Unterordnung der Tiere unter den Menschen ist die gleiche wie die Formel der Unterordnung der Frau unter den Mann. Die allgemeine Formulierung hebt auf die instinktive Unterordnung ab, die Gott den Tieren eingab, d.h. ihre angeborene Angst vor dem Menschen und ihre Bereitschaft, sich von ihm zähmen zu lassen, und darauf, was gemeinhin als ebenso angeborenes Gefühl der Unterlegenheit von Frauen gegenüber Männern nach dem Sündenfall angesehen wird.

Eine Paraphrase von Gottes Wort an Kain lautet also folgendermaßen: »Warum machst du so ein finsteres Gesicht? Du solltest von diesem Vorfall lernen, daß Feld-

[9] Vgl. den Babylonischen Talmud 59b in seinem Kommentar über Gen 1,29.

früchte als Opfergaben von Gott nicht angenommen werden, nicht, daß du persönlich vor Gott nicht bestehen kannst. Laß dir das jetzt eine Lehre sein und bringe mir in Zukunft Tieropfer dar. Sie sind ganz leicht zu bekommen und bringen dir überdies großen Nutzen, weil sie zur Sühne jedweder Sünde dienen können, die du eventuell noch begehst. Sorge dich nicht darüber, daß es grausam wirkt, wenn man die Tiere ihres Lebens beraubt, denn es ist mein göttliches Gebot, daß Tiere für diesen Zweck benutzt werden dürfen, und du wirst sehen, daß Tiere sich selbst als dem Menschen untertan empfinden.«

Kain aber hörte nicht auf diesen guten Rat, und das Ergebnis war, daß er Abel tötete. Die Moral der ganzen Geschichte ist also: »Wer sich weigert, Tiere zu opfern, wird eines Tages auch noch Menschen umbringen (opfern).« Diese Schlußfolgerung entspricht tatsächlich der historischen Wahrheit, denn das Menschenopfer starb dadurch nach und nach aus, daß es durch Tieropfer ersetzt wurde.

Die israelitischen Bibelkompilatoren schrieben auf diese Art und Weise eine Erzählung, die ursprünglich von einem Menschenopfer handelte, in eine um, die das Tieropfer propagierte. Hiermit soll nicht behauptet werden, daß diese Analyse die ganze Bedeutung der Geschichte oder ihre Funktion im Gesamtaufbau der Bibel erschöpfend erklärt. Ein weiterer Aspekt der Geschichte ist nämlich das Motiv der rivalisierenden Brüder, das aus mehreren Gründen in der Bibel von großer Bedeutung ist: Es ist ein wesentlicher Bestandteil des Auswahlverfahrens, an dessen Ende Gott schließlich das Volk Israel erwählt, nachdem zahlreiche andere Zweige des Menschengeschlechts durchgemustert worden waren; es ist ein Motiv, bei dem der jüngere Bruder über den älteren triumphiert (nämlich bei der Erlangung der Gunst des Vaters); so finden wir z.B. neben Kain und Abel Isaak und Ismaël, Jakob und Esau, Joseph und seine Brüder, David und seine Brüder; ein Motiv, das unter anderem dazu dient, den Anspruch einer Emporkömmlings-Nation, des Volkes Israel, zu untermauern, die Position von »Gottes Erstgeborenem« an sich zu reißen; als psychologisches Motiv steht es für das fest etablierte patriarchalische System der israelitischen Kultur, in dem der Hauptkampf sich nicht zwischen Vater und Sohn abspielt (wie in der Sagenwelt der griechischen Kultur, in der das Patriarchat auf etwas schwächeren Beinen stand), sondern zwischen Brüdern, die um die Nachfolge in der patriarchalischen Linie konkurrieren; und, auf der positiveren Seite, steht es für das Motiv der Versöhnung und Liebe zwischen Brüdern (das hier initiiert wird durch das Grundprinzip des »seines Bruders Hüter sein«), die das Hauptproblem und die vordringlichste Sorge einer progressiven patriarchalischen Gesellschaft sind, was in der Bibel seinen Ausdruck in der Versöhnung zwischen Joseph und seinen Brüdern findet, aber auch im Motiv der »Kampfgruppe von Brüdern«, das immer wieder in der jüdischen Geschichte auftaucht (vgl. den Aufstand der Makkabäer).

Daß die Geschichte von Kain und Abel so viele Bedeutungsebenen hat, sollte uns davon abhalten, biblische Erzählungen überhaupt zu beschränkt auslegen zu wollen. Trotzdem ist die oben skizzierte Deutung, die von einer Propaganda für das Tieropfer ausgeht, richtig für den näheren Kontext, in dem die Geschichte steht (und sie ist auch nicht unbedingt ohne Bezug auf die weitergespannten Themen der Geschichte im Gesamtzusammenhang der Bibel).

An diesem Punkt können wir uns wieder dem Aspekt der israelitischen Version der Geschichte von Kain und Abel widmen, der für die zentrale Frage dieses Buches von besonderer Bedeutung ist: der Verbannung Kains. Die Hauptschwierigkeit hierbei ist, wenn man das Ganze wörtlich nimmt: Warum mußte Kain nicht zur Strafe für das Verbrechen des Mordes sterben, das er begangen hat? Die Bibel sagt an anderer Stelle sehr eindeutig, daß Mord nur mit dem Tode gebüßt werden kann: »Wer Menschenblut vergießt, des Blut soll auch durch Menschen vergossen werden. Denn Gott hat den Menschen zu seinem Bilde gemacht« (Gen 9,6); »Ihr sollt kein Sühnegeld annehmen für das Leben eines Mörders, der schuldig gesprochen und zum Tod verurteilt ist; denn er muß mit dem Tode bestraft werden« (Num 35,31). Der Glaube der Israeliten unterschied sich hierin von anderen alten nahöstlichen Religionen, in denen es Regelungen zur Zahlung von Blutgeld gab[10]; ein Menschenleben wurde in Israel nie als etwas betrachtet, worum man handeln konnte. Im Falle von Kain jedoch, dem ersten Mörder, in dem man hätte annehmen können, daß die Anwendung des Prinzips »Leben um Leben« besonders wichtig gewesen wäre, um ein Exempel zu statuieren, läßt man Kain mit einem Verbannungsurteil davonkommen und ihm sogar einen besonderen Schutz angedeihen, um zu verhindern, daß er als Strafe für sein Verbrechen sterben muß. Der Midrasch bietet als juristische Lösung der Frage an, Kain sei ja nicht davor gewarnt worden, einen Mord zu begehen, und deswegen habe man ihn nach mischnaïschem Recht nicht hinrichten können[11]; diese Lösung bezieht sich aber nur auf die Todesstrafe, die von einem menschlichen Gericht vollzogen wird, sie schließt nicht aus, daß die Hinrichtung durch die Hand Gottes erfolgt, was in Fällen geplanten Mordes eigentlich erwartet wurde, in denen die Bedingungen für die Bestrafung durch ein menschliches Gericht nicht gegeben waren.

Nach dem oben Gesagten können wir die Frage dahingehend beantworten, daß Kains Verbannungsurteil in der ursprünglichen kenitischen Geschichte keine Strafe für Mord war, auch kein Verdammtsein zu lebenslänglichem Umherirren, sondern die Vertreibung aus dem Paradies in der Art, wie sie von der israelitischen

[10] Vgl. Num 35,31. Finanzielle Entschädigung für Mord war bei den Griechen statthaft (ποινή), ebenso bei den Germanen (*wergild*). Auch der Koran gestattet sie (2,178–179). Vgl. Milgrom 1971: »Die Vorstellung, daß es keine Geld- oder Sachentschädigung für den Mord an einem Menschen geben kann, entspricht der Grundlegung des Strafrechts in der Bibel. Der Wert des menschlichen Lebens ist unschätzbar, daher kann es dafür auch kein Äquivalent geben. Diese Vorstellung findet sich in keinem anderen Rechtssystem im Nahen Osten.«

[11] Vgl. Genesis Rabbah 22.

Bibel Adam zugeschrieben wird. Allerdings beantwortet das die Frage nicht vollständig, denn es gibt bestimmte Charakteristika von Kains Verbannung, die nicht zur Paradiesgeschichte gehören, so daß man annehmen muß, daß es noch eine andere, verborgene Quelle für die Verbannung gibt.

Als Kain verbannt wurde, sicherte Gott ihm Schutz gegen mögliche Angreifer zu. Das jedoch ist nicht Teil der Geschichte über die Vertreibung aus dem Paradies, sondern gehört eindeutig zu einem anderen Typus von Erzählung, nämlich jenem, in dem der Verbrecher zur Verbannung verurteilt wird, jedoch wegen der Art seines Verbrechens göttlichen Schutz genießt. Hier hat eine Verschiebung stattgefunden, mittels derer die Vertreibung Kains aus dem Paradies zusammengeklittert wird mit einer anderen Art der Verbannung, die besser zu der rituellen Tötung paßt, die Kain nun zugeschrieben wird. Im hebräischen Bericht ist aus Kain ein Mörder geworden, aber die Charakteristika seiner Verbannung zeigen Spuren eines Zwischenstadiums, in dem er als Heiliger Henker fungierte.

Der Heilige Henker wird in die Wüste verbannt, weil er ein Menschenopfer dargebracht hat, das die Gesellschaft zu diesem Zeitpunkt ihrer Entwicklung negativ beurteilt, da sie nur in Zeiten größter Not darauf zurückgreift. Dadurch, daß sie den Henker in die Wüste verbannt, schließt sie ihn aus und sagt damit eigentlich: »Er ist keiner von uns. Wir sind nicht verantwortlich für das, was er getan hat.« Er wird vogelfrei und steht nicht mehr unter dem Schutz der Gesetze der Gesellschaft, so daß es kein Verbrechen ist, ihn zu töten; es ist sogar eine verdienstvolle Tat, nicht nur wegen des schrecklichen Verbrechens, das er begangen hat, sondern auch deswegen, weil man sich vor ihm als Vogelfreiem fürchten muß, da er nur durch Gewalttaten seinen Lebensunterhalt bestreiten kann; er ist zu einem Wesen der Wüste geworden und zu einem Diener der Wüstendämonen. Andererseits darf man nicht vergessen, daß er eine Tat begangen hat, die die Gesellschaft gerettet hat. Man darf auch nicht unterschlagen, daß er während des Opferrituals die Rolle des Priesters übernommen hat. Folglich genießt er Schutz, nicht durch die Gesellschaft, sondern durch den Gott, der das Opfer verlangt hat und dessen grausamen Zorn er dadurch besänftigen konnte. Dieser Schutz ist nicht von der Art, wie ihn die Gesellschaft bietet, also der Schutz durch das Gesetz, sondern eine Rückkehr zum primitiven Gesetz der Rache. Jeden, der ihn tötet, wird eine fürchterliche Rache treffen – sieben Leben für eines; der Gott selbst sorgt dafür, daß diese Rache an der Familie dessen vollzogen wird, der den Henker tötet. Zum Zeichen dieses Schutzes trägt der Henker ein heiliges Mal, dessen Bedeutung allen bekannt ist. [12]

---

[12] In der griechischen Mythologie sind das Umherirren und die Leiden von Orestes, der von weiblichen Gottheiten verflucht, aber von dem männlichen Gott Apollo unterstützt wird, ein gutes Beispiel für das Schicksal, das denjenigen erwartet, der ein heroisches Verbrechen begeht, obwohl es sich dabei nicht um ein Beispiel für ein Menschenopfer handelt, sondern um einen Fall von Rebellion gegen das

Zwei Fragen können wir beantworten, ohne weit ausholen zu müssen. Man hat sich oft gefragt, warum Kain überhaupt befürchtete, getötet zu werden, wo doch damals die einzigen anderen Menschen auf der Welt sein Vater und seine Mutter waren. Der Midrasch löst die Frage dahingehend, Kain hätte sich vor Tieren gefürchtet, weil deren Angst vor Menschen in seinem Fall wegen der Schwere seines Verbrechens aufgehoben gewesen sei.[13] Auf einer ähnlichen Ebene könnte man entgegnen, er habe Angst vor zukünftigen Generationen von Menschen gehabt. In Wirklichkeit liegt die Antwort darin, daß die Geschichte an dieser Stelle gar nicht von Kain handelt, sondern vom Heiligen Henker und seiner Rolle in den Religionen der alten Zeit. Die Geschichte der privilegierten Verbannung wurde mit Kain verknüpft, jedoch zweifellos auch von zahlreichen anderen mythischen Figuren erzählt, nämlich als Rechtfertigung für einen Brauch aus der Stammeszeit, dem selten vollzogenen Ritual des Menschenopfers und den dazugehörigen verschiedenen Methoden der Verantwortungsabschiebung.

Der zweite Punkt ist die immer wieder geäußerte These, die Kainsgeschichte bezeichne den Anfang der Institution der Blutrache.[14] Diese Ansicht können wir getrost verwerfen. Denn die Blutrache verlangte nie siebenfache Rache, und überdies handelt die Kainsgeschichte keinesfalls von der Rachepflicht der Sippe einer ermordeten Person, sondern von der Absicht Gottes, im gegebenen Fall siebenfache Rache zu üben. Wenn die Geschichte den Ursprung der Blutrache zum Gegenstand hätte, so hätte es diesem Zweck viel besser gedient, Kain zur Vergeltung für seine Ermordung Abels getötet werden zu lassen, anstatt ihn als unter einem Schutz stehend vorzuführen. Die sogenannte Blutrache bezieht sich demnach nur auf denjenigen, der Kain tötet, nicht jedoch auf den ursprünglichen Mörder, Kain selbst in bezug auf seinen Mord an Abel. Die Geschichte hat also gar nichts mit der Blutrache zu tun, die sich immer auf einen normalen, unkomplizierten Mord bezog; sie handelt von einem sehr speziellen Fall, der Darbringung eines rituellen Opfers, bei

---

matriarchalische Gesetz, demzufolge Klytaimestra von der Bestrafung ausgenommen bleiben sollte. Unserem Thema näher liegt der Fall von Athamas, der seine Söhne Learchos und Melikertes opferte (angeblich in einem Anfall von Wahnsinn) und daraufhin dazu verdammt wurde, eine Zeitlang in der Wildnis umherzuirren. Danach wurde das Opfer eines Kindes aus der königlichen Familie von Alus in Thessalien zu einer festen Einrichtung (vgl. FRAZER, ›Der Goldene Zweig‹, *cap.* XXVI, »Die Opferung des Königssohnes«). In Afrika wurde der Matiamvo, also der Kaiser von Angola, am Ende seiner heiligen Herrschaft geopfert, und zwar durch die Hand eines Henkers, der von feindlichen Nachbarstämmen geschickt wurde. Der Henker begrub den zerstückelten Leichnam des Matiamvo heimlich; danach wurde dem Henker selbst der Kopf abgeschlagen. Man trat dann in Verhandlungen über die Rückführung des Leichnams in das Gebiet der feindlichen Stämme, worauf ein prunkvolles Staatsbegräbnis folgte. In diesem Fall leugnet der Stamm die Verantwortung für das Opfer durch den Kunstgriff, daß das Opfer durch die Hand vermeintlicher Feinde vollzogen wird; daher erlangt auch der Henker nicht genügend Heiligkeit, mit der sich eine Zeit des Exils mit schließlicher Rückkehr rechtfertigen ließe.

[13] Genesis Rabbah 22.

[14] Z.B. SMITH 1903, *p.* 251.

dessen Durchführung der Henker ausdrücklich von der Blutrache durch sein Mal ausgenommen war, welches bezeugte, daß er unter öffentlichem Schutz stand.

Einen erheblichen Beitrag zur Klärung der Kainsgeschichte und derjenigen des Heiligen Henkers leistet eine Untersuchung des Rituals des Sündenbocks am Versöhnungstag (Lev 16). Ein besonderes Kennzeichen dieses Tages, an dem man sich von Sünden reinigt, war die Opferung von zwei Ziegenböcken, von denen einer getötet und der andere in die Wüste hinausgetrieben wurde. Welcher Ziegenbock welchen Part zu übernehmen hatte, war vorher nicht festgelegt, sondern wurde am Tag des Opfers durch das Los entschieden. Man sagte, der Ziegenbock, der getötet wurde, sei »für den Herrn«, und der andere, den man in die Wüste trieb, sei »für Asasel«. Die Bibel schreibt:

> *Aaron soll den Bock, für den das Los »für den Herrn« herauskommt, herbeiführen und ihn als Sündenopfer darbringen. Der Bock, für den das Los »für Asasel« herauskommt, soll lebend vor den Herrn gestellt werden, um für die Sühne zu dienen und zu Asasel in die Wüste geschickt zu werden. (Lev 16,9–10)*

Was soll wohl die Formulierung im zweiten Satz bedeuten »... für die Sühne zu dienen«? Die deutsche Präposition »für« kann hier zweierlei bedeuten. Ist gemeint »für seine Sünden« oder »für das, was ihm angetan wurde«? Im Hebräischen gibt es diese Zweideutigkeit nicht, denn während des ganzen Abschnitts wird immer, wenn »für jemandes Sünden büßen« gemeint ist, die Präposition *be'ad* בעד verwendet, v. 17 in der englischen Authorized Version: »und er soll Buße tun für (*be'ad* בעד sich selbst, für (בעד) die Mitglieder seines Hauses und für בעד die ganze Volksversammlung von Israel« »and he shall make atonement for himself and for his household and for all the assembly of Israel« [H: »Hat er sich, sein Haus und die ganze Gemeinde Israels entsühnt, ...«]); wenn jedoch »Buße tun für das, was jemandem oder einer Sache angetan wurde« gemeint ist, wird eine andere Präposition benutzt, *'al* על (z.B. v. 16 AV: »and he shall make atonement for (על) the holy place, because of the uncleannesses of the children of Israel« [L: »und soll also versöhnen das Heiligtum von der Unreinigkeit der Kinder Israel«; H: »So soll er das Heiligtum von den Unreinheiten der Israeliten ... entsühnen«]).

Im Falle des Sündenbocks (also dem Ziegenbock, der in die Wüste getrieben wurde), welcher oben angeführt wird, wird gesagt, er solle »lebend vor den Herrn gestellt werden«, »*um Buße für ihn zu tun*«, um ihn für Asasel in die Wüste zu schikken. In der Wendung, die ich durch Kursivschrift hervorgehoben habe, wird die Präposition 'al על benutzt; dementsprechend muß der Satz übersetzt lauten: »um Buße zu tun für das, was ihm angetan wurde«. Aber was wurde wem angetan? Dieser Satz hat Bibelkommentatoren große Rätsel aufgegeben, und sie haben verschiedenste Erklärungen vorgeschlagen (z.B. die Präposition sollte an dieser Stelle mit »auf« oder »über« oder »durch« übersetzt werden, so daß das Fürwort »ihn« sich auf den Sündenbock selbst bezieht, durch den die Buße allgemein für die ganze Gemeinschaft geleistet wird). Das sind allerdings Erklärungen, die recht weit hergeholt sind; man erwartet doch eigentlich, daß die Person oder die Personen, deren Sünden verziehen werden sollen, oder die Person, Institution oder Sache, an der man sich versündigt hat, so daß eine Sühne notwendig wird, ausdrücklich erwähnt werden würden. Aber der Gebrauch der Präposition על legt nahe, daß uns der letztere Sachverhalt mitgeteilt werden soll. Worauf bezieht sich dann das Fürwort »ihn«? Meiner Meinung nach läßt sich dieser Satz ganz ungezwungen verstehen, wenn »ihn« sich auf den anderen Ziegenbock bezieht, denjenigen eben, der getötet wurde, was gerade im Vers zuvor erwähnt wird. Was ausgedrückt werden soll, ist der Sachverhalt, daß der Sündenbock in die Wüste getrieben wird, um Buße zu tun für das, was »ihm« angetan wurde, nämlich dem geopferten Ziegenbock.

Es sieht also alles danach aus, daß eine alte Formel, die die Funktion des Sündenbocks erklärt, in der hebräischen Bibelfassung stehengeblieben ist, obwohl diejenigen, die die Endredaktion des Textes vornahmen, die Formel nicht mehr verstanden und deshalb die Funktion des Sündenbocks anders erklärten. Denn etwas weiter unten im selben Absatz wird der Sündenbock dargestellt als Figur, die *alle* Sünden der Gemeinde trägt, nicht nur die Schuld für die Opferung des anderen Ziegenbockes: »Aaron soll seine beiden Hände auf den Kopf des lebenden Bockes legen und über ihm alle Sünden der Israeliten, alle ihre Frevel und alle ihre Fehler bekennen. Nachdem er sie so auf den Kopf des Bockes geladen hat, soll er ihn durch einen bereitstehenden Mann in die Wüste treiben lassen« (Lev 16,21). Wenn die Sühnefunktion des Sündenbockes tatsächlich so allumfassend war, dann ist es nicht recht einzusehen, warum der andere Bock überhaupt geopfert werden muß; dieser Schwierigkeit wird jedoch durch die Behauptung in diesem Absatz begegnet, der geopferte Ziegenbock solle nur für Verstöße gegen die Heiligkeit des Tempels büßen (v. 16), der Sündenbock hingegen für alle anderen Sünden. Diese Arbeitsteilung sieht aber sehr nach einer aus dem Stand gegebenen Erklärung aus, die zu einer Zeit nachgeliefert wurde, als der ursprüngliche Grund für die Notwendigkeit des Vorhandenseins von zwei Ziegenböcken nicht mehr verständlich oder schon vergessen war.

Ursprünglich war es nach alledem sicherlich so, daß die Ziegenböcke für zwei Männer standen, von denen der eine geopfert und der andere in die Wüste geschickt wurde, wo er nicht mehr Mitglied der Gemeinde des Gottes war, sondern zum Diener des Wüstendämons Asasel wurde. Der Grund, weswegen er weggeschickt wurde, war, daß er die Rolle des Henkers am menschlichen Opfer übernommen hatte, welches für die Sünden der Gemeinde gestorben war, um den Zorn des Gottes abzuwenden. Ein interessantes Detail am Rande verrät uns das Ritual des Sündenbocks, nämlich, daß das Opfer per Los bestimmt wurde. Es war also nicht irgendein menschliches Mitglied der Gemeinde, das diesen Menschen zum Opfer bestimmte, sondern der Gott selbst, der das Los auf ihn hatte fallen lassen. Möglicherweise unterwarf sich ursprünglich die ganze Gemeinde der Auslosung; und erst zu einem späteren Zeitpunkt ließ man das Los nur zwischen zwei Männern entscheiden, von denen einer starb, während der andere als dessen Henker agierte. Wenn sich mehr Leute oder alle dem Spruch des Loses unterwarfen, war der Part eines Heiligen Henkers gar nicht notwendig, denn man konnte die ganze Verantwortung dem Gott zuschieben. Es gibt Anhaltspunkte für ein derartiges Entwicklungsstadium in der Bibel, und zwar in der Geschichte von Achan (Jos 7). Als die Israeliten dabei waren, das Heilige Land zu erobern, erlitten sie entgegen ihren Erwartungen eine Niederlage bei Ai, die zu einem katastrophalen Niedergang ihrer Kampfmoral an einem kritischen Punkt der Entwicklung führte. Man fand einen Ausweg aus der Krise dadurch, daß Achan aus dem Stamme Juda geopfert wurde, der durch das Los (wie es aussieht, wenn es auch nicht ausdrücklich so geschrieben steht) aus dem ganzen Volk Israel ausgewählt wurde. Natürlich wird das nicht als Menschenopfer dargestellt, was den Bibelautoren ein Greuel gewesen wäre, sondern als Bestrafung für ein geheimgehaltenes Sakrileg.

Im Ritual des Sündenbocks haben wir also einen zu einem späteren Zeitpunkt entstandenen und daher unverstandenen Bericht über einen sehr urtümlichen Brauch, einen Brauch, der von der Darbringung eines Menschenopfers nicht mehr weit entfernt ist. In den Opferritualen waren Tiere an die Stelle von Menschen getreten, aber von dem ursprünglichen Schuldgefühl blieb genügend übrig, um sogar für die Figur des verbannten Heiligen Henkers aus dem ursprünglichen mörderischen Ritual einen Tier-Ersatz notwendig zu machen, ein Tier, das in die Wüste geschickt wurde wie früher der Henker. Nach und nach geriet die Begründung für diesen seltsamen Brauch in Vergessenheit, und man legte ihm andere Bedeutungen bei. Der Name Asasel, ursprünglich der Name eines Wüstendämons[15], wurde in dem Ritual und dessen biblischer Beschreibung beibehalten, aber seine Bedeutung war vergessen und paßte nicht mehr zum monotheistischen Glauben Israels. Manche übersetzten ihn mit »der Bock, der davonkam« (also der »scapegoat«, wie die englische Sprache diese Fehldeutung aufnimmt)[16], wobei sie annahmen, daß der Name aus der Verbindung von *'ez* עז (also Ziegenbock) und *asal* אזל (also »gehen« bzw. »fliehen«) entstanden sei. Andere nahmen an, er bedeute »harter Berg«;

---

[15] In der Henochapokalypse ist Asasel der Name eines rebellischen Engels. T. H. Gaster bringt den Einwand, daß Sündenböcke niemals Dämonen geopfert wurden. Asasel könnte der Name sein, den man ursprünglich dem Heiligen Henker selbst gegeben hat.

[16] Die Septuaginta übersetzt *asasel* עזאזל als τράγος ἀποπομπαῖος und nimmt als Bedeutung des Wortes an »der Ziegenbock, der weggeht«, und die Vulgata übernimmt diese Übersetzung. Die rabbinische Übersetzung (Yoma 67b) lautet »harter Fels«.

diese Deutung kam zu einer Zeit auf, als es üblich geworden war, den Sündenbock in der Wüste zu töten, indem man ihn eine Klippe hinuntertrieb, ein Brauch, der in der Bibel nicht vorgeschrieben ist und der der ursprünglichen Bedeutung des Rituals glatt widerspricht, wenn unsere Analyse zutrifft.[17]

Man sollte den Sündenbock nicht als Entsprechung des Tieres auffassen, das im babylonischen Neujahrsfest im Frühling eine Rolle spielt, wie das so oft getan wurde.[18] Diesem Tier wurde alles Böse, das aus dem Tempel ausgetrieben worden war, aufgebürdet, und dann warf man es in den Euphrat; alle, die es berührt hatten, wurden unrein. Im Gegensatz dazu wurde der Sündenbock (im ursprünglichen Ritual, wie es die Bibel beschreibt) weggetrieben und konnte sich in der Wüste frei bewegen, er wurde eben nicht getötet. Die Art und Weise, wie er weggetrieben wird, hat etwas Zufälliges: Er wird weggetrieben von »einem bereitstehenden Mann« (Lev 16,21). Was hier als »bereitstehend« übersetzt wird, heißt auf Hebräisch *'itti* עִתִּי und heißt wörtlich »rechtzeitig«. Damit ist am ehesten gemeint: »Jemand, der zufällig zu dieser Zeit dort ist« (d.h. wenn man ihn gerade braucht). Dieser Mann mußte nicht einmal Priester sein.[19] Der Grund für diese Zufälligkeit liegt darin, daß der Sündenbock wirklich aus eigenem Antrieb weglaufen soll, ähnlich der einsamen Figur des Henkers, so daß man nur für das Minimum an Begleitung sorgt, scheinbar aus dem Stegreif, nur um sicherzugehen, daß er wirklich in die Wüste geht, und derjenige, der diese Begleitung übernimmt, wird so behandelt, als ob seine Beteiligung an dem Ritual wirklich ganz unbedeutend sei. Denn in der ursprünglichen Rolle des Heiligen Henkers war es wahrscheinlich so, daß der Henker nach dem Vollzug des Opfers mit allen Anzeichen der Schuld vom Altar wegfloh. Jegliche Hilfe, die man ihm bei seiner Flucht leisten würde, würde den Anschein der einsamen Schuld dieses einen Menschen verwischen und die versammelte Gemeinde in seine Tat verwickeln.

Es gibt einen anderen Brauch, in dem die Flucht des Henkers besser wiedergegeben wird. Kommentatoren haben dabei auf eine gewisse Ähnlichkeit mit dem Ritual des Sündenbocks hingewiesen (Lev 14).[20] Es handelt sich um die Feier der Reinigung des Leprakranken, nachdem er von seiner Krankheit geheilt ist. Für die Durchführung der Zeremonie werden zwei Vögel benötigt, von denen einer getötet wird und der andere »ins freie Feld« freigelassen wird (14,7). Bemerkenswert ist, daß der Vogel, der am Leben gelassen wird, vor seiner Freilassung in das Blut des getöteten Vogels getaucht wird. Der Mann, der gereinigt werden soll, wird dann siebenmal mit dem Blut des geopferten Vogels besprengt und dadurch rein; erst

[17] Vgl. Mischna, Yoma 6,6.

[18] Vgl. Hooke 1956, *p.* 70.

[19] Vgl. Mischna, Yoma 6,3: »Jeder konnte dazu bestimmt werden, ihn wegzuführen, aber die Priester hatten den Brauch eingeführt, daß man nicht zuließ, daß ein Israelit ihn wegführte.«

[20] Vgl. Harrison 1980, *pp.* 149*sq*.

dann wird der lebende Vogel freigelassen. Diese rätselhafte Zeremonie ist nur dann ganz verständlich, wenn man den lebenden Vogel als Repräsentanten des Heiligen Henkers versteht, der in älteren Zeiten auf seine Art den ganzen Stamm reinigte – die Zeremonie zur Reinigung des Leprakranken ist wahrscheinlich abgeleitet von dem schwerwiegenderen Ritus, der die ganze Gemeinde mit einschloß –, indem er einen Menschen opferte und dann die Flucht ergriff.

Ein weiteres Charakteristikum des Reinigungsrituals für den Leprakranken ist für unsere Untersuchung von Bedeutung, nämlich der Gebrauch von »Zedernholz, Scharlach-Faden und Ysop«. Auch diese müssen in das Blut des geopferten Vogels getaucht werden (14,6). Noch hat niemand die Bedeutung dieser Symbole entschlüsseln können. Die jüdische Überlieferung, wie sie in der Mischna und anderen Schriften zu finden ist, hält fest, daß diese drei Dinge, Zedernholz, Scharlach-Faden (Wolle) und Ysop, zusammengebunden werden müssen und nicht einzeln verwendet werden dürfen. Zum Zusammenbinden wurde der Faden verwendet, den man den »Streifen« – wörtlich eigentlich »die Zunge« – »von Scharlach« (*laschon schel zehorit* לשון של זהורית) nannte. [21]

Auf genau die gleiche Kombination von Zedernholz, Scharlach-Faden und Ysop stößt man in Zusammenhang mit der Verbrennung der »Roten Kuh«. Während ihr Kadaver zu Asche zerfällt (die später dann zu Reinigungszwecken gebraucht wird), mußte der Priester, der die Zeremonie durchführte, »Zedernholz, Ysop und Scharlach« nehmen und »alles in das Feuer« werfen, »in dem die Kuh verbrannt wird« (Num 19,6). Entsprechend jüdischer Überlieferung (Mischna, Parah 3,11) mußten Zedernholz und Ysop zusammengebunden werden, wobei auch hier der scharlachrote Faden als Bindematerial benutzt wurde.

Im Falle des Sündenbocks erwähnte die Bibel nichts von einer »scharlachroten Zunge«, die Teil der Zeremonie wäre. Aber in den jüdischen Volksbräuchen spielte sie eine wichtige und auffällige Rolle. Wie die Mischna mitteilt, wurde die »scharlachrote Zunge« zwischen die Hörner des Sündenbocks gebunden. Ein weiteres Stück roten Fadens wurde in die Vorhalle des Tempels gehängt (entsprechend einer späten und apokryphen Überlieferung), und im selben Augenblick, in dem der Sündenbock starb (nachdem man ihn über eine Klippe geworfen hatte), wurde der rote Faden im Tempel weiß zum Zeichen dessen, daß Gott verziehen hatte. Verläßlicher ist allerdings die Überlieferung, nach der auch dem Ziegenbock, der geschlachtet wurde, ein roter Faden zwischen die Hörner gebunden wurde. [22]

Die Erklärung für all dies ist wahrscheinlich, daß die Kombination von Zedernholz und Ysop-Pflanze, verbunden durch einen scharlachroten oder karmesinroten Faden, ein Instrument zum Besprengen während des Opfers darstellte. In der Bibel

[21] Vgl. Mischna, Yoma 6,8.

[22] Vgl. ebenda, 6,6 und 8.

blieb ausschließlich der Gebrauch von Ysop zu diesem Zweck übrig (Num 19,18). Ysop wurde auch als Pinsel benutzt, um die Türschwellen der Israeliten mit dem Blut des geopferten Lammes anläßlich der zehnten Plage in Ägypten zu beschmieren (Ex 12,22). Der Heilige Henker benutzte dieses Instrument, um den Altar mit dem Blut des menschlichen Opfers zu besprengen, und wenn er sich zur rituellen Flucht wandte, nahm er sein Besprengungsinstrument mit sich und befestigte es dauerhaft an sich als Zeichen seiner Identität und Unverletzlichkeit als geheiligtes Wesen. Dies war das »Zeichen, das Gott Kain gab, damit nicht einer, der ihn fand, ihn erschlüge«. Viele Jahre später banden die Israeliten dem Sündenbock, den sie in die Wüste schickten, ein scharlachrotes Band zwischen die Hörner; sie wußten nicht mehr, warum sie das taten, und mußten eine phantasievolle Erklärung dafür finden. In den anderen beiden ältesten Reinigungszeremonien der Israeliten, der der »Roten Kuh« und der des Leprakranken, war das alte Besprengungswerkzeug zwar eingeschlossen, erfüllte jedoch keinerlei funktionalen Zweck mehr.

Der Ysop war der eigentlich funktionale Teil an dem ganzen Instrument, da er sich wegen seiner Form besonders zum Besprengen eignete. Zedernholz war zweifellos bei diesen besonderen Opfern mit verwendet worden, weil es zum Edelsten des Pflanzenreiches gehörte, wohingegen der Ysop zu den am wenigsten edlen Pflanzen zählte: König Salomo, so spricht die Bibel, »redete von Bäumen, von der Zeder an auf dem Libanon bis an den Ysop, der aus der Wand wächst« (1 Kön 5,13). Der wollene Faden wiederum stand für die Tierwelt, einschließlich seiner Färbung mit tierischen Stoffen. So war die Komplizenschaft der Tier- und Pflanzenwelt bei diesem Opfer sichergestellt; das ganze Universum war schuldig, nur nicht die Gemeinde. Durch seine Flucht in die Wüste mit seinem blutbefleckten und mit Blut eingefärbten Sprengwedel wurde der Henker zu einem Wesen der Wildnis, zu einem Teil der Natur selbst; solcherart wurde dann die Opferung zum Naturereignis, zu etwas, was wir heute einen »Unfall« oder »höhere Gewalt« nennen würden.

Die Geschichte von Kains Verbrechen und Bestrafung hat also mehrere Bedeutungsebenen, die aus verschiedenen geschichtlichen Epochen und unterschiedlichen literarischen Quellen stammen; der zwingendste Aspekt und die wichtigste Ebene der Geschichte war schon immer die des Heiligen Henkers, der wegen eines abstoßenden Verbrechens aus der Gesellschaft verbannt wird, während dieses aber so ambivalenter Natur ist, daß sein Leben verschont und sogar geschützt wird durch ein ihm von Gott verliehenes Zeichen, das von allen Menschen anerkannt wird. Wir können uns fragen, auf welche Weise dieser Aspekt in die biblische Erzählung hineinkam; denn er scheint weder zur Verehrung der Keniter für Kain als ihren Ahnherrn zu passen noch zur Ablehnung des Menschenopfers durch die Israeliten, die es als reinen Mord beurteilten, der mit dem Tode bestraft werden mußte. Ich habe weiter oben angedeutet, daß Kain sich eventuell schon in der kenitischen Legende eine Weile lang in die Wüste zurückziehen mußte, nachdem er seinen Sohn Henoch getötet hatte, um von den Auswirkungen der Opferung gereinigt zu werden. Dieser Umstand könnte der Keim einer Kainsgeschichte geworden sein, die nicht beim Stamm der Keniter selber, aber in benachbarten, manchmal auch feindseligen Stämmen kursierte und in der Kain als Mörder dargestellt wurde, aber als Mörder von doppeldeutigem, erschreckendem und zugleich ehrfurchtgebietendem Charakter, der ihn zum Vogelfreien machte, während er gleichzeitig unter dem Schutz eines wilden Wüstengottes stand. Aus einer derartigen Quelle leiteten dann die Israeliten, die gleichzeitig ihrerseits nicht ganz frei von dem Glauben an die zwar grauenerregende, aber gelegentlich doch bestehende Notwendigkeit des Menschenopfers waren, eine Geschichte ab, die ehrabschneiderisch genug war, um Kain seine Stellung als geehrter Held und ursprünglicher Stammvater der gesamten Menschheit, wie er sie in der kenitischen Stammessage innehatte, zu nehmen, ihm aber als Ahnherrn eines Stammes, dem sie in kultureller Hinsicht einiges verdankten, immer noch einen gewissen Rang einräumte.

Kapitel 4

Lamech

IN KAPITEL 4 DES BUCHES GENESIS finden wir, in nicht mehr als zwei Sätzen (vv. 17–18) zusammengefaßt, die Geschlechterfolge der Nachkommen Kains, die, wie bereits oben ausgeführt, tatsächlich die Basis der gesamten biblischen Erzählung über die Zeit vor der Sintflut darstellt. Diese zwei Sätze lauten folgendermaßen:

> *Und Kain erkannte sein Weib; die ward schwanger und gebar den Henoch. Und er baute eine Stadt, die nannte er nach seines Sohnes Namen Henoch. Henoch aber zeugte Irad, Irad zeugte Mahujaël, Mahujaël zeugte Metushaël, Metushaël zeugte Lamech.*

Der Rest dessen, was von der Stammessage der Keniter in der Hebräischen Bibel erhalten geblieben ist, besteht aus fünf teilweise sehr rätselhaften Sätzen über Lamech und seine drei Söhne (vv. 19–24). Diese Stellen sind von ganz besonderem Interesse, und ihre nähere Betrachtung beleuchtet die Verbindungen, die zwischen der israelitischen Sintflut-Erzählung und der Geschichte der Keniter bestehen. Sie geben darüber hinaus näheren Aufschluß über das Thema des Menschenopfers und die Behandlung dieses Themas durch die israelitischen Bearbeiter der hebräischen Erzählung.

Die betreffenden fünf Sätze lauten (in der Übersetzung der Jewish Publication Society of America):

> *And Lamech took unto him two wives; the name of the one was Adah, and the name of the other Zillah. And Adah bore Jabal; he was the father of such as dwell in tents and have cattle. And his brother's name was Jubal; he was the father of all such as handle the harp and pipe. And Zillah, she also bore Tubal-Cain, the forger of every cutting instrument of brass and iron; and the sister of Tubal-Cain was Naamah. And Lamech said unto his wives:*
>
> *Adah and Zillah, hear my voice;*
> *Ye wives of Lamech, hearken unto my speech;*
> *For I have slain a man for wounding me,*
> *And a young man for bruising me;*
> *If Cain shall be avenged sevenfold,*
> *Truly Lamech seventy and sevenfold.*

(Bei Luther lautet die Stelle so: »*Lamech aber nahm zwei Weiber; eine hieß Ada, die andere Zilla. Und Ada gebar Jabal; von dem sind hergekommen, die in Hütten wohnten und Vieh zogen. Und sein Bruder hieß Jubal; von dem sind hergekommen die Geiger und Pfeifer. Die Zilla aber gebar auch, nämlich den Thubalkain, den Meister in allerlei Erz- und Eisenwerk. Und die Schwester des Thubalkain war Naëma. Und Lamech sprach zu seinen Weibern Ada und Zilla: Ihr Weiber Lamechs, höret meine Rede und merket, was ich sage: Ich habe einen Mann erschlagen für meine Wunde und einen Jüngling für meine Beule; Kain soll siebenmal gerächt werden, Lamech aber siebenundsiebzigfach.*«) (Anm.: Spracharchaïsmen sollen nicht irreführen: Hütten [cf. »Laubhüttenfest«] = Zelte, Geiger = Zitherspieler, Pfeifer = Flötenspieler.)

Wie aus der Zeilenanordnung der Fassung der Jewish Publication Society (JPS) hervorgeht, ist die Rede Lamechs in Versform gehalten, eine Tatsache, die für ihre Interpretation von Bedeutung ist.

Eine Frage, die sich natürlicherweise sofort aufdrängt, ist: Gab es in der Stammessage der Keniter einen Bericht über die Sintflut? Da, wie wir gesehen haben, die Israeliten ihre Kenntnis von der Frühgeschichte der Menschheit in so vielen Punkten von den Kenitern bezogen haben, wäre es wahrscheinlich, daß sie ihre Information über die Sintflut derselben Quelle entnommen haben, eventuell verquickt mit Material aus anderen Quellen. Was jedoch noch von der Stammessage der Keniter in der Bibel übriggeblieben ist, gibt keinerlei Auskunft über die Sintflut. Die Geschichte der Keniter endet abrupt mit der Rede Lamechs an seine Frauen, einer Rede, deren Bedeutung seit jeher Rätsel aufgegeben hat. Es wird zwar nicht explizit gesagt, daß Lamech, seine Frauen und seine drei Söhne durch die Sintflut umkamen; da es aber keine weitere Aufzählung der Geschlechterfolge Kains gibt und Noah und seine Familie, die nicht von Kain, sondern von Seth abstammten, der biblischen Darstellung zufolge die einzigen Überlebenden der Sintflut waren, soll uns offensichtlich nahegelegt werden, die drei Söhne des Lamech seien die letzte Generation des Geschlechts Kain.

Sollte dies zutreffen, dann erscheint allerdings der Umstand, daß diese Söhne nicht als die Letzten ihres Geschlechts, sondern als Gründer und Stammväter beschrieben werden, auf Anhieb rätselhaft. Denn Jabal, der Älteste, wird als »Vater derer, die in Zelten wohnen und Vieh halten« und Jubal als »Vater aller Zither- und Flötenspieler« beschrieben, während der jüngste Sohn, Thubalkain, als Begründer des Schmiedehandwerks geschildert wird. (Der »Beiname« des Thubalkain im Hebräischen ist schwierig zu interpretieren; in der Übersetzung der New English Bible lautet er »master of all coppersmiths and blacksmiths«, also »Meister aller Kupfer- und Eisenschmiede«.) Wenn die drei Söhne des Lamech tatsächlich der Menschheit die Künste der Viehzucht, der Musik und des Schmiedehandwerks beigebracht haben sollen, so blieb ihnen dazu nur sehr wenig Zeit, und sie konnten ihr Wissen nur weitergeben, indem sie es Noah vermittelten; es ist jedoch unwahrscheinlich, daß sie jemals dessen Bekanntschaft gemacht haben.

Dies wirft für uns eine weitere Frage auf, die, so naheliegend sie ist, sich offensichtlich niemand unter den Bibelkommentatoren je gestellt hat. Warum hat es so lange gedauert, bis die Menschheit Fertigkeiten in der Viehzucht, der Musik und im Schmiedehandwerk entwickelte? Der biblischen Erzählung zufolge waren die drei Söhne des Lamech die ersten, die diese Fähigkeiten ausbildeten, und das geschah erst kurz vor Ende des ersten Abschnitts der Menschheitsgeschichte, nicht etwa an deren Anfang, wie man vermuten möchte. Warum kam im Laufe so vieler Generationen vor der Sintflut (immerhin betrug dieser Zeitabschnitt der sethitischen Chronik des masoretischen Textes zufolge 1656 Jahre, obwohl der samaritanische Text mit weniger auskommt, nämlich 1307 Jahren, und die Septuaginta wiederum macht ihn länger, 2242 Jahre) niemand auf den Gedanken, in Zelten zu wohnen, Vieh zu züchten, zu musizieren oder Metall zu bearbeiten? Aber trifft es tatsächlich zu, daß die Söhne Lamechs die ersten waren, die diese Fertigkeiten entwickelten? Was die Viehzucht betrifft, so können wir der Bibel selbst entnehmen, daß Abel ein Schafzüchter war. Wir erfahren darüber hinaus, daß Kain eine Stadt baute, und es dürfte kaum möglich gewesen sein, daß er dies ohne jegliche Kenntnisse des Schmiedehandwerks fertiggebracht haben soll. Und warum ist der Name dieses Mannes ausgerechnet Kain, was »Schmied« bedeutet, wenn er gar nichts vom Schmiedehandwerk wußte? Schließlich darf man sich fragen, warum Jabal der erste Zeltbewohner gewesen sein soll, wenn sein entfernter Vorfahr Kain schon ein Stadtbewohner war. Dies scheint eher ein Rückschritt in der Zivilisation zu sein als ein Fortschritt. Als solcher wird es aber offensichtlich dargestellt, da es in einen Zusammenhang mit Erfindungen von erstrangiger Bedeutung gestellt wird.

Auf all diese Fragen gibt es eine sehr einfache Antwort. Sie lautet, daß in der Stammessage der Keniter die drei Söhne des Lamech nicht die letzte Generation *vor* der Sintflut gewesen waren, sondern die erste *nach* ihr, oder genauer, daß sie die (kenitische) Parallele jenes anderen Trios gewesen waren – Sem, Ham und Japheth, der Söhne Noahs –, welche während der Sintflut in der Arche überlebten und die drei Urväter der Welt nach der Sintflut wurden, von denen die drei Hauptzweige der Menschheit abstammen. So erklärt sich nicht nur die Symmetrie der drei Söhne in beiden Fällen, sondern auch, warum alle drei Söhne des Lamech als Gründerfiguren beschrieben werden. Sie mußten Pioniere sein, weil sie eine neue Welt aufzubauen hatten; dies ergibt viel mehr Sinn, als Pionier zu sein in einer Welt, deren Ende unmittelbar bevorsteht. Es wird jetzt auch verständlich, warum Jabal, dessen Vorfahren schon längst Stadtbewohner waren, der »Vater derer, die in Zelten wohnen« war. In einer brandneuen Welt mußten die Menschen auf primitiverer Ebene von vorn beginnen, bevor sie wieder in der Lage waren, Städte zu bauen.

Die eigenartige Verschiebung, die wir in der Hebräischen Bibel vorfinden, welche Gründerfiguren am Ende anstatt zu Beginn einer Epoche auftreten läßt, ist ein Nebenprodukt der rigorosen Bearbeitung der kenitischen Stammessage in der Bibel, wobei das Geschlecht Kains nicht als Stammlinie der Menschheit dargestellt, sondern in eine Sackgasse abgelenkt wird. Sobald wir jedoch erkennen, was geschehen ist, kommen wir zu einer wichtigen logischen Folgerung: daß nämlich Lamech selbst der kenitische Noah ist.

Daß es mit Lamech eine besondere Bewandtnis hat – abgesehen von der Tatsache, daß er eine Ansprache an seine zwei Frauen richtete, deren Bedeutung rätselhaft ist –, zeigt sich schon an dem Raum, welcher der Erzählung von ihm zugemessen wird, im Gegensatz zur bloßen Erwähnung in der Geschlechterfolge, wie ansonsten mit allen Nachkommen Kains verfahren wird. Lamech ist nach Kain der erste Kainit, dessen Frau erwähnt wird, so wie Noah der erste Sethit nach Adam ist, dem diese Ehre zuteil wird. Offenbar enthielt die Kenitersaga sehr viele Einzelheiten über Lamech, so daß die israelitischen Bearbeiter dieses Material nicht ganz ausklammern konnten, wenngleich sie es auf ein Minimum zusammenstrichen, dessen Sinn kaum noch verständlich ist.

Betrachten wir nun Lamechs Rede an seine Frauen, und zwar immer unter dem Aspekt, daß Lamech in der Kenitersaga das Gegenstück des Sethiten Noah darstellt und Lamech demzufolge derjenige ist, der die Arche baute und zusammen mit seinen Frauen und seinen drei Söhnen der Sintflut entkam, so werden wir vielleicht dieses rätselhafte und poetische Überbleibsel einer sehr alten Chronik zu verstehen beginnen.

Wir stellen gleich zu Beginn fest, daß Lamech in seiner Rede (oder seinem Lied) den Namen seines Vorfahren Kain erwähnt, indem er sagt, »Wird Kain siebenfach gerächt, / Dann Lamech siebenundsiebzigfach.« Kommentatoren haben dies als »den Ausruf eines rachsüchtigen Stammesmenschen, der seinen Feind besiegt hat«, gedeutet.[1] Mit anderen Worten: man betrachtet diesen Ausspruch als eine Erklärung Lamechs, er werde furchtbare Rache an jedem nehmen, der ihn oder seine Familie angreift; eine Erklärung, deren Wildheit und Selbstgewißheit ausgelöst und verstärkt wird durch den Anblick des vor ihm liegenden, gerade getöteten Feindes: »Ich erschlug einen Mann für meine Wunde, / Und einen Jüngling für meine Strieme (resp. ›Beule‹).« (Es besteht generell Einigkeit darüber, daß es sich dabei nur um einen Mann, nicht zwei Personen handelt; was als Verdopplung erscheint, beruht auf einem Stilmittel, das in der hebräischen Dichtung gebräuchlich ist und als »Parallelismus« bezeichnet wird; es besteht in der rhythmischen Wiederholung einer Aussage mit anderen Worten.) Einige Kommentatoren sind der Auffassung, das Lied sei an dieser Stelle bewußt eingefügt, um den morali-

[1] Vgl. z.B. Skinner 1930, *p.* 121, der sich der Meinung F. Lenormants und J. Wellhausens anschließt.

schen Verfall der Generation vor der Sintflut und ihre Neigung zur Gewalt aufzuzeigen: »Aber die Erde war verderbt vor Gottes Augen und voll Frevels« (Gen 6,11). Lamech ist so sehr von der Stimmung der Gewalt dieser Zeit erfaßt, daß er bereit ist, sich für die bloßen Kratzer oder eine Verwundung seiner selbst durch vielfaches Töten (»siebenundsiebzigfach«) zu rächen. Andere wiederum messen der Stellung von Lamechs »wildem« Lied direkt nach dem vorangegangenen Vers über die Erfindung der Schmiedekunst durch seinen Sohn Thubalkain eine Bedeutung zu. Ihrer Deutung zufolge ist Lamech von den neuen Eisenwaffen, die sein Sohn schmiedet, äußerst angetan, und er erklärt, daß er mit Hilfe derselben in der Lage sein werde, Kains mörderische Tat in großem Maßstab zu wiederholen. Nach Meinung dieser Kommentatoren besteht eine Gemeinsamkeit zwischen Lamech und Kain: beide erscheinen als gewalttätige Mörder, und Lamech rühmt sich seiner Fähigkeit, es mit seinem Vorfahren darin nicht nur aufnehmen, sondern ihn sogar weit überflügeln zu können. [2]

Eine solche Auslegung ist meines Erachtens falsch, da sie auf den Vergleich, den Lamech zwischen seiner Person und Kain anstellt, nicht sorgfältig genug eingeht. Als Kain gesagt wurde, er werde siebenfach gerächt werden, so stand dies keineswegs im Zusammenhang mit einem Vergeltungsakt, den er selbst ausüben würde. Es war ein von Gott gegebenes Versprechen (Gen 4,15); falls Kain selbst getötet werden sollte, so würde Gott dafür sorgen, daß die Familie des Mörders siebenfach bestraft würde (d.h. sieben Leben würden für eines genommen werden). Der eigentliche Kern dieser Drohung war, daß sie einen *Schutz* für Kain darstellte. Dies war nun etwas, von dem jedermann Kenntnis haben mußte, und zum Zeichen der öffentlichen Bekanntmachung verlieh Gott Kain ein bestimmtes Mal; die Bedeutung dieses Zeichens – nämlich, daß Gott Kain unter seinen Schutz stellte und jeden, der das Zeichen mißachtete, schwer bestrafen würde – mußte allen bekannt sein, denn sonst wäre es wirkungslos gewesen.

Lamech brüstet sich daher nicht damit, er werde sich an seinen Feinden rächen und sie töten; er beschwört vielmehr Gott, ihm den gleichen Schutz zuzugestehen, der Kain gewährt wurde. Er sagt: »Kain hat jemanden getötet, und statt für diese Tat sterben zu müssen, wurde er von Gott unter besonderen Schutz gestellt. Auch ich habe jemanden getötet und kann daher ebenfalls den Schutz Gottes erwarten. Tatsächlich sollte mir noch viel größerer Schutz als Kain gewährt werden. Wenn Kain durch eine öffentliche Zusicherung geschützt wurde, daß sein Mörder siebenfach bestraft werden würde, dann sollte ich durch eine Konvention geschützt werden, daß mein Mörder siebenundsiebzigfach bestraft werden wird.« In anderen Worten ausgedrückt: Die Abschreckung sollte noch größer sein; die im Fall Kains

[2] Dieser Gedankengang wurde von Herder eingeführt, der die Bezeichnung »Schwertlied« für Lamechs Äußerungen erfand.

erwähnte siebenfache Tötung und die siebenundsiebzigfache Tötung im Falle Lamechs sollen nur dann ausgeführt werden, wenn es zum Unglück eben nicht zu vermeiden ist; ihr hauptsächlicher Zweck ist es, die Tötung Kains bzw. Lamechs durch die furchteinflößende Wirkung der *Drohung* zu verhindern. [3]

Wenn dem so ist, dann ist es wichtig, nach der Natur der Tat zu fragen, auf die sich Lamech bezieht, wenn er sagt, »Ich habe einen Mann getötet.« Um was für einen Tötungsakt kann es sich hier gehandelt haben, wenn Lamech sich berechtigt fühlte, dafür sogar einen noch größeren Schutz zu beanspruchen, als er Kain gewährt wurde?

Wenn das im vorhergehenden Kapitel angeführte Argument bezüglich der von Kain begangenen Tat Gültigkeit hat, so muß die Antwort lauten, daß Lamech ein ritusgemäßes Menschenopfer vollzogen hat. Die Wahrscheinlichkeit dafür ist um so größer, wenn man davon ausgeht, daß Lamech der kenitische Noah war. Denn wenn es sich so verhält, entsprach seine Stellung unmittelbar derjenigen Kains. Genauso wie Kain, der kenitische Adam, ein Menschenopfer darbrachte, um den Beginn des ersten Zeitalters der Menschheitsgeschichte feierlich zu begehen und seine Stellung als Urvater der gesamten Menschheit zu unterstreichen, so vollzog Lamech, der kenitische Noah, ein ähnliches Opfer, um den Neubeginn der Geschichte nach der Sintflut zu inaugurieren. Und in der Hebräischen Bibel wird in der Tat beschrieben, daß Noah, nachdem er nach der Sintflut aus der Arche stieg, zuallererst einen Altar errichtete und ein riesiges Opfer darbrachte, welches entscheidend günstige Folgen für die Menschheit zeitigte:

> *Noah aber baute dem Herrn einen Altar und nahm von allerlei reinem Vieh und von allerlei reinem Geflügel und opferte Brandopfer auf dem Altar. Und der Herr roch den lieblichen Geruch und sprach in seinem Herzen: Ich will hinfort nicht mehr die Erde verfluchen um der Menschen willen; denn das Dichten des menschlichen Herzens ist böse von Jugend auf. Und ich will hinfort nicht mehr schlagen alles, was da lebt, wie ich getan habe. Solange die Erde steht, soll nicht aufhören Saat und Ernte, Frost und Hitze, Sommer und Winter, Tag und Nacht. (Gen 8,20–22)*

[3] Verschiedene Autoren haben darauf hingewiesen, daß die Lebensdauer Lamechs in der sethitischen Genealogie mit 777 Jahren angegeben wird (Gen 5,31), eine Zahl, die eine Beziehung zu dem Ausdruck »siebenundsiebzigfach« vermuten läßt, den der Lamech der kenitischen Genealogie gebraucht (Gen 4,24). Das ist gewiß ein merkwürdiges Zusammentreffen, welches es um so wahrscheinlicher macht, daß die sethitische Chronik auf die kenitische zurückgreift und nicht umgekehrt. Ein auffälliges und eindringliches Detail der kenitischen Chronik wurde in der sethitischen Chronik zu einer gewöhnlichen chronologischen Angabe umgewandelt. Der umgekehrte Vorgang ist unwahrscheinlich.

»Noah aber baute dem Herrn einen Altar und nahm von allerlei reinem Vieh und von allerlei reinem Geflügel und opferte Brandopfer auf dem Altar«: Dies war der ideale Vollzug des rituellen Opfers nach den Vorschriften der Israeliten, den sie in ihrer Version der Sintfluterzählung dargestellt haben. In der ursprünglichen Version der Erzählung handelte es sich bei dem Opfer um ein Menschenopfer. (Stich aus dem 17. Jahrhundert)

Bei diesem Opfer handelt es sich jedoch um ein Tieropfer, nicht um ein Menschenopfer; dies entsprach den Vorstellungen der israelitischen Bearbeiter, die Menschenopfer als verwerflich betrachteten. Daher hätten sie auch wohl kaum den untadeligen Noah, den sie an die Stelle des kenitischen Lamech setzten und als Nachkommen des fiktiven Geschlechtes Seths beschrieben, als jemanden dargestellt, der Opfer darbringt, die mit ihren eigenen Moralvorstellungen unvereinbar sind. Als wolle man die Künstlichkeit von Noahs Opfer besonders hervorheben, ist die Rede davon, daß ausschließlich »reine« Tiere geopfert wurden, obwohl wir der Hebräischen Bibel selbst entnehmen können, daß man eine Unterscheidung zwischen »reinen« und »unreinen« Tieren zu jener Zeit noch gar nicht kannte. (Hätte diese Unterscheidung jedoch schon bestanden, was hätte den vorbildlichen Noah dann eigentlich dazu verleiten sollen, ausgerechnet bei dieser besonders feierlichen Gelegenheit auch noch unreine Tiere zu opfern?!) Diese Unterscheidung findet sich erstmals in den Gesetzen, welche den Israeliten nach ihrem Auszug aus Ägypten in der Wüste gegeben wurden, und zwar etwa tausend Jahre nach der Zeit Noahs (Lev 11). Die Verfasser der Priesterschrift (P) des Pentateuch konnten sich jedoch nicht vorstellen, daß ein so heiligmäßiger Mann wie Noah, obgleich er kein Israelit war, unreine Tiere zum Opfer hätte bringen können. Wir können ihrer Darstellung auch entnehmen, daß sie selbst die Anzahl der Tiere, die in die Arche aufgenommen wurden, änderten, damit Noah für sein großes Brandopfer reine Tiere zur Verfügung hatte (die nicht-priesterliche Quelle J besagt, daß von allen Lebewesen je zwei, ein männliches und ein weibliches, aufgenommen werden sollten [Gen 6,19]; im folgenden Abschnitt, v. 2, d.h. der Priesterschrift, heißt es dagegen, daß von allen reinen Tieren je sieben und von allen unreinen je zwei aufgenommen werden sollten).

Wir sehen also, daß die Erzählung von Noahs Opfer entsprechend den Vorstellungen der Israeliten überarbeitet wurde. In der ursprünglichen kenitischen Version handelte es sich, wie wir Lamechs Lied entnehmen können, um ein Menschenopfer. Läßt sich nun auch feststellen, wen Lamech geopfert hat? Das Lied gibt uns tatsächlich hier einige Hinweise. Denn, korrekt übersetzt, verrät es uns, daß Lamech einen Menschen opferte, der ihm nahestand und den er liebte. Die Authorized Version übersetzt hier genauer als modernere Ausgaben, von denen eine (die JPS-Übersetzung) weiter oben zitiert wurde. Die Übersetzung der Authorized Version (die ich hier problemlos wörtlich auf deutsch wiedergebe, E. H.) lautet folgendermaßen: »Denn ich habe einen Mann getötet, und das tut mir weh, und einen jungen Mann, das hat mich getroffen.« Im Gegensatz dazu, jedoch nahezu übereinstimmend mit der Version Luthers, heißt es in der Herder-Einheitsübersetzung: »Ja, einen Mann erschlage ich für eine Wunde / und einen Knaben für eine Strieme.« Die letztgenannte Übersetzung ändert die eindeutige Vergangenheitsform des hebräischen Verbs (*haragti* הרגתי) zur Gegenwartsform (»Ich töte [resp. erschlage]«), um so die Theorie des »Sich-der-Blutrache-Rühmens« zu untermauern. Die wortgetreueste Übersetzung finden wir in der englischen Authorized Version; aus ihr geht eindeutig hervor, daß der Redner die Tötung beklagt, die er ausführen mußte, obgleich ihm dies so viel Leid verursacht hat. Die einzige Kritik, die man gegen diese Übersetzung vorbringen kann, ist die Verwendung des Ausdrucks »junger Mann«; die korrekte Übersetzung müßte hier »Kind« oder zumindest »Knabe« (*yeled* ילד) lauten. Die exakteste Übersetzung würde lauten: »Ich habe einen Mann getötet und mir dadurch selbst eine Wunde zugefügt, ein Kind, und mich dadurch selbst verletzt.« Berücksichtigen wir dabei das hier eingesetzte poetische Stilmittel des Parallelismus, so können wir sagen, daß Lamech hier beklagt, einen Mann getötet zu haben, der gleichzeitig ein Kind ist; das bedeutet, er hat seinen eigenen erwachsenen Sohn umgebracht; er ist gleichzeitig ein Kind, denn für seine Eltern bleibt jeder Mensch ihr Kind. Es wird nun verständlich, warum Lamech seinen Frauen diese Rede hält. Es sind Worte der eigenen Rechtfertigung, mit denen er sich gegen ihre vorwurfsvollen Klagen verteidigt: Er sagt ihnen, daß er seinen und ihren Sohn höchst widerstrebend und um den Preis der eigenen seelischen Verwundung und Verletzung getötet habe, daß dies aber derart gerechtfertigt gewesen sei, daß, wenn Kain von Gott durch eine siebenfache Drohung geschützt wurde, er, Lamech, durch eine siebenundsiebzigfache geschützt werden müsse.

Für diese Deutung der Lamech-Passage spricht auch eine eigenartige Geschichte, die wir im Midrasch finden, und derzufolge Lamech seinen eigenen Sohn Thubalkain unabsichtlich getötet haben soll. Sie entstammt einem Werk des Midrasch, das als Midrasch Tanchuma bekannt ist und dessen älteste Version (die nicht erhalten geblieben ist) etwa im vierten Jahrhundert unserer Zeitrechnung entstanden ist; die jetzt vorliegende Version datiert etwa aus dem achten oder neunten Jahrhundert unserer Zeitrechnung. Ein sehr spätes Werk also, so mag es scheinen, das hier zum Verständnis einer Bibelstelle herangezogen werden soll, die – in ihrer kenitischen Version – möglicherweise schon auf das zweite Jahrtausend v.u.Z. zurückgeht. Jedoch handelt es sich bei den Schriften des Midrasch um Sammlungen sehr heterogenen Materials, das teilweise auf mündlichen Überlieferungen aus grauester Vorzeit beruht. Einiges davon scheint, nach der Naivität zu urteilen, mit der es seine kruden Inhalte vorträgt, der Zeit vor der Erstellung der Hebräischen Bibel zu entstammen und tatsächlich zu einem Komplex von Volkslegenden zu gehören, die aufgrund ihrer Primitivität nicht in die Bibel aufgenommen wurden. Sie hielten sich aber in volkstümlichen Überlieferungen, und die Midrasch-Literatur ist hierfür eine Fundgrube. Der Midrasch kann daher in einigen Fällen als Quelle herangezogen werden, um aufzuzeigen, was sich hinter der monotheistischen und gesitteten Fassade der Bibel verbirgt, wenngleich natürlich auch der Midrasch nur mit der gebührenden Vorsicht für diesen Zweck heranzuziehen ist.[4]

Die Geschichte im Midrasch Tanchuma lautet folgendermaßen: Lamech war blind. Er ging zwar auf die Jagd, nahm jedoch stets seinen Sohn Thubalkain als Führer mit. Sobald Thubalkain das Wild entdeckt hatte, gab er seinem Vater die Richtung an, in der sich das Tier befand; dieser konnte dann den Bogen dorthin lenken und schießen. Eines Tages sah Thubalkain etwas, das er aus der Entfernung für ein Tier hielt, und er zeigte seinem Vater die Richtung an. Der Pfeil traf die Beute; als Thubalkain sich ihr aber genähert hatte, fand er kein Tier, sondern einen toten Mann vor, der auf seiner Stirn ein Horn trug. Als er dies seinem Vater erzählte, schrie Lamech voller Entsetzen, daß es sich um niemand anderen als Kain handeln konnte, seinen eigenen Ur-Ur-Urgroßvater, dessen Horn das »Zeichen« des göttlichen Schutzes war. Dieses Horn hatte ihm nun den Tod gebracht, denn Thubalkain hatte ihn deswegen für ein jagdbares Tier gehalten. Lamech war so bestürzt, daß er in seiner Trauer beide Hände zusammenschlug. Unglücklicherweise stand jedoch gerade Thubalkain zwischen seinen Händen, und Lamech schlug daher beide Hände mit aller Kraft gegen den Kopf seines Sohnes. Durch diesen Schlag starb Thubalkain. Lamech verharrte bis zum Abend an dem Ort, an dem sich diese zweifache Tragödie ereignet hatte;

[4] Vgl. *cap.* 6, Fußnote 11.

dann brachten ihn seine beiden Frauen, Ada und Zilla, die nach ihm gesucht hatten, nach Hause. Seine Frauen verweigerten ihm fortan allerdings den Geschlechtsverkehr, da sie keine Kinder gebären wollten, auf denen ein Fluch läge (gemeint ist der Fluch gegen jeden, der Kain töten würde). Lamech bestritt daraufhin diese Ansicht seiner Frauen, indem er sagte: »Selbst Kain, der in mörderischer Absicht tötete, war es vergönnt, der Stammvater von sieben Generationen zu werden, bevor Gott Vergeltung an ihm übte; so sollte es mir, der ich unabsichtlich tötete, doch auf jeden Fall vergönnt sein, noch siebenundsiebzig Generationen zu zeugen.«

Der letzte Teil dieser Erzählung ist ein Versuch, Lamechs Worte: »Denn Kain wird siebenfach gerächt werden und Lamech siebenundsiebzigfach« so auszulegen, daß damit gemeint sei, »wenn Gott erst nach sieben Generationen Vergeltung an Kain nahm, so wird Lamechs Bestrafung erst siebenundsiebzig Generationen später erfolgen.« Dieser Deutung mangelt es jedoch an Überzeugungskraft, und sie wurde offenbar erst von späteren Bearbeitern der Erzählung hinzugefügt. Daß Lamechs Rede den Sinn hatte, seine Frauen wegen der gerade begangenen Tötung zu beschwichtigen, scheint jedoch durchaus ein älteres und authentischeres Element dieser Geschichte zu sein.

Die zweifache Tötung in dieser Midrasch-Darstellung beruht wahrscheinlich auf einer Mißdeutung des Parallelismus »Denn ich habe einen Mann getötet, und das tut mir weh, und ein Kind, das hat mich getroffen.« Es ist verständlich, daß man dies so auffassen konnte, als habe Lamech wirklich zwei Personen getötet, einen Mann und ein Kind, und es sich bei dem Mann um Kain gehandelt habe, da Kain im folgenden Vers erwähnt wird. Eine solche Interpretation befriedigt eine verständliche Neugierde darauf, was mit Kain letztendlich geschehen sei.

Man könnte jetzt annehmen, die ganze Geschichte sei nur eine sinnreiche Auslegung, nach der ein Mann und ein Junge (wie es der Parallelismus, wörtlich genommen, erfordert) von Lamech getötet wurden, und zwar infolge seiner als erzähltechnischem Kunstgriff verwendeten Blindheit. Aber diese Geschichte hat etwas so Archetypisches, daß sie damit nicht einfach abgetan werden kann. [5] Darüber hinaus finden wir in der Erzählung des Midrasch, wenn wir sie ernst nehmen, den Schlüssel zu einem weiteren Punkt, der geradezu nach einer Erklärung schreit, und zwar der Umstand, daß Lamechs Sohn in der Bibel nicht nur Thubal (in Übereinstimmung mit den Namen seiner Brüder Jabal und Jubal) heißt, sondern Thubalkain. Er trägt also einen Namen, der in irgendeiner Form eine Verbindung zu seinem ersten Vorfahren Kain herstellt, dessen Name in zunächst so unverständlicher Weise in der Äußerung Lamechs auftaucht.

Gehen wir aber davon aus, daß es sich bei der Geschichte des Midrasch wirklich eher um eine im Kern echte alte Überlieferung als um ein bloßes Nebenprodukt der

[5] Die Bestätigung für den archetypischen Charakter der Erzählung liegt in der langen Geschichte, die sie in der europäischen Kunst hat. Vgl. Mellinkoff 1981.

Bibelexegese handelt, so können wir zunächst einmal feststellen, daß bestimmte auffällige Parallelen in der allgemeinen Mythologie zu finden sind. Das Motiv des Blinden, der jemanden mit einem Pfeil tötet, findet sich auch im nordischen Mythos über den Tod Baldurs. In der Snorra-Edda wird dies folgendermaßen dargestellt: Baldur war ein guter und schöner Gott, der Sohn Odins, des höchsten Gottes.

Lamechs Blindheit, der zufällige Charakter seiner Tat sowie die Verwendung von Pfeil und Bogen sind allesamt Kunstgriffe zu Distanzierungszwecken, die den eigentlichen Vorgang maskieren und die Verantwortung für die Tat von einem bestimmten Individuum wegnehmen sollen. (Lamech und Kain; Stich von Lucas van Leyden)

Einst träumte Baldur, daß er bald sterben müsse. Er erzählte davon den anderen Göttern, die darüber bekümmert waren und beschlossen, Baldur zu beschützen. Sie verabredeten mit der Göttin Frigga, diese solle allen Lebewesen und Dingen auf der Erde, den Tieren, Pflanzen und Gesteinen, den Schwur abnehmen, daß sie Baldur keinen Schaden zufügen würden. Nachdem alle dies geschworen hatten, betrachteten die Götter Baldur als unverwundbar. Sie machten sich nun einen Spaß daraus, ihn in ihre Mitte zu nehmen und ihn mit allen möglichen Dingen zu bewerfen und zu beschießen, um zuzuschauen, wie ihm nichts etwas anhaben könnte. Nur Loki, der böse Gott, trachtete danach, Baldur zu schaden. Daher nahm er die Gestalt einer alten Frau an, ging zu Frigga und fragte sie, ob es irgend etwas auf Erden gäbe, dem sie versäumt habe, den Schwur abzunehmen, Baldur keinen Schaden zuzufügen. Frigga plauderte nun aus, es gäbe etwas, was sie für so unbedeutend gehalten habe, daß es ihr überflüssig erschienen wäre, auch ihm diesen Eid abzunehmen: den Mistelzweig. Loki ging fort, pflückte den Mistelzweig und kehrte zurück zu der Stelle, an der sich die Götter versammelt hatten und immer noch ihr Spiel trieben, Baldur mit allen möglichen Dingen zu bewerfen. Am Rande des Kreises stand der blinde Gott Hödur. Loki fragte Hödur, warum er Baldur nicht ebenfalls Ehre erweise und auf ihn schieße. Hödur erwiderte, er sei dazu nicht imstande, denn er sei blind und habe keine Waffe. Da gab ihm Loki einen Bogen in die Hand, spannte den Mistelzweig anstelle eines Pfeiles ein und zeigte Hödur, in welche Richtung er schießen solle. Hödur schoß den Mistelzweig ab; dieser traf Baldur und tötete ihn. Baldurs Leichnam wurde anschließend auf einem großen Scheiterhaufen verbrannt, zusammen mit seiner Frau und seinem Pferd, und alle waren in großer Trauer über diesen Vorfall.[6]

Frazer hat mit zahlreichen Beispielen belegt, daß der Mythos von Baldurs Tod von einem wirklich praktizierten Ritual herrührt, bei dem eine Puppe, die Baldur darstellt, im Rahmen eines Feuerfestes verbrannt wurde (in noch früherer Zeit wurde ein Mensch als Vertreter Baldurs verbrannt). Betrachten wir den Mythos selbst, so finden wir eine ganze Reihe von Distanzierungstechniken, die den wahren Inhalt der Erzählung, nämlich das Menschenopfer, verschleiern sollen. Die Tötung erfolgt so indirekt wie möglich: erstens durch einen Blinden und versehentlich; zweitens aus großer Entfernung, nämlich durch einen Pfeil, und drittens ganz entgegen dem allgemeinen Willen der Gemeinschaft, durch die Bosheit eines einzelnen; viertens schließlich löst der Vorfall Kummer und Trauer aus.

Wenn man den Sinn eines Mythos (oder eines Traumes, wie Freud darlegte[7]) entschlüsseln möchte, so empfiehlt sich die Regel, sich dabei auf die Hauptszene zu konzentrieren und sekundäre Einzelheiten außer acht zu lassen; letztere ste-

---

6 Vgl. Frazer 1928, *cap.* LXI: »Der Baldermythus«.

7 Vgl. Freud GW II/III bes. *pp.* 492*sqq.* und 679 sowie IX *pp.* 82 und 116.

hen im Verdacht, von dem einfachen Sinn der dargestellten Handlung ablenken zu sollen. Im Baldurmythos ist die Hauptszene mehr als offenkundig: sie besteht aus einem Kreis von Menschen mit einem Mann in der Mitte, auf den sie alle möglichen Geschosse schleudern; der Mann wird getötet, sein Leichnam anschließend verbrannt. Die »sekundäre Bearbeitung« redet uns ein, daß der Schein trüge; so, als ob die Gemeinschaft als Ganzes sagen würde: »Keines unserer Geschosse hat Baldur verletzt. Das Geschoß, das ihn tötete, kam von einem einzigen Mann, der außerhalb unseres Kreises stand. Und auch dieser trug keine Schuld, denn er war blind und wußte nicht, was er tat. Alles geschah aufgrund des heimtückischen Planes eines Schurken, der überhaupt nicht zu unserer Gemeinschaft gehört.« Der Baldurmythos liefert somit ein vorzügliches Beispiel für die Techniken, mit denen eine Gemeinschaft vor sich selbst zu verbergen sucht, was sie eigentlich tut, wenn sie ein menschliches Sühnopfer darbringt oder dieses Sühnopfer in der Phantasie durch das phantastische Medium des Mythos verherrlicht. Frazer und andere Forscher haben diesen Aspekt des Baldurmythos, auf den wir im weiteren Verlauf unserer Untersuchung noch zurückkommen werden, anscheinend nicht berücksichtigt.

Wie wir allerdings feststellen, kommt im Baldurmythos ein Heiliger Henker nicht vor, da der Part des Vollstreckens sich hier vollständig in unabsichtliches Handeln einerseits und Böswilligkeit andererseits aufspaltet, ohne daß in irgendeiner Weise eingeräumt wird, das Opfer sei zum Wohle des Stammes notwendig gewesen (diese Weigerung, die Notwendigkeit der Opferung, welche als ganz und gar bedauerlicher Vorfall geschildert wird, zuzugeben, stellt ein fünftes Distanzierungsmittel dar). Der heimtückische Plan Lokis entspricht dem Mordmotiv Kains und zieht in ähnlicher Weise die Aufmerksamkeit von der Notwendigkeit des Opfers ab, wenngleich die Rolle Lokis als Ränkeschmied und Verräter eher der des Judas im christlichen Mythos entspricht. Es scheint, daß der Baldurmythos eine Phase repräsentiert, in der das Opfer nicht von einer dazu beauftragten Person vollzogen wurde, dem Heiligen Henker, welcher anschließend mit einer Mischung aus Haß und Respekt betrachtet und verjagt wurde, sondern vom Stamm selbst, durch eine gemeinschaftlich ausgeführte Steinigung, was dann aber so umgedichtet wurde, daß die Steinigung selbst keinen Schaden anrichtete, sondern etwas anderes den Tod herbeiführte. Die Apotheose der gesamten Handlung, wodurch die Geschichte so dargestellt wird, als habe sie sich im Kreise der Götter und nicht auf Erden in der Stammesgesellschaft abgespielt, kann als sechstes Distanzierungsmittel angesehen werden.

Der Hauptberührungspunkt zwischen dem Baldurmythos und der Lamechgeschichte im Midrasch ist die Szene, in der ein blinder Mann seinen Bogen nach der Anleitung einer anderen Person lenkt und das Opfer tötet. Das Auftreten einer solch holzschnittartig drastischen Szene in beiden Mythen ist schon eine auffällige

Parallele. Dies läßt sich nicht durch eine wie auch immer geartete Diffusionstheorie erklären, da es zwischen der nordischen Mythologie und der des Nahen Ostens keinerlei Verbindung gab, sehr wohl aber, wenn man von der Annahme ausgeht, daß in beiden Fällen ein ähnlicher psychologischer Mechanismus am Werk ist: der Wunsch, die Verantwortung für einen Ritualmord abzuschieben. Existenz und Inhalt des Baldurmythos legen daher nahe, daß die Lamechgeschichte mehr als nur eine exegetische Ausschweifung ist, sondern daß sie den Charakter eines echten Mythos hat.

Wen aber hat nun Lamech getötet? War es Kain oder sein Sohn Thubalkain, oder waren es beide? Dem Midrasch zufolge waren es beide, was jedoch, wie bereits oben ausgeführt, auf dem Verkennen eines Parallelismus beruhen mag. Kompliziert wird die Sache allerdings durch den Umstand, daß Lamechs Sohn mit zweitem Namen Kain hieß, so daß die Überlieferung, Lamech habe sowohl Thubal als auch Kain getötet, auch durch eine Mißdeutung des Doppelnamens des Sohnes entstanden sein könnte. Jedoch mag auch diese Erklärung zu oberflächlich sein. Aus welchem Grund trug Lamechs Sohn eigentlich sowohl den Namen Kain als auch den Namen Thubal? Wenn der Name Kain, wie bereits oben ausgeführt, bei den Kenitern auch als Titel benutzt wurde, so ist es möglich, daß in einer jeden Generation der Träger dieses Namens als Inkarnation des ersten Kain, des Urvaters des Stammes, galt, so wie jeder ägyptische Pharao als Inkarnation seiner Vorgänger betrachtet wurde. Zweifellos galt Kain bei den Kenitern als göttliche oder halbgöttliche Figur, so wie Romulus bei den Römern. Es liegt nun nahe, daß in Situationen, die eine schwere Krise oder einen entscheidenden Wendepunkt bedeuten, wie z.B. eine militärische Katastrophe oder die Begründung einer neuen Epoche in der Stammesgeschichte, die Person, die das geeignetste Opfer darstellte, der irdische Vertreter des Gottes war; derjenige, der den Namen Kain trug und somit den Geist des Stammes ganz und gar verkörperte. In einem mystischen Sinne hätte also Lamech, indem er seinen Sohn opferte, sowohl Thubal als auch den ersten Kain geopfert, denn Thubal war, wie der Name Thubalkain sagt, derjenige, in dem Kain zu dieser Zeit weiterlebte. Daß von den drei Söhnen Lamechs Thubal als derjenige angesehen wurde, der den Geist des Stammes verkörperte, ergibt sich aus der Darstellung, er habe nach der Sintflut (entsprechend der hier dargelegten chronologischen Theorie) die Schmiedekunst neu begründet – ein Handwerk, das der größte Stolz der Keniter war und dem die eigentliche Bedeutung des Wortes »kain« entspricht.

Es ist auch möglich, daß Thubal erst, nachdem sein Leben für den Stamm geopfert wurde, den Namen Thubalkain erhielt, d.h. er wurde, wie dies oft bei Menschenopfern der Fall war, zum Gott erhoben und mit der göttlichen Figur seines Stammesvorfahren Kain gleichgesetzt. Eine solche Auffassung könnte zu einem späteren Zeitpunkt zu der Vorstellung geführt haben, daß er schon zu Lebzeiten

Thubalkain hieß und seine Opferung ein zweifaches Opfer gewesen sei, bei dem sowohl er als auch Kain selbst getötet wurden. [8]

Wir kommen also zu der Schlußfolgerung, daß die Legende des Midrasch tatsächlich einen wertvollen Beitrag zur Interpretation des mysteriösen Liedes Lamechs leistet; daß Lamech, entsprechend der Darstellung des Midrasch, in diesem Lied tatsächlich seine Frauen beschwichtigen wollte, nachdem er seinen Sohn Thubal getötet hatte; daß aber das Element des Zufälligen, das im Midrasch durch das Motiv der Blindheit Lamechs hineingebracht wird, eine der Verschleierungstaktiken ist, die typisch für alle Mythen sind, die auf der Grundlage eines rituellen Menschenopfers entstanden. Hinter dieser Maskierung verbirgt sich die Tatsache, daß Lamech seinen Sohn zum Dank für seine Errettung vor der Sintflut und anläßlich der Begründung eines neuen Zeitalters opferte. Die Verschleierungstaktik selbst kann schon sehr alt und möglicherweise bereits Bestandteil der Geschichte der Keniter selbst sein, die zu einem Zeitpunkt verfaßt wurde, als man Menschenopfer, wenn überhaupt, nur noch widerstrebend zugab. Dann wurde die Legende einschließlich tarnender Zusätze Bestandteil der außerbiblischen mündlichen Überlieferungen der Israeliten und schließlich von den Redaktoren des Midrasch aufgenommen und wiedergegeben.

Wenn dies zutrifft, so stellt sich die Frage, warum Thubalkain in der biblischen Erzählung als der jüngste der drei Söhne Lamechs dargestellt wird. Es würde sicher eher der alten patriarchalischen Tradition entsprechen, den ältesten Sohn statt des jüngsten zu opfern.

Wir können versuchen, diese Frage zu beantworten, indem wir das Augenmerk auf den Umstand richten, daß die Namen der drei Söhne Lamechs auf jeden Fall etwas Merkwürdiges an sich haben. Jabal, Jubal und Thubal – diese Worte klingen eigentlich nicht wie drei wirklich verschiedene Namen, sondern wie Variationen eines Themas, etwa wie Juppheidi und Juppheida. Ich möchte damit nicht sagen, daß Lamech in Wirklichkeit nur einen Sohn hatte, dessen Name zu drei Namen aufgebläht wurde; eine solche Erklärung wäre haltlos, denn daß es sich um drei Söhne handelt, ist durch das Trio, das hierzu das Gegenstück bildet, nachgewiesen: Sem, Ham und Japheth, die Söhne Noahs, deren Anzahl nur darauf beruhen kann, daß die kenitische Geschichte die gleiche Personenzahl enthalten hatte. Wenn wir nun aber das Rätsel der unwahrscheinlichen, nach Variationen eines Themas klingenden Namen der drei Söhne Lamechs entschlüsseln wollen, so liegt die Erklärung wahrscheinlich darin, daß sie bei der Umformung der kenitischen Legende für die Zwecke der Israeliten erforderlich wurden. Ich schlage als Lösung vor, daß die Na-

[8] Auf ähnliche Weise wurde der Name Christus (in gräzisiertem Hebräisch »Messias«), der der Titel jedes Königs aus dem Hause David war, zu einem göttlichen Titel im Christentum, sobald er mit einer Opferfigur verknüpft worden war, wobei jedoch das christliche Erlösungsschema beinhaltete, daß dieser Vorgang nur einmal eintreten könne.

men der drei Söhne Lamechs in der kenitischen Stammessage Thubal, Ham und Japheth lauteten. Die israelitischen Kompilatoren hatten nun – wie wir dies auch schon an anderer Stelle ausgeführt haben –, als sie die frühere Version eines sethitischen Stammbaumes konstruierten, mit Hilfe dessen sie den Vorrang der kainitischen Linie aushebeln wollten, die kainitischen Namen übernommen und nur geringfügig in der Form sowie in ihrer Reihenfolge verändert, um ihren Ursprung zu verschleiern. Hätten sie jedoch Noah drei Söhne gegeben, deren Namen Thubal, Ham und Japheth oder sehr ähnlich lauteten, so wäre das gleichzeitige Vorkommen dieser Namen, dazu noch im Verlauf einer einzigen Generation, zu auffällig gewesen, als daß es nicht aufgefallen wäre. Daher griffen sie zu einer anderen Methode. Sie ließen einen der Namen, Thubal, im Zusammenhang mit dem Geschlecht der Kainiten stehen und ersetzten die anderen zwei, Ham und Japheth, durch erfundene, an Thubal anklingende Namen. Dann übertrugen sie die zwei Namen Ham und Japheth, die sie auf diese Weise gewonnen hatten, auf den Stammbaum der Sethiten. Jetzt mußten sie diesem nur noch einen einzigen Namen hinzufügen, und sie wählten Sem (im hebr. Original »Schem«; die Septuaginta mußte diesen Anlaut notgedrungen gräzisieren, und in dieser Form erreichte der Name die modernen Sprachen), was auf Hebräisch schlicht »Name« bedeutet. Dies entspricht ihrer Vorgehensweise, Ersatzfiguren in der Chronik mit nichtssagenden Namen auszustatten (wie wir dies bereits im Fall Abels und Seths dargestellt haben), eine Vorgehensweise, zu der sie sich vielleicht gezwungen sahen, weil es sehr schwer ist, einen neuen Namen ohne die Zuhilfenahme einer Überlieferung zu erfinden.

Wenn diese Analyse zutrifft, so entspricht Thubal im Geschlecht der Kainiten Schem im Geschlecht der Sethiten. Folglich muß Thubal als der älteste der drei Söhne Lamechs gelten, entgegen der biblischen Erzählung, in der er als der jüngste dargestellt wird. Denn Schem wird in der Bibel eindeutig als der älteste der drei Söhne Noahs genannt.[9] Der Umstand, daß Thubal in der Chronik der Kainiten als jüngster und nicht als ältester Sohn Lamechs erscheint, kann folglich als Nebenwirkung einer Verschiebung des Stammbaums angesehen werden, welche vorgenommen wurde, um Material für die sethitische Abstammung Noahs zu beschaffen. Daß Thubal der älteste Sohn war, paßt damit zusammen, daß er für das Opfer ausgewählt wurde, welches Lamech (in der kenitischen Sage) nach der Sintflut darbrachte. Denn wenngleich auch in matriarchalisch organisierten Gesellschaften nicht selten der jüngste Sohn als Erbfolger – und somit auch als Kandidat für ein solches Opfer – galt, so war in einer patriarchalischen Gesellschaft, wie sie auch die Keniter darstellten, hierfür stets der älteste Sohn ausersehen. Es entspricht zudem ebenfalls eher der Praxis einer patriarchalischen Gesellschaft, daß der älteste Sohn

[9] Die Reihenfolge ist ganz eindeutig, zumindest in Gen 5,32, 6,10 und 9,18. In 10,21 gibt es einige Zweifel, wie wir noch sehen werden.

den Titel des Stammesältesten (in diesem Fall Kains) trägt, gleichgültig, ob dieser Titel ihm zu Lebzeiten als rechtmäßigem Erben verliehen wurde oder nach seinem Tode als Schutzgott des Stammes.

Interessanterweise wird jedoch im Talmud (Sanhedrin 69b) diskutiert, ob Schem tatsächlich der älteste Sohn Noahs war oder aber der jüngste. Die Unsicherheit hierüber soll aufgrund chronologischer Überlegungen aufgekommen sein; es ist jedoch durchaus möglich, daß sie schon länger bestanden hat und chronologische Überlegungen erst später zu ihrer Begründung herangezogen wurden. Wenn das stimmt, dann dürfte der Grund für diese Unsicherheit darin liegen, daß sich in der mündlichen Überlieferung der Israeliten eine vage Erinnerung daran erhalten hat, daß die Erstgeburt Schems durch die Verlagerung des kainitischen Stammbaums irgendwie fraglich erscheint. Wenn Thubal, das Analogon Schems, vom ältesten Sohn zum jüngsten degradiert wurde, so kann ein Hauch von Erinnerung an die Tatsache, daß Thubal das *alter ego* Schems war, die Überlieferung der Geschichte Schems beeinflußt haben, auch wenn er in der biblischen Erzählung eindeutig als der älteste Sohn geschildert wird. [10]

Eine Bestätigung dafür, daß es sich bei Thubal – im Gegensatz zu Jabal und Jubal – um einen richtigen Namen handelt, finden wir darin, daß »Thubal« in der biblischen Geschichte noch einmal auftaucht, und zwar als Name eines der Söhne Japheths (Gen 10,2), während Jabal und Jubal nie wieder vorkommen. [11] Thubal war darüber hinaus der Name eines Volkes, das in den Büchern der hebräischen Propheten erwähnt (Jes 55,19 und Hes 27,13; 32,26; 38,2) und im Talmud mit Bithynien gleichgesetzt, in der jüdischen Überlieferung des Mittelalters aber als identisch mit Italien betrachtet wird (was möglicherweise auch erklärt, warum Shakespeare einer der Figuren im ›Kaufmann von Venedig‹ diesen Namen gab, da es sich bei diesem um einen italienischen Juden handelte).

Es bietet sich an dieser Stelle an, auch auf die Bedeutung des Namens Noah einzugehen. Unserer Theorie zufolge war Noah das sethitische Gegenstück zu Lamech, und man könnte daher erwarten, daß sich sein Name als ebenso nichtssagend und inhaltsleer erweisen würde wie die bereits zuvor besprochenen semantischen Lückenbüßer. Die Bibel selbst versucht, die Bedeutung dieses Namens auf folgende Weise zu erklären:

> *Lamech war hundertzweiundachtzig Jahre alt und zeugte einen Sohn und hieß ihn Noah und sprach: Der wird uns trösten in unserer Mühe und Arbeit auf der Erde, die der Herr verflucht hat. (Gen 5,28–29)*

---

[10] Die Übersetzung der Septuaginta lautet in 10,21: »der Bruder Japheths des Älteren«.

[11] *Yuval* יובל und *yaval* יבל tauchen jeweils einmal auf, und zwar nicht als Eigennamen, sondern als Varianten eines Hauptwortes mit der Bedeutung »Strom« (Jes 30,25 und Jer 17,8).

Die Herkunft des Namens Noah wird hier also als eine Ableitung von dem hebräischen Verb *nicham* נחם (»trösten«) dargestellt. Dies kann jedoch keinesfalls zutreffen, da der letzte Konsonant, »m«, ein fester Bestandteil dieses Verbs ist. Der Name Noah muß daher von dem Verb *nuah* נוח abgeleitet worden sein, was »ruhen« oder »sich an einem bestimmten Punkt befinden« bedeutet (wie es in der Redewendung »sein Fuß ruhte hier« zum Ausdruck kommt). Damit ergibt sich insofern eine augenfällige Analogie zum Namen Seth, als damit ganz allgemein ein Standort gemeint ist. So, wie Seths Name »derjenige, der dorthin gesetzt wurde« *(Anm.: H »Setzling«)* bedeutet, so könnte Noahs Name bedeuten: »er befindet sich dort« oder, im Imperativ ausgedrückt: »sei dort« bzw. »bleibe dort«. Somit paßt dieser Name sehr gut in die Reihe der anderen hinzugefügten Namen: er ist genauso farblos und inhaltsleer und liefert selbst schon einen Hinweis darauf, daß er einfach eingefügt ist.

Mit allen übrigen in den Stammbäumen des Buches Genesis vorkommenden Namen verhält es sich dagegen ganz anders; entweder sind sie überhaupt nicht erklärbar, da sie sich von keinem bekannten hebräischen Wort ableiten lassen (z.B. Lamech bzw. hebräisch *lemech* למך; die Schreibweise Lamech, die auf die Umschreibung der Septuaginta zurückzuführen ist, basiert, wie der Name Abel auch, auf dem Durativum, oder aber die Namen haben im Hebräischen einen wirklichen, leicht greifbaren Sinn (so bedeutet Henoch z.B. »der Geweihte«). (Der Name Adam fällt allerdings unter eine völlig andere Kategorie. Obwohl er ebenfalls erfunden wurde – denn schließlich begann die kenitische Geschichte mit Kain –, hat der Name Adam durchaus eine Bedeutung, denn er wurde nicht einfach eingefügt, um eine Lücke zu schließen, sondern aus ideologischen Gründen. Er ist bezeichnend für den umfassenden Anspruch der israelitischen Bearbeiter, die eine Entstehungsgeschichte der gesamten Menschheit liefern wollten und nicht eine Geschichte zum Ruhm des Keniterstammes: Die Geschichte der Menschheit mußte daher mit Adam – was nichts weiter als »Menschheit« bedeutet – beginnen und nicht mit irgendeinem Stammesnamen.)

An dieser Stelle ergibt sich natürlich die Frage, ob sich kenitische Einflüsse in den biblischen Genealogien der Menschengenerationen *nach* der Sintflut finden lassen. Wir haben bereits festgestellt, daß das scheinbare Verschwinden der Keniter, das durch die völlige Namensverschiedenheit des sethitischen Geschwistertrios – Sem, Ham und Japheth – vom kenitischen Geschwistertrio – Jabal, Jubal und Thubal – unterstrichen wird, eine Täuschung ist. Lassen sich nun Belege finden für einen kenitischen Einfluß in der Geschlechterfolge von S(ch)em bis Abraham oder der beiden anderen Patriarchen, Ham und Japheth, bis zu deren Nachkommen?

Ein wichtiger Anhaltspunkt konnte in diesem Zusammenhang bereits festgestellt werden: daß nämlich der Name Thubal auch in der Nachkommenschaft Noahs auftaucht, was belegt, daß die angeblich ausgelöschte Linie Kains auch noch nach der Sintflut existierte. Es gibt jedoch noch einen anderen, weit augenfälligeren Hinweis: auch dem Namen Kain begegnen wir wieder, und zwar in der Linie Schems (im Griechischen, wie oben bemerkt, »Sem« genannt, wovon die Worte »Semit«, »semitisch« etc. abgeleitet sind). Dies ist allerdings aus den deutschen und englischen Bibelübersetzungen, die allesamt auf dem masoretischen Text (d.h. der anerkannten hebräischen Textfassung, die um den Beginn der christlichen Ära fertiggestellt wurde) beruhen, nicht ersichtlich. Der Name Kain wird jedoch, in seiner abgewandelten Form (Kainan), in der Septuaginta in folgenden Textstellen erwähnt:

> *Und auch Sem selbst, dem Vater aller Söhne Hebers, dem Bruder Japheths des Älteren, wurden Kinder geboren. Die Söhne Sems sind Elam, Assur, Arphaxad, Lud, Aram und Kainan. Die Söhne Arams sind Uz, Ul, Gater und Mosoch. Und Arphaxad zeugte Kainan, und Kainan zeugte Sala. (Gen 10,21–24)*

Im nächsten Kapitel finden wir eine weitere Schilderung zur Geschlechterfolge der Nachkommen Sems:

> *Und Sem lebte, nachdem er Arphaxad gezeugt hatte, noch fünfhundert Jahre … und Arphaxad … zeugte Kainan. Und Arphaxad lebte, nachdem er Kainan gezeugt hatte, noch vierhundert Jahre … und Kainan … zeugte Sala … und Kainan lebte, nachdem er Sala gezeugt hatte, noch dreihundertunddreißig Jahre. (Gen 11,11–13)*

In diesen zwei Passagen wird der Name Kainan siebenmal genannt. In der anerkannten Version der Hebräischen Bibel (also der späteren) kommt er dagegen nicht ein einziges Mal vor (*Anm.: in der deutschen auch nicht, s. o.*). Es wird also eine ganze Generation, die in der Septuaginta erwähnt ist, ausgelassen, nämlich die von Arphaxads (L = »Arphachsads«, H = »Arpachschads«) Sohn Kainan. Es hat den Anschein, daß die Bearbeiter des masoretischen Textes eine Zensur vorgenommen haben, obwohl der Text zu der Zeit, als er in Alexandria ins Griechische übersetzt wurde (etwa 200 v.u.Z.), noch Hinweise auf Kainan enthielt. Es kann nicht der Fall gewesen sein, daß zu diesem späten Zeitpunkt die Bearbeiter des masoretischen Textes bewußt Spuren der kenitischen Geschichte gelöscht haben; vielleicht paßte in ihren Augen der Name einfach nicht so recht in ihre Liste, insbesondere weil sie darauf bedacht waren, einem symmetrischen chronologischen Schema entsprechend die Liste der Generationen vor Abraham zu kürzen. Was bleibt, ist, daß der Name Kainan mit der Linie der Sethiten verknüpft ist und daher als angesehener sethitischer Name gegolten haben muß (im Gegensatz zum Namen Kain selbst, dessen bloße Variante er ist). Dennoch muß ein Rest von Unbehagen dazu geführt haben, daß alle Hinweise auf Kainan gestrichen wurden.

Interessanterweise weist die Septuaginta selbst (in dem auf der vorhergehenden Seite zitierten Text) eine unbequeme Unregelmäßigkeit in bezug auf Kainan auf. Dieser wird nämlich als jüngster Sohn Sems geschildert und verschwindet dann ohne Nachkommen aus dem Blickfeld; statt dessen taucht Kainan anschließend als Enkel Sems auf, dem dann auch wieder eine Nachkommenschaft zugeschrieben wird.

Die Bibelgelehrten waren sich daher einig, daß die Textstelle, in der diese Unregelmäßigkeit auftaucht, fehlerhaft sein müsse und die erste Erwähnung Kainans in Übereinstimmung mit anderen Textstellen der Septuaginta zu streichen sei. In Anbetracht der hier bereits diskutierten Aspekte erscheint jedoch diese Textkorrektur letztendlich fragwürdig. Es ist zu erwarten, daß das Auftauchen kainitischer Namen in einer angeblich sethitischen Chronik ein gewisses Unbehagen bereitet und zu Textänderungen geführt hat, wodurch Lücken und Unregelmäßigkeiten entstanden sein müssen. Es kann also durchaus der Fall sein, daß der Text, der *zwei* Figuren namens Kainan in der S(ch)em-Linie enthält, durchaus fehlerfrei ist. Wenn Kain (Kainan), wie wir bereits oben ausführten, nicht nur ein Name ist, sondern auch ein Titel, so müßte er recht häufig in allen kenitischen Genealogien zu erwarten sein.

Wir können daraus schließen, daß sogar in den aufgezeichneten Stammbäumen für die Zeit nach der Sintflut kenitische Einflüsse zu finden sind. Der Stammbaum Sems, der angeblich die Abstammung Abrahams, des Stammvaters Israels, von Sem, dem ältesten Sohn Noahs, aufzeigen soll, basiert in Wirklichkeit auf kenitischen Aufzeichnungen, die belegen, daß das Volk der Keniter nach der Sintflut von Thubal abstammte, dem ältesten Sohn Lamechs, jener kenitischen Sagengestalt, aus der schließlich der biblische Noah wurde.

Kains Tod durch Lamechs Pfeil. Man bemerke die anschließende, etwas veränderte Tötung des Thubalkain (Südschwedische Kalkmalerei des 14. Jahrhunderts).

Kapitel 5

Die Keniter und die Rechabiter

Wie wir festgestellt haben, hat die Bibel einen Teil der kenitischen Stammessage, die von der Zeit nach der Sintflut handelt, bewahrt, gesondert von den Spuren der kenitischen Genealogie, die wir eben diskutiert haben. Denn daß den drei Söhnen Lamechs Fähigkeiten von Pionieren zugesprochen werden, obwohl die Bibel dabei ganz absichtlich sich auf die Zeit kurz *vor* der Sintflut bezieht, ist von den Bibelredaktoren von der richtigen Stelle hinweg verschoben worden, und die fand sich in der ursprünglichen kenitischen Sage in einer Erzählung, welche die Wiedergeburt der Zivilisation *nach* der Sintflut beschreibt.

Wir wollen uns noch einmal mit dieser wichtigen Stelle beschäftigen und ihre Implikationen erwägen:

> *Und Ada gebar Jabal; von dem sind hergekommen, die in Hütten wohnten und Vieh zogen. Und sein Bruder hieß Jubal; von dem sind hergekommen die Geiger und Pfeifer. Die Zilla aber gebar auch, nämlich den Thubalkain, den Meister in allerlei Erz- und Eisenwerk. Und die Schwester des Thubalkain war Naëma. (Gen 4,17–22 [L])*

Es ist an dieser Stelle doch bemerkenswert, daß zwar die Rede von Pioniertätigkeiten ist, deren Spektrum aber nicht sehr weit reicht. Die ganze Bandbreite von Tätigkeiten – das Leben im Zelt (s. dazu auch Anm. in *cap.* 4, *p.* 46), die Viehzucht, das Spielen von Musikinstrumenten und die Metallbearbeitung – ist nicht sehr breit gefächert, so daß man sich vorstellen kann, daß man diese Tätigkeiten eher einem einzigen Stamm zuschreiben würde, einem spezialisierten Stamm, als der ganzen Menschheit. Wir können daraus ableiten, daß die Weltsicht der kenitischen Stammessage über die Zeit nach der Sintflut eine beschränktere war als die der Hebräischen Bibel. Die kenitische Sage hatte ausschließlich das Anliegen, einen Bericht der nachsintflutlichen Geschichte des kenitischen Stammes selbst zu liefern. Der Tenor dieses Berichts besteht darin, daß im Unterschied zu der Ära vor der Sintflut, in der die Patriarchen der Linie Kains Stadtbewohner waren, nach der Sintflut der Stamm sich wieder erneuerte und dabei eine besondere Lebensweise entwickelte, nämlich die eines nomadisch lebenden Stammes von Schmieden, die sowohl von den Einkünften aus der Viehzucht lebten als auch von ihren Fähigkeiten in der Metallbearbeitung und die auch berühmt wurden

– wie das bei solchen Stämmen üblich ist – für ihr Talent in Musik- und Unterhaltungsdarbietungen. Es ist durchaus möglich, daß die kenitische Sage Lamech und seine Familie gar nicht als einzige Überlebende der Sintflut darstellte, wie es die Hebräische Bibel mit Noah tut. Wenn dem so war, so bestand in der kenitischen Sage nicht die Notwendigkeit, die Abstammung der gesamten Erdbevölkerung nach der Sintflut von einem einzigen Manne nachzuweisen. Die Verfasser der kenitischen Chronik hatten ausschließlich das Interesse, die Erhabenheit ihrer Abstammung herauszustreichen, denn – so wurde es dargestellt – Lamech stammte in direkter Erstgeborenenlinie von Kain selbst ab, dem obersten Stammvater der ganzen Menschheit.

Wie die Hebräische Bibel (die den Namen des ältesten Sohnes angibt und dann lapidar hinzufügt, daß der entsprechende Patriarch »Söhne und Töchter zeugte«, ohne deren Namen im einzelnen anzugeben) faßt auch die kenitische Sage zahlreiche untergeordnete Abstammungslinien ins Auge, deren Vertreter sich auch nach der Sintflut in anderen überlebenden Familien fanden. Wie sich diese Familien weiterentwickelten, um schließlich irgendwann die restlichen Völker der Erde zu bilden, interessierte die Verfasser der kenitischen Chronik nicht. Ihr eigener Stamm jedenfalls leitete sich vom ranghöchsten Überlebenden der Sintflut her und nahm damit den Adelsstand des »Erstgeborenen« unter allen Stämmen ein. Während die Hebräische Bibel ihren Blickwinkel erst zu Zeiten Abrahams auf die Geschichte des Stammes Israel eingrenzt (und selbst nach diesem Zeitpunkt konzentriert sie sich erst dann ausschließlich auf Israel, sobald Jakob auf der Bildfläche erscheint), findet sich diese Beschränkung auf die Geschichte des eigenen Stammes in der kenitischen Sage schon zu Zeiten der Sintflut.

Während die kenitischen Chronisten Lamechs drei Söhne als Stammväter von drei Untergruppen des Stammes der Keniter ansahen, hatten die biblischen Chronisten ein umfassendes Menschheitskonzept vor Augen und verwendeten daher zwei der Söhne, Ham und Japheth, als Stammväter der nicht-semitischen Völker. Innerhalb des Stammbaums von Sem bzw. Schem selbst waren sie gleichermaßen bestrebt, nicht nur die Ahnenfolge herauszuarbeiten, aus der schließlich Abraham hervorgehen sollte, sondern auch einen Bericht zu liefern über die Ursprünge aller mit den Israeliten verwandten Völker bzw. der Völker, die wir heute unter der Bezeichnung »semitisch« kennen. Die Abstammungstafeln aus der Zeit nach der Sintflut, die in der Bibel wiedergegeben werden, stellen einen großartigen Versuch dar, eine umfassende Ethnologie zu entwerfen, mit deren Hilfe die biblischen Chronisten versuchten, die Verbindungen und Abspaltungen zwischen allen Völkern, die ihnen bekannt waren, zu erklären; der angestrebte Blickwinkel sollte sogar die gesamte Weltbevölkerung erfassen.

Die israelitischen Chronisten hatten bei der Abfassung ihrer Genealogie der gesamten Menschheit eindeutig Zugang zu anderen Dokumenten als nur der kenitischen Stammessage. Was für Dokumente es waren, die es ihnen möglich machten, die Verwandtschaftsbeziehungen zwischen den zahlreichen großen Familien der Menschheit mit überraschender Genauigkeit zu erfassen, können wir nicht in Erfahrung bringen. Da die Geschichte von der Sintflut Spuren von babylonischem Einfluß zeigt, kann es sein, daß auch in diesem Fall babylonische Überlieferungen zum Tragen kamen. Die kenitische Stammessage benutzten die Verfasser der israelitischen Chronik ausschließlich für die Zeit vor der Sintflut; für die Zeit danach fanden sie deren Optik zu kleingeistig und veränderten sie zugunsten weitergehender Absichten. [1]

Wir sind mittlerweile bei einem Bild der Keniter als einem Stamm angelangt, der aus drei Sippen mit speziellen Funktionen besteht, wobei diese in ihrer Gesamtheit das Bild einer nomadisch lebenden und Viehzucht betreibenden Gemeinschaft ergeben, mit besonderem Interesse an der Metallbearbeitung und der Musik. Gibt es weitere Möglichkeiten, dieses Bild als Ganzes oder in Teilen zu verifizieren? Die Keniter werden in der Bibel an einigen Stellen erwähnt, aber nie als Metallbearbeiter oder Musiker. Ein Hinweis auf ihre nomadische oder halbnomadische Lebensweise liegt vielleicht darin, daß die Orte, wo wir sie jeweils antreffen, verstreut sind und immer wieder wechseln, da man sie einmal in Midian vorfindet (nämlich Jethro selbst, dessen Zugehörigkeit zum Stamm der Keniter weiter oben, auf Seite 10, erörtert wird), ein anderes Mal in Amalek (zu Lebzeiten Sauls) und dann wieder in verschiedenen Orten in Israel gleichzeitig. [2] Daß sie sich mit Metallbearbeitung beschäftigten, haben wir bislang nur aus dem Namen Kain – »Schmied« – abgeleitet und von der Bemerkung über Thubalkain, in der er als Wegbereiter der Eisen- und Bronzebearbeitung dargestellt wurde; die Tatsache, daß sie Musiker waren, entnahmen wir ausschließlich der Bemerkung über Jubal. [3]

Eine allgemeine Bestätigung des Erscheinungsbildes dieses Stammes können wir mit Hilfe ethnologischer Daten aus verschiedenen Ländern zusammentragen. Selbst heute gibt es einen arabischen Stamm, bekannt als die Sleib, dessen Mitglieder sich als reisende Schmiede betätigen, mit ihren Eseln und ihrem Werkzeug den üblichen Handelswegen folgen und ihr etwas mageres Einkommen dadurch

---

[1] Vgl. Speiser 1962, *p.* 236: »Das Verzeichnis der Völker [...] ist ein ehrgeiziges Unterfangen, das erste seiner Art, das von irgendwoher bekanntgeworden ist.«

[2] Hinsichtlich der Keniter in Amalek: vgl. 1 Sam 15,6; in Galiläa: Ri 4,11, 5,24; in der Negev (Süd-Judäa): 1 Sam 27,10. Ein Ort mit Namen Kain auf dem Gebiet des Stammes Juda wird in Jos 15,57 aufgeführt.

[3] Einen solchen Gott, der zugleich als Weltschöpfer und Erfinder der Schmiedekunst, der Musik und einiger Musikinstrumente (!) verehrt wurde, hat es zu passender Zeit und im passenden Sprachraum wirklich gegeben, nämlich Kothar-Chasis (= Kotaru) vom Berge Sapon (dem heutigen Keldağ zwischen Syrien und der Türkei nahe der Meeresküste). Er war Teil des ugaritischen und damit kanaanitischen Pantheons; eine regionale Kaste von Wanderschmieden kann ihn sehr wohl zu ihrem Hauptgott und Stammvater gemacht haben. In der Antike lebte entweder er oder sein nur einfach »Herr« genannter Bruder/Sohn, dessen Rüstung er geschmiedet hatte, an Ort und Stelle als »Zeus Kasios« weiter. (Anm.d.Hg.)

aufbessern, daß sie als Musiker und Wahrsager auftreten. Dieser Stamm ähnelt jedoch in seiner Art eher den Zigeunern als dem stolzen Stamm der Keniter mit seiner reichen Überlieferung und seinen Stammessagen, die zur Vergrößerung des eigenen Ruhms und Ansehens geschaffen worden waren; es ist aber wohl möglich, daß die Sleib sich heute in einem Zustand der Dekadenz befinden und früher einen höheren Rang einnahmen.[4] Auf einem Grabmal in Beni Hasan, dessen Errichtung auf das 19. Jahrhundert v.u.Z. datiert wird, findet sich die Abbildung einer Personengruppe, die glaubhaft als nomadische Metallarbeiter[5] identifiziert wurde. Man weiß, daß um diese Zeit im Jordantal sowohl Kupfer als auch Eisen gefördert wurden. Die Sintflut wird entsprechend der biblischen Zeitrechnung etwa um 2500 v.u.Z. datiert. Es ist daher nicht per se unwahrscheinlich, daß sich kurz danach ein Stamm von Metallarbeitern gründete. Die Herstellung von Werkzeugen und Waffen aus Eisen wird bedeutend später angesetzt, etwa im zwölften bzw. elften Jahrhundert v.u.Z. (obwohl der Beginn der Eisenzeit neuerdings ja wieder zur Debatte steht und diese Ära auch in verschiedenen Gegenden zu ganz unterschiedlichen Zeiten begann). Ein Stamm, der als Bronzebearbeiter angefangen hat, vielleicht auch Schmuck aus Eisen herstellte, könnte später durchaus auch größere Eisenarbeiten durchführen, und dies dann in anachronistischer Weise als Tätigkeit aus seiner Frühzeit darstellen.

Die Tatsache, daß es in verschiedenen Götterwelten Schmiedegötter gibt (so z.B. Hephaistos, Vulkanus und Wieland den Schmied), spricht für das hohe Ansehen, in dem Schmiede einmal standen. In primitiven Gemeinschaften gilt die Metallbearbeitung als eine Art Zauberei (vgl. den Stamm Fan, dessen Äußerungen Frazer wiedergibt[6]), und die Arbeitstechniken waren streng gehütete Geheimnisse, die nur innerhalb einer Familie weitergegeben wurden, welche sich ihrerseits gelegentlich zu einem Stamm entwickelte. Die nomadische Lebensweise eines solchen Stammes ergab sich gewöhnlich aus der Notwendigkeit, die Kunden aufzusuchen, aber auch aus der Tatsache, daß man nicht an Grund und Boden gebunden ist, wenn man über mobile Fertigkeiten verfügt. Hephaistos war ein Krüppel; es gab Überlegungen, ob nicht diese Behinderung (die sich auch bei anderen Schmiedegöttern findet, die ebenfalls als Krüppel dargestellt werden) von der Gewohnheit herrühren könnte, Schmiede zu verkrüppeln, um sie daran zu hindern, zu einem anderen Stamm überzuwechseln.[7]

---

[4] Vgl. Doughty 1888, I 280*sqq*.

[5] Eine Wandmalerei in dem Grab Khnumhoteps III. aus der 12. Dynastie in Beni Hasan in Ägypten zeigt semitische Nomaden beim Zug nach Ägypten hinein; dort findet sich auch eine Gruppe, von der man annimmt, daß sie Metallarbeiter darstelle, weil ihre Esel Blasebälge tragen (vgl. Encyclopedia Judaïca VI 494, Abb.). Entstehungszeit: etwa 1890 v.u.Z.

[6] Frazer 1928, *cap.* VI, *p.* 124. Vgl. auch Frazer 1918, II 21, bezüglich des Stammes der Watschaga.

[7] Vgl. Pauly 1912, *p.* 337.

Ein wichtiges Beweisstück aus der Archäologie weist auf die Existenz eines Stammes von Metallbearbeitern mit einer eigenen Religion und einem besonderen System von Symbolen hin, deren Arbeiten in allen Anrainerländern des Mittelmeeres gefunden werden. Man nimmt an, daß ihr Zentrum in Kleinasien lag. [8] Griechische Schriftsteller erwähnen auch ein Volk namens Chalyben, einen Stamm, der Eisen bearbeitete. [9]

Es gibt daher einiges an allgemeinen Erkenntnissen, was unser Bild von den Kenitern als einem Stamm von Metallbearbeitern stützt. Einige Bemerkungen noch in bezug auf das Ausmaß ihres Nomadentums. Wie wir gesehen haben, hat es nach den Belegen, die wir in der Bibel gefunden haben, den Anschein, daß sie kein festes Gebiet ihr eigen nannten, sondern zur gleichen Zeit Stützpunkte in verschiedenen Ländern bewohnten. Dies ist der Grund für die Tatsache, daß die Keniter an einer Stelle als eines der Völker genannt werden, die in Kanaan lebten und die die Israeliten vertreiben mußten, um das Land besetzen zu können (Gen 15,19) – obwohl wir wissen, daß sie gleichzeitig in Midian und Amalek lebten. Es scheint eine Tatsache zu sein, daß die Keniter auch Städte in den Ländern bauten, in die sie zogen. Eine dieser Städte wird als Festung beschrieben, »die in den Felsen hineingebaut wurde« (Num 24,21). Es gab sogar eine Stadt in Judäa mit Namen Kain oder Cain (Anm.: In der Herder-Einheitsübersetzung heißt sie unsinnigerweise Kaim, in der Luther-Bibel Hakain!) (Jos 15,57), eine befremdliche Sache inmitten eines Volkes, das den Namen Kains, des Mörders, mit Abscheu betrachtet haben soll. Im Zusammenhang mit der Davidsgeschichte wird Bezug genommen auf die »Städte der Keniter« in der Negev-Wüste (1 Sam 30,29). Dieses Sichniederlassen trug aber nicht dazu bei, die Eigenart der Keniter als Stamm zu zerstören; sie blieben trotzdem im Grunde Nomaden. Sie waren jederzeit dazu in der Lage, wieder ein Leben im Zelt zu führen. Wir sehen das am Beispiel des Keniters Heber; seine Frau Jaël wurde in Israel als Heldin betrachtet, weil sie Sisera tötete, den Befehlshaber der einfallenden Kanaaniter. Heber lebte in einem Zelt (Ri 4,11) und gebot über eine Gruppe von Anhängern, die ebenfalls in Zelten wohnten.

So weit die Stellen der Bibel, in denen die Keniter direkt erwähnt werden. Es gibt in ihr jedoch noch eine weitere, etwas verdecktere Informationsquelle, und zwar in Passagen, in denen sie auf die Rechabiter Bezug nimmt, eine Gruppe, die irgendwie mit den Kenitern in Verbindung gebracht wurde. [10]

---

[8] Es handelt sich um die sogenannten Torquesträger der frühen Bronzezeit, die sich in einer besonderen Religion mit einer eigenen Gottheit organisiert hatten.

[9] Bezüglich der Chalyben vgl. Herodot, I 28, und Xenophon, ›Anabasis‹ 4. Eher im Bereich der Mythologie sind Volksgruppen angesiedelt, die Zauberei mit Metallbearbeitung verbanden, die Korybanten, die Daktylen und die Kureten; die Sagen über sie legen jedoch Zeugnis darüber ab, daß eine Beziehung bestand zwischen Metallbearbeitung und mystischen Geheimgesellschaften mit besonderen Ritualen (vgl. Thomson 1946, *p.* 110).

[10] Vgl. Budde 1896 und 1899; Meyer 1906, *pp.* 88*sq.*, 129–141; Friedlaender 1910, *pp.* 253–257; Flight 1923, *pp.* 158–226; Schmökel 1933, *pp.* 212–229; Nyström 1946; Gautier 1927, *pp.* 104–129.

Die Rechabiter werden vom Propheten Jeremia des näheren beschrieben, der großen Respekt vor ihnen hatte (Jer 35). Als Jeremia ihnen Wein anbot, lehnten sie ab, unter Bezug auf die Gebote ihres Ahnherrn Jonadab, dem Sohn des Rechab, der befohlen hatte: »Ihr sollt niemals Wein trinken, weder ihr selbst noch eure Söhne. Auch sollt ihr kein Haus bauen, keine Saat bestellen, keinen Weinberg pflanzen oder besitzen. Vielmehr sollt ihr euer Leben lang in Zelten wohnen, damit ihr lange lebt in dem Land, in dem ihr euch als Fremde aufhaltet« (H). Jeremia lobte den Gehorsam der Rechabiter gegenüber ihren Geboten und stellte sie als glänzendes Beispiel hin, im Gegensatz zu dem durchschnittlichen Israeliten, der die Gebote Mose nicht so gründlich eingehalten hatte.

Jeremia bringt die Rechabiter an keiner Stelle mit den Kenitern in Verbindung, aber diese läßt sich durch einen einzigen Absatz herstellen, der im letzten Buch der Bibel, den Büchern der Chronik, überlebt hat. Dieser Absatz lautet folgendermaßen:

> *Die Sippenverbände von Sofer, die Einwohner von Jabez, die Tiratiter, Schimatiter und Suchatiter waren Keniter, die von Hammat, dem Vater von Bet-Rechab, stammten. (1 Chr 2,55 [H])*

Dieser Absatz ist in einen Zusammenhang eingesetzt, in dem seine Relevanz fraglich erscheint; er ist eindeutig ein überliefertes Textstück, das der Chronist vorgefunden und so gut wie möglich in den Text eingefügt hat. Die Information, die er liefert, macht neugierig. Wir wußten schon von Jeremia, daß die Rechabiter von Rechab abstammten; Jeremia gibt an, daß deren wichtigster Ahnherr und Gesetzesgeber der Sohn Rechabs, nämlich Jonadab, gewesen sei; weshalb sie also nach Rechab benannt wurden und nicht nach dem wichtigeren Jonadab, ist unklar. Jonadab seinerseits kennen wir als bedeutsame Figur in der israelitischen Geschichte, denn er war der Verbündete Jehus, als dieser den Götzendienst für Baal ausrottete (2 Kön 10,15-27). Nach dem Bericht im Buch der Könige zu schließen, war Jonadab offenbar ein Mensch von bedeutendem religiösen und politischen Format, und König Jehu lag viel daran, seine Unterstützung zu gewinnen. Es bleibt aber festzuhalten, daß die Erzählung im Buch der Könige nicht erwähnt, daß Jonadab Keniter war; das ist typisch für die Haltung der Bibel, nämlich die Keniter als Ganzes zu verschweigen; der Grund hierfür könnte ihre Abstammung von Kain sein und vielleicht auch die Tatsache, daß man ihren Beitrag zur Religion der Israeliten unterschlagen wollte.

Am spannendsten jedoch ist die Information, daß der Stammvater des Hauses Rechab ein Mann namens Hammath war. Dieser Name hat der Fachwelt große Rätsel aufgegeben, da er nirgends sonst als Eigenname auftaucht; man findet ihn aber als Namen einer Ortschaft, genauer gesagt, der Stadt Hammath im Gebiet Naftali. Diese Stadt lag an der nördlichsten Ecke des Landes Israel und stand des öfteren unter der Herrschaft von »Heiden«, die unabhängig von Israel waren. Ihr Name stammte aus der Zeit vor der israelitischen Landnahme. Bibelforscher haben verschiedene Vorschläge gemacht, um den Ursprung des Namens zu erklären (»Festung«, »Heilige Umfriedung«, »Ort der heißen Quellen«), aber anscheinend ist niemand darauf gekommen, daß er mit dem Namen Ham zu tun haben könnte, obwohl die Bibel Ham zum Vater Kanaans erklärt (der Name Kanaan hat mit dem Namen Kains nichts zu tun, von dem er sich im Hebräischen erheblich unterscheidet, wenn auch beide Namen in der deutschen Umschrift auf den ersten Blick Ähnlichkeiten aufweisen), dem Namenspatron und Gründer des Landes Kanaan, in dem auch die Stadt Hammath lag. Wenn Hammath und Ham also wirklich verwandte Namen sind, so ist es nicht mehr rätselhaft, daß der Stammvater der Rechabiter nach dem Bericht der Chronik ein Mann namens Hammath war; es ist einfach nur ein Name, der in der Vorgeschichte der Rechabiter auftaucht, ein Name, der aus der kenitischen Stammessage stammt, denn, wie oben dargelegt, gehört der Name Ham ursprünglich nicht zur sethitischen Genealogie, der ihn die Bibel zuschlägt, sondern zur Linie Kains. Da derselbe Abschnitt in den Büchern der Chronik ausdrücklich feststellt, daß die Rechabiter Keniter waren, ist der Name Hammath in ihrer Vorgeschichte ganz und gar nicht unpassend. Was der Anerkennung dieses Umstands im Wege stand, war die Annahme, die Keniter seien ein semitischer Stamm gewesen, der mit den Midianitern verwandt war. Das ist auch der Eindruck, den die Bibel zu vermitteln sucht, und als Folge davon wurden die meisten Belege für ihre glanzvolle Ahnenreihe aus vorsintflutlicher Zeit unterdrückt. Wenn die Keniter tatsächlich ein jüngerer Zweig vom Stammbaum Sems wären, so könnte man doch kaum annehmen, daß sie Ham, Sems Bruder, als einen ihrer Ahnen aufführen. Wir verstehen jetzt auch eine andere überraschende und verräterische Passage (Gen 15,19), in der die Keniter als älterer Zweig der Kanaaniter aufgeführt werden, obwohl sie in einer Synopsis der kanaanitischen Stämme ganz gestrichen wurden. [11]

Was wir hier über die Rechabiter erfahren haben, zeigt uns, wie die Keniter auf ihre Eingliederung in die israelitische Herde reagierten. Sie bewahrten sich ihre eigene Identität nicht nur dadurch, daß sie eigene Städte bauten (wie oben dargelegt), sondern auch durch die Beibehaltung eines eigenen Lebensstils, der sie zu einer Art religiöser Elite bzw. einem geweihten Orden erhob. Die Rechabiter machten natürlich nicht den gesamten Stamm der Keniter aus; wahrscheinlich bildeten sie eine Elite innerhalb der Keniter, die sich zum Ziel gesetzt hatte, Assimilationstendenzen

[11] Die Namen rechabitischer Großfamilien (Tiratiter, Schimatiter, Suchatiter) sind bislang nicht befriedigend erklärt worden. Vielleicht sind sie von Ortsnamen abgeleitet.

entgegenzuwirken. Sie erreichten dies, indem sie die ursprüngliche Lebensart der Keniter betonten, also dadurch, daß sie Nomaden blieben, weiterhin in Zelten lebten und keinen Ackerbau trieben, wobei sie durch diese Züge nun die Aura eines religiösen Bundes annahmen. Als Folge davon blieben die Rechabiter tatsächlich ein unabhängiges Gebilde innerhalb des Volkes Israel, nicht dadurch, daß sie sich in irgendeiner Weise gegen die Anforderungen des israelitischen Glaubens aufgelehnt hätten, sondern durch das entgegengesetzte Verfahren, nämlich dadurch, daß sie für sich eine strengere Richtung eben dieser Religion annahmen, in einigen Aspekten ähnlich den rigorosen Gelübden, denen sich die Nasiräer unterwarfen. Die Rechabiter erwarben sich dadurch ein hohes Ansehen unter den Israeliten und galten als hingebungsvolle Asketen, und es sprechen einige Belege aus der späteren jüdischen Überlieferung dafür, daß man sie für gleichrangig mit den Leviten hielt und ihnen wie diesen das Privileg des Tempeldienstes zusprach.[12] Sie beteiligten sich vor allem an dessen musikalischem Teil und brachten dadurch das musikalische Erbe, das von ihrem kenitischen Urahnen Jubal stammte, in seine Endform. Allmählich jedoch verschwanden die Keniter aus der Geschichte, die Gruppe der Rechabiter wurde nach und nach von den Leviten aufgesogen, und der Rest des Stammes ging im Volke Israel auf. Der letzte Aufschein des Stammes der Keniter findet sich möglicherweise in dem arabischen Stamm Banu-Qayin, den wir im vierten Jahrhundert unserer Zeitrechnung erwähnt finden, obwohl diese Gruppe wahrscheinlich nie in die Gemeinschaft der Israeliten eingegliedert worden war; dieser Stamm wahrte seine Identität bis in dieses späte Stadium unter den heidnischen Stämmen von Arabien.[13]

Durch diese deutliche Verbindung, die wir jetzt zwischen Rechabitern und Kenitern hergestellt haben, sind wir inzwischen in der Lage, möglicherweise weitere Teile der kenitischen Sage wiederzuentdecken, die unter ihrer Bearbeitung vergraben sind, welche wir unter dem Namen Bibel kennen. Denn sicherlich besteht eine bedeutsame Verbindung zwischen dem Abscheu der Rechabiter gegenüber dem Weingenuß und der außergewöhnlichen und wenig verstandenen Geschichte von der Trunkenheit Noahs. Wenn wir die Geschichte unter Berücksichtigung der Verknüpfungen, die wir bislang schon herausgefunden haben, analysieren, verstehen wir vielleicht auch die Opferaspekte, die unter der Oberfläche der biblischen Erzählung mitschwingen, besser, ebenso wie die großen Fortschritte auf moralischem Gebiet, die in dieser Erzählung enthalten sind.

---

[12] Das Targum zu Jeremia bezieht in 35,19 den Ausdruck »vor dem Herrn stehen« auf den Tempeldienst. Die Überschrift von Ps 70 der Septuaginta (71 in der Hebräischen Bibel) lautet: »[Ein Psalm gesungen von] den Söhnen Jonadabs«, so daß man annehmen kann, daß die Rechabiter inmitten der Leviten gesungen haben.

[13] Ein anderes mögliches Überbleibsel der Keniter ist der jüdische Stamm von Medina, die Banu Qaynuqa, die im Unterschied zu den übrigen zwei wichtigen jüdisch-arabischen Stämmen, mit denen Mohammed zusammenstieß, den Nadir und den Quragga, kein Land besaßen und Metallarbeiter waren.

Die Geschichte von Noahs Trunkenheit lautet in der Bibel folgendermaßen:

> *Noah aber fing an und ward ein Ackermann und pflanzte Weinberge. / Und da er von dem Wein trank, ward er trunken und lag in der Hütte aufgedeckt. / Da nun Ham, Kanaans Vater, sah seines Vaters Blöße, sagte er's seinen beiden Brüdern draußen. / Da nahmen Sem und Japheth ein Kleid und legten es auf ihrer beider Schultern und gingen rücklings hinzu und deckten ihres Vaters Blöße zu; und ihr Angesicht war abgewandt, daß sie ihres Vaters Blöße nicht sahen. / Als nun Noah erwachte von seinem Wein und erfuhr, was ihm sein jüngster Sohn getan hatte, / sprach er: Verflucht sei Kanaan und sei ein Knecht aller Knechte und seinen Brüdern; / Und sprach weiter: Gelobt sei der Herr, der Gott Sems; und Kanaan sei sein Knecht! / Gott breite Japheth aus, und lasse ihn wohnen in den Hütten des Sem; und Kanaan sei sein Knecht! (1 Gen 9, 20–27 [L])*

Es gibt zahlreiche schwierige Fragen in dieser Geschichte; so ist z.B. die Verfehlung Hams allem Anschein nach so unbedeutend, daß sie den Fluch, der daraufhin und deswegen ausgesprochen wird, schwerlich verdient; dann die Tatsache, daß der Fluch nicht über Ham gesprochen wird, der die Verfehlung, ungeachtet ihrer Bedeutung, ja begangen hat, sondern über dessen Sohn Kanaan. Wenn wir derartige Fragen zunächst einmal beiseite lassen, so können wir feststellen, daß die Geschichte als Ganzes im Original wahrscheinlich gegen den Anbau von Wein sowie gegen das Laster der Trunksucht gerichtet war. Dieser Aspekt wird jedoch in der biblischen Erzählung nicht berücksichtigt, die Noahs Rauschzustand ohne moralische Wertung übergeht und statt dessen Hams Versäumnis kritisiert, seinem hilflosen Vater Respekt zu zollen und seine Augen von dessen Nacktheit abzuwenden. Wenn wir aber die Geschichte als Gründungsmythos des kenitischen Stammes betrachten, was sie ja ursprünglich war, bemerken wir, wie sie als Erklärung und Rechtfertigung des im Stamme geltenden Verbotes des Weingenusses hätte eingesetzt werden können. Es findet sich auch eine moralische Überlegung hinsichtlich des Verfalls, den die Aufnahme des Ackerbaus allein schon mit sich bringt, denn erst als Noah »Ackermann wurde«, kam er in die Versuchung, Wein anzubauen und zum Trinker zu werden. Was wir hier vorfinden, ist eine allgemein verbreitete Haltung unter Nomadenstämmen, die stolz sind auf ihre überlegene Härte sowie darauf, frei von den Lastern der Seßhaftigkeit zu sein, nämlich vom Weingenuß als typischem Zeichen der Verweichlichung, die der Ackerbau mit sich bringt. In dieser Art steht das Verbot des Genusses von Wein und anderen alkoholischen Getränken, das in islamischen Ländern heute noch gilt, für das Festhalten an den Idealen der Wüste und für die Verachtung des Ackerbaus, was immer noch die Grundlage des islamischen Glaubens ausmacht; das wiederum ist ein Erbe des vorislamischen

Asketismus auf der arabischen Halbinsel.[14] Aus den Lebensgewohnheiten der Rechabiter haben wir gelernt, daß das Verbot von Wein Teil des Moralkodex' der Keniter war; man muß jedoch dazu sagen, daß dieses Verbot immer verknüpft war mit dem anderen Gelübde der Rechabiter, nämlich »in Zelten zu wohnen immerdar«.

Die Bibel stellt sich im allgemeinen nicht gegen den Genuß von Wein oder das Anlegen von Weinbergen. Im Gegenteil: Das biblische Lebensideal beinhaltet Wein und Weinberg als notwendige Zutaten, wenn es heißt: »Juda und Israel lebten in Sicherheit von Dan bis Beerscheba; ein jeder saß unter seinem Weinstock und seinem Feigenbaum ...« (1 Kön 5,5; vgl. auch Micha 4,4; Sacharja 3,10). Wein gehörte zu einem wesentlichen Bestandteil des Gottesdienstes im Tempel und war dort als Trankopfer Teil der Opfergaben. Darüber hinaus ist vom Wein durchgehend nur im positiven Sinne die Rede: »Wein, der das Herz des Menschen erfreut« (Ps 104,15) und »Wein, der Gott und die Menschen erfreut« (Ri 9,13). Im späteren Judentum war Wein ein unerläßlicher Bestandteil der Kiddusch-Zeremonie, mit der der Sabbat und Festtage eingeleitet werden; auf diese Weise wurde er auch in die christliche Eucharistie-Feier übernommen. Dem Talmud gilt der Wein als oberstes Heilmittel für alle körperlichen Übel.[15] Diese hohe Wertschätzung des Weines ist ein Maß für den bäuerlichen Schwerpunkt der israelitischen Religion, die (entgegen der Auffassung gewisser, vor allem antisemitischer Gelehrter) nomadische Ideale keineswegs hochhielt, außer am Rande, wie etwa in dem Respekt, den sie den Rechabitern entgegenbrachte. Zwar gibt es in der Bibel auch Warnungen vor Trunkenheit, jedoch nur als Mißbrauch von etwas eigentlich Gutem und Wohltuendem gewertet, nicht grundsätzlich als Laster. Die positive Rolle des Weines in der Vorstellungswelt der Israeliten zeigt sich vielleicht am besten in der Dichtung des Hohenliedes, wo Wein als Sinnbild für sexuelle Energie und die Süße des Lebens steht. Der Brauch der Nasiräer, nach dem sich jemand des Weins eine Weile lang als Akt der Selbstkasteiung freiwillig enthalten konnte (vgl. Num 6), ist ein Überbleibsel nomadischer Gebräuche, wurde aber innerhalb enger Grenzen gehalten und zurückhaltend beurteilt (ein Rabbi im Talmud schreibt sogar, daß der Grund, weswegen die Nasiräer nach Erfüllung dieses Gelübdes ein Sühneopfer bringen müßten, der sei, daß sie für die Sünde büßen müßten, sich des Weines beraubt zu haben).[16]

Es ist daher ziemlich merkwürdig, daß die Geschichte von Noahs Trunkenheit eine so auffällige und zentrale Stelle in der biblischen Erzählung einnimmt. Und es ist nicht überraschend, daß das Hauptthema der Geschichte übertüncht wird

[14] Z.B. die nabatäischen Asketen, welche Diodorus Siculus (XIX 94) erwähnt, die wie die Rechabiter den Weingenuß ablehnten und in Zelten lebten.

[15] Babylonischer Talmud, Baba Batra, 58b: »Wein ist die großartigste Medizin überhaupt: Arzneien braucht man nur, wenn kein Wein vorhanden ist.«

[16] Babylonischer Talmud, Ta'anit 11a.

und einer Moral weichen muß, die nicht Teil der ursprünglichen Version war. Es gibt aber noch eine andere Geschichte in der Bibel, die in ähnlicher Weise auffällt: die Geschichte von der Trunkenheit Lots (Gen 19,30–38). In dieser etwas anstößigen Geschichte wird erzählt, wie Lot nach der Zerstörung Sodoms und Gomorrhas und der anderen Städte der Ebene von seinen Töchtern betrunken gemacht wurde (die beiden glaubten, das Ende der Welt sei gekommen und sie seien die einzigen Überlebenden), so daß die beiden mit ihm schlafen und auf diese Weise für das Weiterbestehen der Menschheit sorgen konnten. Diese Geschichte wird erzählt als Gründungsmythos der Stämme Moab und Ammon, hat aber, wie mehrere Fachleute schon hervorgehoben haben, die Charakteristika eines allgemeineren Gründungsmythos und könnte auch eine dislozierte Alternativversion der Erneuerung der Menschheit nach der Sintflut oder irgendeiner anderen weltweit wirksamen Katastrophe sein.[17] In dieser Geschichte scheint das Motiv der Trunkenheit eine zweideutigere Rolle zu spielen als in der Geschichte von Noah; sie wird weniger als Verfehlung als vielmehr als eine Art Entschuldigung für das Motiv des Inzests benutzt. Dies zwingt uns, genauer zu betrachten, welche Rolle Trunkenheit und sexuelle Tabubrüche in einer Erzählung über den Neubeginn der Menschheit spielen können.

Wir erreichen sicher eine größere Tiefe der Deutung, wenn wir die Mythen von Bacchus und Osiris in unsere Überlegungen mit einbeziehen; dies zieht dann eine Erörterung anderer Mythen nach sich: der Mythen von Attis, Adonis, Kronos und Uranos und anderer, die noch weiter vom Buche Genesis entfernt zu sein scheinen. Wir werden sehen, daß die Geschichte von Noahs Trunkenheit weit mehr darstellt als eine Anekdote, ja, daß sie Teil eines wesentlichen Sagenkomplexes ist, in dem Bedeutungsebenen des Opfers verborgen liegen, welche wir in dieser Studie bislang noch nicht untersucht haben.

Bevor wir jedoch Vergleiche zwischen der Geschichte Noahs und den wilden Sagen heidnischer Mythologien anstellen, müssen wir uns noch einmal mit dem Midrasch beschäftigen, der uns, wie im Falle Lamechs, einen kleinen Einblick in die barbarische Gewalttätigkeit liefert, die unter dem biblischen Bericht verborgen liegt. Der Midrasch erklärt in seinem Kommentar zu dem Vers »als nun Noah erwachte von seinem Wein und erfuhr, was ihm sein jüngster Sohn getan hatte« (ein Satz, der wirklich rätselhaft ist, denn wenn Hams Verfehlung nur sein Voyeurismus gewesen sein sollte, hätte Noah davon nichts wissen können, nachdem er sich von seinem Rausch erholt hatte) ganz offen, daß Noah entdeckte, daß sein Sohn Ham

[17] Die jüdische Überlieferung ging davon aus, daß die Söhne Adams sich durch Heirat mit ihren Zwillingsschwestern fortpflanzten, so daß Lots Inzest unter solchen Umständen nicht schimpflich hätte sein müssen. Der Talmud entschuldigt die Töchter Lots mit der Begründung, sie hätten gedacht, die Katastrophe habe weltweite Auswirkungen; das ist möglicherweise ein Nachhall der ursprünglichen Form der Geschichte.

ihn kastriert hatte.[18] Ein weiterer Beweis hierfür liegt in dem Vers »und Noah lebte nach der Sintflut 350 Jahre«, es wird nicht hinzugefügt »und er zeugte Söhne und Töchter«, wie das mit seinen Vorgängern in der sethitischen Genealogie regelmäßig der Fall ist. Obwohl er zu einem recht späten Zeitpunkt abgefaßt ist, liefert uns der Midrasch einmal mehr eine Version der Geschichte, die älter und authentischer ist als die gesittete Geschichte der Bibel, deren Haupttenor auf die Empfehlung hinausläuft, Kinder sollten wegschauen, wenn Vater oder Mutter zufällig nackt vor ihnen erscheinen sollten. Der Midrasch stellt im folgenden die Behauptung auf, daß Noah gerade beim Geschlechtsverkehr mit seiner Frau im Zelt war (der Midrasch weist darauf hin, daß im Hebräischen Vers 22: »und er war unbedeckt in seinem Zelt« in Wirklichkeit von der Konsonantenfolge her lautet »in ihrem Zelt«, obwohl die masoretische Vokalisierung das Pronominalsuffix maskulin werden läßt). Wir finden hier also eine weit düsterere Szene vor: Geschlechtsverkehr im Rausch mit nachfolgender Kastration.[19] Angeblich hat Ham bei seinem gewaltsamen Eindringen an das elterliche Bett als Motiv die Macht: er wollte verhindern, daß noch mehr Brüder geboren werden würden, die dann von dem schon vorhandenen Brüdertriumvirat ihren Anteil an der Welt fordern würden. Das aber ist zweifellos eine Rationalisierung: Statt dessen fallen einem doch Parallelmythen wie die Kastration des Uranos durch Kronos ein, denn dieser Vorfall, so wie er im Midrasch berichtet wird, hat ganz eindeutig mythischen Rang.

Wir befinden uns nun in einem Bereich, dem auch die Sagen von Dionysos (Bacchus) und Osiris angehören. Der Dionysos-Mythos trägt ganz den Charakter einer trunkenen Orgie und orgiastischer sexueller Aktivität, gefolgt vom In-Stücke-Reißen des Gottes und seiner nachfolgenden Auferstehung. Der Gott steht in enger Verbindung mit dem Bereich des Weiblichen; sowohl in der Legende über seine Erziehung unter Frauen als auch in seiner Darstellung als verweichlichter Jugendlicher mit absichtlich betonten weiblichen Merkmalen. Die Verehrung des Dionysos reicht also sehr weit zurück (ungeachtet dessen, daß die griechische, patriarchalisch strukturierte Gesellschaft sich bemühte, ihn zum Neuankömmling und bestenfalls Halbgott zurückzustufen) und leitet sich von einer ganz oder teilweise matriarchalischen Gesellschaftsform her, in der Götter Akolythen der Göttin waren, der sie sowohl in sexueller Hinsicht als auch durch ihren Tod und ihre Verstümmelung dienten. Das Ritual, das diesen Mythen zugrunde liegt, ist eine Frühlingsfeier mit orgiastischem Weingenuß (früher Bier) und sexueller Freizügigkeit (wo gängige Tabus gebrochen wurden). Danach wurde ein männliches Opfer von weiblichen Mänaden oder deren

[18] Vgl. Genesis Rabbah 36,7; Babylonischer Talmud, Sanhedrin 70a; Yalqut Schimoni, Noah 61.

[19] Es ist bemerkenswert, daß ein Vertreter der Psychoanalyse ohne Nutzung des Midrasch, ausschließlich gestützt auf die Methoden und Forschungsergebnisse Freuds und Fenichels, bei der Untersuchung der biblischen Geschichte von Noahs Trunkenheit ebenfalls zu dem Ergebnis gelangt ist, ihr verdeckter Gehalt sei Noahs Kastration durch Ham gewesen. Siehe Hoevels 1984, *p.* 106.

männlichem Stellvertreter in Stücke gerissen und seine einzelnen Glieder über Land und Meer verstreut, um die Fruchtbarkeit des Bodens zu gewährleisten.[20]

Im Osirismythos steht der Aspekt des Weintrinkens nicht im Vordergrund (obwohl er auch nicht ganz fehlt, da Osiris wie Dionysos von einer Rotte von Satyrn begleitet wird), aber sein Körper wird in ganz ähnlicher Weise in Stücke gerissen, wobei in diesem Mythos der Kastration und dem Verbleib der Genitalien besondere Bedeutung zugemessen wird. Isis, die Ehefrau des Osiris, wird als Haupttrauernde dargestellt, doch wie wir schon beim Baldurmythos gesehen haben, ist derjenige, der am lautesten trauert, der eigentliche Täter. Sie läßt die Tat aber von einer männlichen Figur ausführen, von Set (oder Typhon), der als Konkurrent und Mörder des zum Tode bestimmten Königs die früheste matriarchalische Form des Heiligen Henkers darstellt. Der Mythos von Osiris ist mit der Zeit von zahlreichen patriarchalischen Veränderungen überlagert worden; im Grunde handelt es sich hier jedoch wie beim Dionysos-Mythos um das Ergebnis eines Rituals, in dem man ein Fruchtbarkeitsopfer darbringt, durch das die Muttergöttin, die Erde, zum Fruchttragen bewegt wird. Andere Ausprägungen dieses Mythos sind der Mythos von Attis (dessen Anhänger bzw. Priester sich selbst entmannten als Akt der Hingabe an die Göttin), von Adonis (der von einem männlichen Konkurrenten in Gestalt eines Ebers kastriert wird und jedes Jahr wieder in Vertretung der Göttin von Frauen betrauert wird) oder von Pentheus (der von wildgewordenen Frauen bzw. Mänaden in Stücke gerissen wird), von Orpheus usw.

Der Mythos der Kastration des Uranos durch Kronos ist besonders interessant, da hier belegt wird, wie ein Mythos von einem matriarchalischen Typus in einen patriarchalischen übergeht. Die Geschichte beschreibt, wie Mutter Erde die Revolte der Titanen angestachelt hat; sie wird angeführt vom Jüngsten, Kronos, und richtet sich gegen dessen Vater (und ihren Gemahl) Uranos. Mutter Erde selbst gab Kronos die Sichel aus Feuerstein, mit der er dann seinen Vater kastrierte; daraufhin warf er die abgeschnittenen Genitalien ins Meer (genauso wie Set, der die Genitalien von Osiris ins Meer warf). Wenn man einer von mehreren Fassungen Glauben schenken will, so erfolgte aufgrund dieser Befruchtung des Meeres die Geburt der Aphrodite, weswegen die Priesterin in ihrem Hauptheiligtum, Paphos, jedes Frühjahr im Meer badete, um ihre Lebenskräfte zu erneuern. Aus der Kastrationswunde flossen auch einige Tropfen Blut auf die Erde und brachten dadurch die drei Erinnyen bzw. Furien hervor (die, ebenso wie Aphrodite, einfach andere Aspekte der Göttin selbst darstellen). Um es anders zu formulieren: Zweck der Kastration des Gottes ist die Wiederbelebung der Göttin, und der männliche Mörder oder Kastrierende handelt ausschließlich als

[20] Bezüglich Menschenopfern unter den Khonden von Bengalen an die Erdgöttin, die von Orgien begleitet sind, vgl. Frazer 1928, *cap.* XLVII, *pp.* 632–634, und Campbell 1962, *pp.* 160–163. Jede Familie erhielt ein Stück des Opfers für ihr Feld. Diese Opfer setzten sich bis ins 19. Jahrhundert fort.

Werkzeug und Agent der Göttin. Dieses Ziel wird jedoch in der voll entwickelten patriarchalischen Version der Geschichte verschleiert und negiert; jetzt wird der Ehrgeiz des Kronos in den Vordergrund gestellt, König der Götter zu werden. In der hethitischen bzw. hurritischen Version der Sage schluckt Kumarbi, die Figur, die dort dem Kronos entspricht, tatsächlich den Samen seines kastrierten Vaters und empfängt dadurch die Göttin der Liebe in seinem Körper, worauf sie dann aus seiner Seite herausgeschnitten werden muß (wie ja auch Eva aus einer Rippe Adams geboren wird und Athene aus dem Haupt des Zeus).[21] Der männliche Mörder rückt also ins Zentrum des Geschehens und wird zum Erzeuger der Göttin, der er zuvor gedient hatte. Im Verlauf dieser Entwicklung wird aus dem Kampf zwischen dem König und seinem Rivalen um die Gunst der Göttin ein Kampf zwischen Männern um die Macht.

Nachdem wir diesen mythologischen Hintergrund herausgearbeitet haben, können wir uns nun wieder der Geschichte von Noahs Trunkenheit zuwenden. Wir können jetzt drei Entwicklungsstadien in dieser Erzählung unterscheiden: einen matriarchalischen Mythos, verbunden mit der Landwirtschaft, überlagert von einer patriarchalischen kenitischen Bearbeitung, die wiederum überlagert wird von einer israelitischen, ebenfalls patriarchalischen Bearbeitung.

Im zugrundeliegenden matriarchalischen Mythos war das Element der Trunkenheit nicht ein Ausrutscher, sondern eine göttliche Raserei, ähnlich der, in die die bacchantischen Rituale mündeten, wie wir sie auch in ugaritischen Schriften finden, wo sie dem Gott El zugeschrieben werden.[22] In diesem Zustand der Raserei kommt es zum Geschlechtsverkehr zwischen der Göttin und ihrem Gemahl, der daraufhin durch die Hand des neuen, jungen Geliebten und designierten Prinzgemahls der Göttin getötet wird; der Leichnam des ermordeten Königs wird über die Felder verstreut und seine Genitalien in die belebenden Wasser des Meeres oder Flusses geworfen. Der Held dieses Mythos war aller Wahrscheinlichkeit nach Kanaan, der eponyme Ahnherr der Kanaaniter, der sich durch den Mord am alten König selbst zum Gemahl der Göttin macht und damit zum rechtmäßigen Gründer eines neuen Volkes wird (hier kommt schon ein patriarchalisches Element in die Geschichte, denn in einem durch und durch spätmatriarchalischen Szenario hätte Kanaan seinerseits nach einer gewissen Zeit wieder durch einen neuen, siegreichen Rivalen ermordet werden müssen; Kanaan bleibt aber am Leben und begründet eine Dynastie, die wie alle frühpatriarchalischen Dynastien ihre Rechtmäßigkeit durch einen matriarchalischen Mythos begründet).

In der kenitischen Fassung ist der Akzent dahingehend verschoben, daß der Hauptpunkt darin liegt, den kenitischen Moralkodex und kenitisches Selbstverständnis zu fundieren und zu rechtfertigen. Die wichtigste Aussage lautet: Das Le-

[21] Vgl. Kirk 1970, *pp.* 214–220.

[22] Vgl. Pope 1977, *pp.* 507*sq.*, in seinem Kommentar zu verschiedenen ugaritischen Texten.

ben im Zelt und das Weintrinken passen nicht zusammen; Noah führt das Weintrinken in seinem Zelt ein, und schon gerät er in ernsthafte Schwierigkeiten. Kanaan ist der Schurke geworden, wenn auch nicht eine so massiv vom Fluch verfolgte Figur wie in der israelitischen Fassung. Er repräsentiert die Art der Gemeinschaft von Ackerbauern, die die Keniter ablehnen, die Gemeinde, die auf orgiastischen Ritualen aufgebaut ist, in der Männer verweichlicht werden und weibisch werden in ihrer Hingabe an die Muttergöttin Erde (es war ja zu dem Zeitpunkt, »als Noah Ackermann wurde«, als ihn sein Fall ereilte). Der Held in der kenitischen Fassung war wahrscheinlich Ham (da nach den Belegen, die wir den Passagen über die Rechabiter entnommen haben, die Keniter selbst ihren Stammbaum nach der Sintflut auf Ham oder Hammath zurückverfolgten), der sich sowohl von Noahs Trunkenheit als auch von Kanaans Ruchlosigkeit distanzierte und einen patriarchalisch strukturierten Stamm gründete, in dem orgiastische Rituale abgeschafft wurden und die landwirtschaftliche Abhängigkeit von der Mutter Erde durch die Aufnahme einer nomadischen Lebensweise aufgehoben wurde, die sich auf handwerkliche Fähigkeiten stützte, ein Erbe des vorsintflutlichen Ahnherrn Kain, des Schmiedes.

In der israelitischen Fassung der Erzählung, wie sie schließlich in der Bibel erscheint, hat man Ham zum Komplizen von Kanaans Verbrechen gemacht.[23] Auf diese Weise werden die Ansprüche der Keniter auf Vorrangstellung geleugnet, ebenso wie die der Kanaaniter, genauso, wie der Anspruch von Kain selbst geleugnet worden war, indem man ihn zum Schurken in der Erzählung über den Mord an Abel stempelte. In der israelitischen Fassung stellt Noahs Trunkenheit weder eine orgiastische Raserei dar noch ein Nachgeben gegenüber der Verweichlichung des Bauernlebens; denn was die Israeliten auszeichnete, war, daß sie das Patriarchat mit der Hochschätzung des Ackerbaus verbanden. Die Trunkenheit Noahs ist lediglich eine Unbesonnenheit, bedingt durch die noch mangelnde Erfahrung als Ackermann. Das Verbrechen Hams besteht darin, daß er in einem empfindlichen Punkte den Anstand verletzt hat und damit dem Verhaltenskodex zuwiderhandelt, welcher Achtung vor den Eltern fordert; die Brutalität der Kastration und Zerstückelung aus der ursprünglichen Fassung fallen der Zensur zum Opfer (und überleben nur als volkstümliche Überlieferung im Midrasch). Ein verräterischer Hinweis auf die Einsetzung Hams in die Stellung Kanaans ist im folgenden Vers

[23] Die Erzählung der Bibel weist hinsichtlich der Person des Mörders/Kastrierers/Voyeurs Unsicherheiten auf, denn sie schreibt diese Rolle Ham zu, legt aber den daraus folgenden Fluch auf Kanaan. Der Grund dafür ist, daß die Bibel die Geschichte von ihrem Wesen als kanaanitischem Gründungsmythos abzunabeln wünschte, obwohl sich dieser Aspekt weiter in der drastisch veränderten Form eines Fluches über das Volk der Kanaaniter erhält. Aus Kanaan hat man statt des Helden der Geschichte den Schurken gemacht, obwohl seine Verdrängung aus der zentralen Rolle diese Umformung problematisch gestaltet; und als Gründer des kanaanitischen Volkes gibt er ihm einen Fluch weiter, der dessen Eroberung durch die Israeliten rechtfertigt.

stehengeblieben (9,24): »Als nun Noah erwachte von seinem Wein und erfuhr, was ihm sein jüngster Sohn getan hatte …« Ham war keineswegs sein jüngster Sohn, Kanaan aber war der jüngste Sohn Hams (10,6). (Die englische Standardfassung [= Authorized Version (AV)] versucht, diesen Widerspruch aufzuheben, indem sie mit »sein jüngerer Sohn« übersetzt, die Neue Englische Bibel ändert dies jedoch vollkommen richtig in »sein jüngster Sohn« um.) (Die Herder-Einheitsübersetzung schleppt den Fehler der AV ebenfalls mit und verschlimmert ihn fast: »Als Noah aus seinem Rausch erwachte und erfuhr, was ihm sein zweiter Sohn angetan hatte …«) Dies ruft sofort die Tat des Kronos in Erinnerung, des jüngsten Sohns von Uranos. Im matriarchalischen Mythos nämlich ist der jüngste Sohn, Mutters Liebling, unvermeidlich Mutters Ritter in ihrem blutigen Kampf mit dem Vater.

Die israelitische Erzählung steht also im Gegensatz sowohl zur kanaanitischen als auch der kenitischen Fassung und macht damit eine neue Entwicklung im religiösen Bewußtsein und in der Beziehung zwischen Religion und Landwirtschaft deutlich. Der Glaube an einen Vater-Gott, überirdisch und den Rhythmen der Erde überlegen, machte die Israeliten frei von jener andauernden Sorge des Heidentums, wie es die Kanaaniter verkörperten, in dem jedes Frühjahr als Krisensituation erschien, die eine magische Erneuerung der Natur mit Hilfe von Opfern erforderlich machte. Diese Befreiung von der Angst und jener Grausamkeit, die der Angst entsprungen war, drückte sich auf großartige Weise in der Rede aus, die Gott nach der Sintflut in den Mund gelegt wird: »Solange die Erde steht, / soll nicht aufhören / Saat und Ernte, Frost und Hitze, / Sommer und Winter, Tag und Nacht« (Gen 8,22 [L]). An dieser Stelle wird der Notwendigkeit abgeschworen, regelmäßig zu festgesetzten Jahreszeiten magische Rituale durchzuführen; denn Gott selbst braucht keine Erneuerung, da Er durch seine beständige Macht in der Lage ist, die kontinuierliche Abfolge des Kreislaufs der Natur zu gewährleisten. Nur dieser Aspekt des Monotheismus kann als Erklärung für den qualitativen Sprung dienen, den er möglich machte, hin zu neuen Gefilden des menschlichen Selbstvertrauens und des Fortschritts in Richtung Freiheit. Die Sintflut erhält dadurch in der hebräischen Mythologie den Charakter einer letzten Krise, während sie in der heidnischen Mythologie lediglich in bildlicher Form einen Dauerzustand immerwährender und vor allem immer wiederkehrender Katastrophen symbolisiert; aus diesem Grunde taucht auch Sintflut-Metaphorik bei der Darstellung einer Krisenfigur wie Dionysos auf; man nimmt an, daß er es ist, der in einer Götterdarstellung abgebildet werden soll, bei der der Gott mit Tieren zusammen in einem Boot segelt, während dem Deukalion, der griechischen Entsprechung von Noah, Merkmale zugeschrieben werden, die denen des Dionysos ähneln.[24]

[24] Die Geschichte über Dionysos, der auf einer Reise von Piraten gefangengenommen wurde, dann aber auf dem ganzen Schiff Wein wachsen ließ, das Schiff mit Tieren füllte und schließlich die Piraten in Delphine verwandelte, steht in der Homerischen Hymne an Dionysos, vv. 6*sqq.*; bei Apollodorus, III 5,3 und bei Ovid, ›Metamorphosen‹ III 577–699. Über Dionysos und Deukalion vgl. Ranke-Graves 1960, II 141.

Auch die Keniter schafften es, sich von dieser jährlich auftretenden Angst und Sorge zu befreien, allerdings nur um den Preis, sich von der Scholle und der Landwirtschaft zu trennen. Sie wurden zu einem Stamm von Nomaden, jedoch nicht im ganz primitiven Sinn des Nomadentums, bei dem ja tatsächlich eine vollkommene Abhängigkeit von der Naturgöttin besteht, wie bei einem Säugling an der Mutterbrust. Das Nomadentum der Keniter war das von kunstfertigen Handwerkern, die frei waren von der Notwendigkeit, den Boden zu bearbeiten, und damit auch von der Erfordernis, die Göttin wegen ihr zugefügter Kränkungen zu besänftigen oder sie um Gunstbezeugungen zu bitten. Sie waren also sowohl Stadtbewohner als auch Nomaden und lebten dabei eigentlich in parasitärer Weise von der Landarbeit ihrer Kunden, denen sie allerdings unerläßliche Dienste leisteten, wie dies alle Stadtbewohner und geschickten Handwerker tun. Ihren Ahnherrn Kain stellten sie dementsprechend sowohl als Nomaden als auch als Erbauer einer Stadt dar, ebenso wie sie selbst Städte erbauten in Ländern, die sie nicht beherrschten, und gleichzeitig Verbindung hielten mit dem Zeltleben, jederzeit bereit, dazu wieder Zuflucht zu nehmen. Ihr Gott wohnte daher in einem Vulkan in der Wüste (das Wort Vulkan selbst ist abgeleitet vom Schmiede-Gott Vulkanus, dessen Schmiede sich innerhalb eines Vulkans befand) und erfüllte eine besondere Aufgabe, indem er den anderen Göttern mit Hilfe seiner handwerklichen Fähigkeiten Dienste leistete. Er war ein Gott, der seinen Anhängern Wissen vermittelte, die Kenntnisse ihres Handwerks, welche sie frei machten von der Bindung an das Land und von der Göttin.

Auch die Israeliten verfügten über ein bestimmtes Wissen, das sie von ihrem Vater-Gott in seiner Erscheinungsform als Vulkan-Gott der Wüste herleiteten; dies war aber kein Fachwissen, sondern hatte universellen Charakter. Es war die Thora bzw. »die Lehre«, die sie befreite von den Launen der Göttin, sie aber gleichzeitig wieder sich der Erde zuwenden ließ, jetzt als deren Herren oder »Ehemänner« (der Ausdruck, der im Zusammenhang mit Noah gebraucht wird, läßt sich auch übersetzen mit »Gemahl der Erde«, und das angestaubte englische Wort »husbandman«, welches die Authorized Version benutzt, gibt diese Anklänge durchaus passend wieder). Das Wissen, das ihnen ihr Gott gegeben hatte, bestand darin, wie sie sich die Erde untertan machen und sie seinem Willen gemäß umgestalten konnten. Er führte sie also weg von seinem Wohnort in der Wüste in Richtung auf das Gelobte Land, wo, wie er ihnen sagte, seine wahre Wohnstätte lag. Die Israeliten übernahmen demnach von den Kenitern durchaus einige Eigenschaften, die während ihrer ganzen Geschichte charakteristisch für sie waren: ihre Suche nach Wissen und ihr Sinn für die Überschreitung irdischer Horizonte, der es ihnen möglich machte, eine Haltung der inneren Freiheit und Beweglichkeit zu entwickeln; aber im Gegensatz zu den Kenitern nutzten sie diese Entbindung der intellektuellen Bewegung, um die Probleme »der Besiedlung der Erde« in einem beispielhaften Teil derselben, nämlich dem Heiligen Land, zu lösen (obwohl sie in Zeiten des Exils dazu gezwungen waren, zu einer Lebensweise zurückzukehren, die derjenigen der Keniter recht ähnlich war).

Aus der Untersuchung der Erzählung über Noahs Trunkenheit haben wir etwas Wichtiges über die Figur des Heiligen Henkers erfahren, nämlich: daß er ursprünglich, in der matriarchalischen Gesellschaft, oder auch am Beginn der patriarchalischen Gesellschaft, die sich noch auf matriarchalische Strukturen stützte, das Werkzeug der Göttin war, jener, der ihren Willen ausführte, indem er ihren Gemahl, dessen Zeit zu Ende ging, tötete und daraufhin dessen Platz einnahm. Man kann ihn als positive Figur sehen wie Kronos oder als negative wie z.B. Set, der zum Urbild der späteren finsteren Figur des verbannten Heiligen Henkers in der patriarchalischen Gesellschaft wird, in der das Opfer ein Sohn ist – nicht die Figur des Vater-Königs – und dessen Funktion darin besteht, den Platz des Vaters auf dem Opferaltar einzunehmen und ihm zu ermöglichen, in vorgetäuschtem Gehorsam gegenüber den Forderungen der Göttin weiterzuregieren. Je mehr sich die patriarchalische Gesellschaft herausbildet, wird aus dem Opfer statt dessen ein Tribut an den Vater-Gott, und die Göttin ist vergessen. Aber der Zwang zum Opfer ist in der patriarchalischen Gesellschaft niemals so stark wie im späten Matriarchat, außer in Krisenzeiten oder bei aufkommender Panik, in der das matriarchalische Muster auf vielerlei interessanten und verzwickt verschleierten Wegen, die wir weiter unten erforschen wollen, wieder aufkam.

Unsere oben durchgeführte Untersuchung der Erzählung über Noahs Trunkenheit ergibt also in bezug auf unser Hauptthema, den Heiligen Henker, folgendes: Die Erzählung, wie sie in der Bibel steht, ist keine vom Typ des Heiligen Henkers, da die Hinrichtung vollständig der Zensur zum Opfer gefallen ist, im Unterschied zur Kains-Erzählung, in der die Zensur darin bestand, die Opferung in einen Mord zu verdrehen. Aber in der Schicht *unter* der Bibelgeschichte haben wir eine Erzählung vom Heiligen Henker ausgemacht, die einem früheren Typus entspricht als jenem, der der Kains-Erzählung zugrunde liegt. Diese Fassung hinter der Noah-Geschichte ist matriarchalisch geprägt; bei diesem Typus wurde das Opfer von einer Göttin gefordert, und der Mörder war ursprünglich der neue Gemahl der Göttin, wenn er auch mit Zunahme des Schuldgefühls zur finsteren Figur wurde (wie Set oder Typhon). Auf der frühesten Stufe waren die Mörder Priesterinnen der Göttin, die in einer durch Drogen oder Wein hervorgerufenen Raserei handelten.

Um diesen doch recht komplizierten Argumentationsgang noch einmal zusammenzufassen, füge ich hier zwei Tabellen an. Die eine zeigt den Vergleich zwischen der Version der Bibel und der des Midrasch, wie er am Anfang der Argumentation stand (*p.* 86), die andere verfolgt die Ausformung der Erzählung vom matriarchalischen Ritual bis zur biblischen Legende (*pp.* 84*sq.*).

Matriarchalische Rituale und Mythen

Frühmatriarchalisches Ritual	*Frühmatriarchalischer Mythos*	*Spätmatriarchalisches Ritual*	*Spätmatriarchalischer Mythos*
(zur Förderung der Fruchtbarkeit)	(kosmischer Mythos zur Begründung und Rechtfertigung des matriarchalischen Systems)	(propagiert Fruchtbarkeit und weibliche Dominanz)	(zur Rechtfertigung des spätmatriarchalischen Systems)
Weinorgie	Der junge Gott (Dionysos) in ständiger Weinorgie	Weinorgie anläßlich der Hochzeit mit dem neuen Gemahl am Ende des Jahres bzw. Halbjahres	
Triumphzug des neuen Königs	Dionysos zieht im Triumph durch die Welt	Triumphzug des neuen Königs	Der Gott (Osiris) zieht triumphierend durch die Welt, begleitet von Satyrn
Sexuelle Vereinigung von Königin und Gemahl		Sexuelle Vereinigung von Königin und Gemahl	Hochzeit von Osiris und Isis
Tötung und In-Stücke-Reißen des Gemahls durch Priesterinnen	Der Dionysos-Kult beinhaltet das In-Stücke-Reißen von Männern durch weibliche Mänaden (siehe auch Pentheus, Hippasus, Orpheus)	Der alte Gemahl der Königin wird auf deren Geheiß hin – wobei sie Trauer vortäuscht – von ihrem neuen Gemahl getötet und kastriert	Osiris wird durch den bösen Gott, seinen Bruder Set, zerstückelt. Isis trauert um ihn. (Der Mörder kann *auch* der jüngste Sohn der Göttin sein, z.B. Kronos)
Die Genitalien des Opfers werden ins Meer geworfen. Die übrigen Körperteile werden über die Felder verstreut			Isis sucht die Genitalien von Osiris, die ins Meer geworfen worden sind, kann sie aber nicht finden. Sie findet seine sonstigen Glieder und bringt sie an verschiedene Orte Ägyptens

Anmerkung: Matriarchalische Mythen wurden allesamt mit patriarchalischen Abänderungen überliefert. Wir haben hier den Dionysos-Mythos und den des Osiris deswegen angeführt, weil sie mehr matriarchalische Züge bewahrt haben als die meisten anderen Mythen.

biblischen Erzählung von Noahs Trunkenheit

Patriarchalische Gründungsmythen

Kanaanitischer Mythos	*Kenitischer Mythos*	*Israelitischer Mythos (wie er in der Bibel auftaucht)*
(frühpatriarchalischer Gründungsmythos des kanaanitischen Volkes)	(patriarchalischer, gegen die Betreibung von Ackerbau gerichteter Gründungsmythos des kenitischen Volkes)	(patriarchalisch, dem Ackerbau positiv gegenüberstehend; verdreht den kanaanitischen Gründungsmythos dahingehend, daß er beweisen will, daß das Volk der Kanaaniter in einem Fluch entstanden ist, rechtfertigt damit die israelitische Eroberung von Kanaan)
Alter König bei der Weinorgie	Alter König vergißt das nomadische Lebensideal und verfällt einer matriarchalischen Weinorgie	Noah, Ackermann noch ohne Erfahrung, trinkt Wein und wird betrunken, hilflos und nackt
Der König vereinigt sich mit der Königin im Zelt	Der König hat im berauschten Zustand Geschlechtsverkehr mit der Königin	
Kanaan (der jüngste Sohn) betritt das Zelt, tötet und kastriert den König	Kanaan kastriert den König und nimmt seinen Platz ein. Dadurch bestätigt er das matriarchalische Muster	Noahs Sohn Ham betritt das Zelt und wendet seine Augen nicht ab von der Nacktheit des Vaters
Kanaan heiratet die Königin für immer, gründet dadurch das kanaanitische Volk als Patriarchat, jedoch gerechtfertigt durch matriarchalische Formen und Gebräuche	Kanaan begründet dadurch ein verweichlichtes Volk, die Kanaaniter, die immer noch dem Ackerbau und matriarchalischen Gesellschaftsformen verbunden bleiben	
	Ham verdammt die Tat seines Sohnes Kanaan und verflucht ihn. Er verzichtet auf Wein und Ackerbau und segnet im besonderen seinen ältesten Sohn, der das Volk der Keniter gründet	Beim Aufwachen verflucht Noah Ham (und schließt damit die Keniter vom Erstgeburtsrecht aus), aber der Fluch trifft hauptsächlich Kanaan, den Sohn von Ham; damit werden die Kanaaniter dazu verdammt, von den Israeliten erobert zu werden

Vergleich zwischen dem biblischen Bericht über Noah und dem des Midrasch

Bibel	*Midrasch*
Noah wird Ackermann	Noah wird Ackermann
Noah legt einen Weinberg an	Noah legt einen Weinberg an
Noah wird betrunken	Noah wird betrunken
Noah ist schließlich nackt in seinem Zelt	Noah hat Geschlechtsverkehr mit seiner Frau in deren Zelt
Ham tritt ins Zelt und sieht seinen Vater nackt	Ham betritt das Zelt und kastriert Noah, um zu verhindern, daß weitere konkurrierende Brüder geboren werden
Ham sagt seinen Brüdern, Sem und Japheth, Bescheid	
Die Brüder betreten das Zelt, ohne den Vater anzuschauen, und decken ihn zu	Die Brüder betreten das Zelt, um Noah zu Hilfe zu kommen
Noah wacht auf und bemerkt, was »sein jüngster Sohn ihm getan hat«	Noah wacht aus seinem Rausch auf, und es wird ihm klar, daß Ham ihn kastriert hat
Noah segnet Sem und Japheth, er verflucht Hams jüngsten Sohn Kanaan	Noah segnet Sem und Japheth und verflucht Hams vierten Sohn (da Ham ihn daran gehindert hat, einen vierten Sohn zu bekommen)

Kapitel 6

Abraham und Isaak

Wir haben in den letzten Kapiteln gesehen, in welcher Art und Weise die Hebräische Bibel die Erzählungen über Kain, Lamech und Ham umgeschrieben hat, indem sie sie des Inhaltes beraubte, der mit Menschenopfern verknüpft war. Im Falle der Geschichte Lamechs bleibt gerade noch ein Torso der Erzählung übrig, der so unverständlich ist, daß er in der Erzählung keine neue Funktion bekommen konnte; er überlebt nur wie ein archäologisches Fundstück, das Hinweise über die Schicht liefert, der es ursprünglich angehörte. Im Falle Kains und Hams wurden die Erzählungen in sich schlüssig umgeschrieben, so daß sie jetzt neuen Zwecken dienen können: Die Kains-Erzählung wird zur allgemein-menschlichen Parabel über das Verhältnis unter Brüdern, indem der israelitische Kompilator die Moral der Geschichte zuspitzt auf die große Frage: »Soll ich meines Bruders Hüter sein?« Einerseits wird die Gewaltanwendung gegenüber dem Mitmenschen verurteilt, andererseits liefert die Erzählung eine Rechtfertigung für die Institution des Tieropfers, durch das der Drang, Menschenblut zu vergießen, abgelenkt werden sollte. Im Falle Hams wurde der rohe Kastrationswunsch des Sohnes gegenüber dem Vater umgeschrieben in eine politische Botschaft, die die Eroberung Kanaans durch die Israeliten rechtfertigt. Gleichzeitig wird auf der moralischen Ebene eine neue Art der Vater-Sohn-Beziehung propagiert, in der der Vater nicht als Tyrann anzusehen ist, sondern als menschliches Wesen, das des Schutzes seitens seiner Söhne bedarf. Hams Versäumnis, wie es die israelitische Version der Geschichte darstellt, bestand nicht nur in mangelndem Respekt, sondern auch in mangelnder Liebe gegenüber seinem Vater, dessen Würde er hätte schützen sollen, selbst wenn dieser seinerseits sie nicht mehr aufrechtzuerhalten in der Lage war.

Vielleicht die interessanteste von allen Geschichten in diesem Zusammenhang ist die von Abraham und Isaak, denn was wir hier vorfinden, ist keine vollständige Umformulierung von einem Menschenopfer ablehnenden Standpunkt aus, sondern ein Übergangsstadium, in dem das Verlangen nach einem Menschenopfer noch im Zwist steht mit dem Bestreben, es abzuschaffen. Zweck der Geschichte ist, zu zeigen, daß Gott selbst verfügt hat, daß Tieropfer die Menschenopfer ersetzen sollen. Gleichzeitig enthält die Geschichte keinen moralischen Abscheu vor dem Konzept des Menschenopfers als solchem. Im Gegenteil, es wird Abraham als außerordentliches Verdienst angerechnet, daß er willens war, seinen Lieblingssohn Isaak auf Geheiß Gottes zu opfern. Wir sehen hier die Dynamik der geschichtlichen

Entwicklung vom Menschen- zum Tieropfer: Einerseits stellt dies einen revolutionären Schritt dar, der eine höhere Moralität zur Wirkung bringt; auf der anderen Seite ist es nicht so einfach, auf die Vorteile des Menschenopfers zu verzichten, und der Übergang vom Menschen- zum Tieropfer muß plausibel dargestellt werden, in dem Sinne, daß dem Tieropfer dieselbe Aura von Verehrung und Heiligkeit zuwachsen muß, wie sie zuvor das Menschenopfer umgab. Aus dieser Sicht liegt in der Bereitschaft Abrahams, das Menschenopfer zu vollziehen, gewissermaßen eine Aufwertung des Tieropfers, das dessen Stelle einnimmt; wäre er nicht bereit gewesen, wäre das Tieropfer nur als Ausflucht oder inadäquate zweitbeste Lösung erschienen, die sich vielleicht doch nicht, vor allem nicht in Notzeiten, als vollwertiger Ersatz erweisen würde. Die Gefahr bei dieser Art, den Übergang zu bewerkstelligen, liegt natürlich darin, daß ja das Menschenopfer nicht grundsätzlich abgelehnt wird und daher immer die Möglichkeit besteht, daß es wieder praktiziert werden könnte. Wenn jedoch einmal der schwierige Übergang geschafft ist, besteht trotzdem die Möglichkeit (die sich in dem Bericht der Bibel tatsächlich bewahrheitet), daß die Praktizierung des Tieropfers die ganze Angelegenheit entwirren und die Anspannung und Angst, die hinter dem Brauch des Menschenopfers steht, lindern kann, so daß nach und nach das Opfer weitgehend seiner magischen Aspekte beraubt und zu einem bloßen heiligen Mahl oder Geschenk wird; in diesem Stadium wird dann auch eine ehrliche moralische Ablehnung der Idee des Menschenopfers möglich, da seine psychologische Notwendigkeit überwunden ist.

Es kann wohl kaum Zweifel darüber bestehen, daß die Urfassung der Geschichte von Abraham und Isaak die eines wirklichen Menschenopfers war (wie zahlreiche Experten, allen voran M. J. Bin Gorion[1], dargelegt haben). Wie andere Völker führten auch die Israeliten die Gründung ihres Stammes auf ein Gründungsopfer zurück. Der Widerspruch, daß Isaak das versprochene und auf wundersame Weise geborene Kind war, durch das das Fortleben des Stammes gesichert werden sollte, und dennoch gleichzeitig das unvermeidbare menschliche Opfer, konnte auf mehreren Wegen gelöst werden, war jedoch auf jeden Fall typisch für das Dilemma bei der Gründung jedes Volkes, jeder Stadt und jedes Stammes. Der Kunstgriff, daß Zwillinge als Gründer auftreten, von denen einer geopfert wird, wie im Falle von Romulus und Remus (übrigens zwei Varianten des gleichen Namens), ist ein Weg aus diesem Dilemma. Eine andere Möglichkeit wäre die, dem Kind, das als nächstes geboren wird, denselben Namen zu geben, den schon das geopferte trug, und es damit als Wiedergeburt oder Reinkarnation des verlorenen zu betrachten. Aber der Erfolg des neuen Stammes konnte nur gesichert werden durch vollständige

[1] Micha Joseph Bin Gorion (Berdyczewski) äußerte diese Meinung in seinem Buch ›Sinai und Garizim‹, 1926. In einem phönizischen Mythos, den Eusebius nacherzählt (›Praeparatio Evangelica‹ I 10,29), opfert Kronos seinen einzigen Sohn Jehud seinem Vater Uranos.

Unterwerfung unter den Willen des Gottes, indem man damit der allzu hochmütigen Einstellung abschwor, das Diktat des Willens oder der Entscheidung eines einzelnen durchsetzen zu wollen. Daher muß die größte Hoffnung des neuen Volkes zerstört werden, und es muß dem Gott überlassen werden, diese Hoffnung auf irgendeine unvorhersehbare und wundersame Art und Weise wieder zum Leben zu erwecken.

In der Geschichte von Abraham und Isaak, wie wir sie in der Bibel lesen, wird dieses zwiefache Ziel dadurch sichergestellt, daß ein opferungswilliger Vater zur Verfügung steht, aber auch ein mitleidiger Gott, der auf das Opfer verzichtet und dessen Ersetzung durch ein Tier zuläßt. In der Urfassung der Geschichte, in der das Opfer tatsächlich stattfand, gab es zweifellos irgendein Motiv der Wiederauferstehung, durch das die Gründung des Stammes auf wunderbare Weise erneuert wurde. Wir werden sehen, daß ein paar Spuren dieser Urfassung sich in den Legenden des Midrasch erhalten haben.

In bezug auf das Hauptthema dieses Buches ist es wichtig, festzuhalten, daß diese Opferung oder versuchte Opferung Isaaks vollzogen wird, ohne auf die Figur des Heiligen Henkers zurückzugreifen. In dieser Bibelgeschichte wird das Thema des Opfers mit außergewöhnlicher Offenheit und ohne jedes Schuldgefühl behandelt. Der Mörder ist Abraham selber, und er wird präsentiert als durch und durch positive Gestalt. Man wird wohl sagen dürfen, daß eine solche Offenheit nur möglich war, weil die Entscheidung, Menschenopfer ein für allemal abzuschaffen, schon gefallen war. Hätte es in den Köpfen der Bibelredaktoren irgendeinen Vorbehalt gegeben, irgendeine Idee, Menschenopfer müßten als geheime Zuflucht für Zeiten größter Schwierigkeiten bewahrt bleiben, wäre der tatsächliche Tod Isaaks auf dem Altar beibehalten worden, aber die Geschichte wäre verschleiert dargestellt worden. Dadurch, daß man vorführte, daß gerade im Augenblick des allerentscheidendsten Zeitpunkts (nämlich der eigentlichen Gründung des Volkes – keine später auftretende Krise könnte jemals diesem Moment an Brisanz gleichkommen) das Menschenopfer abgeschafft wurde, gab es keine Ausrede mehr dafür, es zu irgendeinem weniger kritischen Zeitpunkt wieder einzuführen. Die Gründung des Volkes und die Abschaffung des Menschenopfers werden hier auf eine Weise verknüpft, die die Entscheidung festschreibt. So, als ob in der Geschichte Baldurs, die wir weiter oben besprochen haben, die Traummechanismen, durch die die Handlung verschleiert wird, sich in Luft auflösten, die böse Gestalt Lokis und die des blinden, getäuschten Hödur verschwänden und die Szene sich in ihrem ganzen Grauen enthüllen würde, eine Szene, in der Baldur von der versammelten Menge von Gläubigen als Frühlingsopfer für eine reiche Ernte getötet werden soll – wenn nicht plötzlich eine Stimme von oben ankündigte, daß die Tötung, die jetzt in ihrem wahren Gehalt farbig dasteht, nicht stattfinden soll. Oder (um das Argument eines späteren Kapitels vorwegzunehmen) so, wie wenn in der Geschichte der Kreuzigung Jesu die verschleiernden Schabracken der böswilligen Juden abfallen würden und den Blick freigäben auf die angeblich jüdische Menge in ihrer wahren Identität, nämlich der versammelten Gläubigen der christlichen Kirche selbst, die Jesus für ihre eigene Erlösung kreuzigen und als Gründungsopfer für die Christenheit, und dann, gerade in diesem Moment, die Kreuzigung abgesetzt würde, weil man etwas so Eindeutiges und Offensichtliches unmöglich weiter vorantreiben könnte.

Die völlige Offenheit der biblischen Geschichte von Abraham und Isaak ist weiterhin ein wesentlicher Teil seiner Funktion als Mythos, der die dauerhafte Ersetzung des Menschen- durch das Tieropfer befestigt. Nicht, daß diese Offenheit nur in dieser Bibelgeschichte vorkommt: Es gibt in der Antike andere Legenden, durch die andere Völker neben den Israeliten die Ersetzung des Menschen- durch das Tieropfer festhielten. Von den Griechen kennen wir die berühmte Geschichte von Phrixos, dem erstgeborenen Sohn von Äolus, dem König von Athamas, erzählt von Apollodor, Herodot und Plutarch.[2] In einer Zeit großer Dürre beschloß das Volk, Phrixos dem Gott Apollo zu opfern. Phrixos wurde zur Opferung hinausgeführt, aber der Gott sandte einen Widder, der ihn auf seinem Rücken in Sicherheit brachte. Phrixos opferte daraufhin den Widder als *Dank*opfer. Ob die Dürre anhielt oder nicht, erfahren wir nicht. Eine solche Legende besagt, daß Götter manchmal gnädig sein können, aber sie begründet nicht den allgemeinen und dauerhaften Ersatz von Menschen- durch Tieropfer.

Noch berühmter ist die griechische Sage von der Opferung Iphigenies. Entsprechend der bekanntesten Fassung (wie sie von Homer und Aischylos erzählt wird) wurde Iphigenie tatsächlich von ihrem Vater Agamemnon geopfert, gehorsam dem von den Göttern eingegebenen Gebot, das der Seher Kalchas verkündet hatte, um der griechischen Flotte auf ihrer Fahrt nach Troja guten Wind zu bescheren. Einer anderen Version der Legende zufolge (die Euripides[3] wiedergibt) wurde Iphigenie jedoch durch die Göttin Artemis gerettet, die sie im letzten Moment vom Altar hob und statt dessen eine Hirschkuh dort hinlegte. Auch diese Variante der Legende konnte wohl kaum zur Grundlage eines *generellen* Verbotes von Menschenopfern werden, wiewohl sie geeignet war, die Ansicht zu stärken, daß Tieropfer einen wirkungsvollen Ersatz darstellen könnten. Darüber hinaus zeugen solche Geschichten davon, daß der Widerwille gegenüber dem Brauch des Menschenopfers wuchs, ebenso wie das Gefühl, daß die Götter, zumindest wenn sie gerade gnädiger gestimmt waren, solch ein Opfer nicht anzunehmen gewillt waren.

Der Abraham-Isaak-Geschichte näher steht eine Hindu-Legende aus dem Rigveda, von der Fachleute annehmen, daß sie aus der Zeit der Veden, also unge-

---

[2] Apollodorus, ›Bibliotheca‹ I 9, 1; Herodot, VII 197; Plutarch, ›De superstitione‹ 5.

[3] Euripides, ›Iphigenie in Aulis‹, 1540; ›Iphigenie auf Tauris‹, 20.30–783; Aischylos, ›Agamemnon‹ 1534; Ovid, ›Metamorphosen‹ XII 245*sq*.

fähr aus dem 15. Jahrhundert v.u.Z., stammt. Die Legende ist einer Sammlung von sieben Hymnen beigefügt, die angeblich von Sunasepha [auch als »Sunaschepa«, »Shunashep« u.ä. tradiert] vorgetragen wurden, als er an einen Opferpfahl gebunden worden war und dem Gotte Varuna geopfert werden sollte (RV 1, Hymne 24). Wie uns die Legende erzählt, gelobte ein König namens Haritschandra, seinen erstgeborenen Sohn dem Gott zu opfern. Ein Sohn wurde geboren, sein Name war Rohita, aber der König schob die Erfüllung seines Gelöbnisses immer weiter auf, bis Rohita eines Tages davonlief. Daher schlug der Gott den König mit Wassersucht. Als der Sohn von des Vaters Leiden erfuhr, entschloß er sich, den Gott mit einem Menschenopfer zufriedenzustellen, ohne daß er selbst das Opfer sein mußte. Er kaufte also einen Jugendlichen mit Namen Sunasepha für hundert Rinder von dessen Vater, dem Brahmanen Adschigarta. Er band den Jungen am Opferpfahl fest und schickte sich an, ihm die Kehle durchzuschneiden. In diesem Augenblick kam ein Mann namens Viśvamitra, Mitglied der Kriegerkaste (Kschatriya), des Weges und sagte dem Opfer, es solle doch die sieben obengenannten Hymnen vortragen. Dies tat der Junge, und so groß war die magische Wirkung der Hymnen, daß er freigelassen wurde und eine Ziege, die in der Nähe stand, als ein Ersatz geopfert wurde, mit dem der Gott Varuna sich zufriedengab.[4]

Diese Geschichte zeigt oberflächliche Ähnlichkeiten mit der Geschichte von Abraham und Isaak (vgl. das Fesseln des Opfers, die Forderung des Gottes und den Ersatz des Opfers durch ein Tier, das durch göttliche Vorsehung ganz in der Nähe steht); es gibt aber auch bedeutsame Unterschiede. Der Vater ist kein willfähriger Opferer; es gibt kein Gründungsmotiv, und die zentrale Botschaft ist die Wirksamkeit der Hymnen. Die Legende ist damit keine Geschichte, die den Übergang von einer Ära zu einer anderen illustriert, und diese Aussage trifft auch auf die genannten griechischen Sagen zu. In keiner dieser Erzählungen wird die Ersetzung eines Menschen- durch ein Tieropfer in Verbindung mit dem denkbar feierlichsten Ereignis überhaupt gebracht, der Gründung eines Stammes, und in keiner ist diese Ersetzung verbunden mit der vollkommenen Unterwerfung seitens des Vaters, der das Opfer darbringt (im Falle Agamemnons ist die Rettung Iphigenies die Folge eines Streits zwischen den Göttern, und diejenige Göttin, die sie rettet, ist nicht die Gottheit, der sie zum Opfer gebracht werden sollte).

Wo wir andererseits in der griechischen Mythologie doch eine vollkommene Hingebung und Bereitschaft beim Opfererbringer finden, genau dort wird das Opfer auch tatsächlich vollzogen, und ein Ersatz ist nicht erlaubt. In Athen zum Beispiel waren die Töchter des Leos sprichwörtlich für die Hingabe an jemandes Heimatstadt geworden. Ihre Geschichte war folgende: In den Tagen des Leos, des Sohnes von Orpheus, herrschte große Hungersnot in Athen. Man befragte das

[4] Vgl. Green 1975, *pp.* 99–102.

Orakel von Delphi, und es erging die Antwort, daß die Hungersnot nur unter der Bedingung aufhören würde, daß ein menschliches Opfer dargebracht würde. Daraufhin beschloß Leos, seine drei Töchter zu opfern, und diese stimmten bereitwillig zu. Nachdem Leos alle drei auf dem Altar getötet hatte, fand die Hungersnot ein Ende. [5] Eine andere Sage handelt von Aristodemos von Messenien, der seine Tochter opferte, um der Pest ein Ende zu setzen. [6] Diese Opferungen von Töchtern finden eine biblische Parallele in der Geschichte von Jephta, der gelobte, das erste Wesen zu opfern, das aus seinem Hause treten sollte, um ihn nach seinem Sieg über die Ammoniter zu begrüßen. [7] Es war seine Tochter, und er opferte sie voller Betrübnis. Es ist überraschend, daß solche eindeutigen Geschichten über Menschenopfer anerkennend berichtet werden zu einer Zeit, als das Menschenopfer sowohl in Griechenland als auch in Israel schon offiziell geächtet war. Wahrscheinlich empfand man die Opferung einer Tochter weniger schockierend als die eines Sohnes (in Griechenland galten Töchter schließlich als überflüssig und wurden oft bei der Geburt ausgesetzt). Auf der anderen Seite könnte die Geschichte von Jephta mit dem Kult, in dessen Zentrum sie steht (jährlich stattfindender viertägiger Trauerritus um das Schicksal von Jephtas Tochter) ein Überbleibsel aus dem früheren Matriarchat gewesen sein, als man bevorzugt Töchter opferte, weil man sie dem Opfer eines Sohnes für überlegen hielt. [8]

Die Geschichte von Abraham und Isaak, in der ein Opfer von höchster Wichtigkeit für den Stamm abgeblasen wird, muß demnach von ihren Implikationen her als einzigartig bewertet werden. Die anderen Erzählungen, mit denen wir uns hier beschäftigt haben, sind von weit eingeschränkterer und lokalerer Bedeutung. Darüber hinaus verlieh der Monotheismus der Abraham-und-Isaak-Geschichte eine allgemeine Gültigkeit, an die keine Legende heranreichen kann, in der ein bestimmter Gott oder eine bestimmte Göttin sich bei einer bestimmten Gelegenheit einmal gnädig zeigten, obwohl zugegebenermaßen die zunehmende Verbreitung solcher Berichte auf eine allgemeine Tendenz zur Verwerfung von Menschenopfern hinweist – eine Tendenz, die jedoch in einer Geschichte von wahrhaft zentraler Bedeutung zum Ausdruck gebracht werden mußte, bevor sie die entgegengesetzte Tendenz zum Rückfall auf Menschenopfer in Zeiten der Panik überwinden konnte. Eine solche Geschichte ist die von Abraham und Isaak, die, eingefügt an zentraler Stelle in der monotheistischen israelitischen Chronik, als diejenige Geschichte über ein Menschenopfer angesehen werden muß, die allen Ritualen von Menschenopfern ein Ende bereitet. Wenn der alleinige Gott willens war, ein Tieropfer bei solch

[5] Pausanias, ›Graeciae Descriptio‹ I 5,2; Hieronymus, ›Adversus Jovinianum‹ 1,41 (Migne, PL XXIII *col.* 270).

[6] Pausanias, ›Graeciae Descriptio‹ IV 9,4.

[7] Ri 11,30–40.

[8] Vgl. Noth 1958, *pp.* 157–159; Moore 1895, *pp.* 299–305; Boling 1975, *pp.* 206–210; Reinke I 419*sqq.*, und von psychoanalytischer Seite Hoevels 2013.

einer Gelegenheit von kosmischer Bedeutung anzunehmen (denn die Gründung des Stammes Israel war ein Ereignis von kosmischer Tragweite, wird sie doch dargestellt auf dem Hintergrund der Erschaffung des Universums einerseits und der Erwählung Abrahams aus allen Völkern und Geschlechtern der Welt andererseits), dann konnte es nichts mehr geben, was bei wie auch immer gearteten darauf folgenden Gelegenheiten das Opfer eines Menschen erforderlich machen könnte, und man konnte sich darauf verlassen, daß das Tieropfer alles das bewirken würde, was man zuvor dem Menschenopfer zugeschrieben hatte.

Die bekannte eindringliche Szene aus der Bibel, in welcher das Menschenopfer schließlich ausdrücklich verboten und das Tieropfer zum Ersatz desselben eingeführt wird. (Abraham und Isaak: Kupferstich von Rembrandt)

Die israelitischen Verfasser der Genesis (die eine große Menge von Material aus grauer Vorzeit in eine zusammenhängende Form brachten und daran während des siebten Jahrhunderts v.u.Z. tätig waren) übernahmen also eine Geschichte über ein tatsächlich stattgefundenes Menschenopfer, aber anstatt zu verschleiern, daß es sich um ein solches handelte, und nur die eigentliche Tötung zu übernehmen, wie das Mythenbearbeiter anderer Stämme taten, behielten sie die einfache Menschenopfer-Absicht des Protagonisten bei, änderten jedoch die Pointe der Geschichte dahingehend ab, daß das Menschen- durch ein Tieropfer ersetzt wurde. Dadurch stellten sie sicher, daß man weder bewußt noch unbewußt aus der umgeschriebenen Geschichte eine heimliche Rechtfertigung des Menschenopfers herauslesen konnte. Es war daher auch nicht notwendig, in diese Geschichte Distanzierungsmechanismen einzuarbeiten, mit Hilfe derer die zentrale Bedeutung durch »sekundäre Bearbeitung« (wie Freud es ausdrückt) verhüllt wird. Isaak wird nicht zufällig oder bei einem Unfall getötet, beispielsweise durch den Pfeilschuß eines Blinden. Er wird auch nicht durch das Ränkespiel irgendeines bösartigen Täters getötet, dem man die Schuld für den Mord dann anhängen kann, so daß wir (als Stamm) den Nutzen von diesem glücklicherweise vorgefallenen Tod haben, ohne in irgendeiner Weise dafür die Verantwortung übernehmen zu müssen. Um es anders auszudrücken: die Tatsache, daß die Bibel weder Unfall noch Böswilligkeit als Elemente der Erzählung parat hat, stellt sicher, daß Isaak vom Tode verschont wird, denn nur solche Verschleierungsmechanismen bewahren den Stamm in seinem Entschluß, die rituelle Hinrichtung auch durchzuführen; wenn alle Ausreden einmal unmöglich gemacht worden sind, gibt es keine Alternative zur Abschaffung der Opferung.

Ein böswilliges Element hat sich tatsächlich in die Abraham-und-Isaak-Geschichte eingeschlichen, allerdings erst in einigen nachbiblischen Weiterentwicklungen in Apokryphen und Midrasch. So finden wir im Buch der Jubiläen die Gestalt eines dunklen Engels, Mastema, der Gott vorschlägt, er solle Abraham durch den Befehl, seinen Sohn zu opfern, auf die Probe stellen. Als Abraham der Prüfung widerstand, »war der Fürst Mastema beschämt worden«.[9] Die Rolle Mastemas ist hier eindeutig abgeleitet von der Satans aus dem Buche Hiob. Es wird ihm jedoch nicht die Schuld dafür gegeben, daß das Opfer vollzogen wird, und er hat auch nicht die Macht, unabhängig zu handeln. Er ist in der Tat so weit davon entfernt, die Macht der Finsternis darzustellen, die den Tod des Helden bewirkt (Loki in der nordischen Sage), daß er darauf hofft, daß Abraham die Prüfung nicht besteht und das Opfer *nicht* vollziehen wird. In späteren Ausarbeitungen der Rolle Satans (oder Mastemas) im Midrasch wird dargestellt, wie er versucht, Abraham bei seinen Anstalten, Isaak zu opfern, zu behindern. »Und Satan kam und stieß Abraham am

[9] Jubiläen 18,12.

Arm, so daß das Messer aus seiner Hand fiel. Als er seine Hand ausstreckte, um es aufzuheben, rief eine himmlische Stimme laut: ›Lege nicht Hand an den Knaben‹. Wäre das nicht geschehen, wäre Isaaks Kehle schon durchgeschnitten gewesen« (Tanchuma, Ba-Yera 23). Satan wird hier dargestellt als Isaaks Lebensretter, indem er versucht, Abraham daran zu hindern, Gottes Befehl zu gehorchen. In einem anderen Teil des Midrasch werden die Engel gezeigt, wie sie dasselbe tun, jedoch aus Mitleid mit Isaak. Ihre Tränen, so heißt es, fielen auf das Messer, das Abraham schwang, und lösten es auf.[10] In all diesen Bearbeitungen ist eines eindeutig: nämlich, daß die Verantwortung für das Opfer bei Gott liegt, der es befahl, und bei Abraham, der sich entschloß, dem Befehl zu gehorchen. Wir stoßen hier auf einen auffälligen Gegensatz zu der Rolle, die Satan bei der Opferung von Jesus spielt, wo Satan, indem er in Judas fährt, all seine Anstrengungen darauf richtet, das Opfer zustande zu bringen, freilich ohne zu wissen, daß das Endresultat desselben die Zerschlagung seiner eigenen Macht sein wird. Auch die Henker im Jesus-Mythos werden als Satane dargestellt, mit dem Ergebnis, daß Gott selbst von aller Verantwortung für die Tat freigesprochen wird, weil es so dargestellt wird, als ob die Henker gegen ihn arbeiteten, nicht in Gehorsam gegenüber Seinen Befehlen (obwohl am Ende doch Seine Wünsche erfüllt werden).

Daß Gott selbst die Verantwortung für das Opfer zugewiesen wird, ist in der Tat ein eminent wichtiger Punkt. Wir müssen festhalten, daß ein wichtiges Element in dem Szenario des Heiligen Henkers, der die Schuld für die Hinrichtung übernimmt, der Umstand ist, daß der Gott, dem das Opfer dargebracht wird, dadurch von Grausamkeit freigesprochen wird. Welcher Distanzierungsmechanismus auch immer angewandt wird (ob der vom Heiligen Henker oder das Arrangieren eines Unfalls oder die Hinterlist eines Schurken oder die Kombination solcher Mechanismen), beabsichtigtes Ergebnis ist einerseits, dem Stamm die Verantwortung abzunehmen, aber auch, den Gott reinzuwaschen. Der Stamm sagt in Wirklichkeit: »Wir sind nicht grausam genug, ein Menschenopfer zu vollziehen, und unser Gott ist gnädig und verlangt keines; wenn es sich jedoch irgendwie ergeben sollte, durch einen Unfall oder durch Böswilligkeit, dann wird es ebenso wirksam sein, als ob unser Gott es verlangt hätte und wir bereitwillig gehorcht hätten.« Dem Gott vorzuwerfen, er verlange ein menschliches Opfer, wäre eine Beleidigung, also muß dieser Aspekt sorgfältig verborgen werden. Mit welchem Eifer wird z.B. im christlichen Mythos die Grausamkeit der Forderung von Gottvater der bewußten Wahrnehmung entzogen! Betont werden im Gegenteil seine Freundlichkeit und seine Gnade: Weil »Gott die Welt so sehr geliebt hat«, sandte er seinen Sohn, um sie zu erlösen. Daß er verlangt hat, daß sein Sohn zu Tode gefoltert würde (als Ersatz für die Höllenqualen der ganzen Menschheit in alle Ewigkeit), ist ein Aspekt, der

[10] Genesis Rabbah 56,7.

vollkommen untergeht in den ganzen Berichten darüber, wie böse und grausam die menschlichen und übermenschlichen Werkzeuge (die Juden und Satan) waren, durch welche diese Forderung erfüllt wurde.

Wir verstehen nun besser, warum der Heilige Henker so heilig ist, trotz seines verfluchten Anteils, der seine Vertreibung in die Wüste notwendig macht. Denn der Heilige Henker ist in Wirklichkeit eine maskierte Erscheinungsform des Gottes selbst. Der Haß, der sich gegen den Heiligen Henker richtet, ist in Wirklichkeit der Haß, den die Gläubigen nicht gegen Gott zu richten wagen, den sie insgeheim wegen seiner grausamen Forderungen hassen. Aber die Verschiebung des Hasses geht einher mit einer Verschiebung der Verehrung, so daß das Konzept des Heiligen Henkers, ob man ihn sich nun als menschliches oder übermenschliches Wesen vorstellt, mächtig belastet ist mit einer Art von Teufelsverehrung, und es besteht immer die Möglichkeit, daß die Loyalität sich verlagert von der geheiligten Gestalt des Gottes auf seine böse Ersatzfigur.

Aus der biblischen Geschichte über das Opfer von Isaak sind diese dualistischen Möglichkeiten vollständig verbannt. Sogar in den späteren Bearbeitungen, in denen tatsächlich eine dämonische Figur auftaucht, ist sie in keiner Weise ein Ersatz für den Gott oder den Henker, sondern steht im Gegenteil für die Versuchungen und Stolpersteine, die die Menschen daran hindern, den Wünschen des Gottes nach einem Opfer zu entsprechen. Die biblische Erzählung konfrontiert uns direkt mit dieser Forderung in blankester Offenheit. Und genau an diesem Punkt wird die Forderung zurückgenommen, um nie wieder gestellt zu werden.

Wir werden sehen, daß die Forderung nach Opfern für alle Religionen grundlegend ist, daß aber die Geschichte der jeweiligen Religion sich in Abhängigkeit davon entwickelt, welche Methoden des Ersatzes sie anwendet. Grundsätzlich gibt es zwei Arten des Ersatzes: Entweder man behält das Opfer bei, sorgt aber für Ersatz oder Maskierung des Opfers (z.B. Tiere, Verbrecher), ja sogar für den Vollstrecker selbst (z.B. bösartige oder unwissende Personen), und gibt vor, daß der Gott, dem das Opfer geweiht ist, dieses gar nicht wünscht – das wäre die Methode der Verschleierung und sekundären Bearbeitung; oder man findet Ersatz für das Opferritual selbst – dies wäre die Methode der Sublimation, die fortschreitende Verfeinerung zuläßt, angefangen von Ersatz im physischen Bereich (wie etwa die Beschneidung) und weitergehend zu geistigen oder spirituellen Ersatzhandlungen (wie Askese oder Gebet).

Die Mythologie zeigt uns in zahllosen Beispielen, wie attraktiv die erste Lösung ist: wie leicht es ist, das Opfer in seiner ganzen Blutrünstigkeit beizubehalten, wenn es nur erlaubt ist, die Szene mit allen Tricks von Verdrehung und Verschiebung zu maskieren, derer der menschliche Geist fähig ist (diese Tricks sind zum Forschungsgegenstand der »strukturalistischen« Schule in der Erforschung der Sagenwelt geworden, obwohl diese keinerlei Versuch unternimmt, zu erklären, warum solche Tricks einen Abwehrmechanismus beinhalten). Die zweite Methode ist schwer: sie läuft der psychischen Struktur des Menschen zuwider, die immer wieder versucht, auf den Kern der Sache zurückzukommen, und jeglichen Ersatz als ungleichwertig verachtet.

In diesem Lichte sollten wir vielleicht die Geschichten im Midrasch betrachten, die der eindeutigen Aussage des biblischen Berichts glatt widersprechen und behaupten, Isaak sei *doch* geopfert worden, entweder teilweise (durch Verwunden oder Blutverlust) oder ganz und gar. Diese außergewöhnlichen Geschichten wurden insbesondere von Shalom Spiegel untersucht, der die Ansicht zurückwies, sie seien Erfindungen aus der Zeit nach dem Aufkommen des Christentums, geschrieben in der Absicht, eine konkurrierende Lehre zu der der Kreuzigung aufzubauen. Im Gegenteil, diese Geschichten lassen sich zurückverfolgen bis in die Zeit vor dem Einsatz des Christentums. Möglicherweise stellen sie sogar Überbleibsel der vorbiblischen Erzählung über die wirklich durchgeführte Opferung von Isaak dar, da einige Texte des Midrasch, wie wir gesehen haben, durchaus alte Überlieferungen von einer Sorte bewahren könnten, die absichtlich nicht in die Bibel aufgenommen wurden.[11]

Diese Geschichten nehmen unterschiedliche Formen an. In einer Variante heißt es, Abraham hätte tatsächlich Isaak einen Kratzer oder eine Wunde an der Kehle beigebracht, bevor ein Engel die Opferung aufhielt.[12] Isaak wurde dann von den Engeln ins Paradies gebracht, wo er zwei Jahre blieb, um von seiner Verwundung geheilt zu werden (das erklärt die Tatsache, daß nur Abraham, wie es in der Bibel heißt, nach dem Opfer vom Berge Moriah aufbrach, Isaak aber nicht [Gen 22,19]). Eine andere Midrasch-Geschichte[13] aus einer anderen Überlieferung betont jedoch, daß Abraham Isaak keinen Kratzer zugefügt habe, und leitet dies ab von dem Vers, der da lautet: »Erhebe nicht deine Hand gegen den Knaben und tue ihm nicht irgend etwas an.« »Irgend etwas« heißt auf Hebräisch *me'umah* מאומה, und das bringt dieser Midrasch-Text durch ein Wortspiel in Verbindung mit dem Wort *mum* מום, was »Wunde« bedeutet, und interpretiert dadurch den Text als »bring ihm keine Wunde bei«. Dieser Midrasch-Text hat vielleicht sogar eine polemische Absicht, indem er sich gegen die Tendenz stellt, für die die anderen Texte stehen. Es ist sogar möglich, daß die Bibel selbst, indem sie in solch augenfälliger Weise

[11] Spiegel 1969, *p.* 57: »Wir finden also hier, wie gelegentlich auch an anderen Stellen der Midraschim der frühen Generationen, einige Überbleibsel desjenigen Glaubens, der vor dem Glauben Israels bestand.« Siehe auch *pp.* 116*sq*: »Was übrig blieb von dem Erbe der Bilderanbetung, die im Judentum randständig blieb, wurde schließlich in der christlichen Welt dominant.«

[12] Vgl. Midrasch ha-Gadol über Gen 22,19 bezüglich Isaaks Besuch im Paradies und Paaneah Raza, 29a, sowie Yalkut Reubeni, Ba-yera, hinsichtlich der Heilung seiner Wunde. Vgl. auch Hadar Zekenim, 10b, und Minhat Yehudah, Toledot, Genesis 25,27.

[13] Leviticus Rabbah 20,2.

betont, Abraham sei befohlen worden, seinem Sohn nicht »irgend etwas« anzutun, eine volkstümliche Überlieferung bekämpft, derzufolge Abraham seinen Sohn zumindest verwundete im Zuge der Akedah (Akedah bedeutet »Fesselung«; diesen Namen trägt das Ereignis in der Überlieferung).

Andere Passagen aus dem Midrasch gehen weiter und behaupten, Abraham habe Isaak den vierten Teil eines Logs Blut entzogen, ein Blutverlust, der als lebensgefährlich erachtet wurde. [14] Wieder andere gehen noch weiter und behaupten, Isaak sei tatsächlich von Abraham getötet und seine Leiche auf einem Scheiterhaufen verbrannt worden, doch sei er durch ein Wunder wieder zum Leben erwacht. [15] Diese Art von Überlieferung war im Mittelalter weit verbreitet und wurde oft zitiert von den Dichtern, die Klagelieder auf die im Rahmen der christlichen Judenverfolgungen abgeschlachteten Juden schrieben. Isaak wurde zum Prototyp des Märtyrers und Abraham zum Vorbild jener jüdischen Väter, die ihre eigenen Kinder lieber töteten, als sie dem christlichen Mob in die Hände fallen zu lassen.

Es gibt andere Midrasch-Stellen (die sich auch im Talmud finden), die besagen, daß allein schon die Bereitschaft Abrahams, seinen Sohn zu opfern, ebenso wie die Bereitschaft Isaaks, sich opfern zu lassen (ein Aspekt, der in der Bibel nicht besonders hervorgehoben wird, aber in der nachbiblischen Literatur zunehmend betont wurde), in den Augen Gottes als vollwertiges Opfer zählten. [16] Daher müssen Bezüge in der rabbinischen Literatur auf »das Blut Isaaks« oder »die Asche Isaaks« nicht notwendigerweise der Ansicht entsprechen, Isaak sei wirklich geopfert worden. Sie können genausogut der Ansicht entspringen, daß, wie der Midrasch es formuliert, es so war, »*als ob* Isaaks Asche auf dem Altar liege«. Es gibt einige Fachleute,

---

[14] Vgl. Spiegel 1969, *p.* 47, über Mekhilta de-R. Simeon ben Yochai (Hrsg. D. Hoffmann), *p.* 4. Spiegel schreibt, daß ein *Log* Blut »diejenige Menge Blut war, die erforderlich war, um einen Menschen am Leben zu erhalten«. Das ist jedoch etwas irreführend. ¼ eines *Logs* (*reviit* רביעית) entspricht im Volumen dem von nur anderthalb Eiern, so daß der Verlust einer solch kleinen Menge Blut wohl kaum lebensgefährlich sein kann. Spiegel weist in einer Fußnote darauf hin, daß bestimmte Textstellen des Talmud scheinbar aussagen, daß ein Mensch nur ein Viertel*log* Blut hat, was anatomisch absurd ist. Tosafot gibt im Sotah 5a die Erklärung, daß sich diese Aussage nur auf das Herzblut beziehe. Eine andere Erklärung ist die, daß ein Säugling nur ein Viertel*log* Blut habe. Diese Erklärungen werden von Spiegel angeführt. Aber Isaak war kein Säugling, und es ist unwahrscheinlich, daß die Mekhilta sagen will, Abraham habe Isaaks Herzblut herausgezogen. Die Mekhilta bezieht sich also auf eine weniger schwere Wunde als die, die Spiegel annimmt. Die Sache wird nicht besser dadurch, daß Spiegel bei der Übersetzung gelegentlich ein Viertel*log* Blut mit »einem Viertel seines Blutes« übersetzt.

[15] Schibbolei ha-Leket, 9a–b. Vgl. auch Spiegel 1969, *p.* 37, über das Ms. 1080, Schrank I 48, der Cambridge University Library; dies ist die deutlichste Version.

[16] Der Midrasch ha-Gadol kommentiert Gen 22,19 folgendermaßen: »Obwohl er nicht starb, geht die Schrift davon aus, daß Isaak gestorben ist und seine Asche auf dem Altar gelegen hat.« Vgl. hierzu auch Sifra (Hrsg. Weiss), *p.* 102c: »Gott betrachtete die Asche Isaaks so, als ob sie auf den Altar gehäuft worden sei.«

die solche Bezüge fälschlicherweise dahingehend interpretieren, sie entsprächen stets der Überzeugung, ein tatsächliches Opfer sei vollzogen worden. [17]

Zweifellos ist die Akedah-Geschichte der Reflex einer Geschichtsperiode, in der man davon ausging, daß die Forderung nach Menschenopfern ein göttliches Vorrecht darstelle. Sogar in der vollständig ausgearbeiteten Form, wie wir sie in der Bibel vorfinden, bringt die Erzählung keinerlei Abscheu gegenüber Menschenopfern als solchen zum Ausdruck, sondern betont statt dessen die Gnade Gottes, die im Verzicht auf sein Recht auf solche Opfer zum Ausdruck komme. Das Gesetz der Auslösung des Erstgeborenen spiegelt dieselbe Grundhaltung wider: Von Rechts wegen müßte jeder erstgeborene Sohn Gott geopfert werden, aber Er in Seiner Gnade hat statt dessen eine Auslösungszeremonie zugelassen. Sehr weit entfernt von dieser Gedankenwelt sind die späteren Textstellen der Hebräischen Bibel, die ihren Schrecken bei der bloßen Vorstellung des Menschenopfers zum Ausdruck bringen und absolut keinen Unterschied mehr sehen zum Mord.

Besonders auffällig ist der Kontrast zwischen der Akedah-Geschichte und dem Bericht über Abrahams Streit mit Gott über die geplante Zerstörung der Städte der Ebene. Wie es dargestellt wird, spielt sich dieser Zwist zeitlich vor der Akedah ab; dennoch kommt hier eine Haltung gegenüber Gott zum Ausdruck, die aus erheblich späteren Zeiten zu stammen scheint. An dieser Stelle (Gen 18) bittet Abraham, der weit entfernt davon ist, sich mit Gottes grimmigem Befehl zur völligen Zerstörung der schuldigen Städte einfach abzufinden, Gott in dringlichem Ton, sie zu verschonen, wenn auch nur eine Handvoll Gerechter unter ihnen zu finden sein sollte. In einem der großartigsten Verse der Hebräischen Bibel schlägt Abraham Gott gegenüber einen geradezu entschiedenen Tonfall an: »Das kannst du doch nicht tun, die Gerechten zusammen mit den Ruchlosen umbringen. Dann ginge es ja dem Gerechten genauso wie dem Ruchlosen. Das kannst du doch nicht tun. Sollte sich der Richter über die ganze Erde nicht an das Recht halten?« (Gen 18,25) Gott wird an dieser Stelle zur Rechenschaft gezogen, es wird von ihm verlangt, sich an Seine eigenen Regeln und Grundsätze zu halten. Kurz darauf jedoch, als Abraham den Befehl Gottes hört, seinen unschuldigen Sohn zu opfern, protestiert er in keiner Weise. Haben die Verfasser der Bibel an dieser Stelle eine krasse Unstimmigkeit durchgehen lassen, wenn sie zwei Szenen nebeneinanderstellen, die offenbar so gar nicht zusammenpassen? Sollten wir nicht erwarten dürfen, daß Abraham, der sich doch so tapfer für Gerechtigkeit sogar gegenüber Schuldigen eingesetzt hat, jetzt Gottes Forderung nach dem Blut eines Unschuldigen zurückweisen würde und sagen: »Wenn du solch ein Gott bist, will ich nichts mit dir zu tun haben«?

---

[17] Z.B. Vermes 1973, *pp.* 205–208, wo Textstellen, die sich auf wirkliches Blutvergießen beziehen, neben solchen zitiert werden, in denen ein solches nur »Als-ob«-Charakter hat.

Unter Berücksichtigung der Erkenntnisse von Kierkegaard [18] und Freud werden wir diese Passage der Bibel anders sehen. In der Idealvorstellung der Bibel besteht zwischen dem Menschen und Gott ein Bund, aber obwohl der Mensch innerhalb dieses Verhältnisses auch Rechte hat, auf deren Grundlage er Forderungen stellen kann, ist der Bund selbst für den Menschen kein Recht, sondern ein Gnadengeschenk Gottes. Abraham ist zu einer Beziehung zugelassen worden (»mit Gott gehen«), innerhalb derer er »Gottes Freund« genannt wird und Gott sogar zur Rechenschaft ziehen darf. Aber wenn der Bund selbst in Frage gestellt oder gar für nichtig erklärt wird, bleibt ihm nichts anderes übrig, als auf ein vor-moralisches Stadium vor Abschluß des Bundes zurückzufallen und sich rückhaltlos zu unterwerfen. Das Ergebnis dieser Unterwerfung ist eine Erneuerung des Bundes auf einer noch stärkeren Grundlage als zuvor; aber solange sie sich der Zugehörigkeit zum Bund erfreuen, dürfen er und seine Nachkommen nie vergessen, daß er auf einem Gnadenerweis aufbaut, mit allen Begleiterscheinungen der Gnade, Ehrfurcht und Schrecken, dem *tremendum*, das Gott freiwillig beiseite läßt, wenn Er mit dem Menschen in Bündnisbeziehungen tritt.

In der patriarchalischen Gesellschaft wird das Bild vom Vater-Gott durch Opfer aufgebaut, Opfer von einzelnen Männern, Opfer ihrer eigenen Vaterschaft, die ihnen dann bedingt zurückgegeben wird. Auf diese Art und Weise wird eine ungeheuere, furchterregende Vater-Imago geschaffen, durch die die Männer kollektiv ihre Angst und Ehrfurcht vor der Mutter überwinden und sie dem Vater unterordnen können. Dadurch, daß sie ihre eigenen aufrührerischen Gefühle gegenüber dem Vater opfern, verleihen die Männer dieser Vater-Imago eine derartige Kraft und Stärke, daß sie unbesiegbar wird. Wenn irgendwelche Vorbehalte gegenüber diesem Opfer oder der Unterwerfung bestehen, schwächt dies die Vater-Imago entsprechend, und die Macht der Mutter wird wiederhergestellt. Es scheint, als ob die Männer in ihrem Kampf gegen die Macht der Frauen einen allmächtigen Führer erwählten; je mehr sie sich diesem Führer unterordnen, desto schlagkräftiger sind sie im Kampf. Die Treue zu ihrem Führer drückt sich dadurch aus, daß sie sich bereit erklären, ihr Leben zu opfern bzw., was noch wichtiger ist, ihre Männlichkeit (verkörpert in ihrer Zeugungsfähigkeit und am zugespitztesten in ihrem erstgeborenen Sohn, insbesondere, wenn es der einzige ist). Psychologisch gesehen, trägt ein jedes dieser Opfer zur Stärkung der Lebenskraft des Vaters bei; er wird gestärkt und aufrechterhalten durch solche Opfer, die als Entschädigung und Wiedergutmachung für die aggressiven Wünsche der Söhne gegenüber den Vätern dienen. Nachdem sie aber das Opfer gebracht haben (das auch stellvertretend für sie ein für allemal durch eine mythische Figur geleistet werden kann), haben die Männer diesen mächtigen Vater zum Verbündeten und Freund; zum Zeichen seiner Freund-

[18] Vgl. Kierkegaard 1949. Vgl. auch Simon 1958.

schaft gibt er ihnen ihre Männlichkeit zurück und verlangt dafür ein Zeichen der Unterwerfung, z.B. die Beschneidung, um sie für immer daran zu erinnern, was er hätte sonst noch alles fordern können und welche Macht immer noch hinter seiner Leutseligkeit und Mäßigung steht. In der Tat zeigt die Geschichte des Judentums, daß der Vater-Gott, je sicherer und unbestrittener seine Macht ist, es um so eher schafft, sich entspannt zu geben, umgänglich zu sein und den Menschen als Vertragspartner zu behandeln.

Dementsprechend haben Distanzierungsmechanismen, die die Verantwortlichkeit für das Opfer verschleiern, die Tendenz, aggressive Neigungen der Söhne gegenüber dem Vater zuzulassen, die Bande der patriarchalischen Gesellschaft zu schwächen und die Machtstellung der Mutter zum Teil wiederherzustellen. Wo z.B. der Sohn durch Machenschaften eines bösen Feindes geopfert wird, hat keine wahre Unterwerfung unter den Vater stattgefunden, und der Tod des Sohnes könnte sogar Grundlage aggressiver Maßnahmen *gegen* den Vater werden, in der Absicht, ihn aus seiner Machtstellung zu vertreiben. Dadurch, daß die Aggressionen umgeleitet werden gegen die böse Macht, welche gegen den Sohn Ränke geschmiedet hat, haben sie neue Stärke gewonnen und werden verdeckt und heimlich gegen den Vater selbst gerichtet (maskiert in der Ersatzfigur des Teufels). Das Opfer kann auf diese Weise jenen Charakter wiedererlangen, den es in der matriarchalischen Gesellschaft hatte, nämlich den eines Ausdrucks der Rivalität zwischen männlichen Anwärtern auf die Gunst der Mutter (wir hatten ein Beispiel für diesen matriarchalischen Opfertyp in dem Mythos, welcher hinter dem Konflikt zwischen Noah und Ham steht). Diese Wiedergeburt matriarchalischer Einstellungen im Zusammenhang mit unvollkommen (weil distanziert) durchgeführten Opfern vom patriarchalischen Typ könnte man als *Romantizismus* bezeichnen; wir werden uns eingehender damit im Zusammenhang mit dem Christentum beschäftigen, vor allem in bezug auf das Aufkommen des Marienkultes im Mittelalter. [19]

Wir wenden uns jetzt aber zunächst einem Thema zu, das dem Opfermotiv in der israelitischen Kultur eng verwandt ist, nämlich dem Ritus der Beschneidung.

[19] Vgl. *pp.* 189*sqq.*

Kapitel 7

Moses und die Beschneidung

Der Hebräischen Bibel zufolge wurde der Ritus der Beschneidung durch ein Gebot Gottes an Abraham eingeführt (Gen 17). Dieser Ritus war das Zeichen für einen Bund zwischen Gott und Abraham, dem zufolge Gott die Treue Abrahams und seiner Nachfahren belohnen würde, indem er sie zu einer fruchtbaren Nation machen und ihnen das Land Kanaan geben würde. Abraham war zur Zeit seiner Beschneidung neunundneunzig Jahre alt, sein Sohn Ismaël war dreizehn, und Isaak war noch nicht geboren, wurde dann aber schließlich im Alter von acht Tagen beschnitten, welches für die zukünftigen Generationen die richtige Zeit für den Beschneidungsritus werden sollte. In diesem Bericht der Genesis wird der Ritus der Beschneidung nicht mit der Vorstellung eines Menschenopfers in Verbindung gebracht. Es wird zum Beispiel nicht unterstellt, daß es eine Verbindung gebe zwischen diesem Ritus und der Verschonung des Isaak bei der Akedah, so daß die Beschneidung als der Preis für Gottes Verzicht auf das ihm zustehende Menschenopfer angesehen werden könnte. Soweit hier berichtet wird, scheint den Ritus der Beschneidung keine Aura von Angst oder Schrecken zu umgeben, sondern er scheint einfach eine Möglichkeit zu sein, jeden männlichen Israeliten mit einem Kennzeichen für das Bestehen des Bundes zu versehen.

Eine Schwierigkeit ergibt sich daraus, daß von der eigentlichen feierlichen Begründung des Bundes zwischen Gott und Abraham etwas vollkommen anderes berichtet wird. Dies ist die ehrfurchtgebietende Episode, die als »Bund inmitten der Stücke« bekannt ist (Gen 15). In diesem Bericht schlägt das Grauen, das dem Motiv des Opfers zu eigen ist, ganz gewiß noch durch. Abraham (zu dieser Zeit noch Abram genannt) erhält von Gott den Befehl, drei Tiere und zwei Vögel zu opfern. Er soll die Kadaver der Tiere halbieren und zwischen den beiden Hälften eine Art Korridor machen. Er hält nun den ganzen Tag lang Wache, um die auf die Kadaver herabstoßenden Raubvögel fernzuhalten. Als die Nacht kommt, fällt er in Trance und wird von großer Furcht befallen. Er hört die Stimme Gottes, die ihm sagt, daß seine Nachfahren als Sklaven in Ägypten schmachten würden, Gott sie aber befreien werde. In der Dämmerung sieht er eine feuerumflossene Erscheinung zwischen den Tierhälften hindurchschreiten, und der Bund wird wie folgt besiegelt: »Deinem Samen will ich dies Land geben, von dem Wasser Ägyptens an bis an das große Wasser Euphrat: die Keniter, die Kenisiter, die Kadmoniter, die Hethiter, die Pheresiter, die Riesen, die Amoriter, die Kanaaniter, die Girgasiter, die Jebusiter. (L)«

Diese Szene, die in mehrfacher Hinsicht Symbolcharakter hat, ist der Großartigkeit des Anlasses würdig[1]; danach, in Gen 17, wird die Einführung der Beschneidung als eine bloße Bestätigung oder als Zeichen des Bundes dargestellt.

Die Vermutung liegt daher nahe, daß der prosaische und kaum emotionsbesetzte Bericht über den Ursprung der Beschneidung in Gen 17 nicht das letzte Wort der Bibel zu dieser Angelegenheit ist, und wir sollten uns darauf gefaßt machen, auf einen alternativen Bericht zu stoßen, der eine stärkere Verbindung zur Thematik des Opfers besitzt. Es gibt einen derartigen Bericht, aber er bezieht sich auf Moses, nicht auf Abraham.

Die Passage, die extrem rätselhaft ist und seit jeher Anlaß zu umfangreichen Kommentaren gegeben hat[2], lautet folgendermaßen:

> *Und als er unterwegs in der Herberge war, kam ihm der Herr entgegen und wollte ihn töten. Da nahm Zippora einen Stein und beschnitt ihrem Sohn die Vorhaut und rührte ihm seine Füße an und sprach: Du bist mir ein Blutsbräutigam. Da ließ er von ihm ab. Sie sprach aber Blutsbräutigam um der Beschneidung willen. (Ex 4,24–26 [L])*

---

[1] Die Zeremonie des Hindurchschreitens zwischen den auseinandergeschnittenen Hälften eines Tieres war in der Antike allgemein üblich, ebenso wie bei wilden Stämmen späterer Zeiten, und zwar zum Zwecke der Besiegelung einer Übereinkunft oder eines Bundes (vgl. FRAZER 1918, I 391–428). Die Bedeutung des Rituals ist, oberflächlich gesehen: »Wenn ich dieses Übereinkommen breche, so soll ich wie dieses Tier in zwei Hälften gespalten werden.« In einer tieferen Schicht steht das Ritual aber für die Vereinigung der beiden Parteien im spirituellen Körper des geopferten Tieres, wie Frazer zeigt, wobei er auf den Arbeiten von W. Robertson Smith aufbaut. Die einzige andere Stelle in der Bibel, an der dieser Ritus erwähnt wird, ist Jer 34,17–20. Abraham, der Gottes Verheißung eines Sohnes auf Treu und Glauben annimmt, forderte einen formellen Bund, um Gottes Verheißung des Gelobten Landes zu besiegeln, da dieses Versprechen es erforderlich machte, daß Eigentum von den Kanaanitern übernommen wurde und daher ein unanfechtbarer Rechtsanspruch vorhanden sein mußte. Wenn man von dieser Erklärung ausgeht, wirkt der »Bund zwischen den Stücken« vielleicht etwas prosaisch; aber die schwere Prüfung, die Abraham durchmacht, während er wacht und mit den herabstoßenden Raubvögeln kämpft, hat die Atmosphäre einer Initiationsprüfung (vgl. Jakobs Kampf mit dem Engel). Es gibt eine interessante Parallele zu dieser Textstelle in Vergils Bericht über die schwere Prüfung des Äneas und seiner Gefährten, als das Rind, das sie Jupiter geopfert hatten, von weiblichen Harpyien angegriffen wird (Äneis III 219–257). Hier handelt es sich um einen Konflikt zwischen einem patriarchalischen Gott und von diesem verdrängten weiblichen Gottheiten, deren Fluch jedoch immer noch wirksam ist. Abrahams Vertrag mit Gott, dem Vater-Gott, über die Herrschaft über das Gelobte Land muß sich auch gegen den Zorn herabstoßender weiblicher Gottheiten behaupten, die den abgeschafften göttlichen Status des Landes selbst vertreten, das jetzt zu einem passiven Stück Eigentum unter der Kontrolle des Vaters geworden ist. Abraham vertreibt die letzten Spuren des Göttinnen-Kultes, wird dadurch zum Anhänger des Vater-Gottes und übernimmt Besitz und Kontrolle des Gelobten Landes. Es ist vielleicht bedeutsam, daß die Vögel, die für das Opfer beiseite gelegt wurden, »nicht geteilt wurden« und sozusagen wiederkehren als die Raubvögel, die Abraham angreifen.

[2] Vgl. MORGENSTERN 1963, *pp.* 35–70, sowie *id.* 1927, *pp.* 51–54; Morgenstern geht davon aus, daß Ex 4,24–28 von einer kenitischen Quelle abgeleitet ist. Er vertritt jedoch die Ansicht, daß die Beschneidung niemals ein der Pubertät zugeordneter Ritus war.

Diese merkwürdige und blutrünstige Episode wurde sehr verschieden aufgefaßt, je nachdem, auf wen die Pronomina »ihn« und »ihm« bezogen werden. Wollte Gott Moses töten oder seinen Sohn? Berührte Zippora mit der Vorhaut ihres Sohnes die Füße des Moses, die des Herrn, oder die seines Engels? Was immer die Antwort sein mag, diese Episode bewirkt den gleichen Schock wie die Geschichte der Akedah, die sich so plötzlich aus einer zunächst liebevoll erscheinenden Beziehung zwischen dem Protagonisten und Gott entwickelt. Nachdem Abraham freundliche Versprechungen erhalten hat und von Gott in der Angelegenheit der Städte in der Ebene als Freund konsultiert wurde, wird er ganz plötzlich mit der Forderung nach dem Leben seines Sohnes konfrontiert. Moses, der gerade eine Vision der Gegenwart Gottes im brennenden Dornbusch gehabt hatte und zum Sendboten Gottes beim Pharao, zum Befreier und Gesetzgeber Israels ernannt worden war, wird seinerseits, während er gerade nach Ägypten reist, um Gottes Auftrag zu erfüllen, unversehens mit einer von Gott ausgehenden Bedrohung seines Lebens oder dem seines Sohnes konfrontiert.

Die Kommentare des Midrasch zu dieser Passage helfen uns, im Gegensatz zu manchen Stellen aus dem Midrasch, die wir bezüglich weiter oben diskutierter biblischer Themen zu Rate gezogen haben, wenig, da es ihnen um bloßes Harmonisieren und Stegreif-Rationalisierung geht.[3] Sie favorisieren die Idee, daß Moses Gottes Zorn dadurch erregt hatte, daß er die Erfüllung der ihm als Israeliten unter dem Bund Abrahams zukommenden Pflicht, seinen Sohn zu beschneiden, hinausgezögert hatte. Einige Kommentare legen nahe, daß der fragliche Sohn Moses' erster Sohn Gersom gewesen sei, nicht, wie man meinen sollte, sein zweiter Sohn Elieser, weil Moses bei seiner Hochzeit mit seinem Schwiegervater Jethro die Vereinbarung getroffen hätte, daß sein erster Sohn als »Götzendiener« erzogen werden sollte. Spätere Kommentatoren, die sich nicht vorstellen können, daß der tugendhafte Moses so eine schockierende Vereinbarung getroffen haben könnte, gehen davon aus, daß der fragliche Sohn tatsächlich der zweite war, Elieser, dessen Beschneidung nur verschoben worden war, und zwar aus gutem Grund: wegen der Gefahren, die einem gerade beschnittenen Kind auf einer Reise drohen könnten (die ihrerseits *nicht* verschoben werden konnte aufgrund Gottes ausdrücklichen Gebotes an Moses, nach Ägypten zu ziehen); Moses jedoch hatte, nachdem er an der für die Nacht vorgesehenen Herberge angekommen war, einige Augenblicke länger als nötig gewartet, anstatt das Kind umgehend zu beschneiden, was zu diesem Zeitpunkt ohne jeden Schaden hätte getan werden können. Einige Kommentare setzen für Gott einen Engel ein, und es gibt in manchen Quellen sogar die Tendenz, den Überfall dem finsteren

[3] Vgl. Mekhilta über Ex 18,3, Exodus Rabbah 5,8; den Babylonischen Talmud, Nedarim, 31b–32a. Hinsichtlich targumischer, apokrypher und anderer Kommentare vgl. Vermes 1973, *pp.* 178–192.

Engel, Satan oder Mastema, zuzuschreiben und Moses von jeglichem Vergehen gegen Gott freizusprechen.[4]

Alle derartigen Kommentare sind offensichtlich weit entfernt von der Dramatik und der Beklemmung der biblischen Erzählung, die diesen Vorfall auf einen kritischen Zeitpunkt legt, zu dem er sowohl abstoßend als auch passend ist. Wenn Abraham einer ungeheuerlichen Prüfung unterzogen wird, nachdem er gerade zum Urvater des Volkes Gottes erwählt worden war, ist es nicht unangemessen, daß auch Moses einer solchen Prüfung unterzogen wird, nachdem er gerade zu der entscheidenden Figur bestimmt wurde, die Gottes Versprechen an Abraham verwirklichen sollte. Die Analogie zwischen der Prüfung Abrahams und der des Moses wird uns dabei helfen, den vor uns liegenden Abschnitt zu verstehen.

Während, wie wir gesehen haben, über die Identität des Angreifers (Gott, ein Engel, Satan) verschiedene Ansichten vorherrschen, scheinen alle Kommentatoren, ob aus biblischen oder modernen Zeiten, eine Möglichkeit übersehen zu haben: und zwar, daß Moses selbst der Angreifer war. Und doch ist eine solche Interpretation im Hebräischen in diesem Abschnitt möglich und sogar wahrscheinlich. Ich schlage die folgende revidierte Übersetzung des ersten Teils der Passage vor:

> *Und es geschah auf dem Weg zum Lager, daß ihn der Herr (mit göttlichem Wahn) schlug*[5]*, und er (Moses) versuchte, ihn (das Kind) zu töten. Und Zippora nahm einen Feuerstein und schnitt die Vorhaut ihres Sohnes ab und warf sie ihm (Moses) vor die Füße. Und sie sprach: »Du bist mir gewißlich ein Blutsbräutigam.« Da zog Er (Gott) sich von ihm zurück (von Moses, d.h. der Anfall von Wahnsinn wich von ihm). Dann sagte sie: »Blutsbräutigam wegen der Beschneidung.«*

Wenn die oben stehende Übersetzung richtig ist, dann haben wir in dieser Passage einen Bericht über den Ursprung der Beschneidung vor uns – einen Bericht, der als früher und authentischer betrachtet werden müßte als jener in Gen 17, wo ausgesagt wird, daß die Beschneidung lediglich als »Zeichen des Bundes« eingeführt worden sei. So gesehen, wurde die Beschneidung als Ersatz für das Kinderopfer eingeführt. Der Mythos, der zu ihrer Begründung und gültigen Einführung dient, zeigt Moses in den Fängen einer von Gott verursachten Raserei, im Begriff, seinen erstgeborenen Sohn zu töten, um seinen Auftrag als Befreier

[4] Jubiläen 48,1–4.

[5] Das Verb *pagasch* פגש, das wir an dieser Stelle vorfinden, wird für gewöhnlich mit »treffen« übersetzt, aber Hos 13,8 zeigt, daß es auch die Bedeutung von »angreifen« haben kann. Das damit verwandte Verb *paga'* פגע kann im Späthebräischen die Bedeutung »mit Wahnsinn schlagen« haben; daß dies hier tatsächlich gemeint ist, kann man nur vermuten, es ist aber für die Argumentation nicht zwingend notwendig.

und in gewissem Sinne Gründer des israelitischen Volkes anzutreten. Kurz bevor jedoch dieses Opfer vollzogen werden soll, überkommt seine Frau Zippora die ebenfalls gottgegebene Inspiration, statt dessen das Kind zu beschneiden, woraufhin die Raserei von Moses weicht, als Zeichen dafür, daß Gott sich mit diesem Ersatz zufriedengibt. Das Blut, das bei der Beschneidung fließt, gilt als Ersatz für das Blut der Opferung und ist somit selbst eine Art Opfer, nicht nur ein »Zeichen«. Somit nimmt die Beschneidung in der israelitischen Religion einen Platz ein, der mit der des Tieropfers vergleichbar ist; beide sind selbst Opferhandlungen und Ersatz für das große Opfer; beide werden zu einem historisch bedeutsamen Zeitpunkt eingeführt und beinhalten ein versuchtes Menschenopfer, die Opferung eines Kindes durch seinen Vater. Der Unterschied besteht darin, daß das Tieropfer insbesondere stellvertretend für das Töten des Erstgeborenen steht, während die Beschneidung unterschiedslos alle männlichen Kinder betrifft; und während das Tieropfer eine heilige Handlung ist, die nur im geweihten Bezirk stattfindet und nur von Priestern durchgeführt wird, ist die Beschneidung ein häuslicher Ritus, der im eigenen Heim ausgeführt wird und daher ein Band zwischen jedem männlichen Individuum und Gott knüpft. So wie die Leviten in der Rolle gesehen wurden, die ursprünglich nur den erstgeborenen Söhnen Israels zugedacht war (die, vom rituellen Tod errettet, ihr Leben wirklich in den Dienst Gottes hätten stellen sollen [6]), so wurden alle Männer der Israeliten, vom rituellen Tod durch den Ritus der Beschneidung errettet, ein »Volk von Priestern«, mit priesterlichen Aufgaben zum Wohle der gesamten Menschheit, nämlich Gott auf ganz besondere Weise zu dienen. Der Ritus der Beschneidung wurde also nicht nur eine Freistellungsprozedur (Freistellung vom Tod als Menschenopfer), sondern wurde zum Initiationsritus, durch welchen ein kleines Kind oder sogar ein Erwachsener (ein »Proselyt«), der beschlossen hatte, sich dem priesterlichen Volk anzuschließen, den Status eines Mitglieds erhielt.

Dennoch war natürlich der erstgeborene Sohn seinerseits ein Ersatz, genauer gesagt stand er stellvertretend für *alle* männlichen Kinder. Den erstgeborenen Sohn zu opfern bedeutete, alle zu der Zeit lebenden männlichen Kinder zu opfern, und daher, symbolisch, die Bereitschaft zu erklären, jedes andere männliche Kind, das noch geboren würde, zu opfern. Somit ist die Einführung der Beschneidung eine Rückkehr zur ursprünglichen Bedeutung des Erstgeborenen-Opfers. In der Mosesgeschichte wird nicht darauf Wert gelegt, ob der durch die Beschneidung gerettete Sohn der Erstgeborene ist oder nicht – genau dieser Zweifel gibt Anlaß für die Spekulationen der rabbinischen Kommentatoren –, und trotzdem ist auch in der Mosesgeschichte der erstgeborene Sohn nicht weit weg. Unmittelbar vor der Geschichte, die sich in der »Herberge« zutrug, finden wir diesen Abschnitt:

[6] Vgl. Num 3,44–51.

Und du sollst zu ihm [dem Pharao] sagen: So sagt der Herr: Israel ist mein erstgeborener Sohn; und ich gebiete dir, daß du meinen Sohn ziehen lassest, daß er mir diene. Wirst du dich des weigern, so will ich deinen erstgeborenen Sohn erwürgen. (Ex 4,22–23 [L])

Unmittelbar darauf folgt die Geschichte der gerade noch abgewendeten Tötung von Moses' eigenem Sohn. Diese Abfolge hat einen merkwürdig beängstigenden Effekt: es ist, als ob die Rede über erstgeborene Söhne – Gott, der droht, sich an dem erstgeborenen Sohn des Pharao zu rächen wegen der schlechten Behandlung von Gottes eigenem erstgeborenen Sohn, Israel, durch den Pharao – in Gott eine rasende Gier geweckt habe, die nur durch den Tod von Moses' Sohn befriedigt werden kann. Von der Idee, seinen Erstgeborenen einer Sache oder einem Gott zu weihen, ist es im Unbewußten kein großer Schritt zu der Idee, ihn zu opfern. Und hier sehen wir, warum die Beschneidung, deren Ursprung daraufhin auf mythologische Art beschrieben wird, nicht nur die Erstgeborenen betrifft, sondern jeden männlichen Israeliten – denn »Israel ist Mein Sohn, Mein Erstgeborener«, und daher ist, im Verhältnis zur gesamten Menschheit, jeder Israelit ein Erstgeborener. Das ganze Volk ist Gott geweiht und braucht daher ein Weiheopfer, denn die Weihe ist eine der uns schon bekannten Freistellung nahestehende Vorstellung.

An dieser Stelle ist es notwendig, eine wichtige Theorie in Betracht zu ziehen, die von dem berühmten Gelehrten Julius Wellhausen [7] aufgestellt wurde. Wellhausen setzt an der Tatsache an, daß das hebräische Wort für »Bräutigam«, *hatan* חתן, das in diesem Abschnitt zweimal auftaucht, von einer semitischen Wurzel abgeleitet ist, die »beschneiden« bedeutet, eine Bedeutung, die heute im Arabischen immer noch existiert. Das hebräische Wort für »Schwiegervater« ist *hoten* חותן aus derselben etymologischen Wurzel und bedeutete ursprünglich »Beschneider«. Es gibt also mit hoher Wahrscheinlichkeit eine Verbindung zwischen dem Hauptthema des Abschnitts, der Beschneidung, und dem Gebrauch dieses Wortes *hatan* oder Bräutigam durch Zippora. Die Lösung, die Wellhausen anbietet, lautet, daß der Abschnitt den Übergang von der Beschneidung, die kurz vor der Ehefähigkeit als Ritus in der Pubertät praktiziert wird, zur Beschneidung von Kindern bei den Israeliten kennzeichnet. »Sipphora beschneidet also ihren Sohn *statt* ihres Mannes, macht den letzteren dadurch symbolisch zum Blutsbräutigam und löst ihn von dem Zorne Jahwes, dem er verfallen ist, weil er eigentlich kein Blutsbräutigam ist, d.h. weil er nicht die Beschneidung vor der Hochzeit an sich hat vollziehen lassen. Mit anderen Worten wird die Beschneidung der Knäblein hier geschichtlich erklärt als ein gemildertes Äquivalent für die ursprüngliche Beschneidung der jungen Männer vor der Hochzeit.«

[7] Vgl. Wellhausen 1905, *p.* 339.

Es besteht kein Zweifel daran, daß die Praxis der Beschneidung unter semitischen Stämmen weit verbreitet war, lange bevor die Israeliten auf der Bildfläche erschienen. Wellhausen hat somit recht, wenn er die Moses-Zippora-Geschichte als Kennzeichen des Überganges zwischen der Pubertätsbeschneidung und der Säuglingsbeschneidung ansieht. Allerdings ist seine Erklärung für den Grund dieses Überganges nicht so wohlüberlegt. Er sieht die Sache als eine humanitäre Angelegenheit; mit dem Fortschreiten in Richtung Zivilisation wurde eine »mildere« Form der Beschneidung eingeführt. Damit wird aber die Angelegenheit verharmlost. Für die Israeliten war die Beschneidung in der Kindheit nicht einfach eine mildere Form eines allgemein praktizierten Ritus, sondern etwas, was für ihre Kultur von fundamentaler Wichtigkeit war. Die Bedeutung des Ritus wurde durch seine Verlagerung von der Pubertät in die Kindheit grundlegend geändert, und der Wechsel kennzeichnete eine neue Haltung gegenüber der Gesellschaft sowie gegenüber der Beziehung zwischen Mann und Frau.

Einige Spuren der Pubertätsbeschneidung sind in der Bibel selbst übrig geblieben. Eine solche Spur ist wahrscheinlich der Bericht über das Alter Ismaëls zur Zeit seiner Beschneidung, das mit dreizehn Jahren angegeben wird (Gen 17,24). Dies wird nicht als besonders bedeutsam dargestellt, lediglich als das Alter, das Ismaël zufällig hatte, als Gott das Gebot zur Beschneidung erteilte; aber die Tatsache, daß arabische Stämme in vorislamischer Zeit (die, wie die Verfasser der Bibel annahmen, von ebendiesem Ismaël abstammen sollen) bekanntermaßen genau in diesem Alter die Beschneidung durchführten, ist doch augenfällig. Eine weitere mögliche Reminiszenz an Beschneidung vor der Ehefähigkeit ist die merkwürdige Geschichte der Bewohner von Sichem (Gen 34), die darin einwilligten, sich beschneiden zu lassen als Vorbereitung darauf, in die Sippe Jakobs einheiraten zu können. Ein weiteres mögliches Überbleibsel ist die Geschichte der Beschneidung aller junger Männer Israels durch Josua als Vorbereitung für den Einmarsch in Kanaan (Jos 5); es gibt symbolische Verbindungen zwischen dem Eintritt in die Ehe und der Invasion eines heiligen Landes. Im Text werden diese Geschichten mit der Doktrin der Säuglingsbeschneidung in Einklang gebracht, aber wie wir sehen werden, können sie nützlich sein, um herauszufinden, zu welchem Zeitpunkt diese Doktrin tatsächlich entstand.

Der Ritus der Beschneidung in seiner ursprünglichen »vorehelichen« Form war wahrscheinlich ein matriarchalischer Brauch [8], in welchem ein junger Mann, der eine Ehe einging, der Göttin einen Teil seines Penis opferte, um sie versöhnlich zu

---

[8] Vgl. Bettelheim 1954, *pp.* 111–128, der australische Sagen über Frauen zitiert, die den Brauch der Beschneidung mit Feuersteinmessern ins Leben riefen (vgl. auch Róheim 1945, *p.* 78). Er zitiert auch den Fall von Zippora (*p.* 121). Vgl. auch Barton, ›Encyclopaedia of Religion and Ethics‹ III 680. Gennep (1986) bestreitet jedoch jeglichen sexuellen Anteil an der Beschneidung und führt die Sitte auf die Neigung der Wilden zurück, vorstehende Teile ihres Körpers als Erkennungszeichen abzuhacken!

stimmen und ihrem möglichen Zorn über das Eindringen in ihre geheimen Orte vorzubeugen – ein Zorn, der sich in der vollständigen Zerstörung des Penis oder des Mannes selbst äußern könnte. Psychologen berichten uns von ebensolchen Ängsten auf seiten des Kleinkindes auf der präödipalen Stufe, einer Phase, in der die Befürchtung besteht, daß eine Gefahr von seiten der Mutter ausgeht. Der Ritus war somit eng verbunden mit der Förderung der Fruchtbarkeit, die den Schutz des Penis erforderlich machte. Die Fruchtbarkeit des Menschen und des Bodens waren immer miteinander verknüpft, und daher betrachtete man die Beschneidung als förderlich für die Landwirtschaft, vor allem deswegen, weil die Erde als die hauptsächliche Materialisation des weiblichen Prinzips angesehen wurde, die dementsprechend sozusagen vergewaltigt wurde, wenn man gewaltsam mit dem Pflug in sie eindrang.

Der Ritus der Beschneidung fand deshalb üblicherweise in Gegenwart der Braut statt (die als Vertretung der Göttin fungierte) und wurde vom Vater der Braut durchgeführt, der als Priester der Göttin fungierte. Die Beschneidung des Bräutigams in Anwesenheit der Braut wird sogar heute noch bei einigen primitiven Stämmen praktiziert, und in einigen Fällen gilt dies auch als Mutprobe für den Bräutigam: wenn er irgendein Anzeichen von Schmerz zeigt, weist ihn die Braut als ungeeignet zurück. [9] Dieser Aspekt der Prüfung ist zweifellos sekundär, aber er illustriert die untergeordnete Stellung des Mannes gegenüber der Frau bei dieser Art der Beschneidung: die Besänftigung ihres Zorns sowie das Gewinnen ihrer Gunst durch die betonte Darstellung der Mannhaftigkeit sind hier nur zwei Seiten der gleichen Medaille.

Die Angst um den Penis war sicher nicht abwegig, denn es gab, wie viele Mythen und Riten bestätigen, in der matriarchalischen Gesellschaft eine Zeitlang die Sitte, daß der Heilige König, nachdem er sich mit der Heiligen Königin vereinigt hatte, getötet wurde, indem ihm seine Genitalien abgerissen wurden, möglicherweise in Nachahmung des Verhaltens der Bienenkönigin. Die mythische Gestalt des kastrierten Attis repräsentierte diesen Ritus, und die Priester der Kybele, die sich selbst in religiöser Raserei kastrierten, wenn sie sich dem Dienst der Göttin weihten, ließen ihn wieder aufleben. [10] Der Ritus der Beschneidung erkannte das Recht der Göttin an, aber in abgemilderter Form. Zunächst war er auf die Priesterkaste beschränkt (wie in Ägypten), aber später dehnte er sich in den meisten semitischen Völkern [11] auf die gesamte männliche Bevölkerung aus.

Als jedoch, und nur bei den Israeliten, der Beschneidungsritus von der Pubertät in das Säuglingsalter verlegt wurde, bedeutete dies die Verschiebung des Ritus

[9] Bettelheim 1954, *pp.* 121–128, zitiert zahlreiche Beispiele einschließlich der westlichen Aranda.

[10] Vgl. Frazer 1928, *cap.* XXXIV, *pp.* 506*sqq.*

[11] Die meisten Semiten der Antike praktizierten die Beschneidung. Ausnahmen stellten die Babylonier und die Assyrer dar. Die Philister, ein nicht-semitisches Volk, waren nicht beschnitten. Der Ritus ist weit verbreitet bei den Stammesvölkern Afrikas, Australiens und Amerikas.

aus der Sphäre der Göttin in jene des Vater-Gottes. Jegliche Verbindung zwischen Beschneidung und Ehe wurde damit aufgelöst. Statt eines Aktes, der der Göttin Achtung erwies, die durch das Eindringen des Mannes erzürnt werden könnte, wurde sie zu einem Akt, der dem Gott Achtung zollte, welchem der männliche Erstgeborene, ja eigentlich jedes männliche Kind, von Rechts wegen hätte geopfert werden müssen. Von da an konnte die Hochzeit stattfinden ohne eine besondere Zeremonie, um die Macht der Frau abzuwehren, denn der männliche Gott war mit so viel Macht ausgestattet worden (durch das kollektive Opfer der männlichen Kraft aller seiner Anhänger an ihn), daß es ihm möglich war, die weibliche Bedrohung vollständig zunichte zu machen. Ein neues Wesen trat auf die Bildfläche: die Frau des Patriarchats, dem Manne untertan und verfügbar in der Ehe, zu der sie nach dem Willen ihres Vaters bestimmt wurde, welcher bei der Hochzeit nicht als ihr Priester, sondern als ihr Herr wirkte. Der beschnittene Penis war nicht mehr Symbol der ehrfurchtsvollen Angst des Mannes vor der Frau, sondern wurde zum Symbol der Herrschaft des Mannes über die Frau – zum Kennzeichen dessen, daß er, mittels des Opfers, die Macht des Vater-Gottes teilte.

Dieser ungeheuer wichtige Umschwung ging nicht kampflos vonstatten. Vor allem in der griechischen Mythologie sehen wir die Spuren eines sich länger hinziehenden Konflikts, in welchem die patriarchalische Religion mit Hilfe einiger Kompromisse schließlich über die matriarchalische Religion triumphierte. Viele Beispiele weiblichen Widerstands gegen den Umschwung sind in der griechischen Mythologie offensichtlich, am deutlichsten natürlich im Weiterleben der Göttinnen im Götterhimmel in zwar untergeordneter, aber immer noch starker Position.[12] In der israelitischen Religion war der Triumph des Patriarchats vollständiger, und ein männlicher Gott herrscht unumschränkt. In den grundlegenden patriarchalischen Mythen des Buches Genesis kommt die Frau selbst als untergeordneter Faktor kaum vor.

Wenn daher tatsächlich einmal einige Spuren weiblicher Beteiligung in diesen Mythen auftauchen, ist dies um so interessanter. Wir sahen eine solche Spur in der kryptischen Geschichte von Lamech, in welcher Lamech sein Lied an seine zwei Frauen Ada und Zilla richtet. Wenn die Interpretation, die wir in einem früheren Kapitel vorgestellt haben, stimmt, dann sang Lamech dieses Lied, nachdem er seinen eigenen Sohn Thubalkain geopfert hatte, und das Lied selbst sollte seine Frauen besänftigen, die gegen dieses Opfer protestierten. Die Frauen werden somit als die natürlichen Verteidiger des Sohnes dargestellt, die sich weigern, dem patriarchalischen Opfer zuzustimmen, durch das der männliche Gott besänftigt wird. Später,

[12] Die Göttin Hera war ursprünglich nicht die Ehefrau des Zeus, sondern eine unabhängige Göttin mit einem ihr untergeordneten Gemahl, nämlich Herakles. Ihre Vermählung mit Zeus stellt einen Kompromiß zwischen Patriarchat und Matriarchat dar, aber ihr andauernder Streit zeigt, daß das Übereinkommen recht wackelig war. Vgl. Thomson 1946, *p.* 30.

in der Geschichte von Abrahams beabsichtigter Opferung Isaaks, fällt die Abwesenheit der Mutter Sara auf. Obwohl Abraham gepriesen wird für seinen Gehorsam gegenüber dem Befehl Gottes, Isaaks Leben zu opfern, deutet nichts darauf hin, daß Saras Zustimmung gesucht oder erteilt wurde. Tatsächlich nimmt der überlieferte Kommentar im Midrasch an, daß Sara niemals eingewilligt hätte und daß Abraham die ganze Sache vor ihr geheimhalten mußte. Der Midrasch schließt sogar daraus, daß nur wenig später Saras Tod vermeldet wird, daß dieser gerade durch den Schrecken über die bloße Nachricht verursacht wurde, Isaak sei einer solchen Gefahr ausgesetzt gewesen, obwohl man ihr mitteilte, daß er verschont blieb.[13] Während somit sowohl die Bibel als auch die Volksüberlieferung das Bild der Frau im Patriarchat enthalten, die sich der Beherrschung durch den Mann unterwirft und als dessen Helferin und Unterstützerin seiner männlichen Ziele agiert, wird dieses Ideal niemals so weit getrieben, daß die Zustimmung der Frau zum wichtigsten männlichen Opfer gefordert würde. In matriarchalischen Mythen geht von der Frau immer eine Bedrohung für ihren Gatten aus, niemals aber für ihr Kind, welches sie oftmals als Werkzeug ihres gewalttätigen Angriffs auf seinen Vater aufzieht. Somit kann man sogar die Ödipussage, die Freud als den archetypischen patriarchalischen Mythos auffaßte, in einer früheren matriarchalischen Sichtweise so verstehen, daß sich die Mutter mit dem Sohn aktiv gegen den Vater verbündet, um den Sohn als ihren neuen Liebhaber einzusetzen. Möglicherweise ist die patriarchalische Vorrede der Erzählung, in der Ödipus die Göttin in Gestalt der Sphinx tötet, ein Zeichen dafür, daß gerade diese Bedeutung gebannt werden mußte.

In der Geschichte, mit der wir uns hier beschäftigen, der von Moses und der Beschneidung, steht das weibliche Element viel mehr im Vordergrund als in jedem anderen biblischen Mythos. Zippora, Moses' Frau, spielt sogar die Rolle der Retterin und wird auch (den ätiologischen Charakter der Geschichte vorausgesetzt) als die wahre Begründerin der Institution der Beschneidung als patriarchalischem Ritus in der frühesten Kindheit dargestellt. Die Geschichte sollte daher als ein Mythos betrachtet werden, der die Einführung der Säuglingsbeschneidung für rechtmäßig erklärt, und das nicht nur mit männlicher Zustimmung, sondern auch mit der Billigung der Frau. Beispiele weiblicher Einwilligung in patriarchalische Einrichtungen sind in den griechischen Mythen häufig; das berühmteste ist Athenes Anerkennung der Stellung ihres Vaters, die den Höhepunkt von Aischylos' großer Trilogie, der Orestie, bildet. Daß eine solche Anerkennung nötig war, zeigt, daß das Patriarchat seiner selbst noch nicht ganz sicher war und immer noch das Bestreben hatte, seine Macht aus der Autorität der Frau abzuleiten.

Somit kann die Institution der Kindesbeschneidung als ein wichtiger Kompromiß betrachtet werden, durch den die Frauen dazu gebracht wurden, den Um-

[13] Vgl. Yaschar, Ba-yera 44a–47a; Yalkut, I 98*sq.*; Tanchuma, Ba-yera 23.

schwung zum Patriarchat zu akzeptieren. Zippora verhindert den männlichen Ritus der Kindesopferung, den Moses in einem Anfall von Wahn vollziehen wollte; sie rettet das Kind, aber nur zu dem Preis, ihren eigenen Beschneidungsritus, das Symbol der weiblichen Dominanz, in einen anderen Zusammenhang zu stellen, in welchem er einem patriarchalischen Zweck dient, als Ersatz für die Opferung des männlichen Kindes, die ansonsten erforderlich wäre.

Wir können uns jetzt wieder dem sehr komprimierten Bericht über Zipporas Handlungen und Worte zuwenden in der Hoffnung, sie besser zu verstehen.

> *Und als er unterwegs in der Herberge war, kam ihm der Herr entgegen und wollte ihn töten. Da nahm Zippora einen Stein und beschnitt ihrem Sohn die Vorhaut und rührte ihm seine Füße an und sprach: Du bist mir ein Blutsbräutigam. Da ließ er von ihm ab. Sie sprach aber Blutsbräutigam um der Beschneidung willen.*

Daß Zippora ein Steinmesser für die Beschneidung gebraucht, zeigt, daß wir es mit einem sehr alten Ritus zu tun haben, dessen Wurzeln in der Steinzeit liegen. Ein ähnliches Messer wurde von Kronos benutzt, um auf Geheiß seiner Mutter Ge seinen Vater Uranos zu kastrieren (dieser Mythos verkörpert den alten matriarchalischen Ritus, für den die Beschneidung direkt vor der Hochzeit den Ersatz darstellte, wenn auch in einem Stadium, in dem die Kastration eher von dem König oder Freier durchgeführt wurde, der die Macht an sich gerissen hatte, als von der Priesterin der Göttin oder ihren rasenden weiblichen Dienerinnen oder Mänaden).

Dann berührt Zippora die Füße Moses' mit der Vorhaut des Kindes. Dies ist eine Zeremonie der Unterwerfung, die erkennen läßt, daß die Beschneidung symbolisch für den Akt der Opferung steht, der im Grunde gefordert war. Gleichzeitig macht Zippora die Macht geltend, die sie selbst über Moses hat: Sie sagt: »[Du mußt diese Opfergabe akzeptieren,] weil (dies ist die eigentliche Bedeutung des hebräischen Wortes *kiy* כי, das in dieser Passage gewöhnlich mit »sicher, gewiß« übersetzt wird) du mein Blutsbräutigam bist.« Zippora erinnert Moses daran, daß er zu ihr im Verhältnis des »Blutsbräutigams« steht, das heißt, als er sie heiratete, wurde er von ihrem Vater Jethro (allgemein bekannt unter dem Beinamen *hoten Mosheh* חותן משה – wörtlich der »Beschneider des Moses«) beschnitten, als Zeichen seiner Unterwerfung unter sie. Sie kann daher Ansprüche an ihn stellen, auf die sie sich nun zur Rettung ihres Sohnes beruft. Dieser Appell hat Erfolg: Zippora hat ihren Trumpf ausgespielt. Aber jetzt weiß sie, daß sie einen Preis dafür gezahlt hat. Die Beschneidung vor der Hochzeit, auf die sie sich berufen hat, um ihren Willen bei Moses durchzusetzen, wurde jetzt abgeschafft zugunsten der Säuglingsbeschneidung, mit der sie ihren Sohn rettete. Die Institution des »Blutsbräutigams« hat sich jetzt in die Institution der Säuglingsbeschneidung verwandelt, einschließlich aller Bedeutungen und Begleiterscheinungen, die damit verbunden sind.

Daß sie diesen Wandel begreift und anerkennt, zeigt sich in ihren folgenden Äußerungen. Sie sagt nämlich: »[Ich tausche] den Blutsbräutigam [ein] für die Beschneidung.« Wenn, wie einige Kommentatoren dies versucht haben, in diesem Abschnitt die hebräische Präposition *la-* לְ, die normalerweise »denn« bedeutet, mit »wegen« oder »hinsichtlich« oder ähnlichem übersetzt wird, so spricht das eigentlich nur für Unverständnis. Eine solche Übersetzung legt entweder nahe, daß jetzt das Kind irgendwie zum Blutsbräutigam geworden ist oder daß Moses zu einem weniger tragischen Bräutigam geworden ist – obwohl er ja zu diesem Zeitpunkt nicht ein Bräutigam ist, sondern der Vater zweier Söhne –, indem er das Beschneidungsblut seines Sohnes im Austausch für sein eigenes Blut in die Hand Gottes gibt, der zornig ist wegen Moses' Versäumnis, seinen Sohn zur angebrachten Zeit zu beschneiden. Diese Bedeutungen sind allesamt extrem weit hergeholt. Das Wort, das Zippora hier für »Beschneidung« gebraucht, ist von der Wurzel *mul* מול abgeleitet, die sich immer auf die Säuglingsbeschneidung bezieht, im Gegensatz zur Wurzel *hatan* חתן, die sich auf die Hochzeits-Beschneidung bezieht. Die letztere Bedeutung ist sogar ganz aus der hebräischen Sprache verschwunden, wenn sie auch in verwandten Sprachen noch vorhanden ist; von diesem Zeitpunkt an schließt *hatan* חתן im Hebräischen nur die Bedeutung »Bräutigam« und damit zusammenhängende Inhalte ein, ohne jegliche Assoziation zur Beschneidung.

Die Geschichte als Ganzes enthält somit den komplexen Vorgang eines Handels, durch den ein *modus vivendi* zwischen Männern und Frauen unter den veränderten Bedingungen der patriarchalischen Gesellschaft erzielt wird. Die Männer haben gewonnen, aber sie mußten den Frauen Zugeständnisse machen. Die besondere Beziehung der Mutter zum Sohn ist erhalten geblieben, denn die Mutter wird angesichts der väterlichen Aggression als Retterin des Sohnes dargestellt. Es sollte festgehalten werden, daß der vorgängige Ritus, die Hochzeits-Beschneidung, ebenfalls einen solchen Kompromiß darstellt, da die Männer diesen als barmherzigere Lösung im Verhältnis zum Tod des Mannes nach der Vereinigung, zumindest im Fall eines Königs oder Priesters, erhalten haben. Der Kampf zwischen den Geschlechtern ist voll von diesen Kompromissen und Vereinbarungen. Während die Fortsetzung der Opferung des Erstgeborenen die Frauen niemals dazu gebracht hätte, das Patriarchat zu unterstützen, war die Einrichtung der Säuglingsbeschneidung in der israelitischen Kultur sehr erfolgreich: die Aufrechterhaltung des Ritus der Säuglingsbeschneidung wurde zum besonderen Anliegen der Mütter, die darin unbewußt zweifellos die beste Garantie für das Leben ihres Kindes sahen. Daher ist die israelitische und jüdische Religionsgeschichte voller Begebenheiten über jüdische Mütter, die sogar unter erheblicher persönlicher Gefährdung den Ritus der Säuglingsbeschneidung auch dann aufrechterhielten, als ihre Männer dies nicht konnten oder sogar gar nicht wollten.[14]

Dennoch behielt die Geschichte von Zippora nicht den Status, den sie, wie ich vorschlage, ursprünglich hatte als ein Mythos, der die Institution der Säuglingsbeschneidung einführt und für gültig erklärt. Die Verfasser der Bibel taten sie als bloßen Zwischenfall im Leben des Moses ab, erzählt in so kryptischer und verkürzter Weise, daß seine Bedeutung fast untergegangen ist, obwohl ihr esoterischer, primitiver Stil (ähnlich wie der in der Geschichte von Lamech) alle, die einen Sinn für Rätselhaftigkeiten haben, um so mehr fasziniert. Es ist nie offizielle Lehre des Judentums gewesen, daß die Beschneidung ein Ersatz für das Menschenopfer sei oder mehr als ein »Zeichen des Bundes«. Die einzige Institution, die als Ersatz für das Menschenopfer betrachtet wird, ist die des Tieropfers, die vom Mythos der Akedah belegt wird, in welchem kein weibliches Wesen eine Rolle spielt, außer hinter den Kulissen, in den Midrasch-Kommentaren über Sara. In der Tat räumt die Geschichte von Zippora der Frau eine zu große Rolle ein, als daß sie im patriarchalischen Judentum, so wie es sich allmählich entwickelte, zugestanden werden konnte – eine Rolle, so groß wie die der Athene bei der Anerkennung des Zeus.

[14] Vgl. 1 Makk 1,60–61; dort wird geschildert, daß die Beschneidung in schweren Zeiten von Frauen durchgeführt wurde. Im äthiopischen Stamm der Falaschen wird die Beschneidung regelmäßig durch Frauen vorgenommen.

Kapitel 8

Die Opferung von Jesus

Vieles in der bisherigen Argumentation drehte sich um die Vorstellung, daß das Menschenopfer historisch besonders mit bestimmten wichtigen Ereignissen verknüpft ist, nämlich der Gründung einer neuen menschlichen Gruppierung, sei es ein Stamm, eine Stadt oder eine Religion (Kategorien, die sich manchmal überschneiden). Die Geschichten, in denen die Gründung beschrieben wird, nennen wir »Gründungsmythen«. Der Rückgriff auf das Menschenopfer in Zeiten großer Gefahr für die politisch-religiöse Einheit ist eigentlich nur eine Spielart des Gründungsopfers. Wenn die ganze Existenz und das Fortbestehen der Gesellschaft in Zweifel steht, ist ihre Rettung gleichbedeutend damit, sie vom Tode zurückholen, sie auferstehen zu lassen und sie somit neu zu gründen. [1]

In der Geschichte von Abraham und Isaak finden wir einen Gründungsmythos von ganz außergewöhnlicher Deutlichkeit; wie oben dargelegt, kann das Fehlen jeglichen Versuchs, die Natur des Opfers zu verheimlichen, der Tatsache zugeschrieben werden, daß die Opferung im weiteren Verlauf des Mythos nicht mehr verlangt bzw. ersetzt wurde – es bestand keine Notwendigkeit, etwas zu verschleiern, das gar nicht stattgefunden hatte. Andererseits ist gerade dieses Ablassen vom Opfer selbst ein Deckmantel oder das, was ich einen Distanzierungsmechanismus genannt habe. Keine Gesellschaft ist gewillt, vollumfänglich anzuerkennen, was sich bei ihrer Entstehung zugetragen hat; aber das Wesen einer Gesellschaft ist bis zu einem gewissen Maße bestimmt von der Art der Distanzierungsmechanismen, die sie einsetzt. Dies ist besonders der Fall, wenn Distanzierungsmechanismen als Methode angewendet werden, um die Verantwortung für die Opferung abzuschieben, denn dies bedeutet, daß das Abschieben der moralischen Verantwortung in das moralische Ethos und die Struktur der fraglichen Gesellschaft eingebaut wird.

Das Abraham-Isaak-Gründungsopfer liegt nicht nur dem Judentum, sondern auch zwei weiteren großen Religionsgemeinschaften zugrunde, dem Christentum und dem Islam. Im Fall des Christentums kennzeichnet die Opferung von Jesus eine Neugründung, aber in gewissem Maße ist dies eine Ergänzung zur Opferung von Isaak und dieser nachgebildet, wenn auch mit einigen äußerst bedeutsamen Varianten und neuen Distanzierungsmechanismen, die den Charakter des Opfers und die daraus folgende Wirkung auf die moralische Grundhaltung der Gemeinde

[1] Zum Thema des »Ur-Mordes«, der zur Entwicklung des Ackerbaus führte, Vgl. Campbell 1962, *p.* 4.

sehr verändern. Im Fall des Islam ist es die von Abraham vorgenommene Opferung selbst, die als Gründungsmythos dient, aber das Opfer wird ausgewechselt: Ismaël statt Isaak, aufgrund der Theorie (die der arabische Gründer des Islam aus jüdischen Quellen ableitete), daß Ismaël, der Sohn Abrahams, der Gründer der arabischen Nation gewesen sei. [2] Somit wurde ein Gründungsmythos, der ursprünglich erzählt wurde, um die Gründung des heiligen Volkes Israel zu bezeugen, adaptiert, um die Gründung einer anderen heiligen Nation, die der Araber, zu bezeugen, deren religiöse Botschaft, welche derjenigen der Israeliten nachgebildet war, in eine Zeit zurückversetzt wurde, die 2500 Jahre vor der Zeit Mohammeds lag, des wirklichen Gründers des Islam. [3] Somit war kein Opferungsmythos in bezug auf Mohammed selbst erforderlich, wenn auch das Vorhandensein einer Lücke oder eines mentalen Bedürfnisses an dieser Stelle zweifellos durch das Aufkommen des schiitischen Islam mit seinem um die Gestalt des Ali kreisenden Gründungsopfer signalisiert wird, dessen Tod in einem dynastischen Zank zu einem mystischen Ereignis hochstilisiert wurde.

Wir wenden uns jetzt einer eingehenderen Betrachtung des außergewöhnlichen Wiederauflebens der Menschenopferidee in der Vorstellung des »Opfers Jesu« zu, dem Gründungsmythos des Christentums. Diese Vorstellung ist im wesentlichen das Werk des Paulus, der Jesus niemals persönlich kannte, aber aufgrund einer Vision einige Jahre nach dessen Tod zu seinem Anhänger wurde. Jesus selbst betrachtete sich nie als Opferfigur. Indem er sich selbst zum Messias erklärte (zu einem ziemlich späten Zeitpunkt in seiner Laufbahn, die mit Jesus in der Rolle eines Propheten begann, welcher die Ankunft des Messias verkündete, so wie es schon Johannes der Täufer getan hatte), meldete er seine Absicht an, die römischen Invasoren in Israel zu stürzen und die Juden nach Art seiner Vorfahren David und Salomo zu regieren, welche ebenfalls den Titel »Messias« getragen hatten. Da er Anti-Militarist (wenn auch nicht Pazifist) war, rechnete er damit, die Römer eher mit Hilfe eines göttlichen Wunders, wie es von Sacharja prophezeit worden war, zu besiegen als durch Waffengewalt. Die Evangelien, die für die paulinische christliche Kirche geschrieben wurden, gehen von authentischen Überlieferungen aus (die durch geeignete Methoden herausgefiltert werden können), sind aber so tendenziös umgeschrieben, daß sie Jesu anti-römische Ziele verbergen. Jesu Tod am

---

[2] Der Koran, Sure 37,100–111, schildert die Opferung von Abrahams Sohn. Der Name Ismaël wird dort zwar nicht erwähnt, aber diese Textpassage ist der Schilderung von Isaaks Geburt vorangestellt (112–113). Die islamische Überlieferung geht also davon aus, daß Ismaël das von Gott verlangte Opfer war. Vgl. Torrey 1967, *pp.* 102–104.

[3] Vgl. Crone und Cook 1977, *pp.* 122*sq.* Dort wird argumentiert, daß die Lehre von den Arabern als heiliger Nation gleichzeitig mit anderen, entgegengesetzten Vorstellungen existierte. Ich kann allerdings keinen Unterschied zwischen der muslimischen und der jüdischen Auffassung über Konvertiten feststellen: Beide Religionen lassen Konvertiten jedweder anderen Nation zu; diese werden dann zu Mitgliedern der heiligen Nation.

römischen Kreuz wird auf die Feindseligkeit der Juden, nicht der Römer zurückgeführt, und Jesus wird als Rebell gegen das Judentum dargestellt statt als Gegner der grausamen Besetzung des Heiligen Landes durch die römischen Götzendiener und Militaristen. Durch das Umschreiben der Evangelien wurde Jesus von seinem jüdischen Hintergrund losgelöst und vom Verdacht anti-römischer Gesinnungen reingewaschen; er wurde somit zu einem geeigneten Objekt der Verehrung für eine Kirche, die jetzt hauptsächlich aus Nicht-Juden bestand, welche für ihren neuen Kult die offizielle Anerkennung durch Rom anstrebten. [4]

Wir wollen uns in diesem Buch allerdings nicht mit dem historischen Jesus befassen, sondern mit der mythischen Jesusfigur und der Art und Weise, in der sein Tod als Gründungsmythos der christlichen Kirche fungierte. Aber die Tatsache, daß dieser Mythos einer historischen Episode aufgepfropft wurde, die in Wirklichkeit gar nichts mit einem Opfer zu tun hatte, war für die Entwicklung des Mythos und für seine historischen Folgen wesentlich.

Die christliche Version des Todes Jesu enthält auf jeden Fall einen Gründungsmythos der grandiosesten Art. Sie kennzeichnete den Anfang eines neuen Stammes, der Christenheit, dem Jesu Tod den Weg zur Gnade Gottes öffnete, von welchem man glaubte, daß er aufgrund der Sünde Adams der ganzen Menschheit zürne. Dem neuen Stamm anzugehören, war das einzige Mittel, dem Zorn Gottes zu entgehen, welcher sich darin äußern würde, daß alle Nicht-Christen zu ewigen Qualen verdammt würden. [5] Es stimmt natürlich, daß jeder Stamm, der gegründet wurde, sich in irgendeiner wichtigen Hinsicht als dem Rest der Menschheit überlegen betrachtet hat. Im Polytheismus jedoch war diese Intoleranz abgemildert durch die Ansicht, daß jedes andere Volk seinen eigenen Gott oder eigene Götter habe, deren Existenz der eigene Gott anerkannte und respektierte. Das Christentum als eine Form des jüdischen Monotheismus hatte diese Wahlfreiheit nicht. Es verdammte daher alle Arten von Gemeinschaft außer seiner eigenen und forderte von der ganzen Menschheit, sich dem Christentum anzuschließen. Das Judentum selbst, wenngleich monotheistisch, hatte diesen Weg nicht eingeschlagen, da es eine pluralistische Vision von vielen verschiedenen Gemeinschaften hatte, die alle den einen Gott auf ihre eigene Art anbeteten mit Israel, Gottes auserwähltem Volk oder dem »Erstgeborenen«, in einer priestergleichen Rolle unter den Völkern der Erde. Der Gründungsmythos des Judentums

---

[4] Nähere Ausführungen, die dies belegen, in: Maccoby 1996.

[5] Die Lehre, daß die Übeltäter zu ewigen Qualen verdammt seien, kommt im Alten Testament nicht vor. Sie findet sich erstmals bei Henoch (vermutlich durch iranischen Einfluß). Jesus Sirach verwirft diese Lehre (41,4), ebenso wie dies die herrschende Lehrmeinung im Judentum tat, außer im Fall hoffnungsloser Sünder (Babylonischer Talmud, Rosch ha-Schanah, 16b–17a). Die Lehre von den ewigen Qualen findet sich pointiert im Neuen Testament (z.B. in Lk 16,23, Mt 13,42 und 50) und wurde zu einem von den Scholastikern ausgiebig ausgestalteten Dogma der Kirche.

wurde als Vorbereitung auf diese Rolle betrachtet und bezog sich daher nicht auf die gesamte Menschheit, er schloß aber Nicht-Juden auch nicht von der Gnade Gottes aus (wenngleich jene, die sich, wie Ruth, der Priester-Nation als Proselyten anschließen wollten, aufgenommen wurden [6]).

Obwohl der Menschenopfer-Mythos des Christentums einen neuen Anfang kennzeichnete, war er auf vielfältige Weise mit dem alten Glaubenssystem des Judentums verbunden, und daher auch mit dem Gründungsmythos des Judentums, der Akedah, der versuchten Opferung des Isaak. Wie verschiedene Wissenschaftler betont haben, finden sich im Stil der Beschreibung von Jesu Opferung im Neuen Testament zahlreiche Anklänge an die Beschreibung der Akedah im Alten Testament. Eines davon ist zum Beispiel das folgende: »Also hat Gott die Welt geliebt, daß er seinen eingeborenen Sohn gab« (Joh 3,16). An einer anderen Stelle finden wir Jesus beschrieben als Gottes »geliebten Sohn«, das gleiche griechische Wort ἀγαπητός, das in der Septuaginta in bezug auf Isaak gebraucht wird (Gen 22,2). Es ist klar, daß die Parallele beabsichtigt ist: wie Abraham gewillt war, seinen geliebten Sohn zu opfern, so ist Gottvater willens, Seinen Sohn Jesus zu opfern. Die Parallele ist allerdings merkwürdig unvollständig. Denn in der Akedah gab es drei Personen der Handlung: Abraham, Isaak und Gott, welcher das Opfer verlangte. Im christlichen Mythos spielt Gottvater zwei Rollen zugleich: Er ist der traurige, opfernde Vater, und er ist auch der Vater-Gott, der das Opfer verlangt, um seinen Zorn über die Erbsünde der Menschheit zu besänftigen. Gott verleugnet Seine väterlichen Gefühle, um Sich selbst ein Opfer zu bringen. Als selbstverleugnender Vater beugt sich Gott irgendeiner dunklen Notwendigkeit jenseits Seiner Macht; aber als Gottvater ist Er Selbst diese Notwendigkeit.

Diese Doppelrolle des christlichen Vatergottes ergibt sich (wie auf Seite 115 kurz aufgezeigt) aus dem wesentlichen Unterschied zwischen dem Gründungsmythos des Alten und dem des Neuen Testaments: der festen Absicht des Neuen Testaments, die Verantwortung für die Opferung abzuschieben. In der Geschichte von Abraham und Isaak wird kein Versuch gemacht, das volle Grauen der Angelegenheit zu vertuschen: es ist eindeutig Gott, der das Opfer verlangt, und es ist eindeutig Abraham, der sich anschickt, es auszuführen. In der Geschichte der Opferung von Jesus jedoch werden so viele Mechanismen der Distanzierung oder der Abschiebung von Verantwortung angewendet, daß sie geradezu als Handbuch derartiger Mechanismen betrachtet werden kann. Andere Mythen, die wir untersucht haben (zum Beispiel der des Todes von Baldur), waren auch gute Beispiele für die Kunst, die Verantwortung für das Menschenopfer abzuschieben, aber der christliche Mythos ist ein Paradebeispiel. Und das zwingende Motiv hinter all diesen Mechanismen ist die absolute Notwendigkeit, daß das Opfer tatsächlich

[6] Vgl. Braude 1940.

stattfindet; auf Biegen und Brechen: Jesus muß sterben. Er kann nicht wie Isaak verschont werden, denn dafür, daß er tatsächlich stirbt, kann es keinen Ersatz geben, wenn auch nur ein Bruchteil der Menschheit vor der ewigen Verdammnis gerettet werden soll.

Wie wir gesehen haben, war einer der im Mythos von Baldur eingesetzten Mechanismen die Vergöttlichung des Opfers. Viele mögliche Aspekte eines Menschenopfers erforderten, daß der Geopferte bei seinem Tode göttlich wurde. Bei der Gründung einer Stadt wurde das Opfer zum Beispiel zur Schutzgottheit der neuen Stadt und dergestalt durch seinen Tod einer von den vielen Göttern, unter denen die Stadt nun ihren persönlichen Vertreter hatte. Bei den Opferungen der Azteken wurden die Opfer in dem Sinne göttlich, als ihre Lebensenergie diejenige des Sonnengottes erneuerte, der andernfalls dahinsiechen würde; somit erreichte das Opfer eine freilich nicht individuelle Unsterblichkeit. Manchmal jedoch wurden die Opfer sogar schon vor ihrem Tod göttlich; in solchen Fällen wurde die Opferung als irdische Darstellung eines kosmischen Prozesses von Tod und Wiedergeburt betrachtet, der sich im Himmel fortwährend wiederholte. Der Mythos von Baldur spielte sich in »mythischer Zeit« ab, was bedeutete, er spielte sich immer ab; der Tod eines menschlichen Opfers in der Rolle des Baldur stellte sicher, daß die menschliche Gesellschaft nicht aus dem kosmischen Ganzen ausgeschlossen war.[7]

In den letztgenannten Fällen war jedoch noch ein weiterer Faktor am Werk; denn es ist etwas anderes, einen Gott zu töten oder einen kosmischen Prozeß von Tod und Wiedergeburt zu unterstützen, als einen Mitmenschen zu töten. Es ist daher möglich, sich in einer Ekstase kosmischer Teilhaberschaft etwas darüber vorzumachen, was man da tatsächlich tut. Diese besondere Art, sich etwas vorzumachen, ist im christlichen Kult immer sehr massiv gewesen. Tatsächlich ist es sehr selten, daß christliche Gläubige den Tod Jesu als zur Geschichte des heidnischen Menschenopfers zugehörig betrachten (eine bemerkenswerte Ausnahme war T. S. Eliot, einer der wenigen Anhänger des christlichen Glaubens, die dessen Affinität zum heidnischen Opfer voll verstanden[8]). Während ein Christ daran gewöhnt ist, sich Jesus sowohl als Menschen als auch als Gott vorzustellen, verlagert er seine Aufmerksamkeit auf den göttlichen Aspekt von Jesus, wenn er an den Sühneaspekt bei der Kreuzigung denkt. Der Gedanke, daß Jesus ein regelrechtes Menschenopfer war, kommt ihm dadurch niemals in den Sinn, oder, falls doch, wird er mit dem Gedanken abgewehrt: »Aber Jesus war kein Mensch, er war Gott.« Wenn er jedoch an den tatsächlichen Tod von Jesus denkt, verlagert er sein Augenmerk auf die menschlichen Aspekte – sein mitleiderregendes Leiden und die Niederträchtigkeit

[7] Über die alljährlich vollzogene Tötung eines Priesters als der Verkörperung des Attis vgl. Frazer 1928, *cap.* XXXVI, *pp.* 515–519; zum Gottes-Status der Menschenopfer im aztekischen Kult vgl. Frazer 1928, *cap.* LIX, *pp.* 853–860.

[8] Vgl. Maccoby 1966.

seiner menschlichen Feinde; er wird ein Mensch, der von Übeltätern zu Tode gebracht wird, nicht ein auf kosmischer Ebene leidender Gott. Somit wird der Gedanke, daß Jesus ein Menschenopfer war (oder besser gesagt, daß sein Tod im Kopf des Gläubigen als ein solches fungiert), übersehen, oder, wenn er für einen Augenblick auftauchen sollte, als zu barbarisch abgetan, um in Frage kommen zu können. Wir haben hier daher das Phänomen einer Religion, in der das Menschenopfer eine zentralere Stelle einnimmt als in jeder anderen uns bekannten Religion (und dies in einem Maße, daß die Azteken, die dem Christentum an dieser Stelle durchaus Konkurrenz machen konnten, die christlichen Lehren sehr vertraut und wenig bemerkenswert fanden [9]), die aber nichtsdestoweniger das Menschenopfer als eine ihr fremde und überholte Vorstellung von sich weist.

Es ist daher notwendig, sich ein wenig mit dem Stellenwert des Opfers im christlichen Glauben zu beschäftigen und seine ganze Bedeutung herauszuarbeiten. Es muß betont werden, daß die Definition eines menschlichen Todes als Opferung davon abhängt, welchen Gebrauch die dazugehörige Religion von ihm macht. Sie hängt *nicht* davon ab, ob historisch belegt ist, daß die Anhänger und ihre Nachfahren tatsächlich an einem offen eingestandenen Ritus teilnahmen, in dem ein Mensch zum Zwecke der Stammes- oder Religionsgründung getötet wurde, oder um den Stamm vor der Auslöschung oder vor ewigen Qualen nach dem Tod zu retten, oder um die Kontinuität des landwirtschaftlichen Kreislaufs sicherzustellen (alle diese möglichen Gründe sind in Wirklichkeit Variationen voneinander; welche davon als die grundlegende Variante gewählt wird, ist allerdings Geschmackssache). Wie wir gesehen haben, kommt es sehr selten vor, daß die Gemeinschaft, die von dem Menschenopfer profitiert oder dies zumindest glaubt, die Verantwortung für dessen Durchführung übernimmt. Es ist ihr im Gegenteil weitaus lieber, den Tod einem Unfall oder Böswilligkeit zuzuschreiben, Ursachen, auf die die Gemeinschaft keinen Einfluß hat. Die Todesart sowie die Mittel, mit Hilfe derer das Opfer getötet wurde, sei es durch Menschen oder sogar etwas Lebloses, werden auf die eine oder andere Weise geächtet oder zurückgewiesen. Wenn aber die Überzeugung besteht, der Tod habe den Stamm gerettet, dann haben wir es mit einem Menschenopfer zu tun.

Man könnte dagegen einwenden, daß die obengenannte Definition keinen Raum für eine Unterscheidung zwischen einem Menschenopfer und einem *Märtyrer* gelassen hat. Die christliche Religionsgeschichte ist voll von Märtyrern, angefangen mit Stephan, und man könnte (wie es auch bisweilen geschieht) argumentieren, daß Jesus einfach der erste in dieser Reihe von Märtyrern war. Aber ein Märtyrer sein bedeutet ein »Zeuge« (μάρτυς) sein, und Märtyrer sterben, weil sie irgendeine Wahrheit bezeugen, die ihnen mehr bedeutet als ihr Leben. Die Wahrheit, für die

[9] Vgl. Frazer 1928, *cap.* L, *p.* 712.

die christlichen Märtyrer starben, war die erlösende Kraft der Kreuzigung Jesu. Die Feststellung, daß dies die Wahrheit gewesen sei, für die Jesus selbst starb, ergäbe keinen Sinn. Eine Tat kann sich nicht selbst bezeugen. Man kann Sokrates als Märtyrer bezeichnen, denn er starb lieber, als seinen philosophischen Überzeugungen abzuschwören. Wenn er aber bewußt den Tod gewählt hätte, um damit das Volk von Athen vor den Folgen seiner Sünden zu bewahren, dann wäre dies ein Akt der Opferung, nicht des Martyriums. Natürlich können sich die Funktionen der Opferung und des Martyriums teilweise überschneiden. Man verehrt das Martyrium gemeinhin als eine Tat, die auch eine gewisse Opferqualität hat. Man glaubt, daß das Leiden des Märtyrers für die Gläubigen eine Schutzwirkung ausübt und (im Christentum) daß er am Mysterium der Kreuzigung teilhat und es erneuert. [10] Der einzige Fall jedoch, in dem diese Überschneidung nicht auftritt und nicht auftreten kann, ist der der ursprünglichen Opferung selbst, denn ohne sie gäbe es für die nachfolgenden Märtyrer keine Kreuzigung, an der sie *teilhaben* könnten.

Mit der Zunahme des modernen Liberalismus gab es sogar in der römisch-katholischen Kirche Christen, die bestritten haben, daß der Tod Jesu eine Opferung gewesen sei, und die statt dessen darauf bestanden, es sei ein Martyrium gewesen, wie es mir ein römisch-katholischer Theologe sagte: »Jesus hat einfach vorgeführt, wie ein guter Mensch sterben könnte.« [11] Um diese Ansicht aus den Evangelien zu belegen, müßte man zeigen, daß es Überzeugungen gab, die Jesus gegenüber gefährlichen Gegnern vertrat und für die er eher bereit war zu sterben, als ihnen abzuschwören.

Welches waren diese Überzeugungen, für die Jesus bereit war zu sterben? Wenn wir sagen, es war der Glaube an seine eigene Göttlichkeit, dann sind wir wieder in einem argumentativen Teufelskreis, denn der Glaube an Jesu Göttlichkeit, wie er in den Evangelien zum Ausdruck gebracht wird, ist untrennbar mit seiner Opferrolle verbunden. Jesus kam nicht einfach als Sohn Gottes auf die Welt (man stelle sich ein Christentum vor, in dem Jesus sich zum Sohne Gottes erklärt und weiterlebt bis ins hohe Alter!), sondern um die Erlöserrolle des Gottessohnes zu erfüllen, der stirbt und wiederaufersteht und als »Lösegeld für viele« fungiert. Wir können daher nicht sagen, daß Jesus ein Märtyrer war, der für seinen Glauben an die Notwendigkeit seines eigenen Märtyrertums starb. Ein solcher Tod wäre vollkommen inhaltsleer. »Ein Beispiel für das Sterben zu geben«, wäre, wenn es keinen Grund gab, warum er sterben sollte, gar kein gutes Beispiel, sondern ein sinnloser Selbstmord. Sicher kann es sein, daß gute Menschen es vorziehen zu sterben, sehr oft eines gewaltsamen Todes, aber nur wenn es etwas gibt, wofür es sich zu sterben lohnt.

---

[10] Vgl. Delehaye 1912, *pp.* 11*sqq*.

[11] Der verstorbene Pater Thomas Corbishley anläßlich einer 1973 von der National Book League organisierten Diskussion in London.

Was sollen wir dann sagen (wenn man die Idee von Jesus als Märtyrer weiter verfolgt), welches die Überzeugungen oder Prinzipien waren, für die Jesus sein Leben hingab? Eine häufige Antwort hierauf ist, daß er ein Reformator war, der sein Leben im Kampf gegen reaktionäre Machthaber ließ. Wenn dem so wäre, dann könnte Jesus gewiß als Märtyrer für die Sache der Gerechtigkeit, der Freiheit und des Fortschritts betrachtet werden, so wie, sagen wir einmal, Sokrates oder Martin Luther King. Es stimmt, daß Jesus in den Evangelien so dargestellt wird, als ob es zwischen ihm und den Pharisäern einen Widerspruch bezüglich des Sabbatgebots gegeben hätte und als ob er die Pharisäer als unterdrückerische Autoritäten verurteilt hätte. Wenn aber die Umstände von Jesu Tod beschrieben werden, dann sind diese Dinge vergessen. In den Berichten über seinen Prozeß wird an keiner Stelle gesagt, daß das Sabbatgebot hier ein Thema war oder daß die Pharisäer ihn der Opposition gegen ihre Autorität angeklagt hätten. Jesu Hauptankläger war der Hohepriester, welcher Sadduzäer war, und die gegen Jesus vorgebrachten Beschuldigungen hatten alle mit seiner Rolle als Messias oder Sohn Gottes zu tun. Die Angelegenheit wird so dargestellt, als ob es ausschließlich darum ginge, ob Jesus durch seinen Anspruch, eine göttliche Gestalt zu sein, Gotteslästerung begangen habe. Es ist klar, daß Jesus nicht zum Mittelpunkt einer neuen Religion hätte werden können, wenn er lediglich als Reformator des jüdischen Gesetzes angesehen worden wäre, sondern höchstens zum Gründer einer neuen Sekte des Judentums, wie beispielsweise des Karäertums. Der Kern der Anklage gegen Jesus, so wie sie von den paulinischen Evangelien-Verfassern aufgefaßt wurde, war, daß er das Gesetz nicht reformieren, sondern es gänzlich abschaffen und durch eine neue Art von Religion ersetzen wollte, die auf seiner eigenen Person als göttlichem Erlöser basierte.[12] Um diese Erlöserrolle zu erfüllen, war sein Tod unabdingbar. So kommen wir auf den Punkt zurück, daß Jesus, was auch immer seine reformatorischen Aktivitäten gewesen sein mögen, kein Märtyrer für Reformen oder irgend etwas anderes war. Sein Tod war nicht der eines Märtyrers, sondern der eines Erlösers, soweit jedenfalls die christliche Lehre betroffen ist. Wenn es ihm statt dessen gelungen wäre, die Pharisäer dahin zu bringen, die Sabbatgebote zu lockern, dann hätte er seine Mission ganz und gar nicht erfüllt.

Es ist natürlich möglich, daß Jesus historisch *wirklich* ein Reformator war. Dies spielt jedoch keine Rolle für die Frage, welche Art von Jesusfigur als Grundlage des Christentums als einer vom Judentum verschiedenen Religion diente. Wenn wir die historischen Fakten über Jesus im Gegensatz zur Geschichte der christlichen Kirche betrachten, ist die wahrscheinlichste Lösung (die ich ausführlich in ›Jesus und der jüdische Freiheitskampf‹ dargestellt habe [dt. Freiburg i. Br. 1996]), daß Je-

[12] Gal 2,21: »[...] denn so durch das Gesetz die Gerechtigkeit kommt, so ist Christus vergeblich gestorben.« Gal 3,13: »Christus aber hat uns erlöst vom Fluch des Gesetzes [...]«

sus ein überzeugter Anhänger des Judentums war, der keine andere Reform des Judentums anstrebte als die, welche die Bewegung der Pharisäer anführte, denn Jesu angebliche Sabbatreformen stellen sich bei näherer Prüfung alle als identisch mit jenen heraus, die von den Pharisäern schon eingeführt worden waren.[13] Historisch war seine Mission weder die eines Reformators noch die eines göttlichen Erlösers, sondern die des Messias im jüdischen Sinne des Wortes, nämlich eines davidischen Königs, der die Prophezeiungen des Alten Testaments erfüllen würde, indem er die fremden Invasoren aus dem Land vertrieb, die jüdische Unabhängigkeit wiederherstellte und eine weltweite Ära des Friedens einleitete. Seine angeblichen Konflikte mit den Pharisäern können alle auf zwei Motive bei der schriftlichen Bearbeitung zurückgeführt werden: die Schuld am Tode Jesu von den Römern auf die Juden zu verschieben und damit Jesu Ziele zu entpolitisieren und den Konflikt der Frühkirche mit den Pharisäern aus der Zeitspanne, in der die Evangelien verfaßt wurden (70–120 u.Z.), in die Zeit, als Jesus noch lebte, vorzuverlegen.

All diese Fakten oder Theorien sind für unsere gegenwärtige Aufgabe, den christlichen Mythos zu untersuchen, unwesentlich, einen Mythos, bei dem es nicht um den Tod eines Reformators oder eines religiösen Patrioten geht, sondern um ein kosmisches Opfer. Einige Details des Mythos wären nicht so wie sie sind, wenn es nicht historische Gründe dafür gäbe, und es ist vielleicht notwendig, solche Verbindungen manchmal festzuhalten, aber das Hauptthema ist der Mythos selbst. Wenn es heutzutage Christen gibt, die es vorziehen, den Mythos über Bord zu werfen und Jesus als einen Reformator anzusehen, haben sie natürlich das Recht dazu, aber ihre Entscheidung hat nichts mit dem Christentum als historischer Bewegung zu tun, die nur durch den Glauben an den Mythos entstand.

Da es beim christlichen Mythos um ein Opfer geht, sind die entscheidenden Fragen: Wer war der Opfernde? Wer war das Opfer? Für wen wurde das Opfer vollzogen? Welchem göttlichen Wesen wurde das Opfer gebracht? Wenn wir diese Fragen beantwortet haben, werden wir überlegen müssen, welche *Art* von Opfer dies ist: insbesondere in welcher Beziehung es zu dem heidnischen Menschenopfer, den Mysterienreligionen der hellenistischen Welt und dem Gnostizismus steht. Aber zuerst müssen wir überlegen, wie es mit dem Judentum selbst und den Opfergebräuchen des Jerusalemer Tempels zusammenhängt.

Die Verfasser des Neuen Testaments sind offensichtlich stark bestrebt, die Opferung von Jesus mit den jüdischen Opfergebräuchen in Zusammenhang zu bringen. So vergleicht Paulus Jesus mit dem Passah-Lamm: »... denn wir haben auch ein Osterlamm, das ist Christus, für uns geopfert« (1 Kor 5,7). Laut Johannes stand die Tatsache, daß die römischen Soldaten Jesus nach seinem Tode nicht die Beine brachen, wie es bei den Leichnamen von Gekreuzigten üblich war, in Einklang

[13] Vgl. Maccoby 1996, *pp.* 39*sq.*; 71*sq.*; 171*sqq.* (Anhang 4, bes. B).

mit dem Gesetz des Buches Exodus bezüglich des Passah-Opfers: »Denn solches ist geschehen, daß die Schrift erfüllet würde: Ihr sollt ihm kein Bein zerbrechen« (Joh 19,36). Der Brief an die Hebräer sieht insbesondere den Tod von Jesus als äußerste Vollendung der jüdischen Opfergebräuche: »Denn einen solchen Hohenpriester sollten wir haben, der da wäre heilig, unschuldig, unbefleckt, von den Sündern abgesondert und höher, denn der Himmel ist; dem nicht täglich not wäre, wie jenen Hohenpriestern, zuerst für eigene Sünden Opfer zu tun, darnach für des Volkes Sünden; denn das hat er getan **einmal**, da er sich selbst opferte« (Hebr 7,26–27). Somit vereint Jesus in sich die Rolle des Opfernden (Hohepriester) und des Opfers; und die Funktion der Sühne, die von den jüdischen Opferungen nur unvollständig erfüllt wurde (da sie täglich erneuert werden mußten), wurde durch die Opferung von Jesus vollkommen und für immer vollzogen.

Das Passah-Opfer war nun allerdings im Brauch des Judentums kein Sühneopfer. Es war eher eine Dankesbezeugung an Gott für die Errettung aus Ägypten und für den Bund. Es ist richtig, daß das »Ägyptische Passah-Opfer« (wie das ursprüngliche Opfer im Buch Exodus genannt wurde) ein Schutzopfer war, durch welches das Unheil, das über die Ägypter verhängt worden war, von den Israeliten abgewendet wurde. Aber das »Passah-Opfer der Generationen« hatte nichts von dieser Aura der Furcht an sich; es wurde sorgfältig von dem ägyptischen Opfer unterschieden, und für seine Feier waren andere Gesetze zu beachten. [14] Dies ist kein marginaler Punkt, denn er bezieht sich auf die Opfergebräuche des Tempels insgesamt. Diese Gebräuche waren nicht auf *Erlösung* ausgerichtet. Diese hatte vor langer Zeit stattgefunden, zur Zeit der Errichtung des Bundes. Alle Juden lebten als Mitglieder des Bundes, und sie mußten sich nicht um etwas so Grundlegendes wie Erlösung sorgen. Wonach sie trachten mußten, war, die Bedingungen des Bundes zu erfüllen, und selbst dies war keine wirklich große Sorge, da die Existenz des Bundes nicht von jeder einzelnen Handlung abhing. Denn individuelle Sünden konnten durch Reue getilgt werden, und Sühne konnte dann erteilt werden, wenn man das entsprechende Sühneopfer brachte. [15]

Wie von Professor J. Milgrom schlüssig dargelegt wurde [16], haben die Opfergebräuche der Bibel, so wie sie uns in ihrer endgültigen Fassung vorliegt, die primitiveren Merkmale des Tieropfers, wie es in anderen Kulturen des Nahen Ostens praktiziert wurde, vermieden. Die Mehrzahl der Opferungen hat den Charakter von »Opfergaben« (wie ihre hebräischen Bezeichnungen bezeugen), und sie sind eher Gaben an Gott als Erlösungsriten. Sogar die Sünden-Opfergaben haben jeden magischen Charakter eingebüßt und gelten ohne Reue seitens des Sünders als un-

[14] Vgl. Mischna, Pesachim 9,5.

[15] Vgl. Sanders 1977, *pp.* 165–168; Moore 1927, I 505.

[16] Milgrom 1981.

wirksam. Höchst bemerkenswert ist die Tatsache, daß die Reinigungsriten, die vor dem Betreten des Tempelbezirks erforderlich sind, frei von jedem Bezug auf böse Mächte sind und daher eher als Regeln der Etikette betrachtet werden als ihrem Wesen nach eigenständige Formen des Exorzismus wie in anderen Kulten. Sogar die Riten des Versöhnungstages, die mehr von den erschreckenden primitiven Eigenschaften bewahrt haben als andere, sind keine Gründungszeremonie, in der die Welt erneuert wird, sondern lediglich ein Bereinigen der Sünden, die sich im vergangenen Jahr angesammelt haben, eine Art jährliche geistliche Abrechnung, die nicht den Anspruch erhebt, das Schicksal der Menschheit grundsätzlich zu beeinflussen, da jedes Jahr ein neuer Versöhnungstag erforderlich ist.

Diese stückweise rationale Einstellung war der Überzeugung geschuldet, daß das große Opfer (Akedah) vor langer Zeit stattgefunden hatte, daß der Bund aus ihm hervorgegangen war und daß die Gläubigen innerhalb seines Rahmens in geistlicher Sicherheit lebten. Die christliche Einstellung zum Opfer entstand andererseits aus der Zerschlagung dieses Gefühls der Sicherheit (oder, genauer gesagt, es entwickelte sich vom Standpunkt derer, die es nie gehabt hatten). Die Tatsache, daß die jüdischen Opfer laufend wiederholt werden mußten, war für den Verfasser des Briefes an die Hebräer ein Zeichen dafür, daß sie »unvollkommen« waren – daß sie das Problem der Sünde im wesentlichen ungelöst ließen. Nötig war vielmehr eine Lösung, mit der das Problem der Sünde ein für allemal erledigt war. Tatsächlich war das Christentum eine Rückkehr zu einem Zustand primitiver Furcht, deren hauptsächliches Problem nicht ist: »Wie soll ich mein Handeln verbessern?«, sondern: »Wie werde ich gerettet?« [17]

Es ist daher eine vollkommen falsche Ansicht, die christliche Auffassung des Opfers sei organisch aus den jüdischen Opfergebräuchen hervorgegangen oder sie sei der Höhepunkt, auf den sich diese hinentwickelten. Im Gegenteil, die natürliche Tendenz des Judentums wurde im Christentum auf katastrophale Weise in ihr Gegenteil verkehrt. Die gesamte Tendenz des jüdischen Systems ging dahin, die Bedeutung des Opfers zu *verringern*; schon der Ausdruck »Opfer« ist eine unzutreffende Bezeichnung, was die Mehrheit der Opfergaben des Jerusalemer Tempels angeht, wo die allgemeine Atmosphäre die eines gemeinsamen Mahles mit Gott war, die eher Danksagung als Erlösung zum Ziel hatte. Im Christentum verschwindet der jahrhundertealte jüdische Prozeß der Sublimierung wie in einem plötzlichen psychotischen Anfall. Wir finden uns wieder auf der primitiven Stufe, auf der sich der Abgrund öffnet und die Panik ein Opfer verlangt. Unter diesen Umständen ist es nicht überraschend, daß das Menschenopfer wieder auftaucht, nach so vielen Jahrhunderten, in denen es durch Tieropfer ersetzt war. Es ist auch

[17] »... Das rückwärts gerichtete Schielen / Über die Schulter hinweg, in die Urwelt des Grauens ...« T.S. Eliot, ›The Dry Salvages‹ (Übertragung von Eva Hesse).

nicht überraschend, daß das Motiv der Massenerlösung wieder auftaucht, nachdem es im Judentum für so lange Zeit durch das Motiv der Besserung auf individueller Ebene ersetzt worden war.

Aber dieser Anschein einer plötzlichen Psychose ist in Wirklichkeit irreführend, weil das Christentum nicht ein Ereignis in der Geschichte des Judentums, sondern in der Geschichte der hellenistischen Religionen ist. Obwohl die christlichen Theoretiker großen Wert auf die angebliche Kontinuität zwischen Juden- und Christentum legen, und obwohl diese Kontinuität von den ersten Tagen der christlichen Kirche an behauptet wurde (außer von solchen Ketzern wie Markion, der sie vehement verneinte), war sie nie viel mehr als eine Illusion, soweit es um die zentralen Gründungslehren des Christentums geht (wiewohl hiermit nicht der enorme Einfluß des Alten Testaments auf die christlichen Strömungen und Individuen späterer Zeiten bestritten werden soll). Um den christlichen Opfermythos zu erhellen, ist es daher notwendig, sich vom Judentum abzuwenden und mit den Erlösungskulten der hellenistischen Welt zu befassen.

Kapitel 9

Das Christentum und die hellenistische Religion

DAS CHRISTENTUM, das sich nachhaltig mit der Erlösung sowie ihrer Erlangung durch den Tod einer übernatürlichen bzw. göttlichen Gestalt beschäftigt, zeigt einen auffallenden Kontinuitätsbruch mit dem Judentum, welches diese beiden Motive kaltlassen. Im Judentum wird das Wort »Erlösung« oft genug gebraucht, aber es bezieht sich gewöhnlich auf eine physische oder politische Befreiung. Moses zum Beispiel war ein »Erlöser« (hebräisch: *moschiy'a* מושיע), weil er die Israeliten aus der ägyptischen Knechtschaft befreite, und sogar der von nicht ausschließlich strahlendem Ruhm umwitterte Simson war ein »Erlöser« wegen seiner Heldentaten gegen die Philister. Im Christentum bedeutet »Erlösung« Rettung vor dem ewigen Tod oder der Hölle; oder positiv ausgedrückt, sie bedeutet die Erlangung des ewigen Lebens für die Seele. Eine Lehre von der »Auferstehung der Toten« gab es im Judentum zur Zeit Jesu durchaus, aber sie bezog sich nicht auf die Unsterblichkeit der Seele, sondern auf die Auferstehung des Körpers in der »Welt, die da kommen wird«; Lehren von der Unsterblichkeit der Seele haben im Judentum ebenfalls existiert, aber nicht mit der vollen Kraft eines Dogmas.[1] Soweit der Ausdruck »Erlösung« gelegentlich mit diesen Lehren in Verbindung gebracht wurde, war Gott selbst der Erlöser, nicht irgendein Abgesandter oder eine Opferfigur; und nichts konnte dem Judentum ferner sein als die Vorstellung, daß Gott selbst den Tod erleide.[2]

Dennoch war die Vorstellung von einer göttlichen Gestalt, die stirbt und dadurch »erlöst« wird, im Altertum sehr verbreitet. Es scheint daher naheliegend, daß das Christentum im Verhältnis zu den anderen Kulten betrachtet werden sollte, die dieses Konzept aufwiesen. Die meisten christlichen Gelehrten der Antike und der Neuzeit haben sich jedoch einem solchen Vergleich vehement widersetzt.[3]

---

[1] Vgl. JACOBS 1964, *pp.* 398–454.

[2] Daß Gott mit den Leiden der Menschheit sympathetisch mitleidet, ist dagegen eine in langer Tradition verankerte jüdische Lehre (z.B. Baba Batra 73b). Sie wurde jedoch von christlichen Theologen als blasphemisch verworfen (z.B. in der Disputation von Paris 1240), mit der Begründung, sie weise Analogien zur patripassianischen Ketzerei auf, während der offiziellen christlichen Auffassung zufolge Gottvater »leidensunfähig« ist und auch der Gottessohn nur »im Fleische leiden konnte«. Siehe MACCOBY 1982.

[3] Argumente gegen diesen Zusammenhang wurden in der Antike z.B. von Justinus Martyr und Tertullian vorgebracht; in der Neuzeit u.a. von Kardinal Newman, C. Colpe, W. D. Davies, W. Meeks, A. Schweitzer, G. H. C. MacGregor, H. G. Marsh, A. D. Nock, W. Manson und C. A. A. Scott. Christen aus

Von dem besonderen Standpunkt dieses Buches aus können wir mit der Überlegung beginnen, ob es in den Mysterienreligionen irgendwelche Mechanismen gab, den Vorwurf für den Tod des Gottes anderswohin abzuschieben. Einer der bekanntesten Riten in den Religionen des Attis (Phrygien), des Adonis (Syrien) und des Osiris (Ägypten) war der Ritus, den Tod des Gottes zu betrauern. Dieser Trauerritus war insbesondere die Angelegenheit der Frauen und ist in vielen antiken Quellen beschrieben worden. [4] Wie sollen wir diesen Ritus verstehen? In jeder dieser Religionen starb der Gott nur, um in aller Herrlichkeit wiederaufzuerstehen; weshalb war es dann notwendig, seinen Tod mit simulierten Verzweiflungsanfällen zu betrauern, als ob man vom glücklichen Ausgang der Geschichte keine Ahnung hätte? Darin liegt natürlich ein gewisser dramatischer Effekt; die Frauen nehmen an einer Art heiligem Schauspiel teil, in dem der ganze Mythos des Gottes und der Göttin in Szene gesetzt wird. Gerade in solchen Simulationen, denen man magische Wirkung in kosmischer Größenordnung zuschrieb, liegen die Ursprünge des Dramas als Kunstform. Dennoch steckt in diesem Betrauern zugleich auch das Motiv der Reinigung von einer Schuld. Durch das Trauern bestreiten die Frauen, welche als Vertreterinnen des weiblichen Prinzips oder der Göttin handeln, die Verantwortung für den Tod des Gottes. Trotzdem wissen wir, daß die Hauptverantwortung für diesen Tod in Wahrheit bei der Göttin liegt, denn der Tod des Attis, Adonis oder Osiris wird tatsächlich von der Göttin angeordnet. Die Mythen entstehen aus einer gesellschaftlichen Realität heraus, in der der junge König am Ende seiner kurzen Regierungszeit sterben mußte, um Platz für einen neuen Gemahl der Königin zu machen. [5]

Diese gesellschaftliche Realität hatte natürlich zur Zeit der hellenistischen Mysterienkulte, in denen Attis, Adonis und Osiris verehrt wurden, schon lange aufgehört zu bestehen. Obwohl jeder von ihnen aus einer bestimmten nicht-hellenistischen Region stammte, hatten sie alle eine universalistische Färbung angenommen, welche geeignet war, die Verbreitung des Kultes im griechisch-römischen Weltreich zu fördern. Darüber hinaus war die Verknüpfung mit dem Ackerbau, welche für diese alten Religionen spezifisch gewesen war, in den aus ihnen abgeleiteten Mysterienkulten transzendiert worden. Nicht mehr im Interesse einer guten Ernte starb der Gott und kehrte ins Leben zurück, indem er dadurch das Wunder der Wiederbelebung der Felder im Frühling zu Darstellung und Einsatz brachte. Und

---

der Bultmannschule haben jedoch den Einfluß der Mysterienreligionen und des Gnostizismus auf das Christentum bestätigt.

4 Vgl. Hes 8,14: »Dort saßen Frauen, die Tammus beweinten.« Vgl. auch Frazer 1928, *cap.* XXIX, *pp.* 475*sq.*

5 Frazer zur Verbindung zwischen dem Tod des Diana-Priesters von Nemi und dem Tod von Hippolytos, Adonis und Attis: »... Erzählungen von schönen, aber sterblichen Jünglingen [...], welche die kurze Seligkeit der Liebe zu einer unsterblichen Göttin mit ihrem Leben bezahlen mußten.« (Frazer 1928, *cap.* I, *p.* 10.) In der Praxis wurde jedes Jahr die Opferung des Gemahls der weltlichen Vertreterin der Göttin vollzogen, z.B. in Iolkos in Thessalien; vgl. Ranke-Graves 1988, *cap.* 13, *p.* 269.

es wurde auch kein irdischer Stellvertreter des Gottes mehr tatsächlich zu Tode gebracht, wie es in der Vorgeschichte dieser Religionen der Fall gewesen war. Weiterhin war der »Mysterien«-Aspekt der griechisch-römischen Kulte den Religionen fremd gewesen, welchen er jetzt aufgeprägt wurde; sie waren ursprünglich im Zugang unbegrenzte und öffentliche Systeme zu beachtender Regeln und Riten gewesen, die die ganze Gemeinschaft einbezogen, auch wenn sie einige Sonderriten enthielten, die von einer Priesterkaste geheim, aber im Interesse der ganzen Gemeinschaft abgehalten wurden. Diese Priesterheimlichkeit hatte jetzt den ganzen Kult vereinnahmt, der zum Vorteil einer eingeweihten Minderheit, nicht einer ganzen nationalen oder Stammes-Gemeinschaft stattfand.

Der autochthone Mysterienkult Griechenlands war derjenige von Eleusis, wo geheime Einweihungsriten in Verbindung mit der Verehrung der Demeter, der Göttin des Ackerbaues, abgehalten wurden. Diese uralten Riten sollten jedoch nicht mit den Mysterienkulten des griechisch-römischen Reichs verwechselt werden. Die eleusinischen Mysterien wurden als eine Art Anhängsel an die öffentlichen Kulte um die olympischen Gottheiten durchgeführt, nicht als ihr Ersatz. Sie waren ganz offen für die wenigen Privilegierten da und trugen den Stempel äußerster Achtbarkeit, wie etwa die Freimaurerlogen unserer Zeit. Angehörige der großen Mehrheit der Bevölkerung, die keine Eingeweihten waren, galten deswegen nicht als verdammte Seelen. Die Mysterien wurden abgehalten, um einen besonderen Einblick in eine verborgene Welt zu geben und um die Eingeweihten mit besonderen Qualifikationen für die nächste Welt auszustatten; sie wurden aber nicht als erlösungsentscheidend betrachtet.[6] Die weniger offiziellen orphischen Mysterien andererseits, die im 6. Jahrhundert v.u.Z. ihren Anfang nahmen, hatten tatsächlich eine »evangelische« Note und können als Vorläufer der griechisch-römischen Mysterienkulte betrachtet werden. In ihnen kann man auch die Ursprünge der antiweltlichen und anti-fleischlichen Einstellung nachweisen, welche für die Mysterienkulte charakteristisch wurden.[7]

Die eleusinischen Mysterien, bei denen die Verehrung einer Göttin des Ackerbaues im Mittelpunkt stand, können als ein Ventil für die matriarchalische Religion angesehen werden, die durch das griechische Patriarchat überdeckt worden war, aber die Ausübung dieses Kultes war strikt eingeschränkt und durfte die Pflichten des Bürgers in der patriarchalischen Gesellschaft, die mit großer Hochachtung als deren eigentlicher Lebensinhalt angesehen wurden, nicht stören. Danach, als diese Hochachtung aufgrund des Niederganges der Stadtstaaten und des Aufstiegs großer Militärreiche, die deren Platz einnahmen, einen Einbruch erlitt, umgaben sich die Mysterienreligionen mit dem Nimbus des Eskapismus und ekstatischer Außer-

---

[6] Plato, ›Gorgias‹ 497c; Hippolytos, ›Philosophumena‹ 5,8; Otto 1940, *pp.* 99–106; Campbell 1969, *pp.* 185–187.
[7] Siehe z.B. Maass 1985 und Kerényi 1950.

weltlichkeit. Die matriarchalischen Elemente im Mysterienkult erhielten jetzt neue Bedeutung, denn die patriarchalische Gesellschaft war in einem vorher nie gekannten Ausmaß repressiv geworden: das Individuum, auch das männliche, konnte sich nicht mehr mit seiner Gesellschaft identifizieren, sondern fühlte sich winzig und machtlos angesichts des riesigen patriarchalischen Machtapparates. Der Prozeß des Sterbens mit dem sterbenden – und dann wiederauferstandenen – Gott war eine Möglichkeit, den patriarchalischen »Charakterpanzer« (in Reichs Worten [8]) zu zerbrechen und wiedergeboren zu werden, eine neue Identität zu erlangen, die frei war von der erdrückenden Last einer militarisierten und bürokratischen Gesellschaft.

Dennoch war die Betonung des matriarchalischen Elements in den verschiedenen Mysterienkulten unterschiedlich. Im Mithraskult, der trotz seiner Ursprünge in der persischen Religion der künstlichste aller Mysterienkulte war, war das matriarchalische Element vollkommen unterdrückt, und Tod und Auferstehung des Gottes mit den sie begleitenden Initiationsriten wurden in rein männlicher Terminologie zum Ausdruck gebracht. Dies war eher eine Religion zur Wiederherstellung des männlichen Stolzes als die einer Flucht an die Mutterbrust. [9] Bei der Verehrung des Osiris andererseits war die Gestalt der Isis von großer Bedeutung, einer Mutterfigur, welche ein Vorläufer der Figur der Jungfrau Maria im späteren Christentum war und die als die um den Gott Trauernde dargestellt wurde und ebenso als Mutter mit dem göttlichen Kind in einer Szenerie mit Krippe oder Kuhstall (wobei hier auch die archaische Verehrung der Kuh als heiliges, die Mutterschaft symbolisierendes Tier mitschwingt). Die ekstatische Sentimentalität der Isis-Verehrung war eine Art Reaktionsbildung auf die Kapitulation männlicher Überlegenheit, durch welche Tod und Kastration des Mannes in den Verantwortungsbereich der Frau abgelenkt wurden. [10] In diesem Typus von Religiosität nahmen Zahl und Umfang von Distanzierungsmechanismen zu, die für die Entwicklung des Christentums wichtig wurden, insbesondere das Auftauchen einer finsteren männlichen Gestalt des Bösen als Antagonist und Mörder des Gottes; aber es gab keinen grimmigen Vater-Gott, der aus patriarchalischen Gründen die Opferung des jungen Gottes forderte wie im Christentum – was somit ein einzigartiges Amalgam von patriarchalischen und matriarchalischen Motiven ergibt, mit Distanzierungsmechanismen, die von beiden abgeleitet sind.

Andererseits gab es in der phrygischen Attis-Verehrung keinen Versuch, die Grausamkeit der Göttin in ihrer Forderung nach dem Tod des jungen Gottes zu verschleiern. Die Muttergottheit Kybele wurde hier im vollen Besitz ihrer Macht verehrt. Ein ekstatischer männlicher Masochismus war dort am Werk, der sich in

---

8 Vgl. Reich 1933.

9 Vgl. Cumont 1903; Campbell 1964, *pp.* 255–261.

10 Plutarch, ›Über Isis und Osiris‹; Frazer 1928, *pp.* 529–559; Campbell 1969, *pp.* 424–427.

orgiastischen Selbstkastrationen von Anhängern auf rituelle Weise äußerte, die von Catull so plastisch beschrieben wurden [11] und in denen die Anhänger, oft von einem unvorhersehbaren Impuls gepackt, die Rolle des Gottes Attis selbst spielten. [12] In der Adonis-Verehrung wiederum waren die grausamen Aspekte der Göttin Astarte (Venus) gelöscht; die Frauen betrauerten den toten Gott in ausgedehnten Trauerszenen, und der Tod wurde finsteren männlichen Kräften in Gestalt eines Ebers zugeschrieben, der von einem rivalisierenden Gott gesandt worden oder dessen Verkörperung war. Dennoch entwickelte die Adonis-Verehrung nicht ein sentimentales Gottesmutter-mit-Kind-Motiv wie bei der Isis-Verehrung; sein Schwerpunkt scheint eher auf einer Liebesbeziehung unter Erwachsenen gelegen zu haben, derjenigen der Göttin zu ihrem jungen Liebhaber, welche kontinuierlich durch Tod und Auferstehung des jungen Gottes erneuert wurde. [13]

Jede Mysterienreligion hatte somit ihre eigene Note und ihren eigenen Charakter. Allen gemeinsam war die Abwendung von der öffentlichen hin zur privaten Religion, wodurch der Kult nicht mehr dazu diente, die Existenz des Stammes oder der Nation zu festigen, sondern den Bedürfnissen des Individuums zu dienen, das seiner Umgebung entfremdet war und in keiner irdischen Stadtgemeinschaft mehr siedelte. Die Mysterienkulte hatten somit einen paradoxen Zug, insofern sie die Atmosphäre von Heimlichkeit und Separatismus mit einer Tendenz zum Universalismus verbanden, während die nationalen Kulte wie das Judentum oder die griechische Verehrung der Olympier offen praktiziert wurden, aber auf eine bestimmte Kultur und einen bestimmten historischen Hintergrund beschränkt waren (auch diese Kulte hatten universalistische Aspekte, wenngleich diese eher multikultureller und pluralistischer als individualistischer Natur waren).

Vielleicht noch wichtiger als die Mysterienkulte ist für die Entwicklung des Christentums jene als Gnostizismus bekannte Bewegung. Sie baute im großen und ganzen auf den Mysterienkulten auf, löste sie aber gänzlich von ihren lokalen Verbindungen. Der Gnostizismus war eine Religion, in der es nicht um einen Gott Phrygiens, Syriens oder Ägyptens ging, sondern um den Planeten Erde und seinen Platz im Universum, und zwar als einem entlegenen Ort, der von bösen Mächten bevölkert war, welche gegen die Mächte des Guten kämpften (wenn man den Gnostizismus beschreibt, ist es nahezu unmöglich, um das Vokabular der Science-fiction herumzukommen, die ja ihrerseits tatsächlich teilweise einer Art modernem Gnostizismus folgt).

Zu einem gewissen Maß entstand der Gnostizismus auch aus dem Judentum heraus, von dem er einen Teil seiner kosmischen Sicht ableitete; aber auch hier streifte er die lokale Färbung und das im Nationalen Verankerte des Judentums ab und wurde

---

[11] *Carmen* 63.

[12] Lukrez rer. nat. II 598*sqq.*; Frazer 1928, *cap.* XXXIV, *pp.* 506–513.

[13] Vellay 1904; Frazer 1928, *pp.* 472–505.

somit zum vollendeten Ausdruck für die Entfremdung in der hellenistischen Welt. Den Mysterienreligionen entnahm er die Idee der Erlösung durch den Tod und die Auferstehung eines Gottes, aber die sexuellen Bedeutungen der Erlösung, die in den Mann-Frau-Motiven der Mysterienkulte noch stark erhalten sind, wurden wiederum zu abstrakten Chiffren. Das zu erlösende Wesen (die Seele) wurde als geschlechtslos betrachtet, und das Ziel der Religion war, diesen geschlechtslosen Zustand zu erreichen. Als Folge dieser Desexualisierung wurde die Paranoia, die jeder Mysterienreligion inhärent ist, viel krasser. Der Dualismus von Gut und Böse rückte ins Zentrum, und das Orten der finsteren Mächte, sowohl auf der Erde als auch im Himmel, wurde zur dringlichen Hauptbeschäftigung. Wo die Mysterienreligionen vage übelwollende Götter angedeutet hatten, die für den Tod des jungen Gottes verantwortlich waren, konzentrierte der Gnostizismus seine gequälte Aufmerksamkeit auf das kosmische Böse, dem zu entrinnen oder das zu besiegen jetzt als das zentrale Ziel galt. Der Parsismus hatte zuvor schon das Leben als Kampf zwischen dem kosmischen Guten und dem kosmischen Bösen angesehen, hatte aber keineswegs die Welt und weltliche Aktivitäten ausschließlich auf der Seite dieses Bösen angesiedelt. [14]

In der Beurteilung der Geschichte des Gnostizismus vertraten die Gelehrten zu verschiedenen Zeiten ganz unterschiedliche Meinungen. Die traditionelle christliche Sichtweise war die, daß diese Bewegung ein Ableger des Christentums, *de facto* eine christliche Häresie sei, die ursprünglich von Simon Magus begründet wurde. Im neunzehnten und zwanzigsten Jahrhundert vertraten Gelehrte wie Reitzenstein und später Bultmann die Ansicht, daß der Gnostizismus tatsächlich vor dem Christentum begann und selbst einen starken Einfluß auf das Christentum hatte, besonders was die Ausbildung der Einschätzung von Jesus in den Paulusbriefen und im Johannesevangelium angeht. Dann kam eine Phase, in der die Ansicht Bultmanns als historisch zu wenig fundiert abgetan wurde, und es wurde einmal mehr zur herrschenden Lehrmeinung, den Gnostizismus lediglich als eine exzentrische Variante des Christentums zu betrachten. In jüngster Zeit allerdings wurde der Gnostizismus in ein neues Licht gerückt durch die Entdeckung einer großen Bibliothek mit gnostischen Texten in Nag Hammadi (= Chenoboskion) in Oberägypten. Es handelt sich um koptische Übersetzungen griechischer Originale, die noch immer von einem Heer von Wissenschaftlern untersucht werden, aber eine bemerkenswerte Tatsache hat sich herausgestellt: einige dieser Texte sind gnostisch, ohne christlich zu sein. Folglich ist es einmal mehr wahrscheinlich, daß der Gnostizismus dem Christentum voranging und einen bedeutenden Einfluß auf es hatte. [15]

[14] Der Zoroastrismus z.B. betrachtet den Ackerbau geradezu mit Ehrerbietung. Vgl. ›Encyclopaedia of Religion and Ethics‹ XII 865.

[15] KRAUSE 1964, *pp.* 215–223. MACRAE (1976, *p.* 618) schreibt: »Aus den Schriften der Bibliothek von Nag Hammadi, das läßt sich sagen, kann der nichtchristliche Ursprung des Gnostizismus noch nicht zwingend bewiesen werden; sie erhärten jedoch in hohem Maße die Wahrscheinlichkeit dieser klassischen Auffassung.«

Es gibt im wesentlichen zwei Arten von nicht-christlichen Texten unter den Schriften, die in Nag Hammadi gefunden wurden: die heidnischen ohne Bezug zum Juden- oder Christentum, und die »jüdischen«, die viele Bezüge zum Judentum, aber keine zum Christentum enthalten. Es wäre allerdings exakter, diese letzteren Texte eher »antijüdisch« zu nennen als »jüdisch«. Aufgrund der Fülle von Bezügen zum Judentum glaubten Wissenschaftler, daß sie von Anhängern jüdischer Sekten geschrieben worden seien; ihre einheitlich feindselige Haltung gegenüber dem Judentum als einer beschränkten oder sogar schlechten Religion macht es aber wahrscheinlicher, daß diese Texte von Nicht-Juden geschrieben wurden, die mit dem Judentum in Berührung gekommen waren und davon sowohl fasziniert als auch abgestoßen wurden. Oder vielleicht beschreibt es ihren Standpunkt noch genauer, wenn man sagt, daß sie ihre religiöse Sicht auf dem Judentum aufbauen und es zugleich verwerfen wollten. Somit wählten sie aus der Bibel die Gestalt des Seth zur besonderen Verehrung aus, weil er kein Jude war, sondern eine Gestalt aus der vorsintflutlichen Periode vor den Anfängen des Judentums (in genau der gleichen Art und aus dem gleichen Grund wird im Neuen Testament der Gestalt des Melchisedek besondere Verehrung erwiesen). Die Quellen des Judentums werden äußerst raffiniert genutzt, um dieses anzugreifen und ein religiöses System zu entwickeln, das über die Glaubenssätze des Judentums hinausgeht, sie aber in gewisser Weise auch integriert.

Diese beiden Grundzüge: Abhängigkeit von jüdischen Quellen und Feindseligkeit gegenüber ihnen zeigt sich insbesondere in der gnostischen Einstellung gegenüber Jehova, dem Gott des Judentums. Die Gnostiker erkannten an, daß es solch einen Gott gab und daß er der Verfasser des Alten Testaments war, welches er Moses übergeben hatte. Manche räumten sogar ein, daß er die Erde erschaffen habe. Es wurde aber geleugnet, daß er der höchste Gott oder sein Werk bewundernswert wäre, sei es in seiner literarischen Form, der Thora, oder in seiner materiellen Form, der Welt. Weit über ihm stand der wahre »Höchste Gott«, dem er nicht die nötige Verehrung erwies, da er vorgab, selber der höchste Gott zu sein. Aber angefangen von Seth hatte es immer Menschen gegeben, die seine Täuschung durchschaut hatten und die wahre Erkenntnis (γνῶσις) über den Höchsten Gott besaßen. Diese Leute wußten, daß sich der Höchste Gott eines Tages in die Angelegenheiten der niederen Welt einschalten würde, die durch den Neid und die Anmaßung des jüdischen Gottes derart verpfuscht wurde, und zwar indem er einen Sohn herabschicken würde, der durch seinen Tod und seine Auferstehung den jüdischen Gott stürzen, dessen unvollkommenes Gesetz aufheben und auserwählte Seelen für das ewige Leben retten würde.

Es ist allerdings zweifelhaft, ob der Gnostizismus selbst den Begriff des Opfers enthielt, der für diese Studie wichtig ist. Sicher gab es im Gnostizismus, sogar in seinen vor-christlichen Spielarten, die Gestalt eines Erlösers, der der »Sohn Gottes«

genannt wurde und aus der »Welt des Lichts« herab- und später wieder auffuhr.[16] Aber die Betonung lag eher auf dem Wissen oder den esoterischen Informationen, die er in die Welt brachte, als auf seinem Leiden während seines irdischen Daseins. Wenn er vorübergehend von finsteren Mächten überwältigt wurde, so war dies eher die unvermeidliche Folge seines selbstlosen Herabsteigens als das Hauptziel seiner Mission. Nicht sein Tod brachte die Erlösung, sondern die Erkenntnis oder *gnosis*, die er seinen Jüngern während seines irdischen Daseins vermittelte und die sie an weitere Jünger weitergaben. Die Gnostiker waren somit die Urheber der Theorie, die den Erlöser eher als Märtyrer denn als Opfer sah, einer Theorie, die im Christentum erst zu einem sehr späten Zeitpunkt unter dem Einfluß des modernen Liberalismus populär wurde, dem die Vorstellung des Opfers inzwischen antiquiert und irrational erschien. Im Gnostizismus wurde die Figur des sterbenden und wieder auferstehenden Gottes, die aus den agrarischen Opferriten hervorgegangen war, zum ersten Mal von der Vorstellung der heilsamen, aber *einen* Tod unausweichlich einschließenden Erneuerung geschieden. Es ist richtig, daß finstere Gestalten beim Tod des Erlösers die Hand im Spiel hatten, und diese finsteren Gestalten traten auch als irdische Wesen auf, insbesondere verkörpert durch das jüdische Volk, so daß der Gnostizismus ein fruchtbarer Boden für den Antisemitismus wurde; aber jene bestimmte doppelbödige Aura des Heiligen Henkers, des schuldbeladenen Vollziehers des notwendigen Opfers, ohne das der Rest der Menschheit nicht gerettet werden konnte, fehlte. Die Juden waren die Schurken in der Geschichte (sogar noch bevor Jesus von einigen gnostischen Sekten als der Erlöser ausgemacht wurde), aber nur in dem Sinn, daß sie die besonderen Lieblingskinder des Demiurgen waren, der diese schlechte Welt geschaffen hatte, und daher die Feinde der *gnosis* waren.[17] Man könnte sogar sagen, daß die Gnostiker den *Tod* nicht ernst genug nahmen, um einen richtigen Opferbegriff zu haben, denn der Tod war für sie lediglich die Erlösung von der materiellen Welt und daher etwas äußerst Erstrebenswertes; andererseits ist der kosmische Einfluß des Todes als Quelle der Erneuerung des Lebens wesentlich für die Opfer-Theorie. Anders ausgedrückt: man könnte auch sagen, daß die Gnostiker die *Welt* und das *Fleisch* nicht ernst genug nahmen, um einen Begriff des Opfers zu haben, denn das Opfer impliziert, daß die Welt es wert ist, erlöst zu werden, und daß die Leiden des Fleisches von echter Bedeutung sind. Es ist deshalb nicht überraschend, daß die als Doketismus bekannte Häresie charakteristisch für die

[16] Im hellenistischen Denken kommt der Ausdruck »Sohn Gottes« in der Logos-Philosophie vor. Plato beschreibt in ›Timaios‹ den Weltorganismus als »den einzig-gezeugten Sohn Gottes«. Philo verwendet denselben Ausdruck für den Logos (*De opificio mundi* 21). Dieser Begriff war in den Erlösungsreligionen gebräuchlich und wurde auf charismatische Kult-Begründer wie z.B. Apollonius von Tyana angewandt. Er wurde darüber hinaus als Titel der römischen Kaiser und der ptolemäischen Könige Ägyptens gebraucht.

[17] Über Antisemitismus in den gnostischen Kulten vgl. ›Encyclopaedia of Religion and Ethics‹ IX 500.

christlichen Gnostiker war: daß Jesus nämlich nicht wirklich körperliche Qualen erlitt, sondern dies nur so schien (δοκεῖν = scheinen).

Das Christentum war daher weder mit den Mysterienreligionen noch mit dem Gnostizismus identisch, sondern synthetisierte sie zu einem neuen Gebilde, das gleichzeitig zurückstrebte zu den alten prähistorischen Opferkonzepten, deren kultiviertere Weiterentwicklung es darstellte. Die Tatsache, daß die Opfergestalt, Jesus, eine historische Person war, die tatsächlich auf der Erde gelebt hatte und dort gestorben war, verlieh dem Opfer eine Realität, die den Mysterienreligionen fehlte. Dort war es ein Gott gewesen, der starb und wieder auferstand, und kein menschlicher Vertreter des Gottes wurde getötet, wie es einst in der entlegenen Frühzeit jener Kulte der Fall gewesen war. Aber was das Christentum von den Mysterienreligionen doch übernahm, war die Idee von der erlösenden Kraft des Todes des Gottes und die Überzeugung, daß die Erlösung nicht durch irgendeine *gnosis* zustande kam, die durch den Gott übermittelt wurde, sondern durch die mystische Teilhabe an seinem Tod. Und es übernahm aus dem Gnostizismus auch den kosmischen Rahmen, wodurch es über die begrenzten geographischen Bezüge des Mysterienkults hinausging, und das Konzept eines Kampfes zwischen den kosmischen Mächten Gut und Böse (das letztendlich von der persischen Religion abgeleitet ist) sowie das Konzept eines Erlösers oder Sohnes Gottes, der von der Welt des Lichts herabsteigt. Aus dem Gnostizismus kam auch die Idee einer gefallenen Welt, beherrscht von einer finsteren Macht, Satan, obwohl diese Macht im Christentum nicht wie im Gnostizismus mit dem Gott des Judentums identifiziert wurde. Aus dem Gnostizismus, auch das muß gesagt werden, kam der antisemitische Ton des Christentums, der die Juden in die Rolle der Gegenspieler des Lichtes drängt, wenngleich diese Rolle im Christentum auch krasser ausfällt und zugleich genauer umrissen ist als im Gnostizismus. Aus dem Judentum selbst kam das apokalyptische Schema der Geschichte, durch die der Erlöser mit der jüdischen Gestalt des Messias identifiziert wurde, und die ganze heilige Geschichte des Alten Testaments wurde in das Prokrustesbett der Ankündigung und Propädeutik der Ankunft Jesu gezwängt, während die christliche Kirche die Rolle übernahm, die im Judentum Israel zugeschrieben wird: das »auserwählte Volk« Gottes zu werden und der Menschheit dessen Botschaft zu überbringen.

Die Person, in deren Kopf all diese Elemente zu einer Einheit verschmolzen, war Paulus, der somit der wahre Begründer des Christentums ist. Jesus selbst kann nicht als Begründer des Christentums betrachtet werden, da er in Wahrheit kein Christ war, sondern als gläubiger und praktizierender Jude lebte und starb, für den alleine die Hebräische Bibel das Wort Gottes war. Für ihn hatte der Begriff »Messias« keine Konnotationen, die ihn mit dem gnostischen Erlöser verbanden oder mit dem sterbenden und wiederauferstehenden Gott der Mysterienkulte. Es war einfach der Titel (wörtlich der »Gesalbte«) jedes jüdischen Königs der davidischen Dynastie, und dadurch, daß er diesen Titel für sich beanspruchte (zu einem recht späten Zeitpunkt seiner Laufbahn, die er in der Rolle eines Propheten begann), erhob Jesus Anspruch auf den jüdischen Thron und pflanzte das Banner des Aufstandes gegen die ins Land eingedrungene Besatzungsmacht Roms auf, die er mit jenen Invasoren identifizierte, die in den prophetischen Büchern des Alten Testaments erwähnt werden. Jesus hatte gar nicht die Absicht, eine Opferrolle zu spielen, und seine Hoffnung war es, die Römer durch einen exemplarischen Widerstand aus dem Land zu werfen, der zum Fanal werden sollte, verstärkt durch ein kraftvolles Wunder Gottes, welches nach einer Prophezeiung des Sacharja auf dem Ölberg stattzufinden hatte. Als dieser Aufstand nach anfänglichem Erfolg und weitverbreiteter Unterstützung aus dem jüdischen Volk niedergeschlagen wurde, wurde Jesus von den Römern gekreuzigt wie viele Tausende anderer Juden, die sich während dieser Zeit an ähnlichen Versuchen beteiligt hatten, ihre Freiheit wiederzuerlangen. Wie jeder andere erfolglose Messias wurde Jesus von den Juden schnell vergessen [18], außer von einer Handvoll seiner ergebenen Anhänger, die sich über sein heroisches Versagen mit dem Glauben hinwegtrösteten, er sei noch am Leben (wie König Artus in einer späteren Legende) und werde bald zurückkehren, um seine Befreiungsmission fortzusetzen. Diese loyalen jüdischen Anhänger von Jesus (die Nazarener), die nach seiner Hinrichtung weiter an ihn glaubten, betrachteten ihn nicht als göttliche Gestalt, sondern als einen menschlichen Messias, den Gott wie Lazarus wieder zum Leben erweckt hatte, in Vorwegnahme der Auferstehung aller Toten, die allen Menschen prophezeit worden war, die es verdienten. Die Nazarener betrachteten Jesus nicht als Gegner der jüdischen Gesetze oder der jüdischen Religion, und sich selbst betrachteten sie als Juden, hielten sich an die jüdischen Gesetze und besuchten die jüdischen Synagogen und den Tempel.

Das Christentum wurde erst geboren, als Paulus anfing, die Auferstehung Jesu in einem vollkommen anderen Licht zu sehen. Paulus wuchs nicht in Judäa oder Galiläa auf, sondern in Tarsus, einer großen hellenistischen Metropole in Kleinasien. Hier waren alle Mysterienkulte vertreten, und die Vereinigungen der Gnostiker begannen ihr geheimes Wissen weiterzugeben. Paulus nannte sich später einen »Pharisäer der Pharisäer« und war sehr darauf bedacht, in seinen Briefen nicht zu erwähnen, daß er nicht in Judäa geboren war, sondern in Tarsus, das ganz gewiß kein Zentrum des Pharisäertums war. Es ist wahrscheinlich, daß sich Paulus irgendwann kurz den Pharisäern anschloß, obwohl er sicher kein Anhänger des großen Gamaliël war, wie der Evangelist Lukas über ihn bemerkte (Paulus selbst behauptete das nicht). Es scheint aber, daß er die Pharisäer bald verließ und sich

[18] Judas von Galiläa, Theudas und Athronges finden im Talmud keine Erwähnung. Die spärlichen talmudischen Hinweise auf Jesus gehen keineswegs auf erhalten gebliebene Überlieferungen zurück, sondern sind Reaktionen auf die christliche Missionstätigkeit im dritten und vierten Jahrhundert u.Z.

den Sadduzäern anschloß, denn wir können feststellen, daß er auf Anweisung des Hohenpriesters, der ein Sadduzäer war, ein Unternehmen gegen die Nazarener ausführte. Die Pharisäer hatten nichts gegen die Nazarener, die loyale Anhänger des pharisäischen Judentums waren und von den Pharisäern unter Gamaliël vor der Verfolgung durch den Hohenpriester geschützt wurden, der ja von den Römern in sein Amt eingesetzt worden war und die Nazarener als Anhänger eines Rebellen gegen Rom betrachtete. [19]

Es hat sich darüber hinaus noch ein Bericht von den Nazarenern über das frühe Leben des Paulus erhalten. [20] Dieser ist ein wertvolles Korrektiv zu dem Bild des Paulus als Pharisäer, wie es in der Apostelgeschichte und in den Paulusbriefen gezeichnet wird. Nach diesem Bericht war Paulus, weit davon entfernt, ein »Pharisäer der Pharisäer« und »Abkömmling des Stammes Benjamin« zu sein, der Sohn nichtjüdischer Eltern aus Tarsus, die zum Judentum konvertierten. Wenn dies stimmt, dann war der jüdische Hintergrund des Paulus jüngeren Datums und oberflächlich. Er wurde in engem Kontakt mit den hellenistischen Religionen erzogen und war sicher vertraut mit der Vorstellung von sterbenden und wiederauferstehenden Göttern – Konzepte, die Jesu judäischen und galiläischen Anhängern, den Nazarenern, eben fremd und ungewohnt waren. Paulus verließ Tarsus und kam nach Judäa, wo er eine jüdische Identität suchte, zuerst bei den Pharisäern, dann bei den Sadduzäern und vielleicht auch bei anderen jüdischen Gruppen wie den Essenern. Er war ein Mensch, der einen Weg suchte, die ganz unterschiedlichen Einflüsse, denen er ausgesetzt gewesen war, miteinander in Einklang zu bringen und zu verschmelzen, einschließlich der Ideen jener merkwürdigen neuen Sekte, die er im Auftrag des mit den Römern kollaborierenden Hohenpriesters schikaniert hatte, welche aber offensichtlich eine bemerkenswerte Wirkung auf ihn ausübte. Die Lösung des spirituellen Durcheinanders in seinem Kopf kam ihm auf der Straße nach Damaskus, als alle religiösen Einflüsse, die ihn von Kindheit an geprägt hatten, sich plötzlich zu einer neuen Synthese verbanden, die ihre Bestätigung fand durch eine Vision von Jesus als dem Höhepunkt der Abfolge von sterbenden und wiederauferstandenen Göttern.

In den Paulusbriefen finden wir den Ausdruck der von ihm geschaffenen Synthese, die charakteristisch für das Christentum geblieben ist, obwohl es von Zeit zu Zeit Bestrebungen gab, die Elemente des Gnostizismus und der Mysterienreligionen zugunsten jüdischer Begriffe zu unterdrücken (wie zum Beispiel von Pelagius in seiner Kontroverse mit dem Paulus-Anhänger Augustinus [21]) oder

---

19 Apg 5,33–39. Siehe Maccoby 1996, *pp.* 42*sq.* sowie (bezüglich Paulus) *pp.* 125*sqq.*

20 Vgl. den ebionitischen Bericht über Paulus, zitiert von Epiphanius in ›Haereses‹ XXX 16.

21 Pelagius, ein Mönch aus Britannien (möglicherweise walisischer oder irischer Herkunft), der um das Jahr 400 u.Z. nach Rom kam, griff die Lehren des Augustinus über die Erbsünde und die Unwirksamkeit guter Werke mit der Begründung an, daß sie den freien Willen und die Existenzmöglichkeit der Moral ausschlössen. Pelagius' Position wurde im Jahre 416 verurteilt, und er selbst wurde exkommuniziert.

die jüdischen Elemente zugunsten rein gnostischer oder denen der Mysterienreligionen zu schwächen (wie dies von Markion versucht wurde[22]). Was Paulus den Gnostikern schuldet, zeigt sich an seinem Vokabular und seiner grundsätzlichen Vorstellungswelt: zum Beispiel an seiner Unterscheidung zwischen dem »geistigen« Menschen (πνευματικός) und dem »natürlichen« Menschen (ψυχικός) und an seinen Begriffen für die kosmischen Mächte des Bösen wie »Reich« (ἀρχή), »Kraft« (ἐξουσία) und »Macht« (δύναμις). Man sieht es auch an seinem Beharren darauf, daß nicht Gott Moses die Thora übergeben habe, sondern »Engel«[23], eine merkwürdige Idee, für die es in der Hebräischen Bibel oder in der späteren jüdischen Literatur keinen Beleg gibt, sondern die Pauli etwas verwässerte Version der gnostischen Doktrin darstellt, die Thora sei von dem Demiurgen, d.h. der untergeordneten Macht, die die Welt erschuf und mit dem jüdischen Gott identisch war, erlassen worden. Für Paulus war der Gott des Alten Testaments identisch mit dem Höchsten Gott, und die Rolle, die die Gnostiker dem Demiurgen zuschrieben, teilte Paulus in modifizierter Form Satan zu, einer Gestalt, die nicht aus der Hebräischen Bibel abgeleitet ist (wo er kaum auftaucht, und wenn, dann als Wesen, das gegenüber Gott vollkommen unterwürfig auftritt), sondern aus der apokryphen Literatur, welche nur von einer winzigen Minderheit der Juden als maßgebend betrachtet wird. Satan wurde von Paulus nicht als der Schöpfer dieser Welt betrachtet, sondern als ihr »Fürst« (ein Ausdruck von Johannes), der diese Welt korrumpiert hatte und dadurch Macht über sie gewann. Der Sinn von Jesu Niederfahrt in die Welt war es gewesen, die Macht Satans zu brechen und die Welt ihrem wahren Eigner, dem höchsten Gott, zu welchem Jesus in der Beziehung eines Sohnes stand und durch den er Herr und Erlöser war, zurückzugeben. Die Ausdrücke »Herr« (κύριος) und »Erlöser« (σωτήρ) werden in einem Sinn gebraucht, der sich in nichts von ihrem Gebrauch im Gnostizismus unterscheidet und ganz verschieden ist vom Gebrauch der entsprechenden Begriffe im Hebräischen. Paulus verwendet sogar manchmal den Ausdruck γνῶσις, aber für ihn ist die erlösende »Erkenntnis« die des Glaubens und der Teilhabe an Jesu Tod, nicht das System mystischer Übungen und Losungsworte, durch die die Gnostiker behaupteten, die Mächte des Bösen zu umgehen und durch die »Sieben Himmel« in die Sphäre des Höchsten Gottes vorzudringen.

Somit ist das System des Paulus in seinem Kern von den Mysterienreligionen abgeleitet, welche das archaische Konzept des Opfertodes eines Gottes bewahrt hatten, auch wenn das äußere Gerüst aus dem Gnostizismus stammt. Immer wenn

---

22 Markion wurde im Jahr 144 u.Z. exkommuniziert. Er sah im Gott des Alten Testaments den Demiurgen, einen untergeordneten, despotischen Gott, der die Welt erschaffen und als Gott des Gesetzes die Thora erlassen hatte – einen Gott, der sich ganz und gar vom Höchsten Gott, dem Gott der Liebe, unterschied. Jesus war von diesem Höchsten Gott gesandt worden, um den Gott des Judentums zu stürzen.

23 Vgl. Gal 3,19.

Paulus über die Wirksamkeit der Kreuzigung als eines Opfervorgangs schreibt, gebraucht er die Sprache der Mysterienreligionen. Die Interpretation des Abendmahls zum Beispiel als Teilhabe am Blut und Leib Christi (beispielsweise in 1 Kor 10,16) ist dem Judentum vollkommen fremd und kommt im Gnostizismus nicht vor, ist aber dafür ein geläufiges Thema in den Mysterienreligionen. Es ist bekannt, daß solche Gemeinschaftsmähler, bei denen die Speisen mystisch den Körper und das Blut des geopferten Gottes darstellen sollten, im Mithras- und Attiskult vorgekommen sind.[24] Diese Gemeinschaftsmähler sind tatsächlich verfeinerte Versionen einer viel älteren Art von gemeinschaftlichem Mahl, das man zum Beispiel im Dionysoskult finden kann, in der ein Tier, oftmals ein Stier, in Stücke gerissen und stellvertretend für den Gott roh verspeist wurde. Diese Zeremonie ist ihrerseits von einem noch früheren Ritus abgeleitet, in dem das Tier nicht als stellvertretend für einen Gott betrachtet wurde (da die Vorstellung einer personifizierten Gottheit noch nicht entwickelt war), sondern einfach als Träger der Lebenskraft, die sich die Mitglieder des Stammes durch ein zeremonielles Mahl einverleiben konnten. Die Kommunion oder Eucharistie beruht in der Tat auf dem Urgrund für das Gottesopfer, der einfach darin besteht, den Gott zu verspeisen. Man könnte sagen, daß das christliche Kommunionsmahl auch jüdische Ursprünge habe, da es auf der Kiddusch-Zeremonie basiere, bei der ein Festessen oder Sabbatmahl durch die Segnung von Brot und Wein eingeleitet wird. Aber die Kiddusch-Zeremonie hat keine wie auch immer gearteten Verbindungen zum Opfer; es ist einfach eine Danksagung an Gott, weil er für Nahrung gesorgt hat, zusammen mit einem Segen zum Feiertag. Es ist aber richtig, daß es eine historische Verbindung zwischen der Kiddusch-Zeremonie und der Eucharistie gibt, denn es war die Kiddusch-Zeremonie, die von Jesus anläßlich des letzten Abendmahls vollzogen wurde, welche im Stil der Mysterienreligionen umgedeutet und dadurch in einen Opferritus verwandelt wurde. In den Evangelien wird alles so dargestellt, als fasse Jesus selbst das Abendmahl so auf, und das späteste Evangelium, das Johannesevangelium, läßt Jesus sogar unabhängig vom Abendmahl sich auf die geistige Nahrung seines Fleisches und Blutes beziehen: »Wahrlich, wahrlich, ich sage euch, werdet ihr nicht essen das Fleisch des Menschensohnes und trinken sein Blut, so habt ihr kein Leben in euch. Wer mein Fleisch isset und trinket mein Blut, der hat das ewige Leben. [...] Wer mein Fleisch isset und trinket mein Blut, der bleibt in mir und ich in ihm« (Joh 6,53–54 [L]). Diese Ausdrücke sind gute Beispiele für die Überarbeitung der die Gestalt Jesu betreffenden historischen Traditionen, welche das Ziel hat, sie mit den von den Mysterienreligionen beeinflußten paulinischen Interpretationen von Jesu Leben und Sterben in Einklang zu bringen.

---

[24] Vgl. Hatch 1890, *pp.* 291*sq.* Justinus Martyr schildert die Eucharistie des Mithraskultes (*Apologie* I 66). Vgl. auch Tertullian ›De praescriptione haereticorum‹ 40. Siehe Robertson 1911, *p.* 307.

Es ist klar, daß die Art und Weise von Jesu Tod, das Hängen am Kreuz, für Paulus von großer Bedeutung war, da sie so sehr an die Mysterienreligionen erinnerte, besonders an die des phrygischen Gottes Attis. Hier nimmt Paulus Zuflucht zu einer interessanten Deutung – oder Fehldeutung – eines Abschnitts der Hebräischen Bibel (die Paulus übrigens auf griechisch, nicht auf hebräisch las, denn man kann beweisen, daß seine Zitate aus der Septuaginta, d.h. der griechischen Übersetzung des Alten Testaments, stammen [25]). Im fünften Buch Mose (Dtn 21,22–23) steht (in der Lutherübersetzung; H verwendet für das textnähere »Holz« den sinngemäßen »Pfahl«, ist ansonsten aber völlig parallel):

> *Wenn jemand eine Sünde getan hat, die des Todes würdig ist, und wird getötet, und man hängt ihn an ein Holz, so soll sein Leichnam nicht über Nacht an dem Holz bleiben, sondern du sollst ihn desselben Tages begraben – denn ein Gehenkter ist verflucht bei Gott –, auf daß du dein Land nicht verunreinigst, das dir der Herr, dein Gott, gibt zum Erbe.*

In der jüdischen Exegese wurde dies nicht dahingehend verstanden, daß ein Gehängter verflucht sei, denn man glaubte im Gegenteil, daß ein Hingerichteter durch seine Hinrichtung von jeglicher Schuld gereinigt sei. Wenn man zuließ, daß die Leiche entgegen dem Gesetz über Nacht hängen blieb, konnte dies keinen Fluch über den Toten heraufbeschwören, der für sein Verbrechen schon gebüßt hatte, sondern nur über jene, die gegen das Gesetz verstoßen hatten, indem sie seinen Körper hängen ließen. Daher wird der betreffende Satz in der Neuen Englischen Bibel übersetzt mit »A hanged man is offensive in the sight of God« [»Ein Gehängter ist ein Greuel vor dem Antlitz Gottes«]; eine Übersetzung, die sehr mit der traditionellen jüdischen Auslegung übereinstimmt. [26]

Paulus jedoch verstand den Satz ganz anders. Sein Kommentar ist: »Christus aber hat uns erlöst von dem Fluch des Gesetzes, da er ward ein Fluch für uns, denn es steht geschrieben ›Verflucht ist jedermann, der am Holz hängt‹« (Gal 3,13). Viele Kommentatoren haben angenommen, daß Paulus hier nur eine geläufige Interpretation der Verse aus dem Deuteronomium wiedergab. Manche Kommentatoren führten dies sogar als Beispiel für die »rabbinische« Gesinnung von Paulus an.

---

[25] Dieser Auffassung wurde in jüngster Zeit widersprochen (z.B. von J. C. O'Neill in ›Paul's Letter to the Romans‹, 1975), allerdings zu Unrecht. Vgl. den Briefwechsel in ›Commentary‹, April 1977, *pp.* 13–16.

[26] Gemäß der Auslegung des Rabbi Meir (Babylonischer Talmud, Sanhedrin 46b). Eine andere rabbinische Auslegung bezieht diesen Vers auf die Bestrafung eines Gotteslästerers. Nach dieser Auffassung würde der Vers übersetzt lauten: »Er wurde am Baum aufgehängt, weil er Gott fluchte.« Auch hier geht es keineswegs darum, daß der Betroffene unter einem Fluch steht, weil er gehängt worden ist; im Gegenteil: mit seiner Bestrafung büßt er sein Vergehen ab, Gott geflucht zu haben. Vgl. Mischna, Sanhedrin 6,4, und Babylonischer Talmud, Sanhedrin 45b.

Aber die Vorstellung, daß ein Gekreuzigter auf irgendeine Weise mit einem Fluch beladen sei (vermutlich in der nächsten Welt), wäre allen jüdischen Autoritäten jener Zeit bizarr erschienen. Schließlich war Jesus nur einer von vielen Tausenden, die von den Römern damals gekreuzigt wurden. Diese Gekreuzigten wurden ganz und gar nicht als mit einem Fluch Beladene angesehen; sie wurden als Märtyrer und Heilige betrachtet, die sich ihren Platz in der nächsten Welt durch ihr Leiden gesichert hatten.

Die Kreuzigung: hier sind das Motiv der Teilhabe an Jesu Opfer und der daraus gewonnene Nutzen bildlich dargestellt. Ein Engel sammelt das kostbare Blut, das für die Menschheit vergossen wird. (Detail eines Holzschnitts von Dürer)

Wie kam Paulus dann zu seiner Interpretation? Die Antwort lautet: das Thema des gehängten Gottes war für ihn mit Bedeutungen befrachtet, die es in den Mysterienreligionen hatte. Der Gott Attis, der Liebhaber der Göttin Kybele, wurde jedes Frühjahr durch ein Bildnis dargestellt, das an eine Kiefer gehängt wurde. Der eigentliche Attismythos berichtet nicht, daß der Gott an einer Kiefer aufgehängt wurde, sondern daß er unter einer Kiefer den Tod durch Selbstkastration fand. Aber der jedes Jahr gefeierte Ritus verweist auf eine ältere Version des Mythos, in der er (oder sein menschlicher Ersatz) nicht nur verstümmelt, sondern lebendig an einen Baum gehängt wurde, damit das strömende Blut die Felder fruchtbar machte. Daß eine derartige Geschichte einst existierte, zeigt die Legende des Marsyas, ebenfalls eines Dieners der Kybele, der an eine Kiefer gebunden und ausgepeitscht und auf andere Weise verstümmelt wurde (angeblich weil er in Konkurrenz zum Gott Apollo getreten war). Die altnordische Religion bietet ebenfalls entsprechende Belege: Odin dargebrachte Menschenopfer wurden an einen Baum oder Galgen gebunden, mit einem Speer verwundet und dort dem Tod überlassen.[27]

Für Paulus, der genau aus der Region kam, wo die Religion des Attis und der Kybele beheimatet war, mußte die Tatsache, daß Jesus am Kreuz starb, besondere Bedeutung haben – sobald er anfing, Jesus als Mysteriengott anzusehen. Hier steckte eben dieses Mysterium des gehängten Gottes, für den – so sah es Paulus – die Mysterienreligion der phrygischen Art die Menschheit schon vorbereitet hatte. Und er schlug natürlich in der Septuaginta nach, um zu sehen, ob die Heilige Schrift irgendeine verschleierte Prophezeiung über diese Dinge enthielt. Er fand solch eine Anspielung in dem Vers des fünften Buches Mose über den Fluch, der damit verbunden ist, den Leichnam eines Verurteilten über Nacht hängen zu lassen. Dies erschien ihm als viel mehr als ein in starken Worten formuliertes Verbot über die anständige Behandlung von Leichnamen. Es beschwor das dramatische Bild einer gehängten Gestalt herauf, die unter irgendeinem kosmischen Fluch stand. In Paulus' Augen hatte die Opferung von Jesus nicht die Fruchtbarkeit der Felder zum Ziel, sondern den Sinn, den Fluch der Sünde zu tilgen. Somit nahm Jesus den Fluch auf sich und übernahm den Part des verurteilten Verbrechers, der die Last der Sünde trägt, die die Menschheit unerträglich fand. Dies wird von Paulus explizit in einem weiteren Brief angemerkt: »Denn er hat den, der von keiner Sünde wußte, für uns zur Sünde gemacht, auf daß wir würden in ihm die Gerechtigkeit, die vor Gott gilt« (2 Kor 5,21). (Die Übersetzung in der Neuen Englischen Bibel lautet: »Christ was innocent of sin, and yet for our sake God made him one with the sinfulness of men, so that in him we might be made one with the goodness of God himself.«) Daß ein Unschuldiger die Sünden der Schuldigen auf sich nahm, war schon im-

[27] Vgl. Frazer 1928, *pp.* 516*sq.*

mer entscheidend gewesen für diese reinigende Art von Opfer, die besonders mit Krisenzeiten wie Hungersnöten oder Invasionen verbunden war; aber jetzt wurde dieser Vorgang von Paulus auf die Krise der Menschheit als Ganzes, die mit dem Zorn Gottes konfrontiert war, bezogen. Nur der Unschuldigste kam für das Opfer in Frage, nicht nur aufgrund der bei jedem Opfer notwendigen Vollkommenheit oder Makellosigkeit, sondern weil bei einer Opfergabe zur Tilgung einer Schuld für das Volk jede Schuld bei dem Opfer selbst seine Wirksamkeit als stellvertretendes Opfer beeinträchtigt hätte. In der Opfergestalt vereinigten sich also zwei tiefe Gegensätze: eine Kombination vollkommener Unschuld mit vollkommener Verworfenheit. Es ist dieses Paradoxon, das Paulus in den Fluch bezüglich des Gehängten im fünften Buch Mose hineinlas und auf die Opferung von Jesus – wie er sie sah – bezog.

Es kann sogar sein, daß Paulus den historischen Hintergrund des Verses im fünften Buch Mose über den gehängten Verbrecher deutlicher erfaßte als die Rabbanen, denn es ist sehr gut möglich, daß der deuteronomische Fluch über das Hängenlassen des Leichnams eines Verbrechers ursprünglich von dem Verlangen herrührte, alle Spuren des Fruchtbarkeitskultes zu tilgen, in dem ein längeres Hängenlassen eines menschlichen Opfers den Kern des Rituals bildete. Es gibt Belege dafür, daß in manchen Epochen die Todesstrafe selbst zu einer Art religiöser Opferung wurde; ein verurteilter Verbrecher konnte der gleichen Art von Zeremonie unterworfen werden wie ein Unschuldiger, der rituell geopfert wurde, in der Hoffnung, daß die Hinrichtung dieselbe Wirkung haben möge wie eine Opferung, damit der grausamere Vollzug der Opferung eines Unschuldigen nicht notwendig würde. Die gleiche Art von Verschiebung kann man an der Verwendung von gefangenen Feinden als ordentliches Menschenopfer sehen. Die Kreuzigung selbst war zu Beginn ein Opferritus und wurde erst nach und nach zu einer Form der staatlichen Hinrichtung, und wahrscheinlich verlor sie nie gänzlich ihren religiösen Beigeschmack. Somit grub Paulus wie ein moderner Anthropologe Spuren des Heidentums in einem nach-heidnischen Dokument aus. Er rief die heidnische Denkweise wieder ins Leben zurück, gegen die die Hebräische Bibel einen langen Kampf geführt hatte und von der nur fossilisierte Reste in gewissen Passagen übrig geblieben waren, deren Bedeutung im rabbinischen Judentum in Vergessenheit geraten war.

Das Christentum, wie es sich unter dem Einfluß von Paulus entwickelte, verdankte daher den Mysterienreligionen sein zentrales Konzept, dasjenige eines göttlichen Opfers. Aber während in den Mysterienreligionen das göttliche Opfer im Reich des Mythos stattfindet, verlegte es das paulinische Christentum auf die Erde und identifizierte den geopferten Gott mit einer historischen Figur, nämlich Jesus, der zu einer bestimmten Zeit und an einem bestimmten Ort gestorben war und mit historischen Völkern, den Juden und den Römern, zu tun gehabt hatte.

Somit wurden die Aspekte des Menschenopfers, die in den Mysterienreligionen gedämpft worden waren, als diese sich von ihren agrarischen Ursprüngen lösten, im Christentum heftig wiederbelebt. Nicht nur war das Opfer eine reale Person, sondern auch die anderen Darsteller in dem sakralen Drama, insbesondere die Juden, wurden mythologisiert, während sie gleichzeitig eine sichtbare, reale Volksgruppe auf der Welt blieben. Die starke gnostische Färbung von Dualismus und Antisemitismus vorausgesetzt, die das Christentum seinem den Mysterienreligionen entlehnten zentralen Drama hinzufügte, bedeutete diese Mythologisierung, daß es die Juden waren, denen die Rolle des Heiligen Henkers zugewiesen wurde, welche in früheren Religionen niemals einem ganzen Volk angeheftet wurde, sondern immer nur Individuen oder mythologischen Figuren.

Es wird jetzt notwendig, daß wir untersuchen, wie der Mechanismus, den ich »Distanzierungsmechanismus« genannt habe, in dieser wiederbelebten Atmosphäre eines Menschenopfer-Kultes funktionierte: wie es nämlich bei einem geschärften Bewußtsein für den tatsächlichen Tod eines Opfers um der Gemeinschaft willen für jene Gemeinschaft möglich wurde, sich von der Verantwortung für diesen Tod zu distanzieren, dessen Wert sie so hoch einschätzte, daß sie ihn als entscheidend für ihre Erlösung betrachtete.

Kapitel 10

Judas Ischariot

EINE WICHTIGE GESTALT in der Dramatik der Evangeliengeschichte ist Judas Ischariot, der zum Urbild des Verräters in der westlichen Kultur geworden ist. Er ist derjenige, der, aus einer Vertrauensposition heraus, den Sohn Gottes verriet und somit dem Tode überantwortete. Seine Motive werden in den Evangelien an keiner Stelle näher ausgeführt, obwohl in Bibel-Exegesen gewisse Erklärungen so geläufig wurden, daß viele Menschen vollkommen überzeugt sind, diese Erläuterungen im Neuen Testament gelesen zu haben. Wie wir sehen werden, ist gerade das *Fehlen* eines Motivs tatsächlich ein wichtiges Element seiner Rolle.[1]

Judas ist kein eigentlicher Heiliger Henker, da seinem Akt des Verrats nichts Heiliges anhaftet und Verrat in der Tat auch keine Hinrichtung ist. Die Tötung des göttlichen Opfers ist eine Tat, die immer etwas Heroisches an sich hat, daher wird der Henker selbst gewöhnlich nicht als vollkommen böswillige Figur gekennzeichnet. Der Mörder kann aber auch selbst Opfer sein, entweder zufällig oder aufgrund heimtückischer Intrigen, durch die er dazu gebracht wird, die Hinrichtung zu vollstrecken. In dem altnordischen Mythos über den Tod Baldurs ist es Hödur, der blinde Meisterschütze, der den Mord ausführt; wirklich verantwortlich für Baldurs Tod ist aber der böse Ränkeschmied Loki, der selbst keine Gewalt anwendet, aber dafür sorgt, daß sie geschieht. Dennoch kann man Loki und Hödur nicht ganz voneinander trennen. Sie stellen zwei Aspekte einer Einheit dar: des Unglücks, durch das das Opfer umkam. Unglück kann man immer auf zweierlei Arten interpretieren: als bloßes Pech oder als Ergebnis von Intrigen. Der Verstand des Primitiven kann die beiden Aspekte nicht richtig auseinanderhalten, da hinter jedem Unglücksfall finstere Mächte vermutet werden. Um daher auf die richtige Mischung von Komponenten zu kommen, ist eine größere Komplexität bei der Zusammenstellung der handelnden Personen vonnöten: eine Person, die für das Pech steht, die andere für die Intrige. In der Evangeliengeschichte wird auch tatsächlich noch eine dritte Person eingeführt, der böse Geist oder Dämon, Satan, der »in« Judas »fuhr«. Dies ist der Anstifter auf der mythologischen Ebene, der den Tod Jesu als göttliche Figur bewirkt, so wie Judas ihn auf irdischer Ebene bewirkt. Da Jesus sowohl Mensch als auch Gott ist, braucht er sowohl einen menschlichen als auch einen übermenschlichen Gegenspieler.

---

[1] Vgl. HAUGG 1930; LAKE 1933; WELLS 1971, *p.* 130; MAIER 1933. Die Ansicht, Jesus sei keinesfalls von Judas verraten worden, wurde erstmals von Bruno Bauer vertreten. BAUER 1842, III 235*sqq*.

Wer entspricht dann in den Evangelien Hödur, der unschuldigen Person, die den Mord tatsächlich ausführt? Die Antwort scheint »Pontius Pilatus« zu lauten, der tatsächlich das Todesurteil über Jesus ausspricht und seine Hinrichtung durch Kreuzigung überwacht, welche von römischen Soldaten vollstreckt wird. Die Evangelien sprechen Pilatus vollständig frei von jeder Schuld und besiegeln seine Entlastung mit der dramatischen Szene, in der er seine Hände wäscht. Sogar die römischen Soldaten, die Jesus ans Kreuz nageln, sind auf keinerlei Art in die Schuld an seinem Tod verstrickt und sind vollkommen neutrale Charaktere. Durch eine bemerkenswerte Leistung an Schönfärberei werden die tatsächlichen Henker Jesu aller Verantwortung enthoben. In späteren Interpretationen wurde Pilatus dann als schwacher, wankelmütiger Charakter dargestellt, der es nicht schaffte, dem Druck der Juden standzuhalten, und deswegen ein gewisses Maß an Schuld für den Tod Jesu trägt. In den Evangelien selbst gibt es allerdings keine Spur dieser Interpretation; lediglich gewisse Widersprüche in der Erzählung, die sich leicht erklären lassen als für die Handlung erforderlich, gaben später Anlaß zu einer gegen Pilatus gerichteten Interpretation. Pilatus wurde tatsächlich so fern von jeder Schuld gesehen, daß die äthiopische Kirche ihn zum Heiligen erhob und es eine Zeitlang sogar so aussah, als ob der Rest der Christenheit nahe daran gewesen sei, sich dieser Heiligsprechung anzuschließen. Es ist klar, daß das Ziel der Evangelien darin besteht, Pilatus als ebenso unschuldig wie Hödur darzustellen.

Aufgrund dieses Sachverhalts ist Pilatus nicht wirklich ein Heiliger Henker. Das Wesen des Heiligen Henkers besteht darin, daß er es wagt, die Verantwortung für die Opferung auf sich zu nehmen. In der Geschichte um Baldur gibt es keinen Heiligen Henker, weil der Tod ausschließlich durch eine Kombination von Pech und Bosheit, repräsentiert durch Hödur und Loki, zustande kommt. Es gibt niemanden, auf den man mit dem Finger zeigen könnte als den Mann, der den Gott getötet hat und von der Gemeinschaft in die Wüste hinausgetrieben wurde, der das Kainsmal seiner Tat trägt und durch seine fortwährende Existenz und sein Zeugnis »Ich habe es getan« die Schuld des Stammes auf sich nimmt. Die Opferung als einen Unglücksfall oder einen Akt der Bosheit oder beides darzustellen, ist letztlich nicht befriedigend, weil die Gefahr besteht, daß der Opferungs-Charakter dabei verlorengeht, es sei denn, einige Attribute des Opferpriesters hängen dem Mörder an, und sei es in abstoßender und entfremdeter Form. Daher ist es notwendig, noch zusätzlich zu denjenigen, die Pech oder Bosheit symbolisieren, unter den Personen der Handlung eine Gestalt zu haben, die den Charakter der Tat anerkennt und bereit ist, die Konsequenzen zu tragen. Dies ist der Heilige Henker, und in der Evangeliengeschichte wird seine Rolle vom jüdischen Volk als Ganzem gespielt, das in den Worten des Matthäus-Evangeliums ruft: »Sein Blut komme über uns und unsere Kinder.« Es ist natürlich eine ambivalente Rolle, die sowohl negative als auch positive Aspekte in sich birgt; die rein finsteren Figuren eines Loki oder eines Judas sind zu schwach, um das ganze Gewicht der Bedeutung zu tragen; das trifft auch auf den unschuldigen, unglücklichen Hödur oder Pilatus zu.

Nichtsdestoweniger enthält der Charakter des Judas in rudimentärer Form einige wesentliche Aspekte des Heiligen Henkers, wie sie vollständiger in der Rolle des jüdischen Volkes zu finden sind und, viel später, in den christlichen Legenden über den Ewigen Juden. Tatsächlich wäre es ein Fehler, im Heiligen Henker eine Art institutionalisierte Figur zu suchen, der in der Gesellschaft eine anerkannte Rolle innehat. In manchen Gesellschaften kann man eine Annäherung an eine solche Funktion finden, aber man zögert stets, dem Mörder einen offiziellen Status zu geben, weil ihm das die Billigung durch die Gemeinschaft verschaffen würde. Es ist somit immer wahrscheinlich, daß den Mörder die Aura des Vogelfreien umgibt, nicht erst nach der Ausführung der Tat, sondern schon vorher; dies bedeutet, daß der Tat und dem, der sie ausführt, der Gemeinde fremde Gründe (Bosheit oder Zufall) zugeschrieben werden. Ein Stück von Judas und Pilatus (oder von Loki und Hödur) sind Bestandteile des Charakters des Heiligen Henkers (der natürlich, vom psychologischen oder schriftstellerischen Standpunkt betrachtet, nicht notwendigerweise ein in sich stringenter ist), jedoch nicht ohne den wesentlichen Charakterzug, nämlich die bewußt beabsichtigte und durchgeführte Tat. Da es schwierig ist, so viele Komponenten (die alle in Richtung Entlastung der Gemeinschaft tendieren, zugunsten derer das Opfer vollzogen wird) zusammenzuhalten, ist zu erwarten, daß die Rolle sich manchmal, so wie im christlichen Mythos, auf mehrere Handlungsfiguren verteilt, von denen jede sozusagen einen bestimmten Gestaltungsversuch der benötigten Figur darstellt; allerdings kann jeder nachfolgende Versuch einen größeren Anteil der erwünschten Ingredienzen beinhalten, bis sich schließlich ein zusammengeklitterter komplexer Charakter entwickelt, der die Ansprüche der Gemeinschaft so gut erfüllt, daß sogar eklatante innere Unstimmigkeiten ignoriert werden können. Wir werden daher eine Reihe von Charakteren im christlichen Mythos betrachten, von denen jeder ein Entwurf des Heiligen Henkers ist (Judas, Pilatus, das jüdische Volk, der Ewige Jude); und in dieser Reihe wird man eine Entwicklung bis hin zur vollen Entfaltung des erforderlichen Charakters bemerken.

In Judas' Charakter können wir auf den ersten Blick einen Aspekt feststellen, der weit über den Typus eines Unruhestifters vom Schlage Lokis hinausgeht; ein Aspekt, der ihm, wie unvollkommen auch immer, die Rolle des Heiligen Henkers zuweist. Dies ist die Aura von Schicksalhaftigkeit, die seinen Akt des Verrats umgibt. Jesus weiß, daß ihn jemand verraten wird; er weiß sogar (in manchen Versionen der Geschichte), wer dieser Jemand sein wird. Es mag so scheinen, als ob dies Judas jede freie Entscheidung in dieser Sache nimmt, da er nur seiner Bestimmung gemäß handelt; dies würde aber heißen, eine Logik anzuwenden, die dem mythischen Denken fremd ist. Judas muß seinem Schicksal gehorchen, aber er ist auch niederträchtig; er muß Jesus verraten, aber er will es auch. Diese Kombination ist für den Heiligen Henker unbedingt erforderlich, denn einerseits kann er für die Tat nicht verantwortlich gemacht werden, wenn er sie nicht freiwillig begangen hat, und die Verantwortung fällt wieder zurück an die Gemeinschaft, die die Ausführung der Tat verzweifelt herbeiwünscht, da ihre Erlösung davon abhängt. Andererseits aber, wenn er die Tat aus rein persönlichen Gründen begeht, bleibt es eine triviale Tat, keine von übernatürlicher Bedeutung, wie die Gemeinschaft sie verlangt. Er muß daher vom Schicksal dazu gezwungen werden und selbst eine Figur von kosmischer Bedeutung sein, eine, die seit Anbeginn der Zeiten ausersehen ist, genau diese Tat zu begehen.

Es ist interessant, den Teil des Evangelienmythos zu untersuchen, in dem das Paradoxon von Schicksal und freiem Willen thematisiert wird, das heißt die Stelle, wo Jesus Judas als seinen Verräter bezeichnet. Es folgen die Versionen dieser Episode in allen vier Evangelien in der Reihenfolge ihrer Entstehung:

> *Und als sie zu Tische saßen und aßen, sprach Jesus: Wahrlich, ich sage euch: Einer unter euch, der mit mir isset, wird mich verraten.*
> *Und sie wurden traurig und sagten zu ihm, einer nach dem andern: Bin ich's? und der andere: Bin ich's?*
> *Er antwortete und sprach zu ihnen: Einer aus den Zwölfen, der mit mir in die Schüssel taucht.*
> *Zwar des Menschen Sohn geht hin, wie von ihm geschrieben steht; weh aber dem Menschen, durch welchen des Menschen Sohn verraten wird! Es wäre demselben Menschen besser, daß er nie geboren wäre. (Mk 14,18–21)*
>
> *Und da sie aßen, sprach er: Wahrlich, ich sage euch: Einer unter euch wird mich verraten.*
> *Und sie wurden sehr betrübt und hoben an, ein jeglicher unter ihnen, und sagten zu ihm: Herr, bin ich's?*
> *Er antwortete und sprach: Der mit der Hand mit mir in die Schüssel tauchte, der wird mich verraten.*
> *Des Menschen Sohn geht zwar dahin, wie von ihm geschrieben steht; doch weh dem Menschen, durch welchen des Menschen Sohn verraten wird! Es wäre besser, daß er nie geboren wäre. Da antwortete Judas, der ihn verriet, und sprach: Bin ich's, Rabbi? Er sprach zu ihm: Du sagst es. (Mt 26,21–25)*
>
> *Und er nahm das Brot, dankte und brach's und gab's ihnen und sprach: Das ist mein Leib, der für euch gegeben wird; das tut zu meinem Gedächtnis.*
> *Desselbigengleichen auch den Kelch, nach dem Abendmahl, und sprach: Das ist der Kelch, das neue Testament in meinem Blut, das für euch vergossen wird.*

Doch siehe, die Hand meines Verräters ist mit mir über Tische.
Denn des Menschen Sohn geht zwar hin, wie es beschlossen ist; doch weh dem Menschen, durch welchen er verraten wird!
Und sie fingen an zu fragen unter sich selbst, welcher es doch wäre unter ihnen, der das tun würde. (Lk 22,19–23)

Spricht Jesus zu ihm: Wer gewaschen ist, der bedarf nichts denn die Füße waschen, sondern er ist ganz rein. Und ihr seid rein, aber nicht alle.
(Denn er wußte seinen Verräter wohl; darum sprach er: Ihr seid nicht alle rein.)
Nicht sage ich von euch allen; ich weiß, welche ich erwählt habe. Aber es muß die Schrift erfüllt werden: »Der mein Brot isset, der tritt mich mit Füßen.«
Jetzt sage ich's euch, ehe denn es geschieht, auf daß, wenn es geschehen ist, ihr glaubet, daß ich es bin.
Wahrlich, wahrlich, ich sage euch: Wer aufnimmt, so ich jemand senden werde, der nimmt mich auf; wer aber mich aufnimmt, der nimmt den auf, der mich gesandt hat.
Da Jesus solches gesagt hatte, ward er betrübt im Geist und zeugte und sprach: Wahrlich, wahrlich, ich sage euch: Einer unter euch wird mich verraten.
Da sahen sich die Jünger untereinander an, und ward ihnen bange, von welchem er redete.
Es war aber einer unter seinen Jüngern, der zu Tische saß an der Brust Jesu, welchen Jesus liebhatte.
Dem winkte Simon Petrus, daß er forschen sollte, wer es wäre, von dem er sagte.
Denn derselbe lag an der Brust Jesu, und er sprach zu ihm: Herr, wer ist's?
Jesus antwortete: Der ist's, dem ich den Bissen eintauche und gebe. Und er tauchte den Bissen ein und gab ihn Judas, Simons Sohn, dem Ischariot.
Und nach dem Bissen fuhr der Satan in ihn. Da sprach Jesus zu ihm: Was du tust, das tue bald!
Das aber wußte niemand am Tische, wozu er's ihm sagte. Etliche meinten, dieweil Judas den Beutel hatte, Jesus spräche zu ihm: Kaufe, was uns not ist auf das Fest! Oder daß er den Armen etwas gäbe.
Da er nun den Bissen genommen hatte, ging er alsbald hinaus. Und es war Nacht. (Joh 13,10–11, 18–30)

In der jüngsten Version, dem Johannesevangelium, werden ohne Zweifel die mythologischen Elemente am stärksten hervorgehoben, insbesondere der vom Schicksal vorherbestimmte Charakter von Judas' Tat und der Umstand, daß Jesus ihn als den Verräter an seiner Person benennt. In den früheren Versionen hat Judas schon *vor* dem Abendmahl Kontakt zu den Hohenpriestern geknüpft, mit der Absicht, Jesus zu verraten. In der Version des Johannes jedoch erhält Judas während des Abendmahls selbst den entscheidenden Anstoß, Jesus zu verraten. In den früheren Versionen kann also Jesu Vorwissen von Judas' Verrat nur eine hellseherische Wahrnehmung dessen sein, was Judas bereits geplant hat; in Johannes' Version andererseits erwählt Jesus Judas tatsächlich für die Rolle des Verräters. Johannes ändert somit kühn die frühere Geschichte ab, um den gottgegebenen, vorherbestimmten Charakter von Judas' Rolle zu betonen. Es ist richtig, daß Johannes (obwohl er Judas' Zusammentreffen mit den Hohenpriestern unterschlägt) sagt (13,2), der Teufel habe Judas schon eingegeben, Jesus zu verraten; aber er scheint dies zu vergessen, wenn er später sagt (13,27), daß »Satan [erst] in ihn fuhr«, als Jesus Judas den eingetunkten Bissen gab. Nach Johannes' Darstellung weist Jesus Judas sogar an, mit dem ihm auferlegten Verrat fortzufahren. Wenn Jesus daher sagt: »Ich weiß, welche ich erwählt habe« (13,18), liegt in diesen Worten eine brisante Mehrdeutigkeit. Er könnte damit lediglich meinen, daß er weiß, wen er als seine treuen Jünger erwählt hat (d.h. alle außer Judas); er kann aber auch meinen (und die Mehrdeutigkeit scheint gewollt), daß er weiß, wen er zu seinem Verräter erwählt hat.

Alle vier Evangelisten legen Wert auf die Tischgenossenschaft von Judas und Jesus, darauf, daß Judas einer von denen war, die zusammen mit Jesus das Brot getunkt haben. Nur Johannes zieht die Verbindung zu einem Bibelvers (Ps 41,9), und nur Johannes nimmt das Tunken zum Anlaß für die Besiegelung von Judas' Schicksal als Verräter. Im Matthäusevangelium ist es nur zwischen Jesus und Judas klar, daß Judas der Verräter ist, während im Johannesevangelium der Lieblingsjünger ebenfalls in das Geheimnis eingeweiht wird. (Wir müssen annehmen, daß nicht *alle* Jünger Jesu seine Erklärung zu der Kennzeichnung hörten; anderenfalls wären sie nicht über die Identität des Verräters im unklaren gewesen, wie dies der Fall war und auch eingehend erklärt wird; wir fragen uns unter Umständen allerdings, ob Petrus, der den Lieblingsjünger veranlaßte, Jesus zu fragen, das Ergebnis der Anfrage nicht gerne gewußt hätte.) Die Aussage in der Version des Johannes, daß »niemand [am Tische]« Jesu Anweisung an Judas verstanden habe, kann sicher nicht den Lieblingsjünger mit einschließen, der den ganzen Vorgang mithörte und verstand – tatsächlich besteht hier die Absicht – da der Lieblingsjünger der angebliche Verfasser des Johannesevangeliums ist (d.h. Johannes, Sohn des Zebedäus) –, zu zeigen, daß der Verfasser die beste Möglichkeit hatte, den Vorgang zwischen Jesus und Judas mitzubekommen.[2]

Daß Judas mit Jesus an einer Tafel sitzt, macht ihn zu einem Teil von Jesu spiritueller Familie. Daß Jesus von einem ihm so Nahestehenden verraten wird, einem

[2] Die meisten Gelehrten stimmen darin überein, daß es sich beim Johannesevangelium um das jüngste der Evangelien handelt. Vgl. Smith 1965. Zum pseudo-epigraphischen Aspekt dieses Evangeliums vgl. die Diskussionen zu Joh 21,24, z.B. Black 1962.

geistigen Bruder, der von demselben Teller aß (im Osten ein starkes Band), macht sein Verbrechen um so abscheulicher. Wenn man die Geschichte nur als die eines Verrats ansieht, dann ist dies aber lediglich eine Steigerung der Dramatik und ein Beispiel für das Motiv des »niederträchtigen Bruders«, das in Volkssagen so oft vorkommt. Aus der Sicht des Mythos jedoch hat die enge Familienbindung zwischen dem heiligen Opfer und seinem Verräter oder Henker (und in gewisser Hinsicht ist der Verräter eben der Henker) eine thematische Bedeutung. Wir haben das schon mehrere Male gesehen: in der Bruder-Beziehung von Kain und Abel, von Romulus und Remus, von Osiris und Set, von Baal und Mot. Hier bestehen zwei einander widerstreitende Motive: einerseits das Verlangen, daß die Opferung ihren Ursprung in der Gemeinschaft hat und daher von »einem von uns« ausgeführt wird – daß sowohl das Opfer als auch der Opfernde feste Bestandteile der Gesellschaft sein sollten, die als ein Verbund von Brüdern angesehen wird. Andererseits besteht der Wunsch, daß die Gemeinschaft nicht dafür verantwortlich gemacht wird. Manchmal gewinnt der eine der beiden sich widerstreitenden Wünsche die Oberhand, manchmal der andere. Wie wir gesehen haben, kommt die gleiche Ambivalenz dem Opfer gegenüber zum Tragen: es sollte ein vollwertiges Mitglied der Gemeinschaft sein, ein Bruder, aber manchmal gewinnt das Schuldbewußtsein, einen Bruder zu töten, die Oberhand, und es wird vorgezogen, einen Fremden zu töten, in der Regel einen Kriegsgefangenen, mitunter aber, wie im Fall der Skythen, einen vorbeiziehenden Reisenden. Noch öfter findet man eine Kompromißlösung: der Mörder ist ein Bruder, aber seine Tat wird abgelehnt; gerade sein Bruder-Verhältnis (das ja tatsächlich als entscheidendes Charakteristikum für die Wirksamkeit des Opfers betrachtet wird) wird zum Anlaß seiner Ablehnung. »Wie kann ein Bruder so etwas tun! (Doch andererseits: welch ein Glücksfall, denn die Opferung eines Fremden wäre weit weniger erwünscht.)«

Es gibt Gründe anzunehmen, daß die Tischgenossenschaft von Judas und Jesus die Bemäntelung für eine noch engere Beziehung ist – nämlich, daß sie in einer früheren Version tatsächlich blutsverwandte Brüder waren wie Kain und Abel. In der Jesusgeschichte gibt es drei Männer, die Judas (Juda) genannt werden: Judas Ischariot, Judas der Apostel [= Judas Thaddäus] (bekannt als Judas der Unbekannte und angeblich der Verfasser des Judasbriefes) und Judas, Jesu Bruder, der in Mt 13,55 erwähnt wird, zusammen mit zwei weiteren Brüdern namens Jakobus und Simon. Verschiedene Belege lassen den Schluß zu, daß die letzten beiden Judasse tatsächlich eine Person waren, und weitere Belege (wie die Tatsache, daß Markus' und Matthäus' Auflistung der Zwölf Apostel nur einen Judas erwähnen) weisen darauf hin, daß es überhaupt nur einen Judas gab, der Jesu Bruder war.[3] Die Aufteilung dieser Person in zwei Gestalten, die des verworfenen Judas Ischariot und die des

[3] Vgl. Maccoby 1996, *pp.* 140*sq.* (= Anh. 3).

heiligen, aber farblosen Judas Thaddäus, folgt aus den Anforderungen des Mythos, der eine böse Bruderfigur für die Rolle von Kain oder Set erforderte. Daß Judas für diese Rolle gewählt wurde und nicht einer der anderen Apostel, ist sicher in Zusammenhang damit zu sehen, daß sein Name als Eponym für das jüdische Volk steht und von dem Stammvater und dem Stamm Juda abgeleitet ist. Der Verrat von Judas Ischariot symbolisiert somit den Verrat der Juden (Juda) als Ganzes.

Warum entwickelte sich der Mythos dahingehend, daß die Blutsbrüderschaft von Jesus und Judas unterdrückt wurde und sie statt dessen lediglich am gleichen Tisch essende Brüder im Geiste wurden? Die Antwort hierauf liegt zweifellos in der Entwicklung des Mythos von Jesu göttlicher Natur, in Verbindung mit der Entwicklung des Mythos von Marias immerwährender Jungfräulichkeit. Die göttliche Gestalt Jesu konnte keine Brüder haben, und Maria als die »Braut« Gottes durfte nach der Geburt Jesu keine Kinder mehr haben. In den Evangelien selbst werden die Brüder Jesu nicht ganz unterschlagen, aber sie werden als ihm gegenüber feindselig dargestellt. In einem verräterischen Abschnitt allerdings wird diese angebliche Feindseligkeit und Ächtung durch einen Vorfall widerlegt, in welchem ihm seine Brüder Ratschläge bezüglich seines weiteren Lebensweges geben [4]; und der ganzen Darstellung widerspricht die Bedeutung von Jesu Brüdern in der Jerusalemer Kirche nach seinem Tod. Das spätere Christentum ist gezwungen, unglaubwürdige Erklärungen zu erfinden, um diese Widersprüche zu übertünchen: Jesu »Brüder« waren Halbbrüder, Söhne Josephs aus einer früheren Ehe (deswegen muß Joseph als alter Mann dargestellt werden, was allerdings in der Schrift nicht belegt ist); Jakob, Jesu Bruder, bekehrt sich erst nach der Auferstehung (und wird trotzdem sofort zum Oberhaupt der Jerusalemer Kirche ernannt!). [5]

Wir können somit drei Stationen in der Geschichte der Beziehung zwischen Jesus und Judas feststellen: 1. Judas war Jesu Bruder und blieb nach Jesu Tod ein bedeutendes Mitglied der Jerusalemer Kirche. Dies ist das historische Stadium vor der Entwicklung des paulinischen Mythos, nach dem Jesu Tod zum Opfer und ein Heiliger Henker erforderlich wurde; 2. Judas war Jesu Bruder, verriet ihn aber, wie Set sich Osiris gegenüber verhalten hatte: dies ist die erste mythische Stufe, auf der Judas Ischariot, der Verräter, geschieden wurde von dem unscheinbaren Judas Thaddäus, dem Apostel; der Verrat durch Judas wurde zum Symbol für den Verrat durch das jüdische Volk, Jesu Blutsbrüder (das jüdische Volk verriet ihn, was die historischen Tatsachen angeht, keineswegs, sondern bejubelte ihn am Palmsonntag

---

4 Joh 7,4.

5 Vgl. Gal 1,19; dort wird Jakobus als »Bruder des Herrn« bezeichnet. Die Auffassung, Joseph sei ein älterer Witwer mit Kindern gewesen, findet sich erstmals im Protoevangelium des Jakobus und ist bei den Ostkirchen eine gängige Vorstellung. Einer anderen Ansicht zufolge war Jakobus der Cousin von Jesus; diese Auffassung vertritt auch die römisch-katholische Kirche.

als Messias, forderte seine Entlassung aus dem Gefängnis[6] und betrauerte ihn, als Pilatus ihn hinrichten ließ); 3. Judas war nicht Jesu Bruder (da seine Brüder, so er wirklich welche hatte, alle seiner Mission feindlich gesinnt waren und nicht unter den Zwölf Aposteln gewesen sein konnten), war aber als Apostel sein geistiger Bruder, mit dem er die Tafel teilte; indem er ihn verriet, erfüllte er die Rolle des Set: dies ist die letzte Stufe des Mythos, in welcher die mythologische Erfordernis einer Brudergestalt im Widerstreit liegt mit der Notwendigkeit, Jesus als einer göttlichen Gestalt, geboren von einer Jungfrau, seine menschlichen Brüder zu nehmen.

Dem Bedürfnis nach der Figur des bösen Bruders wird auf der mythologischen Ebene in gewissem Maß allerdings ebenfalls Rechnung getragen durch die Gestalt von Satan, der, als gefallener Engel und früheres Mitglied der Versammlung, die als »Söhne Gottes« bekannt ist, als Jesu böser Bruder in der übernatürlichen Sphäre betrachtet werden kann. Satan ist zwar auch eine Vaterfigur, und als solche ist er der Bruder von Gott selber – und somit der erste aller »bösen Onkel« in den Volkssagen und der Literatur. Als Bruder oder Zwilling Gottes ist Satan eine Ersatzfigur für Gott selbst und zieht den Haß auf sich, der sich vielleicht gegen den Vater-Gott dafür gerichtet hätte, daß er den Tod des Sohnes forderte. Aber als konkurrierender Sohn oder Jesu böser Bruder verkörpert Satan auch die andere Seite von Jesus: er versinnbildlicht, wie das unschuldige Opfer die Sünden der ganzen Gemeinschaft auf sich nimmt und dadurch verhaßt und verrucht wird. Aus dieser Sicht ist der Heilige Henker einfach der andere Teil des Geopferten. Nachdem er die Sünden der ganzen Gemeinschaft auf sich genommen hat, übernimmt er zusätzlich die Sünde der Opferung und wird daher verdientermaßen in die Wüste verbannt, in der er sein Leben lang herumstreifen muß. Die Bruder- oder Zwillingsbeziehung des Opfernden zu dem Opfer könnte somit nicht nur die Verwandtschaft der Gemeinschaft mit dem Opfer ausdrücken, sondern die Identität von Opfer und Opferndem. Letztendlich hat sich das Opfer selbst geopfert, somit hat niemand Schuld als er selbst. Darüber hinaus liegt er nicht nur tot auf dem Altar als Sühne für die Sünden der Gemeinschaft, sondern er bleibt lebendig und trägt fortwährend die Sünden der Gemeinschaft, wo sie keinen Schaden anrichten können – in der Wüste.[7]

---

[6] Vgl. Maccoby 1996, *pp.* 91*sqq.*

[7] Zwillingsbrüder in der Mythologie sind: Iphikles und der tirynthische Herakles (Hercules); Kastor und Pollux; Lynkeus und Idas; Kalaïs und Zetes; Romulus und Remus; Demophoon und Triptolemos; ihnen allen wird die alternierende oder gemeinsame Herrschaft über ein Königreich zugeschrieben. In der Überlieferung des Midrasch werden auch Kain und Abel als Zwillingsbrüder angesehen. Weitere miteinander rivalisierende Zwillingsbrüder der Bibel sind Perez und Zarah sowie Jakob und Esau. Manchmal werden die Zwillingsbrüder als sehr gute Freunde dargestellt, aber eine nähere Untersuchung enthüllt die wesentlich grausamere Wahrheit. So sind z.B. Kastor und Pollux Gefährten im Kampf; einer von ihnen ist jedoch sterblich, der andere hingegen unsterblich, und als Kompromiß verbringen sie jeweils abwechselnd sechs Monate in der Unterwelt. Dieser Mythos berichtet von der

Es sollte übrigens festgehalten werden, daß es Gründe für die Ansicht gibt, Judas sei nicht nur Jesu Bruder, sondern sein Zwillingsbruder gewesen, wenn auch nicht in Wirklichkeit, so doch auf einer gewissen Stufe in der Entwicklung des Mythos. Denn der als Thomas bekannte Apostel wird in manchen Quellen Judas Thomas genannt, und der Name Thomas bedeutet einfach »Zwilling«. Daß Thomas der Zwilling von Jesus war, ist keinesfalls ein neuer Gedanke, denn dies wurde von der Mesopotamischen Kirche als Tatsache betrachtet und ist von mehreren Wissenschaftlern unserer Zeit ernst genommen worden. [8] Wenn Judas Thomas andererseits eine andere Person ist als Judas Ischariot, dann kommen wir auf eine Zahl von nicht weniger als vier Personen, die Judas genannt werden und alle eine enge Verbindung zu Jesus hatten. Diese numerische Zunahme erklärt sich wohl am besten in Anbetracht der Anforderungen des Mythos und der Widersprüche, die sich daraus ergeben, daß Judas, Jesu Bruder und Jünger, zum Verräter erwählt wird.

Der grundlegende Widerspruch allerdings, der die Quelle für alle anderen Widersprüche darstellt, ist der der Opferung selbst: bei jedem zur Sühne stattfindenden Menschenopfer möchte die Gemeinschaft, daß das Opfer stirbt, möchte aber auch frei von jeglicher Verantwortung für dessen Tod sein. Aus diesem einen Dilemma kommen die etlichen inneren Widersprüche des Heiligen Henkers, der aus Zufall und doch absichtlich tötet, aus Bosheit und doch in Erfüllung einer wohlmeinenden Absicht, als von der Gemeinschaft Verstoßener, aber auch als ihr Vertreter. Der grundlegende Widerspruch, der äußerst faszinierend und gleichzeitig zutiefst unmoralisch ist, wurde an keiner Stelle besser ausgedrückt als in der Formulierung, die in den drei synoptischen Evangelien in leichten Variationen auftaucht: »Der Menschensohn muß zwar seinen Weg gehen, wie die Schrift über ihn sagt. Doch wehe dem Menschen, durch den der Menschensohn verraten wird! Für ihn wäre es besser, wenn er nie geboren wäre.«

Dieser Satz verdient es, als Motto über jedem rituellen Menschenopfer zu stehen, da er die tiefe Dankbarkeit darüber, daß das Opfer gebracht wurde, verbindet mit Entrüstung und Abscheu gegenüber dem Menschen, durch den es ausgeführt wird. Je mehr der Ausführende verabscheut wird, desto mehr kann der wahre Gläubige, dessen Seele von der Opferung profitiert, den Gedanken von sich weisen, daß er selbst und seine Gemeinschaft als Ganzes den Tod des Opfers wünschte und dafür verantwortlich ist. Die Gestalt des Pilatus, auf dessen Befehl Jesus tatsächlich gekreuzigt wurde und der trotzdem öffentlich seine Hände in

alternierenden Herrschaft zweier Könige mit Namen Kastor und Pollux, die jeweils nach sechsmonatiger Herrschaft den Tod durch die Hand des nachfolgenden Königs finden. Daß hierbei Mörder und Getöteter jeweils identisch sind, ist natürlich ein Ausdruck der archaischen Weltanschauung und nicht bloß ein Mittel, die Verantwortung für die Tötung eines Menschen abzuschieben. Siehe hierzu auch Campbell 1964, *p.* 235.

[8] In der Schilderung der Thomasakten wird Judas Thomas als Zwillingsbruder Jesu angesehen.

Unschuld für die Tat wäscht, symbolisiert somit vollkommen die Rolle der Gemeinschaft, die ihre Hände in Unschuld wäscht und alle Schuld auf Judas und die Juden schiebt.

Es ist notwendig, sorgfältig zwischen dem Typus des Judas und dem Begriff der »Geißel Gottes«, mit welchem er oberflächlich gleichgesetzt werden könnte, zu unterscheiden. Im Alten Testament und anderer Literatur findet man die Vorstellung einer Person oder Nation, die die Absichten Gottes ausführt, indem sie Sein Volk oder Seine Kirche für ihre Fehler bestraft, allerdings nicht absichtlich, sondern eher in Verfolgung ihrer eigenen niederen oder beschränkten Ziele. Nebukadnezar und später Attila wurden in diesem Licht gesehen: ihre grausamen Verfolgungen führten unwissentlich den Willen Gottes aus und reinigten Sein Volk von der Sünde.[9] Der Unterschied ist hier, daß das Opfer seine Leiden verdient. Die »Geißel« kann verachtet werden als das verständnislose und rohe Werkzeug, das Gottes höhere Ziele ausführt, aber sie ist im wesentlichen etwas von außen Kommendes, nicht ein integraler Akteur des gemeinschaftlichen Dramas. Ihr wird kein besonderer ritualisierter Haß entgegengebracht; sie ist ein vorübergehendes Ereignis, keine kosmische Kraft. Wenn ihre vorübergehende, unbeabsichtigte Mission vollbracht ist, verschwindet sie aus der Geschichte. Ihre Aufgabe ist es, die Schuldigen zu bestrafen, während die Aufgabe von Judas, oder dem Heiligen Henker generell, darin besteht, eben gerade den Unschuldigen zu töten, damit die Schuldigen nicht leiden. Zu diesem Zeitpunkt muß er selbst der Gemeinschaft angehören, und er muß sogar noch nach seiner Verbannung unaufhörlich im Bewußtsein der Gemeinschaft präsent sein und auf ewig das Kennzeichen seiner Tat tragen. Historisch gesehen, ist er so unsterblich wie die Gemeinschaft selbst.

Dies führt uns zu der Frage von Judas' Motiv für den Verrat an Jesus. In Anbetracht der Tatsache, daß er das Instrument darstellt, um einem überirdischen Zweck zu dienen, ein notwendiger Handelnder in einem Opferungsdrama, sollten wir erwarten können, daß alle persönlichen Motive, die ihm zugeschrieben werden, fadenscheinig, kurzfristig oder widersprüchlich sind. Und genau das finden wir auch. Das einzige Motiv, das in den Evangelien unterstellt wird, ist Geldgier (in Mt 26,14–16 zum Beispiel: »Was wollt ihr mir geben? Ich will ihn euch verraten«). Johannes entwickelt das Thema von Judas' Habsucht, indem er ihn beschuldigt, das Geld aus der Gemeinschaftskasse, die er unter Verwahrung hatte, gestohlen zu haben (Joh 12,4–6 und 13,29). Diese Vorstellung trug zweifelsohne zu dem mittelalterlichen und neuzeitlichen antisemitischen Bild des Juden als raffendem Geizhals bei. Gleichzeitig betont Johannes (6,70) mehr als die anderen die dämonische Natur von Judas' Rolle: »Habe ich nicht euch zwölf erwählt? und – euer einer ist ein Teufel!« – eine Rede, in der Jesus Judas als seinen vom Schicksal bestimmten Verräter

[9] Die Darstellung von Nebukadnezar als Werkzeug Gottes findet sich z.B. in Jer 19,21–23.

kennzeichnet. Das Geld, das noch mit im Spiel ist, erscheint fadenscheinig, und das Motiv der Habsucht wird so beiläufig eingeführt, daß es den Eindruck einer Verlegenheitslösung macht. Weit treffender ist Johannes' Behauptung, daß Satan in Judas fuhr (13,27).

Jahrhundertelang waren die Kommentatoren nicht damit zufrieden, daß es kein Motiv für Judas' Schlechtigkeit gibt, und unterstellten ihm diverse von ihnen vermutete Motive. Auf der Grundlage einer höchst spekulativen Etymologie des Namens Ischariot wurde von Judas das Bild gezeichnet, das ihn als den einzigen Judäer unter einer Gruppe von Galiläern darstellt, und somit als einen strikten Anhänger der Gesetzestexte und Gegner von Jesu angeblicher Mißachtung der Sabbatgesetze und Reinheitsgebote. [10] Dies ist pure Phantasie, genau wie die anderen Spekulationen, nach denen Judas die angebliche neue Vorstellung, die Jesus vom Messias gehabt habe, mißbilligt habe, oder daß er zu dem Schluß gekommen sei, daß Jesus ein falscher Messias sei. Für keine dieser Theorien findet sich im Text irgendein Beleg.

Wladimir Propp schloß in seiner Analyse russischer Volkssagen [11], daß in diesen die Gestalt des »Antagonisten« ein notwendiger Bestandteil ist und daß die Motive – welche auch immer –, die dem Antagonisten zugeschrieben werden, sekundär sind im Verhältnis dazu, daß die Erzählung eine solche Figur erforderlich macht. Frank Kermode [12], der diese Theorie auf die Evangelienfigur des Judas anwendete, zeigt auf, daß Judas zu Beginn als bloßer Typus eines Antagonisten auftaucht und erst nach und nach in späteren Versionen der Geschichte als Person mit psychisch begründeten Motiven ausgestaltet wird: der Grundriß der Geschichte ist von primärer Bedeutung; die erzählerische Ausarbeitung von »Charakterisierungen« ist sekundär. Kermodes Analyse ist überzeugend, aber sie bleibt gänzlich auf der Ebene der Erzähltheorie oder Literaturkritik stehen. Sie bedarf der Ergänzung durch das Verständnis des besonderen Typus von Antagonisten, der hier erforderlich ist, nämlich desjenigen, der eine göttliche Gestalt zu Tode bringt. [13]

Sofern Judas der Vertreter Satans in Menschengestalt ist, benötigt er kein Motiv außer dem natürlichen Antagonismus zwischen Böse und Gut. Satan, wie er im christlichen Dualismus aufgefaßt wird, ist jederzeit darauf aus, Gottes Gefolgschaft anzugreifen, und in der Tat sah es eine frühe christliche Theorie auch so, daß Satan

---

[10] Eine weitaus eher zutreffende Etymologie führt den Namen »Ischariot« (Iskariot) auf das lat. Wort *sicarius* (»Dolchmann«) zurück, der Bezeichnung für eine Gruppe von Revolutionären (konnotationsanalog zum heutigen »Terrorist«). Dies wird auch dadurch erhärtet, daß Judas in einigen Manuskripten Judas Zelotes, d.h. Judas der Zelot (= »Eiferer«), genannt wird (lat. MSS von Mt 10,3 und sahidische Version von Joh 14,22).

[11] Propp 1958.

[12] Kermode 1979, *pp.* 84–95.

[13] Siehe Maccoby, April 1980.

von Gott wider Willen durch seinen eigenen blinden Antagonismus dazu gebracht wurde, das Erlösungsopfer an Jesus zu vollziehen.[14] Satan spielt somit die Rolle des Loki im skandinavischen Mythos, dessen Taten durch reine Bosheit begründet sind, und Judas als sein irdischer Stellvertreter oder besessener Anhänger braucht keine anderen Motive als Satan selbst. Diese Rolle findet ihren Widerhall in der christlichen Literatur: zum Beispiel ist die grundlose Bosheit von Jago gegenüber Othello weitgehend der Darstellung von Judas im Neuen Testament geschuldet, und ebenso unbegründet ist der Haß des Shylock auf Antonio, was in dem Satz zusammengefaßt wird: »Ich hasse ihn, denn er ist ein Christ.« (In beiden Fällen werden irgendwelche Motive unterstellt, aber sie sind so fadenscheinig und widersprüchlich, daß sie nicht überzeugen.)[15]

Judas fällt durch seinen Tod allerdings aus der Rolle des Heiligen Henkers, der typischerweise eher hinausgetrieben wird zu ruhelosem Umherstreifen, als daß er von einer sofortigen Strafe heimgesucht würde. Nach Matthäus wurde Judas von Reue übermannt und versuchte, die dreißig Silberlinge zurückzugeben, was jedoch nicht angenommen wurde. Daraufhin warf er die Silberlinge den Priestern vor die Füße und erhängte sich (Mt 27,3–5). Die dreißig Silberlinge wurden dann dafür verwendet, den »Töpferacker als Begräbnisplatz für die Fremden« zu kaufen, ein Vorfall, der nach Matthäus angeblich die Erfüllung einer Prophezeiung von Sacharja ist (obwohl Matthäus dies fälschlich Jeremia zuschreibt). In der Apostelgeschichte wird allerdings eine vollkommen andere Geschichte über Judas' Tod erzählt. Hier wird gesagt (Apg 1,18–19), daß Judas mit seinem unrechtmäßig erworbenen Gewinn einen Acker kaufte, aber auf dem Acker niederstürzte und starb, weil seine Eingeweide geplatzt waren. Beide Berichte stimmen jedoch darin überein, daß der Acker in der Folge Blutacker genannt wurde. Die Texte stimmen außerdem darin überein, daß der Acker mit den »dreißig Silberlingen« gekauft wurde, im ersten Fall von den Priestern, im zweiten von Judas selbst. Im zweiten Bericht zeigt Judas, anders als in dem von Matthäus, keine Reue.

Es ist Matthäus' Geschichte vom Tod des Judas, die das größere menschliche Interesse erregt, denn die Gestalt des reuigen Verräters ist höchst pathetisch (zum Beispiel Shakespeares Enobarbus, der sowohl etwas vom Judas des Matthäus hat

---

14 Der von Hilarius von Poitiers, Augustinus u.a. vertretenen Lösegeldtheorie zufolge hatte Satan durch Adams Fall Rechte über die Menschheit erworben. Der Tod Christi diente als Lösegeld. Der Trick bestand darin, Satan zu täuschen und glauben zu machen, Jesus sei nur menschlicher Natur, und als Satan dessen Tod als Lösegeld für die Menschheit akzeptierte, merkte er nicht, daß Jesus dem Tod durch Wiederauferstehung entkommen würde. Diese »Täuschungs«-Theorie wurde erstmals von Gregor von Nyssa vorgebracht und von Augustinus, Gregor dem Großen, Bernard von Clairvaux und Petrus Lombardus anerkannt. Petrus Lombardus beschreibt das Kreuz als Mausefalle, in der das Blut Jesu den Köder bildet.

15 Vgl. MACCOBY 1970a, *pp.* 65–67.

als auch von Plutarch). Der reuelose Judas der Apostelgeschichte, der auf furchtbare Weise von Gott niedergestreckt wird, während er versucht, die Früchte seines Verrats zu genießen, ist eine bloße Fußnote der Geschichte, nicht Teil ihrer Entwicklung. Aber sogar Matthäus' Version reduziert den Status von Judas vom mystischen zum folkloristischen. Es wird der Eindruck erweckt, daß Judas, nachdem er von Satan besessen war und in diesem Zustand eine mystische Rolle gespielt hatte, nun plötzlich wieder vollkommen normal war. Satan hatte ihn als Werkzeug benutzt und ihn dann aufgegeben, und Judas bemerkte voller Entsetzen, was er getan hatte, und versuchte vergebens, es ungeschehen zu machen. Das einzige, was ihm dann noch übrig blieb, war, Selbstmord zu begehen. Die Rolle der fortbestehenden mystischen Gestalt, die während ihres langen Umherstreifens das Mal Gottes trägt, wurde von Judas auf das jüdische Volk übertragen. In gewissem Sinn wurde diese Last von Judas genommen, und er durfte sterben. Das nächste Kapitel wird sich daher mit der Rolle befassen, die der christliche Mythos dem jüdischen Volk zuweist, als einer vollkommeneren Ausformung der Rolle des Heiligen Henkers. [16]

Bevor wir uns aber von Judas abwenden, können wir fragen, ob nicht etwas Mythisches an der Art ist, *wie* Judas starb, besonders daran, daß es auf einem »Blutacker« geschah. Im Bericht von Matthäus stirbt Judas nicht tatsächlich auf dem Feld. Er erhängt sich anderswo, und das Feld wird aus einem anderen Grund der Blutacker genannt – weil es (von den Priestern) mit Blutgeld gekauft wurde, dem Geld, das für den Verrat an Jesus gezahlt wurde. In der Apostelgeschichte jedoch ist es Judas' Blut, das aus seinen geplatzten Eingeweiden über das Feld strömt und ihm den Namen Blutacker gibt. An dieser Stelle wird nichts davon erwähnt, daß es der »Töpferacker« ist, ein Detail, das offensichtlich nur eingeführt wird, um den Vorfall mit einer Prophezeiung des Alten Testaments in Verbindung zu bringen.

Wenn wir die herausragendsten Stellen beider Berichte vergleichen, kommen wir zu dem Schluß: Judas erhängt sich (vermutlich an einem Baum) auf einem Feld. Seine Eingeweide platzten und ergossen sich auf den Boden, und das Feld wurde hinterher der Blutacker genannt.

Dieser Bericht bringt Judas' Tod unmittelbar in Verbindung mit dem Menschenopfer, wie es in Ackerbaureligionen praktiziert wurde. Beim Attis-Kult zum Beispiel wurde das Opfer an einen Baum gehängt und auch gegeißelt, damit sein Blut

[16] Es gibt auch einen nicht-mythischen, nämlich durch Sekten- bzw. Fraktionsinteressen bedingten Aspekt im »Verrat des Judas«, der ebenfalls in dem weniger schlimmen Verrat des Petrus und dem krassen Unverständnis, das die anderen Jünger zeigen, zum Ausdruck kommt. Die Evangelien wurden von Paulinisten verfaßt, die Paulus in seinem Streit mit den Jerusalemer Ältesten, den Überlebenden der ursprünglichen Apostelschar Jesu, unterstützten. Eine Anschwärzung dieser Schar diente den Absichten der Paulinisten. Es mag sogar sein, daß dieses historisch erklärbare Motiv den Keim zur Entwicklung der mythologischen Rolle des Judas legte.

herunterströmen und das Feld fruchtbar machen sollte. Das Aufschlitzen des Bauches des Opfers und Verteilen der Eingeweide auf dem Feld war ebenfalls üblich bei dieser Art von Ritus.

In der Geschichte von Kain und Abel in der Genesis können wir eine Spur dieses Aspekts des Menschenopfers finden, als Gott zu Kain sagt:

> *Was hast du getan? Das Blut deines Bruders schreit zu mir vom Ackerboden. So bist du verflucht, verbannt vom Ackerboden, der seinen Mund aufgesperrt hat, um aus deiner Hand das Blut deines Bruders aufzunehmen. Wenn du den Ackerboden bestellst, wird er dir keinen Ertrag mehr bringen. (Gen 4,10)*

Hier weist die Erde voller Abscheu die Aufnahme des beim Mord an Abel vergossenen Blutes zurück. Eine stärkere Ablehnung des Ethos des Menschenopfers, bei dem die Mutter-Göttin, die Erde, das Blut willig empfängt und dafür eine reiche Ernte hervorbringt, kann es gar nicht geben. Und doch kann man auch in der Zurückweisung die Grundzüge der früheren Lehre wahrnehmen: die Erde wird ganz klar als weibliche Gestalt personifiziert, die das Blut mit dem Mund aufnimmt und (wenn auch negativ) mit dem Ertrag der Ernte reagiert.

Warum also weist Judas, der Jesus verriet und ihn dem Opfertod auslieferte, bei seinem eigenen Tod die Züge eines rituell Geopferten auf? Dies ist eindeutig nicht die bewußte Absicht der Verfasser der Evangelien, die Judas nur als jemanden darstellen wollen, der die gerechte Strafe für seine Sünde erleidet. Darüber hinaus hat die Bestrafung von Judas die Funktion, die Aufmerksamkeit von der Mitschuld aller Christen am Tod Jesu, durch dessen Opfer ihre Seelen gerettet werden, abzulenken. Obwohl Judas bei seinem Tod nicht die Rolle des Heiligen Henkers spielt, der wie Kain dazu verdammt ist, weiterzuleben, inszeniert er den Tod, den der Heilige Henker *verdient*, den Tod, von dem dieser verschont wird, um ein für immer und lebenslang Ausgestoßener zu werden. Somit fügt Judas der Vorstellung einen Aspekt hinzu.

Es ist aber interessant, daß Judas dadurch, daß er seine Strafe erleidet, unabsichtlich mit dem Geopferten gleichgesetzt wird. Dies bestätigt, was wir weiter oben über die häufig anzutreffende Zwillingsbeziehung zwischen Opferndem und Opfer gesagt haben. Letztendlich sind der Opfernde und das Opfer eine Person. Diese Einheit stammt aus einer Zeit, in der das Opfer bei der Gemeinschaft noch nicht ein solches Schuldgefühl hervorrief, daß es die Verbannung oder Ablehnung des Opfernden erforderte. Statt dessen nahm der Opfernde tatsächlich den Platz des Opfers ein; er regierte an seiner Stelle als König und wurde seinerseits als wiederauferstandene Inkarnation des Opfers, das er getötet hatte, angesehen. Ein Mythos, der dieses Verhältnis versinnbildlicht, ist die Geschichte von den Zwillingen Kastor und Pollux, die einen Pakt geschlossen hatten, abwechselnd jeweils ein halbes Jahr im Hades und im Reich der Lebenden zu verbringen.[17]

Daher ist Judas merkwürdigerweise bei seinem Tod in gewisser Weise ein authentischeres Menschenopfer als Jesus selbst. Er stellt die Verbindung zum Ackerbau (»Blutacker«) wieder her, die die Mysterienreligionen, die im Christentum kulminierten, in der städtischen Atmosphäre des griechisch-römischen Reichs verloren hatten. Wie das Blut Abels ernährt sein Blut nicht die Erde, sondern es stößt sie ab (denn »Blutacker« ist zur Bezeichnung des Abscheus geworden anstelle dessen, was es ursprünglich war: eine ehrenvolle Bezeichnung). Trotzdem können wir hinter dem, was an der Oberfläche als böser Tod vorgeführt wird, das ursprüngliche Mysterium erkennen, dessen »spiritualisierte« Weiterentwicklung der Tod Jesu darstellt.

[17] Zur Gleichsetzung von Opfervollzieher und Opfer siehe das Beispiel Odins in der Mythologie (Frazer 1928, *cap.* XXXVI, *pp.* 516*sq.*) sowie die realen Beispiele von Gott-Königen, die sich am Ende ihrer Herrschaft selbst zerstückelten: »[Der König] nimmt ein paar sehr scharfe Messer und beginnt, sich erst die Nase, dann die Ohren, die Lippen, alle Glieder und so viel Fleisch vom Körper zu schneiden, wie er kann. Dann wirft er es so schnell wie möglich weg, bis er so viel Blut verloren hat, daß er ohnmächtig zu werden beginnt, und nun schneidet er sich selbst die Kehle durch.« (Frazer 1928, *cap.* XXIV, *p.* 401)

Kapitel 11

Die Rolle der Juden im Neuen Testament

Der christliche Mythos lautet hinsichtlich der Juden folgendermaßen: Ursprünglich waren die Juden das auserwählte Volk Gottes, aber jetzt hat Gott sie verstoßen, weil sie Jesus verraten haben. Sie weigerten sich, an die göttliche Natur Jesu zu glauben, und verrieten ihn, so daß er den Tod durch die Hand der Römer fand. Infolgedessen wurden sie zum verfluchten Volk. Ihr Tempel wurde zerstört, wie Jesus es vorhergesagt hatte, und sie wurden ins Exil getrieben und wurden zu Wanderern auf dem ganzen Erdkreis.[1]

Auf den ersten Blick ist das einfach ein Vertreibungsmythos, mit dessen Hilfe die christliche Kirche ihre Aneignung aller erstrebenswerten Basiselemente und sonstigen Bestandteile des Judentums zu rechtfertigen suchte. Die christliche Kirche wollte sich selbst als das wahre Israel sehen – in anderen Worten: als die wahren Juden. Dementsprechend bezog sie die »Verheißungen«, die Abraham gegenüber gemacht worden waren, auf sich selbst, und die gesamte jüdische Vorstellung vom auserwählten Volk ebenso. Alle jüdischen Propheten wurden zu christlichen Heiligen umgeschneidert. Man behauptete, all die Segnungen des Alten Testaments bezögen sich auf die christliche Kirche, während alle Verfluchungen ausschließlich den Juden angehängt wurden: eine saubere Aufteilung. Diese Taktik hatte mancherlei Ähnlichkeiten mit jener der Israeliten, die behauptet hatten, die Kanaaniter stünden unter »einem Fluch«, um ihre Übernahme des Landes der Kanaaniter zu rechtfertigen. Die Israeliten nahmen den Kanaanitern allerdings nur ihr Land; sie eigneten sich nicht auch noch deren religiöse Identität an, sondern lehnten, ganz im Gegenteil, diese mit Nachdruck ab. Die Vorgehensweise des Islam ist der des Christentums hier ähnlicher, denn auch dieser übernahm alle »Verheißungen« sowohl des Juden- wie des Christentums, und alle Hauptfiguren sowohl der einen wie der anderen Religion wurden zu moslemischen Heiligen umgemodelt. Aber der Islam konnte ja von dem erfolgrei-

---

[1] Vgl. Mt 8,12: »… die aber, für die das Reich bestimmt war, werden hinausgeworfen in die äußerste Finsternis; dort werden sie heulen und mit den Zähnen knirschen.« (H) (Anm.d.Ü.: Dies ist bei Luther das berühmte, aber irreführende »Heulen und Zähneklappern«; es handelt sich aber keineswegs um Äußerungen der Trauer oder Kälte, sondern vielmehr des Hasses und der Wut.) Vgl. Eusebius, ›Demonstratio Evangelica‹ 1,1; Hippolytos, ›Contra Judaeos‹ 6; Augustinus, ›Adversus Judaeos‹ 5(6), 7(10); *id.*, ›De Civitate Dei‹ XVII 19 und XVIII 46, etc.; Justinus Martyr, ›Dialogus‹ 16; Tertullian, ›Adversus Judaeos‹ 3; Irenaeus, ›Adversus Haereses‹ II 16,1. Vgl. Ruether 1978, *pp.* 136–141.

chen Beispiel des Christentums lernen, das er bei diesem Aneignungsprozeß nur nachzuahmen brauchte.

Der christliche Mythos ist jedoch nach wie vor einzigartig in seiner raffinierten Kombination des Vertreibungsmythos mit anderen mythologischen Requisiten und Erfordernissen. Die Juden werden ja nicht nur aus ihrer Stellung vertrieben, man weist ihnen auch eine neue Dauerrolle in der christlichen Mythenwelt zu. Der Grund hierfür liegt darin, daß das Christentum sich im Gegensatz zum Judentum oder Islam dadurch auszeichnet, daß es ein Menschenopfer, das es selbst nicht wahrhaben will, als sein zentrales Sakrament betrachtet. Die Israeliten vertrieben die Kanaaniter, sie nahmen sie aber nicht für irgendwelche Opferzwecke in Anspruch, da am Beginn ihrer eigenen Religion ein Opfer stand, das nie stattgefunden hat bzw. (falls es in einer früheren Fassung doch stattgefunden hat) das von ihrem Ahnherrn selbst auf Befehl Gottes vollzogen worden war, so daß man dafür keinen Sündenbock brauchte. Der Islam hingegen betrachtete seinen Gründer Mohammed nicht als Opferfigur. Insoweit ein Gründungsopfer für den Islam vonnöten war, wurde dieses Bedürfnis dadurch befriedigt, daß man das jüdische Gründungsopfer, die Akedah, in ein Ereignis unter moslemischen Vorzeichen umwandelte, bei der Ismaël (der angebliche Ahnherr aller Araber) an die Stelle des Isaak in der Bibelgeschichte trat. (Ergänzend wurde die Fabel verbreitet, die Juden hätten die Bibel gefälscht, indem sie Isaak an die Stelle Ismaëls setzten.)

Die Juden sind also als unverzichtbare, integrale Gestalten im christlichen Mythos eingebaut. Man enteignet nicht nur ihren ganzen Schatz, die Verheißungen an Abraham und ihre Stellung als Gottes auserwähltes Volk, sondern der Grund, den man für diese Enteignung angibt – sie hätten Jesus zu Tode gehetzt –, spricht auch noch die Christen von jeglicher Verantwortung für das Opfer, das ihre Erlösung zustande bringt, auf sehr praktische Art frei, ja sogar von jeglichem Gedanken daran, daß eine solche Art der Erlösung etwas mit einem Menschenopfer zu tun haben könnte. Den Tod Jesu bewirkt zu haben, ist so einerseits als schreckliches Verbrechen zu interpretieren (für das die Juden verantwortlich sind), andererseits aber auch als glücklicherweise eingetretenes, weil rettendes Ereignis (aus dem alle Christen Nutzen ziehen können).

Die Art und Weise, in der sich diese Vorstellung entwickelte, kann man im Neuen Testament nachverfolgen. Ein paar historische Überlegungen sind an dieser Stelle von Bedeutung. Es war auf den ersten Blick überhaupt nicht notwendig, die Juden vordringlich für den Tod Jesu verantwortlich zu machen und sie dadurch zu mythologischem Rang als menschliche Werkzeuge Satans zu erheben. Viel offensichtlichere Anwärter für diesen Part waren die Römer, die die Hinrichtung Jesu durch Kreuzigung vollzogen hatten, einer Strafe, die nach römischem Recht nur gegenüber Rebellen gegen die römische Herrschaft angewandt wurde. In den Schriftrollen vom Toten Meer wird den Römern tatsächlich eine satanische

Rolle zugewiesen: als irdische Vertreter böser Engel in einem apokalyptischen kosmischen Kampf. [2] Im Neuen Testament selbst, im Buch der Offenbarung, gibt es einige Hinweise darauf, daß in der ersten Zeit des Christentums durchaus die Möglichkeit bestand, daß die anti-römische Variante sich statt der anti-jüdischen hätte durchsetzen können. Die wenigen Juden, die mit der Verhaftung von Jesus zu tun hatten, waren so untypisch für die Juden als Ganzes, daß ihre Beteiligung viel eher die Schuld der Römer als die der Juden hätte vergrößern müssen: denn es war der Hohepriester, ein reines Werkzeug der Römer, der sich mit seinem Gefolge dafür einsetzte, Jesus bei Pontius Pilatus als Gefahr für die römische Besatzungsmacht zu denunzieren. [3] Die anti-römische Einstellung wurde jedoch schließlich verworfen, und zwar so entschieden, daß man diejenige Figur auf römischer Seite, die für den Tod Jesu hauptsächlich verantwortlich war, Pontius Pilatus, sich selbst von aller Schuld freisprechen ließ, nämlich in der Szene, in der er seine Hände in Unschuld wäscht, welche die Weigerung symbolisiert, das Römische Reich in die Schuld an der Tötung Jesu einzubeziehen. Sämtliche anti-römischen Aspekte wurden sorgfältig aus jenen Evangelien getilgt, die den Kanon der christlichen Heiligen Schrift bilden sollten [4], und Szenen (wie z.B. die historisch unmögliche Gerichtsszene vor dem Sanhedrin und die ebenso unhistorische Massenszene, in der die Juden Jesu Kreuzigung forderten) wurden eingefügt, durch die die Schuld den Juden in ihrer Gesamtheit oder ihren zentralen Vertretern in die Schuhe geschoben wurde.

Diese Verschiebung geht im wesentlichen von Paulus aus, der mit der ihm eigenen Schläue begriffen hatte, daß ein nicht ortsgebundener Kult im griechisch-römischen Weltreich schwerlich eine Zukunft haben würde, wenn er einen anti-römischen Standpunkt einnahm. Es war Paulus, der die Gestalt Jesu von ihrem jüdischen Hintergrund löste und sie in den Mittelpunkt eines Erlösungskults nach dem Modell der Mysterienkulte von Attis, Adonis und Osiris stellte. Passend dazu legte Paulus ein neues Prinzip fest, nämlich: »Alle Obrigkeit ist von Gott« [5], und wusch damit das Römische Reich rein von der Gleichsetzung mit der Macht Satans, und da die Stelle des Satanshelfers nun vakant war, besetzte er sie mit der führenden anti-römischen Kraft seiner Zeit, den leidenschaftlich nationalistischen und ständig rebellierenden Juden. Paulus nutzte auch den mystischen Antisemitismus, der in Verbindung mit dem Gnostizismus auftrat, welcher einerseits die Juden mit den Mächten des Bösen gleichsetzte, die vorgeblich diese Welt in ihren Klauen

---

[2] In den Rollen vom Toten Meer werden die Römer »Kittim« (oder »Schittim«) genannt, eine Bezeichnung, die auf die biblischen Prophezeiungen zurückgeht (z.B. Dan 11,30). Diese Bezeichnung wurde früher auf die mazedonischen Griechen angewandt; vgl. 1 Makk 1,1.

[3] Vgl. Maccoby 1996, *pp.* 25*sq.*, 33, 44*sq.*, 105, 108.

[4] Vgl. *id.* 1996, *pp.* 8*sq.* und 115.

[5] Röm 13,1.

hielten, andererseits aber gleichzeitig die jüdischen heiligen Schriften als Quelle für anti-jüdische Ideologie nutzten (so benutzten z.B. die Sethianischen Gnostiker die frühen Kapitel der Genesis, um zu beweisen, daß der jüdische Gott eine untergeordnete Gottheit sei, überdies verantwortlich für die Mängel dieser Welt und jene der Thora). Diese Taktik hatte den weiteren Vorteil, daß als Hauptvertreter des Bösen ein schwaches und besiegtes Volk ausgesucht worden war und nicht die stärkste Macht der Welt, die Römer; deren Gegner zu sein, hätte ja zu ernsthaften Unannehmlichkeiten führen können.

Die Position, die die Juden in der neuen Mythologie einnehmen sollten, wird von Paulus skizziert und in den Evangelien ausgearbeitet, welche von paulinischen Autoren in den Jahren 70 bis 110 unserer Zeitrechnung auf der Basis früherer und authentischerer Texte zusammengestellt wurden, die man zurechtbog und korrigierte, um sie Pauli Optik anzupassen, in der die Juden zum von Gott verstoßenen Volk wurden.

Die Verteufelung der Juden nimmt ohne jeden Zweifel ihren Anfang bei Paulus, nämlich in seiner Hetzschrift gegen sie im Brief an die Thessalonicher: »Diese [= die Juden] haben sogar Jesus, den Herrn, und die Propheten getötet; auch uns haben sie verfolgt. Sie mißfallen Gott und sind Feinde aller Menschen; sie hindern uns daran, den Heiden das Evangelium zu verkünden und ihnen so das Heil zu bringen. Dadurch *machen sie* unablässig *das Maß ihrer Sünden voll.* Aber der ganze Zorn ist schon über sie gekommen« (1 Thess 2,15–16, mit Kursivierungen ebd.). Der Ausdruck »Feinde aller Menschen« war ein Gemeinplatz des Antisemitismus in griechisch-römischer Zeit, und der Ausdruck »sie machen das Maß ihrer Sünden voll« stellt die Juden auf eine Stufe mit den Kanaanitern, auf die ein ähnlicher Ausdruck im Alten Testament gemünzt ist (Gen 15,16): »denn noch hat die Schuld der Amoriter nicht ihr volles Maß erreicht«. Diese Stelle enthält also einen vollständigen Vertreibungsmythos, in dem die Juden als von Gott Verstoßene vorgeführt werden, nämlich aufgrund eines langen Sündenregisters von Ungehorsam und Gewalttätigkeit gegen Gottes Sendboten, das seinen Höhepunkt in der Ermordung von Gottes Sohn Jesus findet. Man stößt auf mehr als nur eine Andeutung von etwas, das man den »Mythos der Negativerwählung« nennen könnte, demzufolge die Juden zum Werkzeug Gottes für die Opferung Seines Sohnes wurden, denn nur dadurch, daß er inmitten eines Volkes mit solch einem erwiesenen Sündenregister von Mordtaten zur Welt kam, konnte Gottes Sohn sicher sein, daß sein unverzichtbarer gewaltsamer Tod auch eintreten würde. Man beachte, daß irgendeine Verwicklung der Römer in diesen Tod in keiner Weise erwähnt wird; es sind die Juden, die »unseren Herrn Jesus getötet« haben. Paulus gibt so den Startschuß für die pro-römische und anti-jüdische Version der Kreuzigungsgeschichte, und dies in einer Form, die sogar noch weiter geht als die in den Evangelien niedergeschriebene.

Diese Attacke ist von einer solchen Niederträchtigkeit, daß manche Forscher der Meinung sind, sie müsse eine spätere Einfügung sein.[6] Das stimmt wohl für den zweiten Teil der Textstelle, »der ganze Zorn [sei] schon über sie gekommen«, der sich wahrscheinlich auf die Zerstörung des Tempels bezieht; der andere Teil der Textstelle kann jedoch nicht losgelöst von Paulus gesehen werden. Natürlich sind in den Paulus-Briefen moderatere Ausdrücke in bezug auf die Juden zu finden, vor allem die gefeierte Stelle im Römerbrief, wo Paulus voller Gram davon spricht, daß die Juden Jesus zurückgewiesen hätten, und enthüllt, daß diese »Verstockung« durch den Willen Gottes zustande gekommen sei, damit die Heiden die Gelegenheit zur Erlösung haben könnten. Sobald die Heiden diese Gelegenheit wahrgenommen hätten, werde die »Verstockung« der Juden aufgehoben, und »ganz Israel wird gerettet werden«. In der Zwischenzeit, so belehrt Paulus die Heiden, werden die Juden »als Feinde Gottes, und das um euretwillen« behandelt (Röm 11,25–32). Diese seltsame Textstelle (die die Juden manchmal während der Massaker des Mittelalters vor der vollständigen Ausrottung bewahrte) wird oft angeführt, um Paulus' freundliche Gefühle gegenüber den Juden vorzuführen. Es wird aber dabei übersehen, daß die Stelle nur deswegen erträglich wird, weil sie sorgfältig vermeidet, die stillschweigenden Folgerungen dieser Haltung auszusprechen. Daß die Juden »verstockt« gewesen seien gegenüber der Tatsache, daß Jesus von göttlicher Natur war, und dies durch einen Plan Gottvaters, heißt doch nichts anderes, als daß Gott den Tod von Jesus durch eben diese verblendeten Juden ins Werk setzte. Diesen Aspekt erklärt Paulus jedoch nicht offen. Trotzdem liegt die Schlußfolgerung auf der Hand. Die Juden waren der auserwählte Heilige Henker, von Gott verblendet, um diese Rolle ausfüllen zu können, wie es auch der blinde Hödur war, der unwissentlich den Gott Baldur tötete, und der blinde Lamech, der Kain tötete. Der Kunstgriff des blinden, unwissentlich handelnden Henkers tritt in allen Mythen, in denen es um Menschenopfer geht, alternierend auf mit der Vorstellung von einem bösen Henker, der Gottes Absichten aus falschen Gründen erfüllt. Manchmal finden wir beide Figuren im selben Mythos, beispielsweise wenn Loki, der Böse, mit dem getäuschten Hödur zusammen den notwendigen Tod ins Werk setzt. Manchmal jedoch, wie z.B. im Mythos der Evangelien, werden beide Konzepte (so wenig sie zusammenzupassen scheinen) in ein und derselben Person kombiniert, die abwechselnd als Verbrecher oder Getäuschter angesehen wird. Diese Wechseltaktik wurde von Paulus eingeführt, wie so vieles im Christentum.

Ein interessantes Beispiel für diesen Doppelmechanismus ist die Art, wie zwei Evangelien, das Markus- und das Matthäusevangelium, die Erklärung Jesu gegenüber seinen Jüngern über den Gebrauch von Gleichnissen behandeln. Die Episode selbst kann nicht als historisch authentisch angesehen werden, denn ihr Zweck ist

6 Black (1962) hingegegen bestätigt die Echtheit der Textstelle wie folgt: »Pauli heftige Worte lassen sich sehr wohl als Wutausbruch erklären [...] die Juden [...] fingen an, ihre Zähne zu zeigen.«

es, zu zeigen, Jesus sei der Meinung gewesen, seine Mitjuden seien nicht mehr zu retten und unwürdig, von ihm belehrt und aufgeklärt zu werden. Nach dieser Darstellung behauptet Jesus, er benutze Gleichnisse nicht, um seine Botschaft näher zu erklären, sondern um deren Bedeutung vor dem jüdischen Volk zu *verbergen*. Im älteren der beiden, dem Markusevangelium, findet sich folgende Version:

> *Und da er allein war, fragten ihn um dies Gleichnis, die um ihn waren, samt den Zwölfen. Und er sprach zu ihnen: Euch ist's gegeben, das Geheimnis des Reiches Gottes zu wissen; denen aber draußen widerfährt es alles durch Gleichnisse,* ***auf daß*** (ἵνα) ***sie es mit sehenden Augen sehen, und doch nicht erkennen, und mit hörenden Ohren hören, und doch nicht verstehen, auf daß sie sich nicht dermaleinst bekehren und ihre Sünden ihnen vergeben werden.*** *(Mk 4,10–12 [L])*

Im Matthäusevangelium lautet die Geschichte ein wenig anders:

> *Da kamen die Jünger zu ihm und sagten: Warum redest du zu ihnen in Gleichnissen? Er antwortete: Euch ist es gegeben, die Geheimnisse des Himmelreichs zu erkennen; ihnen aber ist es nicht gegeben. Denn wer hat, dem wird gegeben, und er wird im Überfluß haben; wer aber nicht hat, dem wird auch noch weggenommen, was er hat. Deshalb rede ich zu ihnen in Gleichnissen, weil* (ὅτι) *sie sehen und doch nicht sehen, weil sie hören und doch nicht hören und nichts verstehen. An ihnen erfüllt sich die Weissagung Jesajas:* ***Hören sollt ihr, hören, aber nicht verstehen; / sehen sollt ihr, sehen, aber nicht erkennen. Denn das Herz dieses Volkes ist hart geworden, / und mit ihren Ohren hören sie nur schwer, / und ihre Augen halten sie geschlossen, / damit sie mit ihren Augen nicht sehen / und mit ihren Ohren nicht hören, / damit sie mit ihrem Herzen nicht zur Einsicht kommen, / damit sie sich nicht bekehren und ich sie nicht heile.*** *(Mt 13,10–15 [H])*

Der große Unterschied zwischen diesen beiden Textstellen liegt in zwei unterschiedlichen Konjunktionen, *hina* (ἵνα) und *hoti* (ὅτι). Markus schreibt, Jesus habe den Juden Informationen vorenthalten, *damit* (ἵνα) sie ihn nicht verstehen sollten. Matthäus sagt, er enthielt sie ihnen vor, *weil* (ὅτι) sie ihn nicht verstehen konnten. Der Unterschied liegt darin, daß Markus die Juden als ein Volk sieht, dem es bestimmt ist, Jesus zurückzuweisen und zu verraten, während Matthäus davon ausgeht, daß diese Rolle zustande kommt durch ihre absichtliche Weigerung, zuzuhören und zu verstehen. Bei Markus hindert Jesus die Juden absichtlich daran, Wissen zu erlangen (indem er in Rätseln zu ihnen spricht), und bestimmt sie damit dazu, die Rolle der Christus-Leugner zu spielen (genauso wie Jesus an einigen

Stellen Judas in klarer Überlegung zum Verräter an seiner Person bestimmt). Bei Matthäus spricht Jesus ebenfalls absichtlich in Rätseln zu den Juden, aber nicht, weil er nicht will, daß sie ihn verstehen, sondern weil er die Hoffnung aufgegeben hat, daß sie jemals wenigstens versuchen werden, ihn zu verstehen, so absichtlich haben sie sich selbst gegen ihn taub gemacht. Viele Kommentatoren aus dem christlichen Lager waren schockiert über das *hina* bei Markus (wie konnte Jesus mit voller Absicht seine Zuhörer verwirren wollen?) und hatten den Eindruck, der Bericht von Matthäus sei annehmbarer. Meiner Meinung nach ist die Version des Markusevangeliums in Wahrheit eine Spur weniger anti-jüdisch, weil dort die unheilvolle Rolle der Juden eher ihrer schicksalhaften Bestimmung als einer verstockten, absichtlichen Weigerung zuzuhören zugeschrieben wird. Markus stellt Jesus tatsächlich so dar, daß er die Juden genau aus diesem Grund nicht belehrt, weil sie sonst bereuen könnten und ihre für sie vorbestimmte Rolle als Mörder des göttlichen Opfers dann nicht mehr ausfüllen könnten.

Natürlich ist dieses ganze Konzept spät und hellenistisch, denn Gleichnisse sind keine Rätsel. Das Gleichnis war die typische Kunstform der pharisäischen Rabbis (auch Jesus war einer von ihnen), und sie finden sich in großer Zahl in den rabbinischen Schriften.[7] Sie zielen ausnahmslos darauf ab, die Botschaft *leichter* verständlich zu machen, indem sie sie in eine bildliche anekdotische Form brachten. Diese Kunstform wurde genau aus dem Grunde entwickelt, damit gerade die einfachen Leute den Gedanken besser verstehen konnten. Die dunkle, rätselhafte Allegorie andererseits war eine griechische religiöse Kunstform, und die späten Verfasser der Evangelien versuchten (wie C. H. Dodd hervorgehoben hat[8]), die einfachen jüdischen Gleichnisse, welche Jesus verwandte, wie gnostische Allegorien präsentiert werden zu lassen, obwohl die meisten Gleichnisse immer noch ihre jüdischen Züge bewahrt haben, und wenn man sie genau betrachtet, strafen sie die oben zitierten Textstellen Lügen, welche versuchten, sie zu Rätseln zu machen, abgezielt darauf, eine esoterische Botschaft vor einem Pöbel zu verbergen, dessen Schicksal die ewige Verdammnis ist.

Dennoch ist die Fassung des Markus nicht wirklich unvereinbar mit der des Matthäus, außer im formalen, logischen Sinne, da im Mythos der böse Verräter und der vorbestimmte Verräter alternierend auftreten und beide Vorstellungen als notwendig empfunden werden. Man könnte aus den Evangelien eine Textsammlung zusammenstellen, die beweisen würde, daß die Juden die schicksalhaft vorherbestimmten Verräter Jesu waren; genausogut könnte man mit einer anderen Textsammlung beweisen, daß die Juden die schlimmen Feinde des Lichtes waren und deshalb mit voller Absicht zu dessen Verrätern wurden. Eine interessante

[7] Vgl. Maccoby 1996, *pp.* 70 und 151*sq.* (= Anhang 7).

[8] Vgl. Dodd 1961, *pp.* 4*sq.*

Demonstration dieses Sachverhalts trug sich während eines nicht allzu lange zurückliegenden Gerichtsverfahrens in Frankreich zu. Jacques Isorni, ein bekannter Rechtsanwalt, verklagte Abbé Georges de Nantes wegen Verleumdung aufgrund eines Artikels, in dem letzterer Isornis Buch ›Le Vrai Procès de Jesus‹ angegriffen hatte. Der Fall wurde in der internationalen Presse als Streit zwischen einer »liberalen« und einer »reaktionären« Beurteilung der jüdischen Verantwortung für den Tod Jesu hingestellt. Isornis Verteidigung der Juden (wegen der ihn de Nantes attackiert und als Bibelfälscher bezeichnet hatte) lief darauf hinaus, diese hätten den Tod Jesu in ehrlichem und daher entschuldbarem Irrtum verursacht, weil sie einfach nicht gemerkt hätten, daß Jesus Gott war. De Nantes Argument dagegen lautete, daß die Evangelien die Juden so vorführen, daß sie Jesu Tod absichtlich bewerkstelligten, *in vollem Wissen, daß er Gott war.* Beide Parteien beschränkten sich auf den Wortlaut der Evangelien, wodurch die Frage, ob die Evangelien selbst eines der Ereignisse falsch darstellten und so den Juden die Schuld für ein Verbrechen, das sie gar nicht begangen hatten, in die Schuhe schoben, nie zur Debatte kam. Beide Seiten gingen auch von der Annahme aus, daß Jesus tatsächlich Gott *war*, so daß das Verbrechen, um das es ging, entweder unwissentlicher oder absichtlicher Gottesmord war, nicht etwa Justizmord oder Totschlag. [9]

Die Diskussion ging also darum, ob die Juden als eine Art Hödur (der den Gott unwissentlich tötete) oder eine Art Loki (der den Gott tötete bzw. seinen Tod hinterlistig herbeiführte aus überlegter Bosheit heraus und aus Haß auf das Licht) anzusehen sind. Der springende Punkt dabei war aber, daß jede der beiden streitenden Parteien in der Lage war, in überzeugender Weise Texte anzuführen, die ihre jeweiligen Standpunkte untermauerten. Die Evangelien präsentieren die Juden in der Rolle des Hödur wie auch des Loki. Dies sind die beiden wesentlichen Alternativen; es gibt jedoch auch einige interessante Zwischenstellungen, die ebenfalls in den Evangelien angedeutet werden: 1. Die Juden wußten nicht, daß sie Gott töteten, sondern waren der Meinung, sie töteten nur wieder einmal einen ihrer Propheten (das Neue Testament wirft den Juden vor, fast alle ihrer eigenen Propheten umgebracht zu haben, obwohl es schwer sein wird, im Alten Testament irgendeinen Beweis dafür zu finden, daß sie auch nur einen einzigen Propheten getötet hätten [10]).

---

[9] Vgl. Maccoby 1976.

[10] Vgl. Ruether 1978, *pp.* 86–93. Vgl. Mk 12,1–12 (das »Gleichnis vom Weinberg«) (H: »... von den bösen Winzern«) sowie Parallelen dazu z.B. in Apg 7,51–52, und Mt 23,29–35. Die Anschuldigung, die Juden hätten fast alle ihre Propheten umgebracht, scheint aus einer übertriebenen Auslegung der Stellen aus 2 Chron 36,16 »... äfften seine Propheten« und Neh 9,26 »und erwürgten deine Propheten« zu stammen. Nicht-biblischen Überlieferungen zufolge sollen einige Propheten das Martyrium erlitten haben, z.B. Jesaja durch die Hand des Manasse. Dies ist ein Reflex der angestrengten Beschäftigung mit der Martyriumsfrage in der hellenistischen Zeit (vgl. Fischel 1947). Die Darstellung des Neuen Testaments läßt sich damit jedoch nicht vollständig erklären; wie Ruether ausführt, ist sie durch die christliche Theologie motiviert.

2. Den Juden wurde absichtlich verheimlicht, daß Jesus Gott war, weil sie es angesichts ihrer sündhaften Vergangenheit nicht verdient hatten, gerettet zu werden. Ihre Unwissenheit kann daher nicht zu ihrer Entschuldigung verwandt werden, da es einen Teil ihrer Strafe darstellte, als Gottesmörder auserwählt zu werden und keine Gelegenheit zu bekommen, aus dieser Rolle auszusteigen. 3. Die Juden wußten tatsächlich, daß Jesus Gott war, verschlossen aber absichtlich die Augen vor dieser Wahrheit, so daß ihre Unwissenheit willentlich herbeigeführt war und nicht als mildernder Umstand zu werten ist.

Es gibt also eine ausgedehnte Grauzone von Zwischenstellungen zwischen den beiden Extremen: ganz schuldig – und vollkommen unwissentlich handelnd. Genaugenommen schließen sich alle diese Einstellungen gegenseitig aus, sind jedoch sämtlich notwendig für den Gesamtmythos, weil sie die gesamte Palette von Möglichkeiten darstellen, mit deren Hilfe man den Juden die Schuld am Tod Jesu zuschieben und sie so zu Sündenböcken für die christliche Gemeinschaft machen kann. Daher ist es auch ganz unangemessen, einen einzelnen Ausspruch wie z.B. »Vater vergib ihnen, denn sie wissen nicht, was sie tun« (Lk 23,34) herauszugreifen und zu behaupten, dieser sei repräsentativ für die Haltung der Evangelien. (Auch wenn man diese Aussage isoliert betrachtet, so vergrößert sie eher die Schuld der Juden, als daß sie sie vermindern würde, indem sie den alles verzeihenden, sanftmütigen Jesus hervorhebt im Gegensatz zu den gnadenlosen Juden. Die beabsichtigte künstlerische Wirkung ist, daß der Leser die Juden stärker denn je haßt: »Sieh an, welch einem Menschen die Juden all dies angetan haben!«)

Diejenige Textpassage, in der die angeblich widernatürliche Boshaftigkeit der Juden dazu dient, den Vertreibungsmythos mit dem Opfermythos zu verbinden, ist vor allem das 23. Kapitel des Matthäusevangeliums. Selbst wenn Johannes gegen die Juden wettert, so erreicht er doch nicht annähernd dieses Ausmaß an Beschimpfung:

> *Weh euch, Schriftgelehrte und Pharisäer, ihr Heuchler, die ihr der Propheten Gräber bauet und schmücket der Gerechten Gräber und sprecht: Wären wir zu unsrer Väter Zeiten gewesen, so wollten wir nicht teilhaftig sein mit ihnen an der Propheten Blut! So gebt ihr über euch selbst Zeugnis, daß ihr Kinder seid derer, die die Propheten getötet haben. Wohlan, erfüllet auch ihr das Maß eurer Väter! Ihr Schlangen, Ihr Otterngezüchte! Wie wollt ihr der höllischen Verdammnis entrinnen? Darum siehe, ich sende zu euch Propheten und Weise und Schriftgelehrte; und deren werdet ihr etliche töten und kreuzigen, und etliche werdet ihr geißeln in euren Schulen und werdet sie verfolgen von einer Stadt zu der andern; auf daß über euch komme all das gerechte Blut, das vergossen ist auf Erden, von dem Blut des gerechten Abel an bis aufs Blut des Zacharias, des Sohnes Berechja's, welchen ihr getötet habt zwischen dem Tempel und Altar. (Mt 23, 29–35 [L])*

Obwohl sich diese Verwünschung gegen »Schriftgelehrte und Pharisäer« richtet, zeigt die Fortsetzung, die die Strafe, nämlich die Zerstörung des Tempels, voraussagt, daß die Pharisäer hier stellvertretend für alle Juden und für ihre religiöse Überlieferung als Ganzes stehen (und das waren sie ja auch). Die ständig wiederholte Behauptung, die Pharisäer seien »Heuchler«, soll die Tatsache entwerten, daß sie tugendhafte und gottesfürchtige Menschen gewesen waren, die so gar nicht der ihnen zugeschriebenen Rolle entsprechen, der von irdischen Vertretern Satans und genau der Leute, die für die verabscheuungswürdige Aufgabe bestimmt sind, das göttliche Opfer umzubringen. Alle ihre Vorväter haben Propheten ermordet, und auch sie werden Propheten töten, ihrer täuschenden Maske von Tugendhaftigkeit zum Trotz (und auf diese Weise werden sie ständig ihre Ursünde wiederholen, das Töten des göttlichen Opfers, wofür sie ihre gesamte vergangene und zukünftige Geschichte verdienen). Indem sie diese Rolle ausfüllen, werden die Juden die Schuld tragen für »alles Blut der Gerechten, das auf dieser Welt vergossen wird«, ganz besonders für das Blut Jesu, des Gerechten, was man sonst anderen, z.B. den Römern, hätte anlasten können – oder gar den Christen selbst, die den Nutzen haben vom Vergießen des Blutes des Gerechten, denn dadurch wird ihnen Erlösung zuteil, und die man für schuldig halten könnte, weil sie wünschten, daß es geschehe. Das Ausschütten giftigen Zorns über die Juden in diesem Text erfüllt ein echtes psychologisches Bedürfnis – das Bedürfnis, ein Ventil für das Schuldgefühl wegen des Blutvergießens zu finden, das all jene bewußt oder unbewußt empfinden, die auf Blutvergießen – oder die Vorstellung davon – angewiesen sind, um ihr seelisches Gleichgewicht zu halten. Die Litanei des Blutvergießens in diesem Text, der absichtlich *sämtliche* Fälle von Morden an Unschuldigen in der Geschichte aufzählt, fängt an mit Abel (ein bedeutsamer Name) und endet mit »Zacharias, des Sohnes Berechja's« (dieser Name wird falsch zitiert aus 2 Chr 24,20). Länger könnte die Liste jedoch gar nicht sein, denn in Wirklichkeit finden sich sehr wenige Beispiele von Prophetenmorden im Alten Testament. Abel seinerseits wurde überhaupt nicht von Juden getötet, da er ja getötet worden war, bevor es das jüdische Volk überhaupt gab; aber das ist kein Hindernis, die Juden dafür zu verwünschen; sie werden auch für den Tod von Abel verantwortlich gemacht, denn aufgrund ihrer Rolle als Gottesmörder kann man auf ihnen bequem alle Schuld der Geschichte abladen, und die christliche Gemeinde bleibt dabei von blütenweißer Unschuld.

Der Hinweis auf die Zerstörung des Tempels (Mt 24,2), in dem die Verwünschung gipfelt, beweist natürlich, daß dieser unappetitliche Text deutlich nach der Zeit Jesu geschrieben wurde, einige Zeit nach dem Jahre 70 unserer Zeitrechnung, und ihm dann in den Mund gelegt wurde, um ihn als unnachgiebigen Gegner des jüdischen Volkes darzustellen, für das er doch, wenn man bei der historischen Wahrheit bleibt, sein Leben opferte. Diese Textstelle spielte eine bedeutende Rolle bei der zunehmenden Verteufelung der Juden und ihren daraus resultierenden Leiden in Europa.[11]

Die Erwähnung Abels preßt die Juden in die Rolle Kains, und diese Gleichsetzung findet sich häufig in den Schriften der Kirchenväter und späterer christlicher Autoren.[12] Diese Gleichsetzung ist mehr als nur eine Mordanklage, denn wie wir gesehen haben, war die Tötung Abels ursprünglich ein Menschenopfer, und zweifellos spürten die Verfasser dieser Zeilen, daß dem so war; auf diese Art erlegen sie den Juden das Schicksal Kains auf – durch die Welt zu irren, gehaßt und verfolgt, doch gleichzeitig vor der totalen Ausrottung bewahrt aufgrund des ehrfurchtsvollen Schreckens, der ihr zweideutiges und geheimnisvolles Verbrechen umgibt.

Noch einflußreicher bei der Ausformung des Bildes von den Juden als kollektivem Heiligen Henker war die Massenszene in Mt 27, in der die Juden als Volksmasse die Hinrichtung Jesu fordern. Matthäus fügt als einziger der Evangelisten das unheilvolle Detail hinzu, daß die Juden einen Fluch auf ihr eigenes Haupt herabbeschworen hätten: »Sein Blut komme über uns und unsere Kinder!« (Mt 27,25). Dieser Satz macht die Rolle der Juden im christlichen Mythos perfekt. Daß sein elendes Leben möglichst lange dauert, scheint immer als Notwendigkeit für den Heiligen Henker empfunden zu werden, denn seine Sühnerolle würde durch einen frühen Tod geschmälert. Daher wurde Kain Immunität verheißen, und anderen großen Sündern, die aber im Interesse der Menschheit gesündigt hatten (wie z.B. Ödipus und Teiresias), wurde ein langes Leben geschenkt. Das Leben eines einzelnen muß jedoch schließlich irgendwann sein Ende finden. Aus dieser Sicht ist die Wahl eines ganzen Volkes für die Rolle des sühnenden Sünders besser; denn einerseits kann ein Volk ewig weiterbestehen, und andererseits wird es damit möglich, Einzelne aus diesem Volk zu töten und zu verfolgen, wenn man nur genug von ihnen für ihren kollektiven Fortbestand übrigläßt. Man muß daher die Erfindung des Konzeptes von einem ganzen Volk, das an der Ermordung des Gottes schuld sein soll, als einen der großartigen Beiträge des Christentums zur Ausgestaltung der Sühne mittels Menschenopfer werten. »Der Ewige Jude« wird zum Garanten des Andauerns der Erlösung, die die Kreuzigung gewährt; solange der Jude seinen wunderbarerweise verlängerten Leidensweg weitergeht, kann sich der Christ seiner eigenen Erlösung sicher sein. Jedes Anzeichen dafür, daß dieses Leiden einmal enden könnte, beschwört jedoch unerträgliche Angstgefühle in der Christenheit herauf.

---

[11] Vgl. RUETHER 1978, *pp.* 119–125, die unter der Überschrift »Jüdische Geschichte als eine Folge von Verbrechen« Lactanz, Eusebius, Aphrahat, Chrysostomos, Prudentius, Ephrem den Syrer und Augustinus zitiert.

[12] Vgl. RUETHER 1978, *pp.* 127*sq.*, wo sie Aphrahat (»der Stammvater der Juden war nicht Abraham, sondern Kain«), Ephrem (»sie [die Juden] stehen in Schande unter den Völkern wie Kain, wegen ihrer widernatürlichen Tat«), Tertullian, Chrysostomos und Augustinus zitiert.

Ich habe die Barabbas-Episode an anderer Stelle aus der Sicht des Historikers untersucht und dabei gezeigt, wie viele ihrer wirkungsvollsten Bestandteile als unhistorisch entlarvt werden können.[13] Das Bild von Pilatus als mildem, gewissensgeplagten Menschen wird durch Berichte von Tacitus, Philo und Josephus gänzlich widerlegt, die alle aufzeigen, daß Pilatus ein roher und käuflicher Schlächter gewesen war. Das *privilegium paschale*, das den Juden angeblich das Recht gab, die Freilassung eines Gefangenen zu fordern, hat es nie gegeben. Selbst wenn es existiert hätte, so hätte es Pilatus nicht daran gehindert, einem anderen Gefangenen oder mehreren zusätzlich die Freiheit zu schenken, wenn er das gewollt hätte. Die angebliche Angst des römischen Statthalters vor den Juden ist eine reine Erfindung, genauso wie die Annahme, daß ein römischer Statthalter nichts dabei gefunden hätte, wenn ein Gefangener behauptet, er sei der König der Juden, und zwar zu einem Zeitpunkt, als die Erhebung eines solchen Anspruchs als Aufruhr galt, der unweigerlich die Todesstrafe nach sich zog – usw.

An dieser Stelle interessieren uns eher die mythischen Aspekte der Barabbas-Geschichte als ihr Bezug, oder eher ihr Nicht-Bezug, auf historische Tatsachen. Ihre Wirkung auf die Phantasie kann gar nicht groß genug eingeschätzt werden. In einer einzigen lebendigen Szene wird der ganze antisemitische Mythos auf unvergeßliche Art dargelegt: der sanfte Jesus, der sich in seinen Opfertod schickt, steht da demütig vor dem tobenden jüdischen Mob, in welchem alle Teile des jüdischen Volkes vertreten sind – Priester, Sadduzäer, Pharisäer, Angehörige des Sanhedrin und kleine Leute –, alle einig in dem Schrei »Kreuziget ihn!«. Pilatus, der römische Statthalter, steht daneben in hilflosem Schmerz; die Römer können nichts dafür.

Ein ironischer Kontrast besteht zwischen dieser Szene und jenem anderen Motiv aus der Mythologie, dem Tod von Baldur. Dort werden alle Verschiebungsmechanismen angewandt, um die Menge zu *entlasten*. Der wirkliche Inhalt der Szene ist der, daß die Menge Baldur mit Steinen und Geschossen bewirft und ihn umbringt. Aber die »sekundäre Bearbeitung« sagt uns, daß dieser manifeste Inhalt irreführend sei, daß die Menge Baldur gar nicht tötet, sondern in aller Unschuld seine Unverwundbarkeit testet, von der alle ausgehen; der eigentlich Schuldige ist die einsame Gestalt Lokis, der offensichtlich an der Steinigung nicht einmal teilnimmt. In der Szene aus dem Evangelium andererseits besteht der manifeste Inhalt darin, daß eine Menge nach der Freilassung Jesu ruft oder darum bittet; ein römischer Statthalter, bestellt von einer mitleidslosen Macht, steht vor ihnen und schlägt ihnen ihren Wunsch ab. Aber die »sekundäre Bearbeitung« sagt uns, daß das alles gar nicht stimmt. Der römische Statthalter ist voller Mitleid; die jüdische Menge verlangt die Freilassung des falschen Mannes, nämlich die von Barabbas;

[13] Vgl. Maccoby 1996.

der römische Statthalter wäre nur zu geneigt, den richtigen Mann, Jesus, freizulassen, aber die Menge läßt das nicht zu; als die Hinrichtung dann schließlich stattfindet, ist nicht der römische Statthalter daran schuld, sondern die Volksmenge.[14] Die Baldur-Szene ist die genaue Umkehrung der Barabbas-Szene. Beide zeigen in unterschiedlicher Weise, wie wirksam die sekundäre Bearbeitung die Bedeutung einer geträumten oder phantasierten Szene in ihr Gegenteil verkehren kann, so daß der Träumer oder Phantasierende um die Anerkennung seiner eigenen Wünsche herumkommt.

Die vielgepriesene Entschließung des II. Vatikanischen Konzils, welche vorgab, die Juden von der Anklage des Gottesmordes seitens der Christen zu entlasten, konzentrierte ihr Augenmerk gerade auf diese Szene und verkündete, daß nicht das *ganze* jüdische Volk an diesem beteiligt gewesen sei, da eine Menschenmenge, die in Jerusalem zusammenströmt, nur einen kleinen Teil des jüdischen Volkes umfassen könne. Darüber hinaus seien die Juden jener Zeit nur ein sehr kleiner Teil der Gesamtheit der Juden aller Zeiten. Man könne daher nicht die Juden insgesamt für den Gottesmord verurteilen, nur wegen der Schuld einer solch winzigen Minderheit. Diese Aussage ist zwar formal richtig, geht jedoch am Kern der Sache vorbei. Der springende Punkt ist nicht die Frage, ob alle Juden der Vergangenheit, Gegenwart und Zukunft im wörtlichen Sinne während der Barabbas-Szene vor Ort waren und die Kreuzigung Jesu verlangten, sondern daß die Szene genau diese *Phantasie heraufzubeschwören beabsichtigt* und das mythologisch auch bewirkt, wie sich an zahllosen Beispielen christlicher Reaktion auf sie durch die Jahrhunderte gezeigt hat. Es ist ein äußerst geschickter Schachzug, zu behaupten, die Beschuldigung wegen Gottesmordes sei falsch, aber abzustreiten, daß jene Beschuldigung jemals von den Evangelien beabsichtigt gewesen wäre, ist entweder absichtliches Reinwaschen der Evangelien von einem grausigen Aspekt oder völlige Unempfindlichkeit gegenüber einer starken und unverkennbaren künstlerischen Wirkung. Diese Haltung verrät auch die völlige Unkenntnis antiker Denkweisen. Daß ein ganzes Volk eine ewige und unaufhebbare Sendung auf sich nahm, war eine anerkannte und verbreitete Vorstellungsweise in der Antike. Sie verbindet sich vor allem mit dem jüdischen Volk, das am Sinaï eine Sendung auf sich nahm, die für es selbst und seine Nachkommen für alle Zeiten bindend war. Es ist wirklich eine Art teuflischer Parodie dieses Ereignisses, wenn Matthäus die Juden so darstellt, als ob sie geschworen hätten, einen Fluch auf ihr Haupt zu nehmen, auf ihres und das aller ihrer Nachkommen in Ewigkeit: »Sein Blut komme über uns und unsere Kinder.«

---

[14] Vgl. Maccoby 1968; dort wird argumentiert, daß Barabbas, der in einigen Manuskripten auch Jesus Barabbas genannt wird, und Jesus von Nazareth dieselbe Person sind; die Evangelien zerlegen ihn jedoch, um der unangenehmen Tatsache zu begegnen, daß das Volk von Jerusalem die Freilassung Jesu forderte. Vgl. auch Maccoby 1996, bes. *cap.* 15 und 17.

Das düsterste und einprägsamste Bild im christlichen Mythos und gleichzeitig die wirksamste Propagandaleistung: die Gerichtsverhandlung gegen Jesus. Pilatus steht hilflos daneben; Jesus ist dem tobenden jüdischen Mob ausgeliefert. (Detail aus ›Ecce Homo‹, Kupferstich nach Rubens)

Auf jeden Fall ist die Aufhebung der Anklage wegen Gottesmordes durch das II. Vatikanische Konzil von mäßiger Bedeutung, wenn man den darauf folgenden Satz bedenkt, nämlich, daß Juden nur von dieser Anklage freigesprochen werden könnten, wenn sie sich nicht mit der »verworfenen Generation«, die zu Zeiten Jesu lebte, in Verbindung bringen. Diese sogenannte »verworfene Generation« war in Wirklichkeit eine der bedeutendsten in der jüdischen religiösen Geschichte: Das Zeitalter der Tannaïm, Hillels und Schammaïs, Jochanan ben Zakkais und Gamaliëls war eine Epoche, die in der Entwicklung des Judentums der Zeit der Kirchenväter im Christentum entspricht. Sich von dieser Generation loszusagen, würde für Juden bedeuten, sich vom Judentum als solchem loszusagen. Diese wunderliche Art, die Anklage wegen Gottesmord zu korrigieren, muß daher als völlig unangemessen beurteilt werden (obwohl sie insofern zu begrüßen ist, als sie wenigstens einen Schritt, wenn auch einen winzigen, in Richtung Anerkennung der christlichen Verantwortung für den Antisemitismus darstellt[15]). Einen wirklichen Schritt nach vorn wird es bedeuten, wenn christliche Autoritäten endlich begreifen, daß die Anklage wegen Gottesmord eine primitive Phantasie ist, die von heidnischen Vorstellungen über göttliche Opfer abgeleitet wurde; und auch, daß auf der Ebene der historischen Fakten der Tod Jesu in die Verantwortlichkeit derer fällt, für die Jesus zu Lebzeiten eine Bedrohung darstellte, d.h. der Römer, nicht der Juden – für welche er ein möglicher Befreier von fremder Besatzungsmacht und religiöser Verfolgung war, ein Mitjude und ein Mensch, den alle Juden ohne Feindseligkeit betrachteten, außer der winzigen Minderheit der Sadduzäer und Herodianer, die zu bezahlten Kollaborateuren der Römer geworden waren.

Die Barabbas-Episode ist die zentrale Szene, in der Jesus als einsame Gestalt dargestellt wird, die allen wesentlichen Teilen des jüdischen Volkes verhaßt ist. Diese Episode als solche hat in enormem Ausmaß zum Bild des Juden in der christlichen Phantasie beigetragen. Vielleicht noch wirkungsvoller in dieser Beziehung ist jedoch das Bild, das durchgehend im Johannesevangelium vermittelt wird, weil es überzeugender und eindringlicher ist. In diesem Evangelium werden »die Juden« (der Ausdruck wird in einer haßerfüllten Litanei ständig wiederholt) dargestellt als böses, einheitliches Ganzes, das nichts anderes herbeiwünscht als den Tod von Jesus. Die katholische Theologin Rosemary Ruether hat es so formuliert:

> *»Die Juden« sind für ihn [Johannes] die Inkarnation des falschen, abtrünnigen Prinzips der gefallenen Welt selbst, die ihrem wahren Sein in Gott entfremdet ist. Sie sind Typos des fleischlichen Menschen, der nichts Geistiges weiß. Sie sind Typos des vergänglichen Menschen, der in die »Zeit« der Welt gehört, doch anders als die geistigen Brüder Jesu niemals den* kairos *des ewigen Geschehens erkennen kann (7,6). Weil sie von ihrem Wesen her der Welt und ihrem feindlichen, entfremdeten Lebensprinzip angehören, ist ihre instinktive Reaktion auf die Offenbarung des geistigen Gottessohnes der Wunsch, ihn zu töten. Was sie erkennen können, ist, daß in Christus ihr falsches Lebensprinzip entlarvt und zu Ende gebracht ist. Deshalb versuchen sie, »ihn zu töten«, sobald das Licht*

[15] Der von Kardinal Bea im Jahre 1960 ausgearbeitete Entwurf wurde in den Fassungen von 1964 und 1965 »bis zur Unkenntlichkeit verwässert« (Hans Wirtz). Die Stelle, die die Juden vom »Gottesmord« freispricht, wurde in der endgültigen Fassung von 1965 weggelassen, und zwar auf Druck sowohl des arabischen Klerus (der sie als Anerkennung Israels wertete) als auch der östlich-orthodoxen (d.h. der »unierten«) und der konservativ-katholischen Kirchenvertreter (welche darin einen Widerspruch zum Bericht der Evangelien sahen). Vgl. Gilbert 1968, *p.* 179. Der Ausdruck »verworfene Generation« findet sich in den »Erläuterungen« zu den in der Endfassung vorgenommenen Änderungen (Gilbert 1968, Anhang E). In diesen »Erläuterungen« wird zudem die Ansicht bekräftigt, daß die Zerstörung des Tempels und Jerusalems die Strafe für den Tod Jesu sei.

in ihrer Gegenwart durchbricht. Mit diesem Mordwunsch zeigen sie ihr wahres Lebensprinzip. Sie beweisen, daß sie nicht »aus Gott« sind, sondern »vom Teufel«, der ein Lügner und Mörder von Anfang an war: ... (8,43–47) [16]

Diese Charakterisierung von Johannes, die eine christliche Autorin voller Verlegenheit und Schmerz zeichnet, ist keineswegs übertrieben. In größerem Maße als andere Evangelisten hat Johannes die Juden als *kollektiven* Heiligen Henker aufgebaut. Sie verkörpern auf Erden jene kosmischen Mächte des Bösen, die nur auf das Licht zu treffen brauchen, um es sofort vernichten zu wollen. Das Johannesevangelium, das späteste Evangelium, ist das »Evangelium der Kirche« und ist am weitesten von der historischen Realität Jesu als jüdischem Lehrer und politischer Gestalt entfernt. Jesus ist zu einem Besucher aus dem Weltraum geworden, der nichts gemein hat mit »den Juden«, unter denen er gelandet ist. Dies ist die äußerste Möglichkeit, einen bestimmten Distanzierungsmechanismus weiterzuentwickeln, mit dessen Hilfe die gerettete Gemeinde sich selbst aus aller Verantwortung für den Tod des göttlichen Opfers entläßt. Es ist der Mechanismus, den Opferer als böse zu betrachten. In einer Gemeinschaft, die weniger von Schuldgefühlen geplagt wird, wenn sie Menschenopfer darbringt, kann man dem Opfernden ehrenvoll und mit Anerkennung begegnen, wie z.B. unter den Azteken; aber wo das Töten des Opfers mit Schrecken und Abscheu betrachtet wird, muß der Opfernde abgelehnt werden mit aller Kraft, deren die Gemeinde fähig ist. Der tiefe Dualismus dieses Musters entsteht aus einem qualvollen psychologischen Dilemma: Erlösung kann nur erlangt werden durch eine Tat, die das Gewissen ablehnt. Es liegt ein tief beschämter Atavismus über der ganzen religiösen Konfiguration: Wir haben hier Menschen, die eine hohe Stufe der Zivilisation erreicht haben, aber nichtsdestotrotz ihren Frieden nur finden können, indem sie sich zu einer primitiven Form der Entsühnung zurückwenden. Der Riß in der Persönlichkeit wird symbolisiert durch den Riß im Weltall: Die Mächte des Atavismus werden zu bösen kosmischen Mächten, von denen man sicher sein kann, daß sie das Licht notwendigerweise zerstören werden, weil solches nur das Vorspiel für dessen Wiedergeburt ist. Die Gemeinde hat ihr Ziel erreicht, indem sie das Mittel ächtet, mit dessen Hilfe sie es erlangt hat.

Die Verteufelung der Juden findet ihren vollkommenen Ausdruck im Johannesevangelium. In anderen Evangelien werden andere Mittel zum gleichen Zweck benutzt: die Judasgeschichte, die Barabbas-Episode, die Verächtlichmachung der Pharisäer. In der darauffolgenden Entwicklung der christlichen Kirche wird die Phantasie von den Juden als kollektivem Heiligen Henker und als Volk des Teufels weiter ausgestaltet und führt zu tragischen Konsequenzen, von den Verfolgungen des Mittelalters bis zum Holocaust des zwanzigsten Jahrhunderts.

---

[16] Vgl. RUETHER 1978, *pp.* 109*sq*.

Kapitel 12

Die Kirche und die Juden

DER EVANGELIST JOHANNES malt die Juden als ganz begierig auf den Tod Jesu, eben so, wie die Dunkelheit naturgemäß das Licht haßt. Diese Darstellung setzt sich innerhalb der kirchlichen Mythologie fort, nämlich in der Vorstellung, die Juden trachteten unersättlich nach dem Tod von Christen. Dem Kirchenmythos zufolge trägt für die Juden jeder Christ die Züge Jesu, und deshalb sind sie von dem Wunsch besessen, ihren verbrecherischen Christusmord zu wiederholen, wann immer sich ihnen die Gelegenheit dazu bietet. Die schauderhafteste Form dieses Mythos finden wir in der mittelalterlichen Blutbeschuldigung, als man die Juden bezichtigte, Christenkinder einzufangen, um sie anschließend zu kreuzigen und ihr Blut zu trinken. Allerdings war dies nur der Gipfel einer Reihe ähnlicher Hirngespinste, die sich bereits zu früherer Zeit in der christlichen Welt ausgebreitet hatten.

Die Ursprünge dieser Phantasien finden sich im Neuen Testament selbst, und zwar in der Apostelgeschichte, die die ersten Jahre der Kirche nach dem Tode Jesu schildert. Auch hier werden die Juden als bösartige Mörder dargestellt, die den Tod der christlichen Märtyrer herbeiführen. Diese Märtyrer wiederum büßen mit ihrem Tode für die Sünden der Welt – der christlichen Welt wohlgemerkt; denn jedermann außerhalb dieser Welt ist ohnehin zur Hölle verdammt. Somit wiederholen sich die Leiden Jesu unaufhörlich, wird sein Blut immer wieder vergossen, und diejenigen, die diese Tat stets aufs neue vollziehen, sind naturgemäß die dazu bestimmten Heiligen Henker, die Juden, deren Rolle somit *ad infinitum* perpetuiert wird. Unterzieht man diese Geschichten über die Verfolgung der frühen christlichen Kirche durch die Juden jedoch einer genaueren Prüfung, so verflüchtigt sich meist ihre geschichtliche Wahrscheinlichkeit, und sie entpuppen sich als reine Legenden.[1]

Die erste Christenverfolgung, von der berichtet wird, ist diejenige durch Saulus, den späteren Paulus. Sie wird uns als Verfolgung durch die Pharisäer dargestellt, da Paulus zu dieser Zeit angeblich Pharisäer war. Seltsamerweise erfahren wir jedoch gleichzeitig, daß Paulus eindeutig auf Befehl des Hohenpriesters handelte, der wiederum Sadduzäer war (Apg 9,2). Der Hohepriester mußte nun verständlicherweise Gegner der Jünger Jesu sein, genauso, wie er ein Gegner von Jesus selbst war und aus genau demselben Grunde: Ernannt durch die Römer, in Zusammenarbeit mit

1 Vgl. HARE 1967, *pp.* 20–43; PARKES 1934, *pp.* 121–151.

ihnen und in ihrem Auftrag handelnd, war der Hohepriester gehalten, alle Bewegungen zu verfolgen, die eine Bedrohung für die römischen Besatzer in Palästina darstellten. Paulus verfolgte also die Kirche von Jerusalem (die Nazarener) nicht etwa, weil er Pharisäer gewesen wäre, sondern aus *politischen* Motiven als Agent eines römischen Quislings in Palästina, nämlich des Hohenpriesters. Es ist Teil der Verleumdungsstrategie gegenüber der bedeutendsten jüdischen religiösen Fraktion, den Pharisäern, daß man diese Aktivitäten des Paulus mit der angeblichen Zugehörigkeit zu ihnen begründet. Daß solche Verleumdungen nicht mit der Realität übereinstimmen, geht – unbeabsichtigt – allerdings ebenfalls aus der Apostelgeschichte hervor, und zwar aus der Stelle, die beschreibt, wie die Pharisäer unter ihrem großen Führer Gamaliël den Führer der Nazarener, Petrus, vor dem Todesurteil des Hohenpriesters retten (Apg 5). Diese Episode steht im Widerspruch zu dem Bild, welches ansonsten die gesamte Apostelgeschichte durchzieht: das der Pharisäer als der Feinde der Nazarener.

Das angebliche Martyrium des Stephanus wird den Juden als Gesamtheit angelastet und hat einen Großteil zum Bild der Juden als Verfolger und Mörder der Urchristen beigetragen. Wie jedoch Hare und andere Autoren nachgewiesen haben, wurde Stephanus während einer Schlägerei getötet, deren genaue Umstände ungeklärt sind; sein Tod wurde dann durch die Erfindung eines Verhörs vor dem Hohen Rat (Sanhedrin), für das es nicht mehr geschichtliche Belege als für das »Verhör« Jesu selbst gibt, zu einem richtigen Martyrium hochstilisiert. [2] Stephanus wird eine lange Rede in den Mund gelegt, voll paulinischer Gedanken, die in jenen frühen Jahren noch gar nicht formuliert waren, in welcher er seinen Tod eindeutig mit einer angeblich seit Jahrhunderten wütenden jüdischen Mordlust in Verbindung bringt: »Welchen der Propheten haben eure Väter nicht verfolgt? Sie haben die getötet, die die Ankunft des Gerechten geweissagt haben, dessen Verräter und Mörder ihr jetzt geworden seid, ihr, die ihr durch die Anordnung von Engeln das Gesetz empfangen, es aber nicht gehalten habt« (Apg 7,52–53 [H]). Paulus' kuriose Idee, daß die Israeliten das Gesetz von Engeln, nicht von Gott, empfangen hätten, wird hier Stephanus in den Mund gelegt. Dieser Gedanke geht nicht etwa auf irgendeine jüdische Quelle zurück, sondern hat seinen Ursprung im Gnostizismus, der die Thora als das Machwerk einer niederen »Macht« und nicht als das Werk des Gottes betrachtete.

Obwohl die Pharisäer Petrus vor dem Hohenpriester retteten, werden in der Apostelgeschichte »die Juden« (diese Formulierung kommt hier ebenso häufig vor wie im Johannesevangelium) so dargestellt, als schmiedeten sie ständig Pläne, um Petrus zu töten. In ähnlicher Weise wird »den Juden« die Verhaftung des Paulus zur

---

[2] Vgl. Hare 1967, *pp.* 20–30; Simon 1958; F. D. Gealy, ›Interpreter's Dictionary of the Bible‹, s.v. »Stephanus«, IV 441*sq.*

Last gelegt, obgleich auch hier wieder zugestanden wird, daß die Pharisäer sich für ihn einsetzten. Rosemary Ruether schreibt hierzu: »Die tatsächliche Verhaftung des Paulus in Jerusalem und seine Überführung in das Gefängnis von Cäsarea werden lang und breit entschuldigt, um die Juden verantwortlich erscheinen zu lassen und die Römer, die immer wieder die Unschuld des Paulus anerkennen und ihn freilassen wollen, als unschuldige Opfer jüdischer Bösartigkeit zu zeigen.« [3]

Alles in allem beruht, wie Hare ausführt, das Bild der bösartigen, stets nach dem Tod der Urchristen trachtenden Juden eher auf theologischen Motiven, als daß es hierfür eine geschichtliche Basis gäbe. [4] Entgegen der Auffassung von Hare und Ruether soll damit jedoch nicht allein bezweckt werden, die Juden als das Volk Gottes zu ersetzen und die göttliche Gnade auf die christliche Kirche zu überschreiben; es geht auch darum, das Bild der Juden als das vom kollektiven Heiligen Henker abzurunden. Diese Rolle der Juden endet nicht mit dem Tode Jesu, sondern muß sich durch die gesamte Geschichte der Kirche hindurch fortsetzen; sie wird aufrechterhalten durch das Konzept, daß sich in den Martyrien die Leiden Jesu wiederholen, weshalb jede Generation ihren Judas braucht.

Im Gegensatz zu der christlichen Vorstellung, daß die Juden von Haß gegen Jesus im besonderen und die Christen im allgemeinen erfüllt gewesen seien, fällt auf, daß in jüdischen Quellen das gesamte Phänomen des Christentums nur gelegentlich erwähnt wird; offensichtlich wurde ihm von jüdischer Seite nicht einmal ein wenigstens mäßiges Interesse entgegengebracht. In der umfangreichen Literatur des Talmud finden sich lediglich einige wenige, flüchtige Hinweise auf Jesus und das Christentum; es läßt sich nirgends der Nachweis für ein wie auch immer geartetes besonderes Interesse an der Sache finden, ganz zu schweigen von einem verzehrenden, besessenen Haß, wie er von den christlichen Verfassern unterstellt wird. Dagegen offenbart die christliche Literatur *allerdings* eine Besessenheit – eine fixe Idee von und ständige Beschäftigung mit den Juden, die auf erschreckende Weise verleumdet und schlechtgemacht werden. [5] Der angebliche Haß der Juden auf die Christen beruht daher teils auf einer Projektion des Hasses, den die Christen in Wahrheit selber gegenüber den Juden hegten, teils auf einer theologisch begründeten Notwendigkeit, die sich aus der Rolle ergibt, welche den Juden in der christlichen Mythologie zugewiesen wird. Dazu kommt die Tatsache, daß sich das Judentum ohne jeglichen Bezug auf das Christentum erläutern ließe, während eine Darstellung des Christentums ohne eine Erklärung, warum es notwendigerweise die Ablehnung des Judentums beinhaltet, nicht möglich war. Die christlichen Ansprüche hätten sich nicht aufstellen lassen ohne die vorherige Zerstörung der Ansprüche des Judentums, auf

---

3 Ruether 1978, *p.* 87.

4 Vgl. Hare 1967, *pp.* 130–145.

5 Zur beleidigenden *Adversus-Judaeos*-Tradition der Kirche siehe Williams 1935; Ruether 1978, *cap.* III; Heer 1967, *cap.* 5; Flannery 1965, *pp.* 39–63; Hay 1950, *cap.* 1.

deren Grundlage sie selbst aufbauten und die sie fest vom Original zu verdrängen im Sinne hatten. Die Verunglimpfung der Juden war daher für das christliche Glaubensgebäude zwingend notwendig, während für Glauben und Ausübung des Judentums nicht einmal die Erwähnung des Christentums erforderlich war. Diese Sachlage konnten die Christen natürlich nicht zugeben; allein der Umstand, daß die Juden keinerlei Interesse an ihnen zeigten, war für sie viel schwerer zu ertragen als eine aktive Gegnerschaft, die ihnen im Grunde ja nur recht gewesen wäre, hätte sie doch das christliche Konstrukt bestätigt. Von den Christen wurden daher die Juden imaginiert, als *glaubten* sie im Grunde an die christliche Lehre, weigerten sich aber, der dazugehörigen Religion beizutreten. Die stetige Weiterentwicklung des Judentums nahmen die Christen nicht zur Kenntnis; sie phantasierten sich die Juden als Menschen, die aus reiner Bösartigkeit und dem eifrigen Bestreben, das Christentum zu schädigen, an einer fossilisierten, widerlegten religiösen Lehre festhielten, die Seele randvoll mit feindseligen Impulsen gegen das Christentum. Nichts freilich lag in Wahrheit ferner von der Realität; war doch gerade diese Zeit jüdischerseits eine Periode reger schöpferischer Tätigkeit, in der die bedeutendsten rabbinischen Schriften entstanden: die Mischna, die Tosefta, die Midraschim und die Talmudim; wenn sich die Juden hier und da mit dem Christentum beschäftigten, so war dies für ihre weiterreichenden Interessen nur von marginaler Bedeutung.

Dennoch sind die Schriften der Kirchenväter voll allgemein gehaltener Behauptungen von jüdischer Bösartigkeit gegenüber den Christen und aktiver Verfolgung des Christentums durch die Juden. So schreibt der hl. Origenes (185–254): »Die Juden richten ihren Zorn nicht gegen die Heiden, die Götzen anbeten und Gott lästern; weder hassen sie diese, noch wüten sie gegen sie. Aber gegen die Christen wüten sie in unersättlicher Raserei.«[6] Gleichwohl ist von Origenes bekannt, daß er persönlich freundschaftlichen Umgang mit zahlreichen Juden pflegte, von denen er vieles lernte, das er in seinen Schriften verarbeitete. Seine Behauptung, daß die Juden einen eingefleischten Haß gegen das Christentum hegten, beruht also keineswegs auf eigener Erfahrung, sondern ist eine theologische Ansicht, die er aufgrund seiner Auslegung einer bestimmten Psalmenstelle vertrat, welche sich seiner Meinung nach auf das Verhältnis zwischen Juden und Christen bezieht (was in Wirklichkeit natürlich nicht zutrifft).[7]

Origenes' Bemerkung mag man noch als konventionelle Pose betrachten (wenngleich sicherlich der durchschnittliche Kirchgänger sie bei der Lektüre von Origenes' Schriften viel ernster nehmen würde); bei Chrysostomos (347–407) dagegen finden wir die gleiche verallgemeinernde Art und Pseudo-Kommentierung des Alten Testaments, kombiniert mit einem sehr realen giftigen Haß auf seine jüdi-

[6] Origenes, ›Zum Psalm XXXVII‹ (PG [Migne]), XII 1322.

[7] Ps 37,12: »Der Frevler sinnt auf Ränke gegen den Gerechten / und knirscht gegen ihn mit den Zähnen.«

schen Zeitgenossen. Mit den Hetzschriften dieses veritablen Heiligen der Kirche und offiziell von ihr hochverehrten Lehrers können nur noch diejenigen Hitlers konkurrieren. Er bezichtigt die Juden aller nur möglichen Verbrechen, selbst des Ermordens und Verspeisens ihrer eigenen Kinder (auch diese Anschuldigung stellt sich bei näherem Hinsehen als Auslegung eines Psalmenverses heraus). Später gibt er halbwegs zu, die Juden würden ihre Kinder nicht mehr verspeisen, behauptet aber statt dessen, daß sie Christus ermordet hätten, was noch schlimmer sei. Er wiegelt die Christen zum Haß gegen die Juden auf: »Hätte jemand euren Sohn ermordet, könntet ihr dann seinen Anblick oder seinen Gruß ertragen? Würdet ihr ihn nicht fliehen, als wäre er ein böser Dämon, als wäre er der Teufel selbst? Die Juden töteten den Sohn eures Herrn … Wollt ihr Ihn dadurch entehren, daß ihr Seinen Mördern Achtung erweist und mit ihnen verkehrt, mit jenen, die Ihn kreuzigten?« (*Or. c. Jud.* 1,7). Andere von Chrysostomos bevorzugte Äußerungen lauten z.B., die Juden huldigten Dämonen; Gott habe sie immer gehaßt; Gott erlaube ihnen nicht, ihren Mord an Jesus zu bereuen. Anlaß für diese Hetze war, daß die Christen von Antiochia auf zu gutem Fuße mit den Juden standen; Chrysostomos sah es daher als seine Pflicht an, dieser Freundschaft ein Ende zu bereiten. Sein Vorgehen reiht sich ein in die Aktivitäten, die für den christlichen Klerus über mehr als tausend Jahre hinweg charakteristisch waren, bis er schließlich sein Ziel auch erreichte: Jede freundliche Gesinnung, die die einfachen Christen aus natürlichen mitmenschlichen Gefühlen heraus irgendwelchen Juden gegenüber hegten, mußte in ein tiefsitzendes Gefühl des Abscheus und Schreckens verkehrt werden. Wir haben es hier mit der größten Gehirnwäsche-Aktion der Geschichte zu tun, welche durchaus nicht einfach zu bewerkstelligen war; es gibt zahlreiche Belege dafür, daß der einfache Christ über Jahrhunderte hinweg dieser Prozedur widerstand. Letztendlich aber sollte sie doch nur allzu erfolgreich sein, wie die passive und aktive Unterstützung, die der Holocaust der Nazis in der Bevölkerung fand, beweist; nach jahrhundertelanger christlicher Indoktrination waren die anti-jüdischen Reaktionen so tief in der Bevölkerung verankert, daß man sie als instinktiv ansehen und sich somit unbedingt auf sie verlassen konnte.

Augustinus (354–430) gehörte ebenfalls zu den großen Kirchenlehrern und Heiligen, die viel Energie darauf verwandten, den Haß gegen die Juden zu schüren. In seinem Werk ›Contra Judaeos‹ führt er aus, die Juden seien niemals das Volk Gottes, sondern stets ein unnatürlich verworfenes Volk gewesen (Gestalten wie Moses, David, Elias oder Jesaja bildeten keineswegs Ausnahmen; sie seien vielmehr Christen und nicht etwa Juden gewesen!). Die Juden, sich als eingefleischte Mörder immer weiter vervollkommnend, hätten sich ihre ganze Geschichte lang auf ihr größtes Verbrechen hinentwickelt, nämlich den Mord an Jesus. Augustinus sieht in den verschiedenen Kontrastpaaren des Alten Testaments – Kain und Abel, Ismaël und Isaak, Esau und Jakob, Hagar und Sara – eine Präfiguration (d.h. vorwegnehmende Darstellung) dessen, daß die Juden verworfen und die christliche Kirche auserwählt worden sei, wobei Kain (eine von Augustinus' Lieblingsideen), Hagar, Ismaël und Esau jeweils für die Juden stehen.

Natürlich handelt es sich hierbei um eine bei den Kirchenvätern beliebte Gleichsetzung; sie findet sich z.B. in den Schriften Tertullians, von Chrysostomos und Aphrahat (auch »Aphraates« geschrieben). Der ermordete Abel wiederum wird mit Jesus gleichgesetzt, und der Umstand, daß Abel durch Seth ersetzt wurde, wird als Repräsentanz der Wiederauferstehung Christi gedeutet. Ebenso soll die Wanderschaft Kains eine symbolische Darstellung der Zerstreuung der Juden nach der Zerstörung ihres Tempels sein. Der christliche Dichter Prudentius (348–410) drückt diese Ansicht so aus: »Der heimatlose Jude zieht von Ort zu Ort, in ständig wechselndem Exil, seit der Zeit, da er vom Ort seiner Väter verbannt und wegen Mordes bestraft wurde; er zahlt den Preis der Sünde, denn seine Hände sind befleckt mit dem Blut Christi, den er verleugnet hat« (Prud. *Apotheosis* 541–545).

Die Schilderungen angeblicher Christenverfolgungen durch die Juden beruhen daher nicht auf historischen Tatsachen, sondern waren ein Bestandteil der Legenden, aus denen sich die Christen ihre Weltordnung zimmerten. James Parkes hat die Unzahl von Erzählungen, die über die christlichen Martyrien der ersten Jahrhunderte überliefert sind, einer sorgfältigen Analyse unterzogen.[8] In viele dieser Märtyrergeschichten aus dem zweiten und dritten Jahrhundert wurden am Rande jüdische Figuren eingeflochten (meist in Gestalt von Juden aus der Zuschauermenge, die den sterbenden Märtyrer verhöhnen oder andere Zuschauer daran hindern, ihm zu helfen oder Mitleid mit ihm zu zeigen). In der überwiegenden Mehrzahl solcher Erzählungen späteren Datums kommen dagegen keinerlei Juden vor. In den Märtyrergeschichten des ersten Jahrhunderts kommt den Juden größere Bedeutung zu, oft werden sie auch als Urheber erwähnt. Diese Geschichten sind jedoch entweder sehr stark an die Darstellungen des Neuen Testaments selbst angelehnt, oder aber sie sind reine Legenden, die im Widerspruch zu anderweitigen Geschichten über die gleichen Märtyrer stehen (von denen in Wirklichkeit einige niemals existiert haben, sondern in Wahrheit umgestaltete Helden heidnischer Mythen sind, z.B. St. Georg [Perseus] oder St. Bartholomäus [Marsyas]). Insgesamt läßt sich der Schluß ziehen, daß die christlichen Märtyrer durch die Hand der Heiden leiden mußten (sie galten nämlich als staatsfeindlich, da sie dem römischen Kaiser keinen Weihrauch darbrachten, obgleich sie davon nicht, wie die Juden, durch Ausnahmegenehmigung befreit waren). Die Juden hatten, wenn überhaupt, hieran nur geringen Anteil.

Der Mangel an Beweisen in der Martyriologie steht in eklatantem Kontrast zu den verallgemeinernden Behauptungen der frühchristlichen Autoren, welche die Verfolgungen hauptsächlich den Juden anlasten. Parkes schreibt diese Ver-

[8] Parkes 1934, *pp.* 125–150.

allgemeinerungen daher theologischen Überlegungen zu und ist der Ansicht, daß vielfach nicht einmal beabsichtigt war, daß man sie wörtlich nehme. Nichtsdestoweniger wurden sie von christlichen Historikern der heutigen Zeit meist für bare Münze genommen. So schreibt Harnack, daß die Juden »die Massen und die Obrigkeit in allen Ländern aufgehetzt [haben]; sie haben die furchtbaren Vorwürfe gegen die Christen, die schon im Zeitalter Trajans eine wichtige Rolle spielten, systematisch und offiziell in die Welt gesetzt [...] und die Verleumdungen über Jesum aufgebracht. [...] Sie haben den heidnischen Christenfeinden das literarische Material geliefert. Sie haben – wenn nicht alles täuscht – die neronische Christenhetze inspiriert und fast überall bei den späteren blutigen Verfolgungen im Hintergrunde oder im Vordergrunde der Aktion gestanden.«[9] Ähnlich urteilen auch die Kirchenhistoriker H. Leclercq und M. Allard. Die Legende vom allzeit bösartig gesinnten, christenmordenden Juden wird so von scheinbar objektiven Historikern, deren Äußerungen nicht auf Beweisen, sondern den theologisch motivierten Verallgemeinerungen der frühen christlichen Autoren fußen, für alle Zeiten festgeschrieben.

Die gruseligste Form des mythologischen Bildes vom Juden als Christus- und Christenmörder finden wir in den mittelalterlichen »Blutbeschuldigungen«, die zur Folterung und Ermordung zahlloser Juden und ganzer jüdischer Gemeinden führten. Diese vollständig aus der Luft gegriffene Anschuldigung besagte, daß die Juden aus rituellen Gründen Christenkinder raubten und umbrächten (dieses angebliche Verbrechen wird manchmal auch als »Ritualmord« bezeichnet). Hierüber hat Hermann Strack, ein christlicher Wissenschaftler (1848–1922), ausführliche Untersuchungen angestellt; sein Buch ›Das Blut im Glauben und Aberglauben der Menschheit‹ (1891; 8. Auflage 1911) wurde von H. Blanchamp ins Englische übersetzt und unter dem Titel ›The Jew and Human Sacrifice: Human Blood and Jewish Ritual‹ (1909) veröffentlicht. Strack wies nach, daß die gegen die Juden erhobenen Anschuldigungen (die auch noch zu der Zeit, als er sein Buch verfaßte, häufig zu hören waren, insbesondere jeweils um die Osterzeit) nicht nur jeder Grundlage entbehrten, sondern daß sie darüber hinaus ihren Ursprung in abergläubischen Blutlegenden haben, die in der *christlichen* Tradition vorkommen, in der jüdischen Kultur bemerkenswerterweise jedoch nicht. Strack selbst war überzeugter Christ; er stammte aus einer alten protestantischen Pastorenfamilie und beteiligte sich sogar an Missionierungstätigkeiten unter den Juden. Er war der Ansicht, daß die grundlosen Anschuldigungen den christlichen Missionsbemühungen stark hinderlich seien und dazu einen üblen Schandfleck in der christlichen Geschichte darstellten, an dessen Tilgung ihm gelegen war. Sein Buch hatte Erfolg, brachte ihm jedoch aus antisemitischen Kreisen üble Verleumdungen ein. Man warf ihm

[9] Harnack 1906, I 65*sq*. Vgl. Parkes 1934, *p.* 125.

vor, von den Juden bestochen worden oder selbst Jude zu sein; gleichzeitig wurde behauptet, er habe keinerlei Kenntnis des Hebräischen, obgleich er in Wirklichkeit der größte nicht-jüdische Talmudgelehrte aller Zeiten war und seine ›Einführung in den Talmud‹ bis auf den heutigen Tag ein unentbehrlicher Leitfaden für Juden wie Christen ist. ›La Civiltà Cattolica‹, ein offizielles Periodikum der katholischen Kirche, vertrat seit der Erstausgabe im Jahre 1849 die Ritualmordbeschuldigung mit gehässiger Verbissenheit, obwohl schon Päpste früherer Generationen diese Beschuldigung als haltlos verworfen hatten. Im allgemeinen waren es die ganzen Jahrhunderte hindurch die Vertreter des niederen Klerus gewesen, welche, insbesondere durch ihre Predigten, den größten Anteil an der Verbreitung dieser Anwürfe hatten, trotz der Versuche verschiedener Päpste und Kaiser, deren Haltlosigkeit ein für allemal klarzustellen. Es muß daher etwas im christlichen Glaubensgebäude geben, das die Verbreitung einer solchen Beschuldigung begünstigte, ja geradezu notwendig und unvermeidlich machte. Sie entsprach so vorzüglich der Struktur der christlichen Vorstellungen, daß jeder Versuch, sie durch Argumente aus der Welt zu schaffen, vergeblich war.

Wir können in der Geschichte des »Ritualmord«-Vorwurfs zwei Phasen unterscheiden. [10] In der ersten Phase lehnte er sich eng an die neutestamentarische Kreuzigungsgeschichte Jesu an; es wurde behauptet, die Juden würden regelmäßig, oder auch von Zeit zu Zeit, ein Christenkind entführen und es auf eine Art und Weise kreuzigen, die auf eine Wiederholung des Todes Jesu hinauslaufe. In diesem Stadium wird die Blutbeschuldigung mit dem christlichen Osterfest in Verbindung gebracht, *nicht* mit dem jüdischen Passahfest; die Untaten der Juden ereigneten sich zu Ostern, um die Kreuzigung in all ihren Einzelheiten nachahmen zu können, und zwar einschließlich ihres Zeitpunktes. Im zweiten Entwicklungsstadium der Ritualmordlegende verlagerte sich der Akzent jedoch vom christlichen Ostern auf das jüdische Passah, und man behauptete, die Juden würden im Rahmen ihrer Passahzeremonien das Blut des ermordeten Christenkindes mit ihrem ungesäuerten Brot vermischen. In diesem Abschnitt entstanden, nachdem erst einmal die Idee eingeführt war, die Juden benutzten Christenblut zu irgendwelchen Zwekken, alsbald allerlei wilde, bizarre Phantasien, wie z.B.: die Juden müßten das Blut von Christen trinken, da männliche Juden aufgrund ihrer Sünde wie Frauen menstruierten und den Blutverlust ausgleichen müßten, oder daß sie das Blut benötigten, um den bei ihrer Beschneidung erlittenen Blutverlust zu kompensieren. Die jetzt aufkommenden Blut-Phantasien gingen, wie Strack ausführte, auf die in den europäischen Ländern üppig wuchernden volkstümlichen Sagen über Vampire, blutsaugende Hexen usw. zurück. In der jüdischen Folklore, der die Faszination durch Blut allemal fremd ist, fehlen derlei Erzählungen.

---

[10] Vgl. Strack 1909/1911; Baron 1952–1975, XI 146–157; Trachtenberg 1966, *cap.* 9–10.

Ein Jude, der den Teufel aus dem Blut zaubert, das er von den von ihm Gekreuzigten gesammelt hat.

Juden werden gefoltert, damit sie den Ritualmord an dem hl. Simon von Trient »gestehen«.

Zeitgenössische Darstellung der Ritualmordlegenden des späten Mittelalters (Holzschnitte von 1575 bzw. 1475)

Das erste Entwicklungsstadium der Ritualmordphantasien, welches im zwölften Jahrhundert einsetzte, ist für unsere gegenwärtige Untersuchung von größerer Bedeutung, da in dieser Phase der idealtypische Jude in christlicher Optik noch seine Rolle als Opfervollzieher beibehielt. In der zweiten Phase dagegen wird der Jude nicht mehr als Opfererbringer gesehen, sondern als eine Art Dämon, Werwolf oder Vampir; hier vermischte sich die althergebrachte Vorstellung von den Juden als dem Volk Satans mit christlichen und heidnischen Alpträumen von blutsaugenden Dämonen. Die lange Indoktrination hatte schließlich Standardphantasien in den Köpfen des Volkes verankert, und die Juden waren in den Komplex aller vorbewußten Ängste der Menschen eingearbeitet. Gleichzeitig bekräftigte diese Dämonisierung der Juden das Bild, das bereits die Theologen von ihnen gezeichnet hatten, und man betrachtete sie mit Schrecken und Abscheu, wie es einem Volk zukam, das das Gottesopfer vollzogen hatte. Den Vertretern des niederen Klerus war daher das Aufkommen der Blutphantasien eine willkommene Vervollständigung ihres Waffenarsenals gegen die Juden.

Man mag fragen, warum diese besonderen Phantasien sich ausgerechnet im zwölften oder dreizehnten Jahrhundert entwickelten und nicht zu einem früheren oder späteren Zeitpunkt (natürlich haben sie sich bis in unsere Zeit gehalten, aber in unserer Untersuchung geht es um die historischen Ursprünge der Blutbeschuldigung in ihrem ersten und zweiten Stadium). Es stellt sich darüber hinaus die Frage, warum es bei der Blutbeschuldigung ausgerechnet um die Ermordung eines *Kindes*, nie eines Erwachsenen geht. Diese Veränderung brachte einen völlig neuen Aspekt in die Legende, stellte man sich doch Jesus all die Jahrhunderte hindurch stets als jungen Mann vor. Als solcher ließ er sich in der Antike gut den sterbenden und wiederauferstandenen Göttern anderer Religionen, z.B. Attis und Adonis, angleichen. Kinder kamen in diesen Religionen selten in Verbindung mit irgendwelchen Todesszenen vor, sondern waren meist vielmehr Gegenstand idyllischer Mutter/Kind-Darstellungen, wie z.B. im Isis-Kult. Offenbar hat es im zwölften und dreizehnten Jahrhundert eine bedeutende psychologische Wandlung in der Christenheit gegeben, denn von diesem Zeitpunkt an war mit der Kreuzigungslegende häufig die Phantasie von einem damit verquickten Opferkind verbunden. Mit dieser psychologischen Wandlung änderte sich auch die bis dahin bestehende Ansicht vom Juden als Opferer.

Es gibt einige interessante Belege dafür, daß sich diese Veränderung vollzogen hatte, bevor sie sich auf das christliche Bild vom Juden auswirkte. Im zwölften Jahrhundert, noch vor der ersten Blutbeschuldigung, finden wir Schilderungen über das angebliche Erscheinen Christi bei der Heiligen Kommunion in Gestalt eines Kindes (manchmal auch in Gestalt eines Lammes [11]). Es hat den Anschein, daß sich

[11] Vgl. Strack 1909/1911, *p.* 34, der Paschasius Radbertus und Germanus zitiert.

im Volk die Einbildung zu verbreiten begonnen hatte, in der Abendmahlshostie sei eher das Christkind gegenwärtig als der Körper eines jungen Mannes. Berthold von Regensburg, ein beliebter Prediger des dreizehnten Jahrhunderts, antwortete auf die Frage: »Warum erscheint Christus nicht sichtbar beim Abendmahl?«, dies sei, um die Empfindungen der versammelten Gemeinde zu schonen, deren Mitglieder sicherlich Bedenken hätten, in die Oblate zu beißen, wenn sie sähen, daß sie in Wirklichkeit Kopf, Hände und Füße eines kleinen Kindes abbeißen würden [12] (›Predigten‹, Wien 1880). Diese schier unglaubliche Antwort wurde zu einer Zeit erteilt, in der die Ritualmordanschuldigungen gegen die Juden überall in Umlauf waren. Daran zeigt sich, daß die zeitgenössische christliche Vorstellungswelt voller Phantasien über das Zerstückeln und Aufessen eines Kleinkindes steckte, und dies nicht mehr nur auf vorbewußter Ebene. Es handelte sich im wesentlichen um einen religiösen Akt, den die Christen selbst in ihrer Phantasie vollzogen, der aber mühelos verschoben und den Juden zum Vorwurf gemacht werden konnte, womit diese einmal mehr die Last christlicher Schuldgefühle zu tragen hatten, die daraus resultierten, daß jene geistliche Probleme mittels Opferriten lösten.

Der erste Fall, in dem die Blutbeschuldigung gegen die Juden vorgebracht wurde, ist der Wilhelms von Norwich aus dem Jahre 1144. Man behauptete, die Juden hätten »vor dem Osterfest ein Christenkind gekauft und es mit allen Martern gemartert, mit denen man unseren Herrn gemartert hat, und es am Karfreitag aus Haß gegen unseren Herrn gekreuzigt«. Es wurde des weiteren behauptet, dies geschehe jedes Jahr zu Ostern, und jedes Jahr fände eine Versammlung der Rabbiner statt, die den Opferplatz aussuchten. Obwohl diese Anklage vor Gericht keinen Bestand hatte und in diesem Fall auch keine Juden für das angebliche Verbrechen bestraft wurden, so erweckte sie doch in den Gemütern eine derartige Resonanz, daß sie in den folgenden Jahren bei sehr vielen Gelegenheiten in ganz Europa wiederholt wurde und schließlich immer mehr Glauben fand. Juden wurden gefoltert, um ein »Geständnis« des Verbrechens zu erpressen; einige brachen unter der Folter zusammen und sagten alles, was ihre Peiniger hören wollten. Jüdische Bürger wurden hingerichtet, ganze jüdische Gemeinden ausgelöscht; der lange Alptraum des Mittelalters nahm seinen Anfang.

Ein berühmter Fall war die Geschichte des hl. Hugo von Lincoln (1255). Nachdem dieses Kind bereits seit mehr als drei Wochen vermißt wurde, fand man seine Leiche in einer Jauchegrube. Die Erklärung lag auf der Hand: das Kind mußte in die Jauchegrube gefallen und darin ertrunken sein. Da sich zu jener Zeit jedoch anläßlich eines Hochzeitsfestes außergewöhnlich viele Juden in Lincoln befanden, bot sich die Ritualmordbeschuldigung an. Matthew Paris protokollierte die Verhandlung. Die Anklage lautete, »das Kind wurde zunächst 10 Tage lang mit Weiß-

[12] Strack 1909/1911; Berthold von Regensburg 1880, II 270.

brot und Milch gemästet, und dann wurden fast alle Juden Englands zur Kreuzigung eingeladen«.[13] Das angebliche Mästen stellte ein unübliches Detail dar, von dem man annahm, es gehe auf eine verleumderische Schmähschrift des antiken antisemitischen Schriftstellers Apion zurück, die Juden würden einmal im Jahr einen Griechen im Tempel von Jerusalem opfern, nachdem sie ihn zuvor gemästet hätten.[14] Es ist jedoch unwahrscheinlich, daß den Einwohnern von Lincoln diese Parallele vorschwebte; die Beschreibung scheint eher ein Beweis für den unbewußten Kannibalismus in ihren Phantasien zu sein und auf den Phantasmen zu beruhen, welche die Eucharistie umgeben. Ein Jude namens Copin wurde so lange gefoltert, bis er »gestand«, der Knabe Hugo sei von den Juden gekreuzigt worden, und neunzehn Juden, einschließlich Copin selbst, wurden gehängt.

Die Geschichte des hl. Hugo von Lincoln war Vorbild für Chaucers »Prioress's Tale« (im deutschen Sprachraum als »Geschichte der Äbtissin« bekannt) in den ›Canterbury Tales‹, die er etwa im Jahr 1385 schrieb. Zu Chaucers Zeiten gab es in England keine Juden; sie waren im Jahr 1290 unter unbeschreiblichen Leiden aus dem Land vertrieben worden. Dieser Umstand hielt Chaucer allerdings nicht davon ab, die Juden zu verabscheuen, wie dies Christenpflicht ist; in der Tat ist der Judenhaß oft viel größer in Ländern, in denen es keine Juden gibt, deren Anwesenheit die Exzesse christlicher Phantasie dämpft. Chaucers »Prioress's Tale« wurde von Literaturkritikern häufig als »entzückend« und »köstlich« bejubelt. Diese Kunstrichter übergehen dabei die finsteren Aspekte der Geschichte, wie auch Chaucer und, in der Tat, die Äbtissin selbst; diese war, wie wir aus dem Prolog erfahren, so zartbesaitet, daß sie nicht einmal den Tod einer Maus mitansehen konnte und Tränen des Mitleids schon bei dem Gedanken an den Tod ihres kleinen Märtyrers vergoß; der Gedanke an die Folterung und Hinrichtung der Juden dagegen – der einzige Teil der Geschichte, der auf harten Fakten beruht – erfüllte sie mit Freude und Befriedigung.

Chaucers Version der Blutbeschuldigung ist jedoch insofern interessant, als es sich nicht um eine Ritualmordgeschichte handelt. Er behauptet in seiner Erzählung nicht, die Juden hätten das Kind gekreuzigt oder gar sein Blut für rituelle Zwekke verwendet. Es ist ein Mord aus reiner Bösartigkeit, da die Juden die Reinheit des Kindes nicht ertragen können. Die Erzählung ist daher, verglichen mit den Ritualmordlegenden, die eine Wiederholung der Ermordung Christi unterstellen, primitiverer Natur, gewissermaßen ohne Umweg; der Mord ist eher selbst eine Art Christusmord als dessen Imitation; die Motive sind die gleichen, aus denen heraus angeblich auch Christus ermordet wurde: ein an Loki erinnernder Haß auf das Licht. Chaucers Erzählung enthält noch ein weiteres, äußerst wichtiges Element,

---

[13] Paris 1872–1883, V 518. Vgl. Trachtenberg 1966, *p.* 131.

[14] Josephus, ›Contra Apionem‹ 2,89–102.

das uns vielleicht den Schlüssel dazu liefern kann, warum in dieser Epoche Christus eher zum Kind geworden war, statt wie gewohnt als junger Mann aufzutreten. Dieses ist die Einführung des Motivs von der Jungfrau Maria in die Erzählung. (Hierzu ist übrigens zu sagen, daß Chaucer seine Handlung nicht frei erfunden, sondern von einer deutschen Erzählung übernommen hat, die sich bereits etwa zwei Jahrhunderte vor Chaucer zurückverfolgen läßt. Seine Erzählung stellt daher keine neuere, umgedichtete Variante dar, sondern sie basiert auf der vermutlich ältesten und daher aufschlußreichsten Version der Legende.)

Der Tatsache, daß in mittelalterlichen Erzählungen und Balladen über angebliche Kindermorde durch die Juden häufig auch die Jungfrau Maria vorkommt, wurde bislang nicht genügend Beachtung geschenkt. Die Geschichte findet sich üblicherweise nicht nur in der Kategorie »Jüdische Kindermordlegenden«, sondern auch unter »Wunder Unserer Lieben Frau«. In Chaucers Erzählung sind es nicht allein die Unschuld und Reinheit des Kindes, die den Haß und den Angriff der Juden hervorrufen, sondern auch der Umstand, daß das Kind die Jungfrau Maria verehrt. Es ist sein Lied zu Ehren der Jungfrau, das die Juden in Wut versetzt. Die Juden wurden zudem in verschiedenen Erzählungen, auch solchen, die nicht von Kindermorden handeln, im allgemeinen als besondere Feinde der Jungfrau Maria porträtiert, von der es ihrerseits hieß, sie verabscheue auch die Juden.[15]

Hier handelt es sich um eine neue Entwicklung in der antijüdischen Thematik, denn die Marienverehrung, um nicht zu sagen -anbetung, gehörte nicht zu den älteren Elementen des Christentums, sondern kam frühestens im elften Jahrhundert auf. Hatte bis dahin die Gestalt der Jungfrau Maria keinen besonders bedeutenden Platz in der christlichen Vorstellungswelt eingenommen, so kann man ohne Übertreibung sagen, daß sie fortan zu einer richtigen Göttin wurde. Insbesondere kam ihr nun eine zentrale Rolle in den christlichen Vorstellungen der *Sündenvergebung* zu. Die Gründe dafür sind vielfältig. Einer der Hauptgründe war, daß Jesus selbst nicht mehr als Inbegriff der Vergebung galt. Im Neuen Testament wird Jesus unter anderem als Richter am jüngsten Tag geschildert, der die Schafe von den Böcken scheidet[16], und dieses Bild hatte allmählich dasjenige des allesvergebenden Fürsprechers der Sünder gegenüber dem unerbittlichen Gottvater überlagert. Tatsäch-

[15] »Ungeachtet ihrer eigenen Abstammung verabscheute sie die Juden und ließ kaum eine Gelegenheit aus, diese zu schikanieren« (Adams 1904, *p.* 263).

[16] Vgl. Mt 25,31–46: »Wenn aber des Menschen Sohn kommen wird in seiner Herrlichkeit und alle heiligen Engel mit ihm, dann wird er sitzen auf dem Stuhl seiner Herrlichkeit, und werden vor ihm alle Völker versammelt werden. Und er wird sie voneinander scheiden, gleich als ein Hirte die Schafe von den Böcken scheidet [...] Und sie werden in die ewige Pein gehen, aber die Gerechten in das ewige Leben.« Siehe auch Mk 8,38, Mt 16,27, Lk 9,26. Vgl. Henry Adams 1904, *pp.* 249–281, zur Furcht vor Jesus dem Richter und zur Zufluchtnahme zu Maria als Fürsprecherin; er zitiert Abaelard: »Wir alle, die wir den Zorn des Richters fürchten, flüchten uns zur Mutter des Richters, die für uns bitten muß und die die Stelle einer Mutter für die Schuldigen einnimmt.«

lich war Jesus selbst zu einer angsteinflößend gestrengen Vaterfigur geworden, die den alttestamentarischen Gottvater, wie ihn die Christen sich vorstellten (im Gegensatz zu den Juden, für die der Gottvater des Alten Testaments insgesamt freundlichere Züge trug), verdrängt hatte und an seinen Platz getreten war. Unter diesen Umständen fiel die Rolle des allesvergebenden Wesens, das für die Christen gerade wegen des Angst und Schrecken einflößenden Gottvaters so unentbehrlich war, an eine weibliche Figur, die Jungfrau Maria, welche Fürbitte für die Sünder leisten und das unerbittliche Gericht umgehen sollte. Henry Adams schildert, auf welche Weise die Jungfrau Maria zur »größten Göttin der Geschichte« wurde, zum unentbehrlichen Beistand der Sünder und zur verläßlichen Stütze für alle, die sie ehrten – selbst Einbrecher beteten zu ihr, bevor sie zu ihrer nächtlichen Arbeit aufbrachen –, gleichzeitig aber zur gefährlichen Feindin all derjenigen, die ihr nicht die gebührende Ehre erwiesen. [17]

Daß nach so vielen Jahrhunderten der Unterdrückung eine weibliche Figur wieder eine Rolle in der Religion spielte, kam im Zuge einer allgemeinen intellektuellen wie gefühlsmäßigen geistigen Bewegung in Europa zustande, einer Bewegung, die z.B. Gruppierungen wie die Troubadoure einschloß, die Albigenser bzw. Katharer oder selbst die jüdischen Kabbalisten. Denis de Rougemont [18] und andere Autoren haben in der Tat belegt, daß der Marienkult als Gegenattraktion zu der Verehrung von Frauenfiguren bei den verschiedenen Gruppen der Häretiker entstand, die die offizielle christliche Glaubenslehre gefährlich zu untergraben begannen. Auf jeden Fall muß die Marienverehrung, da sie mit solcher Begeisterung und so rasch aufgenommen wurde, offensichtlich auf ein entsprechend starkes Bedürfnis gestoßen sein. Sie ist als großer Fortschritt gefeiert worden, setzte sie doch ein Zeichen der Abkehr von der Unterdrückung und Herabsetzung der Frauen, und gewiß war dies auch einer ihrer Aspekte. Andererseits nahm sie jedoch im Christentum den Charakter einer psychischen Regression auf den Stand eines Säuglings an der Mutterbrust an, und eine solche Regression kann man keineswegs als Fortschritt betrachten, es sei denn in Fällen, in denen sie die Vorstufe zu einem neuen Zustand des Erwachsenen-Bewußtseins und sexueller Orientierung bildet. Der Marienkult wurde jedoch keine solche Vorstufe, sondern wurde zur Fixierung einer infantilen Abhängigkeitshaltung von der Mutterfigur. Insbesondere führte er zu noch infantileren und primitiveren Formen oraler Aggression, als sie bislang in der Geschichte des Christentums aufgetreten waren.

Das Verhältnis des Gläubigen zur Jungfrau Maria war ekstatischer und gefühlsmäßiger Natur. Es war in Wirklichkeit ein stark sexuell gefärbtes Verhältnis, obgleich jeder offene Gedanke an Geschlechtliches gründlich verboten war. Genauer

---

[17] ADAMS 1904, *p.* 251.

[18] DE ROUGEMONT 1956.

gesagt, bezog sich dieses Verbot auf die sexuellen Gefühle des Erwachsenen, während die pauschaleren, frei flottierenden sexuellen Gefühle des Kindes an der Mutterbrust zulässig waren. Aus diesem Grunde wurde, obgleich Maria als Sexualobjekt der reinen Phantasie die Starrolle einnahm, ihre Jungfräulichkeit stets ganz besonders herausgestrichen. Die Sexualität des Erwachsenen galt als etwas zutiefst Schlechtes und war daher in unserem Zusammenhang untersagt; insofern wirkte sich der Marienkult keineswegs positiv auf den Status der wirklichen Frauen aus, jedenfalls, wenn sie sexuell aktiv waren; sie galten als noch unwürdiger denn je zuvor.

Die Göttin: Die Jungfrau Maria mit dem Kind an ihrer Brust und dem Mond zu ihren Füßen. (Holzschnitt von Dürer)

Es verwundert keineswegs, daß das Jesuskind damals eine solch große Bedeutung erlangen konnte. Der Kult des Jesuskindes kam gleichzeitig mit dem Marienkult auf und hatte davor keine wesentliche Rolle gespielt. Das Bild der Jungfrau Maria mit dem Jesuskind auf ihrem Schoß wurde zum wichtigsten Symbol des Christentums, da sich die männlichen Gläubigen fortan eher mit dem Jesuskind identifizierten, während dies zuvor mit dem erwachsenen Jesus der Fall gewesen war. Jesus spaltete sich nun regelrecht in zwei Figuren: den erwachsenen Jesus, eine gestrenge Richterfigur, und das Jesuskind, das mit seiner Mutter zusammen als Symbol dafür stand, daß die Vergebung für jedwede Sünde grundsätzlich zu erlangen war.

Da man die Messe als Opferzeremonie betrachtete, welche die Sündenvergebung bewirkte, wurde aus ihr, da der Gläubige sich vorzustellen hatte, Jesus sei substantiell in Brot und Wein der Messe enthalten, welche sich auf magische Weise in seinen Leib und sein Blut verwandelten, nun eine Zeremonie, bei der man das *Kind Jesus*, das die Vergebung verkörperte, zerteilte, aß und trank. Durch das Verspeisen des Kindes wurde der Gläubige selbst zum Kind. Dem erwachsenen Jesus, in seiner Eigenschaft als Richterfigur, kam in der Messe keinerlei Bedeutung mehr zu. Zusätzlich zu der den Juden zugeschobenen Schuld an der Opferung Jesu kamen nun neue Elemente ins Spiel, die vorher fehlten: das Zerstückeln und Verspeisen eines Kindes und das Trinken seines Blutes. Bis dahin hatte man die Juden nur dafür verantwortlich gemacht, daß Jesus am Kreuz geopfert wurde; dann aber entwickelten sich durch die mit dem Abendmahl einhergehende Kannibalismus-Phantasie derartige unbewußte Schuldgefühle, die um so stärker waren, als man sich nun das Opfer als Kind vorstellte, daß diese Opferung ebenfalls den Juden untergeschoben werden mußte. Ihnen wurde nun vorgeworfen, sie führten in der *Realität* die Tat aus, die der christliche Kommunikant in der *Phantasie* beging, d.h. das Töten eines Kindes und das Trinken seines Blutes.

Es besteht somit historisch und psychologisch gesehen ein enger Zusammenhang zwischen der Entstehung des Marienkultes und dem Aufkommen der Ritualmordlegende und Blutbeschuldigung gegen die Juden. Erst von dieser Zeit an begann man, die Juden als Untermenschen, als bestialische und dämonische Wesen anzusehen. Bei allen bisherigen Schuldzuweisungen hatten die Juden in den Augen der Christen immer noch eine gewisse Restwürde behalten, die mit der Rolle des Heiligen Henkers zusammenhing. Von nun an aber wurde die Bezeichnung »Jude« gleichbedeutend mit »Vampir«. Viele Christen glaubten schließlich, die Juden hätten Bockshufe und einen Schwanz, sie litten an einem angeborenen Körpergestank und an Blutkrankheiten, die sie durch Vampirismus zu heilen suchten.[19] Denn die Juden galten den christlichen Gläubigen nun als Gegner der ekstatischen Verehrung der heiligen Mutter und des heiligen Kindes (die Juden selbst hatten derweil kaum etwas davon erfahren, daß sich eine Veränderung im christlichen Kult vollzogen hatte; sie stellten nur fest, daß

[19] Vgl. Trachtenberg 1966, *cap.* 3, »Mit Hörnern und Schwanz«, insbesondere *p.* 50.

man ihnen mit größerer Feindseligkeit begegnete). Auch die jetzt aufkommenden Legenden, die Juden hätten Hostien gestohlen und dadurch geschändet, daß sie sie in Stücke schnitten, muß man im Zusammenhang mit der Anbetung des Jesuskindes sehen, dessen Leib das Abendmahlsbrot ja angeblich darstellt. Den erwachsenen Jesus ermordet zu haben, galt zwar schon als schlimm genug; aber immerhin war dies nach einem Prozeß und durch eine Hinrichtung gewissermaßen in einem würdigen Rahmen geschehen. Nachdem man nun jedoch die Juden auf die Ebene von Kindermördern degradiert hatte, sah man sie nicht mehr als grausame, aber dennoch beeindruckende Vaterfiguren, die den Tod der Sohnesgestalt verfügt hatten, sondern als verschlagene Kreaturen der Finsternis, die darauf lauerten, ein Christenkind zu fangen, um es in bestialischen, dämonischen Ritualen und Zeremonien umzubringen.

Eine Darstellung der angeblichen Hostienschändung durch Juden aus dem 15. Jahrhundert. (Holzschnitt, 1492)

Dennoch behielten die Juden noch so viel von ihrem Ansehen als erwachsene, väterähnliche Gestalten bei, um als ausgemachte Feinde jener prägenitalen Sexualität zu gelten, die den christlichen Mutter-und-Kind-Kult charakterisierte. Bezeichnenderweise handelt es sich bei dem Lied, welches das kleine Kind in den älteren Versionen der Chaucers »Prioress's Tale« zugrundeliegenden Erzählungen singt, um ›Gaude Maria‹, ein Lied, in dem den Juden der Vorwurf gemacht wird, sie glaubten nicht an die Jungfräulichkeit Marias und behaupteten, Jesus sei durch den normalen Fortpflanzungsvorgang auf die Welt gekommen.[20] Es trifft zu, daß den Juden die christliche Wertschätzung des Zölibats und der Jungfräulichkeit völlig fremd war; ihnen galt die Sexualität als ein Geschenk Gottes, und eine Jungfrau erschien ihnen daher eher bemitleidens- als bewundernswert. Zwischen dieser unterschiedlichen Einstellung des Christen- und Judentums zur Sexualität und dem unterschiedlichen Stellenwert, der dem Opfervorgang in beiden Religionen zukommt, besteht ein enger psychologischer Zusammenhang. Das Christentum ist eine Religion, in der das Opfer das Primäre ist; nur durch das Opfer Jesu findet der Gläubige seine Rettung. Dies zeugt von einem tiefen sexuellen Schuldgefühl, das durch das Opfer beseitigt werden soll. Stellt man sich nun, wie dies im christlichen Mythos der Fall ist, vor, daß derjenige, der das Opfer vollzieht, dies eben nicht zur Rettung der Gläubigen tut, sondern aus eigenen, schlechten Motiven heraus, dann repräsentiert dieser natürlich auch die sündhafte Sexualität, die durch das Opfer gesühnt werden soll. In der christlichen Vorstellung gelten somit die Juden als Anhänger jener fleischlichen Lust, die die Jungfrau Maria wundersamerweise überwunden hat, und verhöhnen als solche das christliche Ideal, indem sie das Gerücht in die Welt setzen, Maria sei gar keine Jungfrau gewesen.

In Wirklichkeit offenbart sich in der Entsexualisierung der Frau im Marienkult eine starke Angst vor Frauen; sie werden – in Gestalt der Jungfrau Maria, ihrer Vertreterin – bewundert und verehrt, allerdings ausschließlich unter der Voraussetzung, daß sie frei von jeder Erwachsenen-Sexualität sind. Es ist kein Zufall, daß die Verehrung der Jungfrau Maria einherging mit üblen Diffamierungen der Frauen im allgemeinen, die man als gefährliche Verführerinnen und Quellen der Versuchung beschimpfte oder sie sich als Hexen und Sukkubi phantasierte. Sogar das Bild der Maria selbst ist noch teilweise mit der dem Marienkult zugrundeliegenden Furcht vor der Frau behaftet; in zahlreichen Legenden und Balladen verwandelt sich Maria in eine furchterregende Gestalt, sobald man sich ihrem Willen widersetzt. Es ist übrigens bezeichnend, daß in der einzigen Ballade, die die jüdische Kindermordlegende zum Thema hat und in der die Jungfrau Maria nicht vorkommt, dieser Mord nicht von einem Juden, sondern einer Jüdin verübt wird, welche als Verführerin des Kindsvaters und ganz allgemein als das »Ewig-Weibliche« in seiner gefährlichsten Gestalt porträtiert wird.[21] So, wie der männliche Jude stellvertretend für den furchteinflößenden Vatergott steht, der den Tod des Sohngottes verlangt, schlich

[20] Der Lobesgesang ›Gaude Maria‹ enthält folgende Worte: »*Erubescat Judaeus infelix, qui dicit Christum Joseph semine esse natum.*«

[21] Die Ballade trägt den Titel ›Sir Hugh or the Jew's Daughter‹, Child 1882–1898, III 233 (Nr. 155). Vgl. Childs nützliche Einführung zu dieser Ballade.

sich auch mit dem Wiederaufleben einer Göttin in Gestalt der Jungfrau Maria nun der Gedanke in das Bewußtsein der Gläubigen ein, daß es die Göttin gewesen war, die ursprünglich die Opferung des Sohngottes gefordert habe, und es mußte eine weibliche Ersatzfigur für diese blutrünstige Göttin eingeführt werden in Gestalt einer jüdischen Mörderin und Verführerin.

Die Rolle des Juden als Heiliger Henker veränderte sich während des Mittelalters auf überraschende und bestürzende Weise dadurch, daß die Christen selbst eine Regression im psychologischen Sinne durchmachten und ihr Bild vom Geopferten, d.h. von Jesus, veränderten. Nachdem das Opfer nunmehr die Züge eines Kindes angenommen hatte und nicht mehr die Kreuzigung, sondern die Messe im Mittelpunkt oral-aggressiver Phantasien vom Töten und Verspeisen des geopferten Gottes stand, war die Figur des Juden, auf den man diese Phantasien übertrug, zum abscheuerregenden Schreckgespenst geworden. Sobald die jeder Sexualität beraubte Muttergestalt in den Mittelpunkt der himmlischen Bühne gerückt worden war, wurde der Jude zum Feind jeglicher Zärtlichkeit und kindlicher Wonne erklärt und zur Verkörperung einer drohenden Wiederkehr des verbannten oder gleich einem bösen Geist ausgetriebenen grausamen Vaters. So wurden die Juden zur Zielscheibe eines unbändigen Hasses, der ebenso tief war wie der Glaube an die Glückseligkeitsverheißung der heiligen Mutter-Kind-Beziehung, die sie angeblich bedrohten, und man behandelte sie mit zunehmender Grausamkeit und Verachtung. Das »zärtliche Mitgefühl« der Äbtissin ist daher nur die Kehrseite der Medaille, betrachtet man ihre Freude angesichts der Folterung und Hinrichtung der Juden.

Gleichzeitig blieb die schon früher bestehende Vorstellung vom Juden als grausamer, richtender Vaterfigur neben dem Bild der bestialischen Schreckensgestalt erhalten. Hier, in diesem älteren Bild der Juden, das auf den Berichten der Evangelien über die strengen, richtenden Pharisäer und den urteilssprechenden Hohen Rat beruht, ist dem Juden noch jene gewisse Würde erhalten geblieben, die die Rolle des Heiligen Henkers erheischt; denn der Henker muß nicht nur die Bürde des Vorwurfs für die Opferung tragen, sondern er muß dem Opferungsakt auch stets zu einem gewissen Grad den Rang einer ehrfurchtgebietenden und heiligen Zeremonie verleihen.

Im nächsten Kapitel werden wir sehen, wie diese Notwendigkeit wieder aufs neue zum Tragen kommen sollte. An dieser Stelle soll nur dieses noch dazu gesagt werden, daß man in zahlreichen christlichen Ländern Juden dazu zwang, als öffentliche Henker zu fungieren.[22] Nichts könnte den Charakter des Christentums und des Bildes, welches es von den Juden konzipierte, besser ausdrücken als diese Tatsache. Im Gegensatz zum jüdischen Recht, welches vorschreibt, daß die Haupt-

[22] Vgl. Trachtenberg 1966, *p.* 129; Starr 1939, *pp.* 22*sqq.* und 202, Nr. 149; Roth 1943, *p.* 102 und Starr 1942, *pp.* 68, 74*sqq.* Im letzten Zitat beschreibt Starr die Großzügigkeit des Dogen von Venedig, der sich zwar weigerte, den jüdischen Henker aus seinen Pflichten zu entlassen, ihn aber davon entband, diese am Sabbat oder an Feiertagen ausüben zu müssen.

zeugen der Anklage auch den wichtigsten Part bei der Hinrichtung zu übernehmen haben (Dtn 13,10), betrachtet das Christentum eine notwendige Tötung als etwas, wofür die Verantwortung auf jemand anderen abgeschoben werden muß; und auf wen könnte man sie besser abschieben als auf den Juden, der doch – angeblich – für die notwendigste aller Hinrichtungen verantwortlich gewesen ist?

Selten findet sich die christliche Vorstellungswelt in solcher Verdichtung wie in diesem allegorischen Deckengemälde der Zwiefaltener Klosterkirche von Andreas Meinrad von Au. Den Teufel als Träger von Schuld (Apfel) kann Maria zertreten, weil sie das Jesuskind geboren hat, welches seinerseits durch seine Kreuzigung als Erwachsener wiederum den entscheidenden Angriff auf Satan führen kann; deshalb benutzt es das Kreuz schon hier zielsicher als Stichwaffe.

Kapitel 13

Der Heilige Henker in der Moderne

Die Welt des Mittelalters lieferte das Reservoir an Judenhaß und -verachtung, das es den Nazis ermöglichte, ihre Vernichtungsstrategie umzusetzen. Gerade in denjenigen Ländern, in denen das mittelalterliche Bild des Juden am stärksten verinnerlicht war, konnte diese Politik mit der stillschweigenden, teilweise auch der aktiven Unterstützung der Bevölkerung durchgeführt werden. Gleichwohl baute der Judenhaß der Nazis auf einer Theorie auf, die sich in einigen wesentlichen Aspekten von der aus Theologemen abgeleiteten Theorie des Mittelalters unterschied. Dies zeigt sich schon daran, daß die Nazis die vollständige Vernichtung der Juden planten; denn die Christenheit war, wie wir bereits dargelegt haben, nicht daran interessiert, daß die Juden gänzlich aus der Welt verschwinden sollten, spielten diese doch in der mythologischen Ökonomie des Christentums eine wesentliche Rolle. Die Nazis dagegen betrachteten die Juden nicht mehr als notwendige Träger kollektiver Schuld, sondern sahen in ihnen ein völlig überflüssiges Übel, dessen man sich ohne Nachteile entledigen konnte wie einer Rattenplage. Zwar benutzten die Nazis alle antijüdischen Geschütze des mittelalterlichen Propagandaarsenals, aber ihre Haltung war eine andere. Sie gaben sich nicht mit ständigen Verfolgungen, Vertreibungen, Pogromen oder begrenzten periodischen Massakern zufrieden, die aber allesamt ganz selbstverständlich von der weiteren Präsenz der Juden innerhalb der christlichen Welt ausgingen, sondern sie konnten sich eine Welt ohne Juden vorstellen – mit anderen Worten: eine Welt, in der die Rolle der Juden als Opfervollzieher nicht mehr notwendig war. Es ist wichtig, hier aufzuzeigen, wie es zu dieser Veränderung kam, ohne dabei jemals die Kontinuität zwischen dem Antisemitismus der Nazis und seinem christlichen Hintergrund, ohne den er niemals hätte entstehen können, aus dem Auge zu verlieren.

Das Mittelalter lieferte eine Reihe verschiedener Bilder des Juden, von denen einige auf den ersten Blick wenig mit der Funktion des Juden als Heiligem Henker zu tun haben mögen; dennoch trugen sie allesamt zum antijüdischen Klischee der Nazis bei. Es gab den Juden als »Hexenmeister«, den Juden als »Wucherer«, und es gab die Legende vom Ewigen Juden. Der Anschein, diese Vorstellungen hätten nichts mit der Rolle der Juden als Opfererbringer zu tun, ist jedoch trügerisch; man kann nicht davon ausgehen, daß sich die Nazis aus dieser Quelle vollkommen neue Archetypen des Juden verschaffen konnten.

Das Bild vom Juden als Hexenmeister war eng verknüpft mit der Vorstellung vom Juden als dem irdischen Vertreter des Teufels. Da die Kreuzigung Jesu hauptsächlich als das Werk des Teufels galt, mußten des Teufels irdische Lieblinge logischerweise von diesem auch mit besonderer Gunst in Form von Kenntnissen der Schwarzen Künste, d.h. der Schwarzen Magie, versehen worden sein. Gleichzeitig waren aber gerade solche Fähigkeiten auch der Grund dafür, daß man den Juden eine gewisse zähneknirschende Bewunderung entgegenbrachte. Man glaubte, sie besäßen Kenntnisse aller nur möglichen verbotenen Wissenschaften; eine Annahme, die allerdings durchaus einen realen Hintergrund hatte, denn die Juden nahmen tatsächlich eine herausragende Stellung ein, was wissenschaftliche Entdekkungen und medizinisches Wissen anbelangte. Auf dieser Grundlage entstanden so weitverbreitete und beliebte Geschichten wie z.B. ›Des Juden schöne Tochter‹, in welcher ein junger Christ sich als Zauberlehrling bei einem Juden verdingt und sich dessen Geheimnisse aneignet, um sich schließlich mit seinem Vermögen und seiner schönen Tochter aus dem Staub zu machen.[1] Diese Fabel zeigt, in welchem Maße Christen in den Juden mächtige Vaterfiguren sahen. In Wirklichkeit ist diese Geschichte eine Variante alter Legenden und Volkserzählungen (wie z.B. denen von Jason oder Theseus), die davon handeln, daß ein junger Fremdling den mächtigen König überlistet und dessen Schatz, sowohl in materieller als auch sexueller Hinsicht, erringt. Zu einer Zeit, in der die Juden sich in Wirklichkeit in einem Zustand hilfloser Schwäche und Unterdrückung befanden, erschienen sie in der christlichen Vorstellung als gefährlich und mächtig. Der Status des Juden als Vaterfigur hat seinen Ursprung in mehreren Quellen: der Identifikation mit dem »bösen Vater« selbst – dem Teufel; der Identifikation mit Gottvater, dem Kultmittelpunkt in der jüdischen Religion; hauptsächlich jedoch in der Identifikation mit dem Ziele beider, des guten und des bösen Vaters, den Tod des Sohnes herbeizuführen.

Das Bild vom Juden als Wucherer ist auf subtilere Weise mit der Rolle der Juden als Opfererbringer verknüpft. Es ist eine historische Tatsache, daß die Juden wirklich eine gewisse Zeit lang stark in Wuchergeschäfte bzw. den Geldverleih gegen Zinsen verwickelt waren; jedoch geschah dies keineswegs freiwillig: Ihnen war diese Rolle dadurch aufgezwungen worden, daß man sie von allen anderen Berufen ausgeschlossen hatte. Die Juden waren zuvor bedeutende Kaufleute gewesen, die den Handel mit fernen Ländern erschlossen hatten und abenteuerliche Reisen zwischen diesen Ländern unternahmen. Das Aufkommen und die Ausbreitung der Zünfte, die die Juden ausschlossen, bedeutete für die europäischen Juden das Ende ihrer Handelstätigkeit in großem Maßstab, und ihr Ausschluß von allen anderen ehrbaren Berufen (mit Ausnahme der Medizin; hier wurden sie, trotz päpstlicher Donnerwetter, von weltlichen Herrschern verbotenerweise nach wie vor ein-

---

[1] Vgl. Maccoby 1970b.

gesetzt) führte dazu, daß sie ihr Kapital nur nutzen konnten, indem sie es gegen Zinsen verliehen. Eigentlich verbieten die biblischen Gesetze [2] den Geldverleih gegen Zinsen zwischen Juden untereinander; ebenso untersagen die Gesetze des Talmud [3] dies zwischen Juden und Nicht-Juden, nicht jedoch, wenn die Umstände sie in eine schreckliche Zwangslage bringen – was in diesem Fall anerkanntermaßen durchaus gegeben war. Die historische Entwicklung wird in zwei antijüdischen Theaterstücken widergespiegelt: in Marlowes ›Der Jude von Malta‹, in dem der jüdische Schurke ein bedeutender Kaufmann, und in Shakespeares ›Der Kaufmann von Venedig‹, in dem der jüdische Schurke ein bedeutender Geldverleiher ist. Das Bild, das Shakespeare zeichnete, war allerdings schon fast überholt, wurden doch die Juden bereits durch das Wachstum des von Christen betriebenen Bankwesens aus dem großen Geldverleihgeschäft herausgedrängt, so, wie sie zuvor auch aus dem großen Handelsgeschäft verdrängt worden waren. Die Zeit des verelendeten jüdischen Hausierers und Pfandleihers war angebrochen. [4]

In einer Zeit, in der der Geldverleih gegen Zinsen durch die christlichen Gesetze als etwas absolut Verbotenes galt (eine Idee, die jedoch im wesentlichen der Hebräischen Bibel entstammt, allerdings ohne die durch den Talmud eingeführten, den realen Umständen Rechnung tragenden Einschränkungen), war es den Juden nicht nur gestattet, Geld gegen Zinsen zu verleihen, sondern sie wurden dazu auch geradewegs angespornt. Die weltlichen Herrscher betrachteten den Besitz von Juden als wertvollen Aktivposten, und sie bewahrten ihre Juden oftmals vor der Vernichtung, obwohl sie diese Juden, welche sie als ihre persönlichen Sklaven ansahen, ihrerseits massiv erpreßten und mit großer Grausamkeit behandelten. Die Juden übten durch ihre Tätigkeit als Bankiers tatsächlich eine wichtige Funktion innerhalb der Gesellschaft aus; da aber Bankgeschäfte oder »Wucher« als Todsünde angesehen wurden, war es nur allzu bequem, daß es eine Klasse von Menschen gab, die ohnehin als verdammt und bereits darin geübt galt, notwendige Sünden zu begehen.

Mit den »Wuchergeschäften« der Juden verhielt es sich somit genauso wie mit der ihnen aufgezwungenen Rolle des amtlichen Henkers. Die Juden erledigten die Drecksarbeit der christlichen Gemeinschaft; nicht im Bereich der körperlichen Arbeit, wie die Leibeigenen (oder die Unberührbaren in der hinduistischen Gesellschaft), sondern in moralischer Hinsicht. Als Wucherer zu gelten, bedeutete daher einfach eine Ausweitung der generellen Rolle der Juden als Opfererbringer, eine logische Folge aus ihrer Stellung als Vollzieher des schwerwiegenden, aber notwendigen Verbrechens der Kreuzigung.

---

[2] Ex 22,24.

[3] Babylonischer Talmud, Baba Metzi'a 70b–71a. Vgl. Stein 1955.

[4] Vgl. Baron 1967, XII 69–197; Roth 1943, *cap.* 19.

Ein Naziplakat aus dem Jahr 1924: Der Jude wurde zum Sündenbock für alle Mißstände in der deutschen Gesellschaft gemacht; hier wird er als wohlhabender Geschäftsmann dargestellt, der sein Geld mit Bankgeschäften und Börsenspekulation verdient hat und dem Arbeiter alle ökonomischen Lasten aufbürdet – ein Bild, das einer Bevölkerung, bei der die Gehirnwäsche funktioniert hat, leicht eingängig ist.

All dies schützte die Juden jedoch nicht davor, daß man sie wegen ihrer »verabscheuenswürdigen Wucherei« verleumdete und gelegentlich allein aus diesem Grunde abschlachtete. In der Tat besteht zwischen dem Vorwurf der Wucherei und der Blutbeschuldigung eine enge Verbindung, denn in zahlreichen Fällen wurde die Blutbeschuldigung von Christen erhoben, meist Angehörigen der Oberschicht, die hofften, dadurch um die Rückzahlung ihrer angesammelten Schulden bei den Juden herumzukommen. Darüber hinaus verschmolz die Vorstellung vom Juden als Wucherer und die damit einhergehenden Metaphern vom »Blutsaugen« zusammen mit der Blutbeschuldigung zu einem Bild von den Juden als Parasiten der Gesellschaft, die keiner nützlichen Arbeit nachgingen, sondern die hart arbeitende christliche Bauernschaft aussaugten. Dies ist ein Klischee, das sich bis in unsere heutige Zeit hinein gehalten hat, obwohl die Juden inzwischen Zugang zu allen Berufen gefunden hatten, von denen sie früher ausgesperrt gewesen waren, und selbst ungeachtet der Tatsache, daß in Israel sogar eine jüdische Bauernschaft entstanden war. Antisemiten wie Ezra Pound setzten »Wucher« mit »Juden« gleich, obwohl Bank- und Börsengeschäfte inzwischen zur Domäne der christlichen Oberschicht geworden waren. [5] Für die Nazis waren alle Banken jüdisch; eine einzelne jüdische Bankiersfamilie, die Rothschilds, wurde zum Synonym für weltweiten Wucher, obgleich ihr Bankbetrieb, verglichen mit den großen nichtjüdischen Banken, recht unbedeutend war.

Die Legende vom Ewigen Juden [6] steuerte ebenfalls einen Teil zum antisemitischen Bild der Nazis bei, wenn sie auch, zumindest in einigen ihrer Versionen, von allen christlichen Phantasien über die Juden die am wenigsten feindselige darstellt. Diese Legende hat ihre Wurzeln zwar in frühchristlicher Zeit, fand aber erst im siebzehnten Jahrhundert weite Verbreitung. In ihrer gemäßigtesten Form handelt die Geschichte von einem Juden namens Ahasver, der zur Zeit der Kreuzigung Jesu als Schuster in Jerusalem lebte. Als Jesus sein Kreuz durch die Straßen trug, hielt er vor der Schusterwerkstatt an, um sich auszuruhen, aber Ahasver verscheuchte ihn mit barschen Worten bzw. – laut anderen Versionen – mit einem Stoß. Jesus sprach: »Ich gehe, und du wirst auf mich warten, bis ich wiederkomme.« Ahasver war somit dazu verdammt, bis zur Wiederkunft Christi leben zu müssen. Er ist immer rast- und ruhelos und kann nie lange an einem Ort bleiben. Er sehnt den Tod herbei, kann aber nicht sterben; selbst wenn er sich in einen Fluß stürzt, weigern sich die Fluten, ihn ertrinken zu lassen. Er hat seine Sünde schon längst bereut und ist zum überzeugten Christen geworden; überall, wo er hinkommt, erzählt er seine Geschichte und bezeugt damit die Wahrheit der christlichen Religion, da er selbst Augenzeuge der Kreuzigung gewesen ist und Christus persönlich ihn seiner Wiederkunft versichert hat.

---

5 Vgl. Maccoby 1976b.

6 Vgl. Gaer 1961; Rosenberg 1961; Anderson 1965.

In dieser Form verkörpert die Legende eindeutig eine christliche Wunscherfüllung: Sie ist Ausdruck des Wunsches, die Juden mögen die ihnen im christlichen Mythos zugewiesene Rolle akzeptieren. Der Stoß, den Ahasver Jesus versetzt, symbolisiert, daß Ahasver an der Hinrichtung beteiligt und in die Schuld des jüdischen Volkes verwickelt ist. Der Ewige bzw. Wandernde Jude steht daher (und dies wurde auch schon immer als solches erkannt) für das gesamte jüdische Volk, und sein Umherwandern stellt nichts Geringeres dar als das mühselige Exilleben der Juden und ihre ständigen Vertreibungen, selbst aus Ländern wie Spanien, wo sie einen unschätzbaren Beitrag zur Kultur und zum Wohlstand ihres Gastlandes geleistet haben. Das unnatürlich lange Leben des Ewigen Juden steht darüber hinaus für das wundersame Überleben der Juden, was die Christen allerdings nicht auf die Stärke der jüdischen Identität und Kultur zurückführen, sondern es ist in ihren Augen der Wille Gottes, die Qual der Juden bis zur Zeit des Tausendjährigen Reichs Christi zu verlängern. Diese zwei Elemente – das Herumwandern und ein wundersam verlängertes Leben – sind jedoch, wie wir bereits gesehen haben, Charakteristika des Heiligen Henkers. Auch Kain zog umher; auch sein Leben stand unter einem besonderen Schutz. Ein früher Tod des Heiligen Henkers hätte ja bedeutet, daß auch seine erlösende Kraft erloschen wäre; es hätte dann niemanden mehr gegeben, der die Sünden der Gemeinschaft auf sich nehmen könnte, insbesondere nicht die Schuld, die aus der fortdauernden Wirksamkeit des göttlichen Opfers erwächst.

Das »Warten« des Ewigen Juden auf die Wiederkunft Jesu spiegelt das Warten der Juden wider, wie es der christliche Mythos darstellt, demzufolge das Tausendjährige Reich Christi nicht ohne die Beteiligung der Juden eintreffen kann. Dieser Aspekt erklärt zweifellos die plötzliche Popularität dieser Legende im 17. Jahrhundert, einer Zeit, in der Endzeiterwartungen in ganz Europa (auch unter den Juden selbst) verbreitet waren. Die wild wuchernden Geschichten über das Auftauchen des Ewigen Juden in verschiedenen europäischen Städten nährten allgemein die Hoffnungen auf die unmittelbar bevorstehende Wiederkunft Christi.

In den Augen der Christen war die Legende vom Ewigen Juden jedoch mehr als nur eine symbolische Darstellung der Leiden der Juden selbst: es existierte auch die Vorstellung, der Ewige Jude glaube an die christliche Religion. Dies war Ausdruck des brennenden Wunsches, daß sich die Juden nicht nur bekehren lassen würden, sondern daß sie, wie der Ewige Jude, ihre Schuld am Tode Jesu anerkennen und einsehen würden, daß sie folglich die Leiden, denen sie fortan unter dem Christentum ausgesetzt waren, auch verdient hätten. Sollte dies eintreten, so wäre das Tausendjährige Reich Christi nicht weit – nicht etwa, daß die Konversion der Juden das Tausendjährige Reich regelrecht herbeiführen würde; aber es wäre ein Zeichen, daß es in greifbarer Nähe ist. Denn das Tausendjährige Reich Christi ist, wie wir noch darlegen werden, dasjenige Zeitalter, in dem die Funktion der Juden als Heiliger Henker nicht mehr benötigt wird.

Bevor wir jedoch auf diesen wichtigen Aspekt eingehen, muß an dieser Stelle noch erwähnt werden, daß die oben beschriebene Version der Legende vom Ewigen Juden nicht die einzige ist. Es existierten (insbesondere in Deutschland) weitere Varianten, in denen der positive Aspekt, die Hoffnung auf Versöhnung, fehlt. In diesen negativen Versionen werden die Leiden des Ewigen Juden nurmehr als gerechte Strafe für seine Verderbtheit dargestellt; er ist keineswegs zum Christentum übergetreten, er ist ein unverbesserlicher Jude, der aufgrund seiner langen Lebenserfahrung und seiner Verbindung mit dem Teufel finstere magische Kräfte besitzt. Aus dieser negativen Variante der Legende entstand das antisemitische Klischee des 19. Jahrhunderts, das die Nazis begeistert übernahmen: das Bild vom Juden als dem »wurzellosen Kosmopoliten« – eine Auslegung, die manchmal in der Theorie gipfelte, die Juden seien eigentlich Nomaden, die, von der Wüste kommend, in Palästina eingefallen und im Grunde ihres Herzens Geschöpfe der Wüste geblieben seien.[7] Dies war nun wieder eine Art Verdrehung, da dieser Darstellung zufolge das Umherziehen des Ewigen Juden ja eher in seiner Natur liegen sollte, als eine Bestrafung darzustellen. Dem negativen christlichen Klischee zufolge (dem die Nazis eine pseudo-anthropologische Erklärung verliehen) ist die Rastlosigkeit des Ewigen Juden eine Art neurotischer Störung, die ihn von Land zu Land treibt; diese Idee leitet sich teilweise von der Gestalt des Herodes aus den mittelalterlichen Passionsspielen her, in denen dieser als eine an motorischer Unruhe leidende Person dargestellt wird, deren ganzer Körper dauernd in Bewegung ist. Dieses Bild von den Juden hat sich bis in die Romanliteratur des 19. Jahrhunderts hinein gehalten.[8]

In diesen negativen Versionen der Legende wurde das Umherziehen der Juden gegen sie verwendet: als Indiz ihrer Verderbtheit. In Wirklichkeit zogen die Juden aber nicht freiwillig von Ort zu Ort, oder weil sie unter einer Neurose litten, sondern weil sie dazu gezwungen wurden. Insbesondere in Deutschland war es ihnen nicht gestattet, sich für längere Zeit an irgendeinem festen Ort niederzulassen, und man trieb sie auf quälerische Weise ständig zum Weiterziehen. Gleichwohl war gerade in Deutschland das Bild vom Ewigen Juden als einem eingefleischten Nomaden besonders stark verbreitet. Das unstete Leben der Juden ist das genaue Gegenteil des Umherziehens eines Nomadenvolkes wie z.B. der Zigeuner. Die Juden selbst sahen sich im Exil, vertrieben aus ihrem angestammten Land, Palästina, in das sie bei Gelegenheit zurückkehren würden, sobald die Sünden abgebüßt wären, für die sie mit Verbannung bestraft worden waren. Ihre starke Heimatliebe zeigte sich auch in der Liebe zu jedem Ort, an dem sie sich für eine längere Zeit niederlas-

---

[7] Z.B. sieht Werner Sombart in der den Juden unterstellten »Weltanschauung der Wüste« die Ursache des modernen Kapitalismus. Vgl. Sombart 1911, *pp.* 403–434; hier finden wir sämtliche Komponenten dieses Typs der antisemitischen Theorie.

[8] Vgl. Rosenberg 1961, *pp.* 320–324.

sen durften; wenn dann wieder einmal die unvermeidliche Vertreibung folgte, so empfanden sie dies als Verbannung innerhalb der ursprünglichen, »großen« Verbannung. Auch heute noch hegen die Juden – selbst diejenigen, die inzwischen ins Gelobte Land zurückgekehrt sind – nostalgische Gefühle für Spanien, Polen und selbst für Deutschland! Die Juden sind zweifellos immer viel und gern gereist, aber zwischen Reisenden und Nomaden besteht ein großer Unterschied. Ein Reisender hat immer vor, wieder nach Hause zurückzukehren.

Auch das verlängerte Leben des Ewigen Juden wurde in den negativen Versionen auf feindselige Weise interpretiert: es bedeutete, daß der Jude eine immerwährende Plage sei. In Deutschland lag die Betonung eher auf der Unsterblichkeit des Juden als auf seiner Rastlosigkeit, wie aus dem Ausdruck »Ewiger Jude« (vgl. das englische Analogon »Wandering Jew«) hervorgeht. Die dahinterstehende Frage aber lautete: »Wird dieses Übel niemals enden?«

Die positive Version der Legende vom Ewigen Juden sieht eine gütliche Lösung der jüdischen Frage vor. Die christliche Klientel dieser Legende kann dem Ewigen Juden, nachdem dieser seine Schuld an der Kreuzigung zugegeben hat, forthin ohne Haß, ja sogar mit einer gewissen Achtung begegnen. Der Ewige Jude ist in jeder Hinsicht ein Exempel des Heiligen Henkers, aber eines Heiligen Henkers, der sich bereitwillig in sein Elend fügt und so in perfekter Weise die Schuldenlast der christlichen Gemeinschaft trägt. Er unterscheidet sich deutlich vom mittelalterlichen Bild des Juden, dem alptraumhaft dämonischen Wesen, das Christenkinder entführt, Hostien schändet oder Brunnen vergiftet. Der im Judenbild des Mittelalters zum Ausdruck kommende Haß mag teilweise auf der Weigerung der Juden beruhen, die ihnen in der christlichen Mythologie zugewiesene Rolle zu akzeptieren, während die Legende vom Ewigen Juden dagegen bewußt ausdrückt, wie sich Juden aus christlicher Sicht zu verhalten hätten. Diesem reuigen, traurigen Juden, der demütig seine Leiden als das ihm bestimmte und verdiente Schicksal auf sich nimmt, konnten die Christen beinahe so etwas wie Freundlichkeit entgegenbringen. Die leibhaftigen Juden aber, die darauf bestanden, ganz ungeachtet der Bedürfnisse der Christen ihr eigenes Leben zu leben und ihre religiöse Kultur fortzusetzen, die jede Atempause nutzten und mit beiden Händen jede flüchtige Gelegenheit ergriffen, welche ihnen Glück und Wohlstand verhieß, und die sich nur fragten, warum die Christen sie nicht in Ruhe ließen – diese Juden mußte man verfolgen, demütigen und als teuflische Feinde ansehen, da sie sich bewußt weigerten zu verstehen, welche Rolle sie gefälligst zu spielen hatten. So bietet auch die positive Version der Legende vom Ewigen Juden in Wirklichkeit nicht viel Hoffnung auf befriedigende jüdisch-christliche Beziehungen, da sie den Juden eine drastische Veränderung ihres Selbstverständnisses abverlangt, d.h. diese sollen sich primär als Akteure auf der christlichen Mythenbühne verstehen und nicht als Träger ihrer eigenen religiösen Traditionen und Mythen, in denen *sie* die Hauptakteure und Helden und nicht etwa nur der reuige Schurke im Hintergrund sind. Einige Christen haben heute eine Vorstellung von den Juden aufgenommen, die dem Bild vom Ewigen Juden nicht unähnlich ist und als Hilfsmittel zur Vermeidung des Antisemitismus dienen soll: den Juden muß man mit Mitleid und Ehrfurcht begegnen, da sie eine gottgegebene Rolle innerhalb der christlichen Mythologie spielen.[9] Eine solche Haltung kann jedoch nur allzu leicht in roheste Feindseligkeit umschlagen, wenn man merken muß, daß die Juden an der ihnen angebotenen Rolle nicht im geringsten interessiert sind.

Die Behandlung des Themas vom Ewigen Juden in der romantischen Literatur basierte hauptsächlich auf der positiven Version der Legende. Dennoch hat der Ewige Jude, wie er in der romantischen Lyrik von Christian Daniel Schubart bis Shelley oder in den Romanen von ›Monk‹ Lewis, Godwin, Bulwer-Lytton oder Sue erscheint, nichts mit dem Gegenstand unserer Untersuchung zu tun. Der mit dem Ewigen Juden verknüpfte Aspekt des Opferers interessierte die Dichter der Romantik nicht, sie sahen in ihm vielmehr selbst ein Opfer. Sie betrachteten ihn als ein weiteres Beispiel des romantischen Helden – eines umherziehenden, von der normalen Gesellschaft isolierten Helden, der Sühne für irgendein Verbrechen leistet, das sich letztendlich aber als ein preiswürdiger Akt der Rebellion gegen eine tyrannische Autorität herausstellt. So sieht Shelley im Ewigen Juden eine Art Prometheus, und er stellt sogar die Kreuzigung als einen Betrug dar, durch den zwei tyrannische Göttergestalten, Vater und Sohn, der Menschheit ihre Herrschaft aufzwingen.[10] Alternativ kann der Ewige Jude bei den Romantikern auch als Gestalt auftreten, die ein wirkliches Verbrechen begangen hat, dem jedoch etwas Heldenhaftes anhaftet, da es ihm eine neue Welt des Wissens öffnet, die gewöhnlichen Menschen verschlossen bleibt. Hier ähnelt der Ewige Jude Adam oder Teiresias oder auch Faust – Helden, die sich ihr Wissen um den Preis einer Verdammnis unterschiedlichen Grades erkaufen. Die Gestalt des Ewigen Juden wird also von den romantischen Dichtern isoliert, herausgerissen aus dem tatsächlichen Zusammenhang von christlichem Mythos und dem Konflikt zwischen Christen- und Judentum. Indem man ihr aber universelle Züge verleiht, wird die Gestalt des Ewigen Juden verfälscht; sie wird nur mehr zu einem

[9] Wie bereits oben (*p.* 165) ausgeführt, geht diese Einstellung auf Paulus zurück: »[Vom Evangelium her gesehen] sind sie Feinde Gottes, und das um euretwillen …« Paulus spricht hier von einem »Geheimnis« bzw. »unerforschlichen Wegen«. Moderne Exponenten dieser Ansicht sind Léon Bloy, Nicholas Berdjajeff und Malcolm Muggeridge. Einige Juden waren in Versuchung, die ihnen zugewiesene Rolle des furchteinflößenden, umherziehenden Trägers aller Schuld der Menschheit zu akzeptieren (z.B. Disraeli, George Steiner, Leo Abse), da eine solche von einer gewissen Romantik umwitterte Stellung immer noch besser erscheint als die freilich realistischer gesehene, doch zermürbend wirkende Situation des stets aufs neue gepeinigten Opfers paranoider Phantasien.

[10] Vgl. Shelleys ›Queen Mab‹, Canto VII, und ›Hellas‹. Dieses Motiv hat Shelley auch bereits früher in ›St. Irvyne‹ und ›Das Opfer des Ewigen Rächers‹ verarbeitet.

weiteren Aufhänger für die Vorstellung eines gegen die Bourgeoisie kämpfenden Helden, wie z.B. dem Fliegenden Holländer oder Byrons Korsar. Der Ewige Jude wird bei den Dichtern der Romantik zum Individualisten, der seinen Sinn für Individualität durch Sünde geschärft hat, wohingegen der Ewige Jude, so einsam er in seinem Leiden auch sein mag, in der authentischen Legende substantiell eben kein Individualist ist, sondern eine Figur, die in bezug auf die christliche Gemeinschaft eine Büßerfunktion erfüllt. (Dem authentischen Ewigen Juden entspricht von allen Figuren der romantischen Literatur am ehesten Coleridges ›Ancient Mariner‹.)

T. S. Eliots Gedicht ›Gerontion‹ (bedeutet etwa: »Greisling«, Anm.d.Übs.) bildet eine interessante Ausnahme, denn die Vorlage für die Gestalt seines »Juden« war mit größter Wahrscheinlichkeit die *negative* Version der Legende vom Ewigen Juden. Der »Jude« ist ein Umherziehender, ein »wurzelloser Kosmopolit«, »Spawned in some estaminet of Antwerp, / Blistered in Brussels, patched and peeled in London.« [»Gelaicht in Antwerpen, in irgendeiner Schwemme, / Lädiert in Brüssel, genesen und geleimt in London.« Übs.: Eva Hesse]. Das hohe Lebensalter des »Juden« wird mit dem baufälligen Zustand eines heruntergekommenen Hauses verglichen und nicht etwa als Wunder, sondern als etwas Negatives betrachtet, als Ausdruck dafür, wie weit entfernt die Juden von den Werten der Jugend sind, wie sie im Tode Christi als junger Mensch oder auch anderen Darstellungen eines gewaltsamen Todes im jugendlichen Alter symbolisiert werden (z.B. die »heißen Tore«, d.h. die Thermopylen, wo das Heer junger Spartaner eine Art Opfertod starb). In Eliots Gedicht ist der Ewige Jude, der nicht sterben kann, also kein romantischer Held wie bei Shelley, sondern das genaue Gegenteil, ein Symbol des Anti-Romantizismus, des Verdorrens der Seele aufgrund der Weigerung, den Opfertod zu sterben und dadurch wiedergeboren zu werden. Eliot kannte sehr wohl die Verknüpfungen zwischen Christentum und heidnischen Menschenopfer-Kulten als auch deren Verbindungen mit der Verherrlichung der Jugend in der Romantik.[11] Seine Version des Ewigen Juden hat viel mit den Darstellungen einer Bewegung gemeinsam, die als die dunkle Seite in der Geschichte der Romantik betrachtet werden muß, nämlich dem Nazismus.

Der Antisemitismus des 19. Jahrhunderts und seine Nachfolgebewegung, der Nazismus, übernahmen zweifellos die negative Version der Legende vom Ewigen Juden. Die Möglichkeit der Besserung durch Reue, wie dies die positive Variante der Erzählung für die Juden vorsieht, wurde durch die rassistische Lehre vollkommen ausgelöscht. Der Ewige Jude galt als unstet in dem Sinne, daß er keinerlei Bindung an irgendeine Gruppe der menschlichen Gesellschaft hatte, sondern der Feind aller und eine Geißel der Menschheit war, wo immer er sich niederließ.

[11] Vgl. Maccoby 1969.

Das ausgefeilte Bild vom Juden setzte sich aus Darstellungen mittelalterlichen Ursprungs zusammen: dem blutsaugenden Wucherer, dem Kindermörder, dem Feind der Keuschheit, dem Brunnenvergifter, dem dämonischen Wesen, das kaum noch menschliche Züge trug. Dazu kam die Phantasie von den Weisen Zions, derzufolge die Juden ein bestens organisiertes internationales Netz unterhielten, das von einer zentralen Körperschaft, eben den Weisen Zions, gesteuert würde, mit dem Ziel, den Umsturz der gesamten nicht-jüdischen Zivilisation herbeizuführen und die jüdische Weltherrschaft zu errichten, wozu sie sich unterschiedlicher, den jeweiligen Gegebenheiten angepaßter Strategien bedienten. So konnte man die Juden beliebig als treibende Kraft sowohl des Kapitalismus als auch des Kommunismus bezichtigen. [12] Selbst diese Phantasien einer jüdischen Weltverschwörung gingen auf mittelalterliche Legenden zurück, nämlich die Blutbeschuldigungen, welche unterstellten, die Juden hielten geheime Versammlungen auf internationaler Ebene ab, auf denen sie beschlössen, wo und wann das nächste Kindesopfer stattfinden solle.

Generell läßt sich jedoch feststellen, daß der rassistische Antisemitismus des 19. Jahrhunderts von seinen christlichen Ursprüngen insofern abwich, als er den Juden keinen Schutz oder irgendein Schlupfloch mehr bot, die ihr Überleben ermöglicht hätten. Unter dem Christentum war es die Hoffnung auf eine Bekehrung der Juden vor Eintritt des Tausendjährigen Reiches Christi gewesen, die die Juden jeweils davor bewahrt hatte, vollständig ausgerottet zu werden. Der Antisemitismus der jüngeren Zeit weist somit alle negativen Aspekte des christlichen Antisemitismus auf, ohne jedoch wie dieser gewisse Einschränkungen zu machen. Er bezog seine Darstellung von den Juden als Volk Satans zwar aus dem Christentum, warf jedoch den christlichen Gedanken, daß auch der Teufel seinen Platz in der Ordnung der Dinge habe, über Bord. Welche Gefahr vom Christentum für die Juden auch immer ausging: der Schritt von einer christlichen hin zu einer nachchristlichen Gesellschaft brachte sie in eine noch gefährlichere Lage. Denn die nachchristliche Gesellschaft, die sich selbst als säkular betrachtet, hält an den tiefstsitzenden, höchst irrationalen Vorurteilen des Christentums fest, während sie sich jedoch gleichzeitig von den moralischen und mythenschaffenden Einschränkungen des Christentums frei macht, von denen zuvor noch ein gewisser mäßigender Einfluß auf diese Vorurteile ausging.

Trifft es nun aber tatsächlich zu, daß das Christentum nicht das Vorbild für den Plan der völligen Ausrottung der Juden lieferte? Das Szenario der Bekehrung der Juden im Tausendjährigen Reich Christi schließt zwar eine solche Zielsetzung aus, aber gleichwohl hatte sich im Christentum des Mittelalters und der Renaissance ein alternatives Szenario entwickelt, das die Ausrottung der Juden in der Tat er-

---

[12] Vgl. Cohn 1967.

wog. Es handelt sich dabei um den Mythos vom Antichrist. Hier haben wir nun eine Darstellung der Zeit des Tausendjährigen Reiches, die im Widerspruch zu der versöhnlichen Vorstellung von der Bekehrung der Juden und der damit verknüpften Legende vom Ewigen Juden steht und statt dessen ein paranoides, dualistisches Konzept liefert, das sich die hysterische mittelalterliche Judenphobie zunutze macht und in dem die Massenvernichtungsprogramme der Nazis bereits im Keim enthalten sind.

Die apokalyptische Vorstellung vom Antichrist lautet in ihrer einflußreichsten Variante folgendermaßen[13]: In der Endzeit würde ein Mann erscheinen, der die Heere des Teufels gegen die Heere Jesu führt. Dieser Mann, der Antichrist, ist ein Jude, und seine wichtigsten Anhänger sind ebenfalls Juden. Er ist offenbar so etwas wie die Parodie Christi in Dämonengestalt, der Sohn einer vom Teufel persönlich geschwängerten jüdischen Hure. Seine Geburtsstätte ist Babylon, von wo aus er sich nach Palästina begibt, um dort in den Schwarzen Künsten unterrichtet zu werden. Er ist außerordentlich erfolgreich, baut den jüdischen Tempel wieder auf und regiert schließlich über ein jüdisches Imperium, das die ganze Welt umfaßt. Auf dem Höhepunkt seines Erfolges tritt jedoch die Wiederkunft Christi ein. Christus führt seine Heere gegen den Antichrist, der schließlich besiegt wird, und alle seine Anhänger, einschließlich des gesamten jüdischen Volkes, werden vernichtet. Zu den geschlagenen teuflischen Mächten gehören auch die zehn verlorenen Stämme Israels, die aus ihrem weit entfernten Zufluchtsort gekommen waren, um am Triumph des jüdischen Reiches teilzuhaben, um dann letztendlich mit diesem unterzugehen.

Anhänger dieser extravaganten Zukunftsvision waren weniger die führenden Denker der Christenheit als die normale Bevölkerung. Tatsächlich wendete sich der Glaube an das Erscheinen des Antichrist teilweise sogar gegen die amtlichen Oberhäupter der christlichen Kirche; das unzufriedene Volk hielt manchmal den Papst selbst für den Antichrist und die Vertreter der Kirche, nicht etwa die Juden, für dessen Heer. Aber die vorherrschende Theorie blieb, daß in der Tat die Juden das Heer des Antichrist bildeten, und diese Ansicht wurde besonders stark zu Zeiten endzeitlicher Erregung vertreten. Die weitverbreiteten Massaker, die von einem rasenden Pöbel zur Zeit der Kreuzzüge unter den Juden verübt wurden, waren z.B. teilweise dadurch ausgelöst worden, daß man die Juden mit dem Antichrist identifizierte. Auch die Moslems, gegen die die Kreuzritter zu Felde zogen, wurden als Armeen des Antichrist betrachtet; allerdings machten die christlichen Massen keinen großen Unterschied zwischen Moslems und Juden, und erstere galten weithin als die orientalischen Horden der verlorenen zehn Stämme Israels (der »Roten Juden«), die zu den Alpträumen des christlichen Mittelalters zählten.

[13] Vgl. Bousset 1893; *id.* 1908; *id.* 1947; Preuss 1906.

Nicht einmal die Oberhäupter der christlichen Kirche waren gegen solche Phantasien gefeit, wie die schier unglaublich klingende Episode des Hochstaplers David Reubeni beweist, der 1525 eine Audienz beim Papst erhielt und dort mit großer Furcht und Ehrerbietung behandelt wurde, da er sich als Botschafter eines orientalisch-jüdischen Reiches ausgegeben hatte – dem Königreich der verlorenen zehn Stämme Israels. [14]

Der Mythos vom Antichrist war also eine Endzeit-Vorstellung, die sich auf den Glauben stützte, die Juden seien eine mächtige und gefährliche politische Organisation. Die Legende vom Ewigen Juden gründete sich dagegen auf die sehr viel eher den Tatsachen entsprechende Prämisse, daß die Juden hilflos und unterdrückt waren und ihr Leiden sie dazu getrieben hatte, sich in ihr Schicksal zu ergeben. Bei beiden Legenden handelt es sich zwar um Endzeit-Visionen, aber sie unterscheiden sich grundlegend voneinander: Die eine sieht eine Zeit der Aussöhnung vor, die andere dagegen eine Zeit der Gewalt, des weltweiten Kampfes und schließlich der Vernichtung eines furchtbaren Gegners. Beide, so kann man hinzufügen, basierten allerdings auf der Vorstellung von einer Zeit, in der das Weiterleben der Juden nicht mehr notwendig wäre: in der Legende vom Ewigen Juden deswegen, weil es den Juden letztendlich gestattet sein würde, für ihre Sünden zu büßen und Vergessen im Schoße der Kirche zu finden; im Mythos vom Antichrist deswegen, weil der Herrschaft des Satans endlich ein Ende gesetzt und seine jüdischen Verbündeten mit ihm fallen und untergehen würden. Im Mythos vom Antichrist kommt die notwendige Rolle des Teufels als Heiligem Henker nicht mehr zum Tragen; der Antichrist ist hier nurmehr die alte Macht des Bösen, die einen immerwährenden Kampf gegen das Licht führt, letzten Endes aber doch von ihm besiegt wird. Dies ist seinem Wesen nach ein gnostisches Konzept. Die Legende vom Ewigen Juden behält allerdings noch den Gedanken bei, daß die Existenz der Juden notwendig ist: der Ewige Jude ist ein wichtiger Zeuge und ein Vorbote des Tausendjährigen Reiches. Obwohl die Notwendigkeit seiner Sünde nicht bewußt anerkannt wird, verleihen ihm doch das Mitleid und die Ehrfurcht, die man ihm entgegenbringt, die Aura des Heiligen Henkers. Wie wir bereits aufgezeigt haben, entstand das Christentum als eine Kombination von Gnostizismus und der Erlösungslehre der Mysterienkulte. Diese beiden Schichthorizonte machen sich durch die gesamte Geschichte des Christentums hindurch bemerkbar. Wenn die Erlösungslehre, die das notwendige Opfer beinhaltet, dominiert, behält der Jude ein gewisses, beinahe heiliges Ansehen. Überwiegt jedoch der gnostische Dualismus, so wird der Jude zum Dämon und seine Vernichtung zu einem Desiderat. Er gilt dann in keiner Hinsicht mehr als Vertreter der christlichen Gemeinschaft.

---

[14] Vgl. Roth 1963; Adler 1930; ›Encyclopaedia Judaïca‹ XIV 114–116.

Doch kann auch der christliche Gnostiker den Juden, ebenso wie den Teufel selbst, als ein notwendiges Übel betrachten, in dem Sinne, daß das Böse in der Welt unvermeidlich ist. Aber sobald man glaubt, das Tausendjährige Reich habe bereits begonnen, verschwindet auch die letzte Spur einer solchen Notwendigkeit. Aus diesem Grunde münden Endzeit-Bewegungen, die der Lehre vom Antichrist anhängen, recht schnell in Judenmassaker von der radikalsten Sorte. Die Massaker zur Zeit der Kreuzritter erreichten ein bis dahin in der Christenheit unbekanntes Ausmaß.[15] Sie sollten als Vorläufer der Massenvernichtungsprogramme jener modernen Endzeit-Bewegung gesehen werden, des Nazismus.

Dennoch war die Lehre vom Antichrist zur Zeit der Kreuzzüge nichts Neues; sie war davor nur niemals mit einer populistischen Bewegung verknüpft gewesen. Ein Ausrottungsprogramm scheint daher Massenhysterie in einer populistischen Bewegung zur Voraussetzung zu haben, angefacht von einem charismatischen Führer; dazu kommt die Lehre vom Antichrist.

Die Lehre vom Antichrist selbst war so alt wie das Christentum. Ihr Urheber war der Urheber von allem, was sonst noch spezifisch oder charakteristisch für das Christentum ist – Paulus. Die ganze Idee (mit Ausnahme der Bezeichnung »Antichrist«, die sich in der Offenbarung des Johannes findet) ist im 2. Brief des Paulus an die Thessalonicher *cap.* 2 enthalten. Hier finden wir den als »weiteren Beweis für das Genie des Paulus« bejubelten Gedanken, daß der Hauptgegner Christi in der Endzeit nicht etwa ein großes nicht-jüdisches Reich, wie z.B. die Griechen im Buch Daniel oder das Römische Reich in der Offenbarung des Johannes, sein werde, sondern die Juden, die dadurch für ihren fehlenden Glauben an Jesus bestraft würden, daß sie fälschlicherweise an den Antichrist glauben müßten. Diese Idee zeigt »das Genie des Paulus«, denn sie ermöglichte es dem Christentum, »seine Verbindung mit dem Judentum abzubrechen und sich selbst innerhalb des Römischen Reiches zu etablieren«.[16] Auf Paulus gründen sich somit *beide* eschatologischen Lehren über die Juden, sowohl die ihrer Konversion als auch die ihrer Vernichtung im Tausendjährigen Reich Christi. Die Lehre vom Antichrist geht also auf eine sehr angesehene Quelle zurück und kann sich auf die Werke zahlreicher führender christlicher Theologen stützen.[17] Gleichwohl war sie bei den christlichen Herrschern nicht sehr beliebt, da sie geeignet war, eine Begeisterung und Endzeitschwärmerei im gemeinen Volk hervorzurufen, die der etablierten Macht gefährlich werden konnte.

Man sollte festhalten, daß im Grunde *beide* Versionen der Endzeit-Lehre, und dies ist nicht unerheblich, die Vernichtung der Juden in der Endzeit postulieren,

[15] Vgl. Baron 1957 IV *cap.* 21; Poliakov 1977, I, Teil Zwei.

[16] Vgl. Bousset 1947, *p.* 61.

[17] Irenaeus, ›Adversus Haereses‹ V; Hippolytos, ›de Antichristo‹ und ›Kommentar zu Daniel‹; Laktanz, ›Divinae Institutiones‹ VII 14*sqq.*

denn selbst die Auffassung ihrer Bekehrung impliziert, daß sie aufhören, als etwas Eigenständiges zu existieren. Das Tausendjährige Reich Christi ist dann *per definitionem* die Zeit, in der das Weiterleben der Juden undenkbar ist, weil das Problem des Bösen dann gelöst sein wird. In der gnostischen Auffassung werden die Juden zusammen mit dem Teufel und all seinen Werken hinweggefegt werden, während, vom Standpunkt der Opfer- und Mysterienkulte aus, die Sünde Adams getilgt und das Erlösungsopfer Jesu nicht mehr notwendig sein wird; die Rolle des Heiligen Henkers wird daher überflüssig, und die Juden können nun endlich dankbar ins Nichts versinken.

Ein wesentlicher Unterschied zwischen der Lehre von der Bekehrung der Juden und der vom Antichrist besteht jedoch darin, daß letztere das Judentum als ernstzunehmenden *religiösen* Rivalen des Christentums anerkennt, während erstere im Judentum lediglich ein stures Festhalten an einer bloß noch als leere Hülse existierenden Religion sieht: wenn das Tausendjährige Reich Christi kommt, dann wird diese fast an ein Wunder grenzende (da sinnlose) Hartnäckigkeit dahinschmelzen. Die Lehre vom Antichrist anerkennt dagegen, daß die Juden eigene, mit den christlichen rivalisierende messianische Erwartungen haben. Diesen Erwartungen wird sogar ziemliches Gewicht beigemessen: ein jüdischer Messias würde tatsächlich erscheinen und eine gewisse Zeit lang scheinbar die Erfüllung aller jüdischen Hoffnungen bedeuten. Das Judentum wird hier nicht in der bemitleidenswerten Gestalt des Ewigen Juden gesehen, sondern als rivalisierender Glaube, der nur nach einem Weltkrieg abgeschafft werden könne.

Es wird nun ersichtlich, wie zahlreich und stark die Gemeinsamkeiten von Nazismus und der Lehre vom Antichrist sind, die sich wie ein roter Faden durch die Geschichte christlichen Denkens zieht. Der Nazismus war, wenngleich er sich auch einer weltlichen Sprache bediente, seinem Wesen nach eine Endzeitlehre. Sein Schlagwort vom »Tausendjährigen Reich« ist unmittelbar dem Vokabular der chiliastischen Bewegungen entnommen (der Begriff selbst entstammt der Offenbarung des Johannes 20,4–6). Der Ausdruck »Endlösung«, wie die Nazis ihre Politik der Judenausrottung nannten, hat stark apokalyptische Untertöne. Man verstand darunter die Reinwaschung der Menschheit von rassischer Verunreinigung und den Beginn einer neuen Ära rassischer Reinheit, in der die Herrenrasse über die minderwertigen Rassen herrschen würde, während das Gift im Blute der Menschheit, d.h. die Juden, vollständig verschwinden würde. Es war ausschließlich die Vernichtung der Juden geplant. »Minderwertigen« Rassen, wie z.B. den Slawen, sollte durch die Liquidierung ihrer Führer und ihrer kulturellen Elite zwar jeder Anspruch genommen werden, zur Kulturgemeinschaft zu gehören, aber sie durften dann als Sklaven der Herrenrasse weiterleben. So war z.B. nicht geplant, die Zigeuner auszurotten, wie vielfach fälschlicherweise behauptet wird; nur diejenigen, die darauf bestanden, ihr »asoziales« Nomadenleben beizubehalten, wurden in die Vernichtungslager geschickt; zahlreiche Zigeuner, die seßhaft geworden waren, dienten dagegen sogar in der Wehrmacht.[18] Hitler selbst hatte, als eine Art Halbgott, den Status eines Erlösers, was dem Status Christi nach seiner Wiederkunft entspricht. Es gehörte daher zu seiner Rolle, analog der Legende vom Kampf Christi gegen den Antichrist, die Welt gänzlich von den Mächten des Bösen zu befreien, nämlich den Juden.

Die Nazis drückten auf diese Weise die Vorstellung von der endgültigen Überwindung des Bösen, die den Kern der christlichen Endzeitvorstellungen bildete, in rassistischen Kategorien aus. Daß man die Juden zur Zielscheibe nahm, ist eine unmittelbare Auswirkung jahrhundertelanger christlicher Lehrtätigkeit, die die Juden zum dämonischen, dem Bösen verschriebenen Volk gemacht hatte. Der Antisemitismus war somit eine mächtige politische Waffe, da er einen starken Widerhall bei Volksmassen fand, die durch einen der effektivsten Dressurprozesse der Geschichte bereits darauf programmiert waren, in den Juden die Wurzel allen Übels zu sehen. Aber selbst die Endlösung im Sinne der Judenvernichtungspolitik hatte ausgeprägte christliche Vorläufer im Mythos vom Antichrist, der auch das Konzept lieferte, die Juden seien eine weltweit organisierte Macht mit einer eigenen, starken Führung. Während die Nazis hilflose, unbewaffnete Menschen, Bürger ihres eigenen Staates, in die Gaskammern schickten, verhungern oder durch Genickschuß umbringen ließen, hatten sie die Vorstellung, gegen eine mächtige, organisierte Bedrohung anzukämpfen (ich spreche hier nicht von jenen NS-Anführern, die die Nazi-Mythologie nicht wirklich glaubten, sondern sie nur in zynischer Weise im Wissen darum benutzten, daß sie damit verläßlich eine Massenhysterie entfachen konnten).

Als Endzeitbewegung kannte der Nazismus ausschließlich die Gestalt des triumphierenden Christus (d.h. Hitlers), nicht jedoch die des geopferten. Sobald das Tausendjährige Reich Christi eingetreten ist, ist das göttliche Opfer nicht mehr notwendig, und damit wird auch der Heilige Henker nicht mehr benötigt.

---

[18] Vgl. Bauer 1978, *p.* 36.

Kapitel 14

Fragestellungen und Schlußfolgerungen

In den vorausgegangenen Kapiteln haben wir eine Gruppe von Mythen herausgegriffen, nacheinander untersucht und dabei aufgezeigt, daß sie einen Zusammenhang mit dem in alter Zeit durchgeführten Ritual des Menschenopfers aufweisen, insbesondere mit der Stellung desjenigen, der das Opfer zum Wohle der Gemeinschaft vollzieht. Für den Leser werden sich im Verlauf unserer Argumentation zweifellos eine Reihe theoretischer Fragen ergeben haben, ganz besonders dann, wenn die Methoden und Annahmen dieser Untersuchung anderen, in jüngerer Zeit vertretenen Standpunkten über die Funktion von Mythen und deren Beziehung zu Ritualen zuwiderlaufen. Hier muß noch einiges näher geklärt werden; darüber hinaus sollten wir im folgenden noch eingehender veranschaulichen, inwiefern anthropologische und psychologische Überlegungen sowohl bei der Analyse von Mythen als auch der Figur des Heiligen Henkers von Bedeutung sein können.

Zunächst sollte jedoch noch angemerkt werden, daß hier keineswegs beabsichtigt ist, eine allgemeine Mythentheorie aufzustellen. Insbesondere soll hier nicht behauptet werden, daß grundsätzlich alle Mythen aus Ritualen entstehen. Dies ist eine übertriebene Theorie, die hauptsächlich (nicht ganz zu Recht) mit Frazer in Verbindung gebracht wird und die von Gilbert Murray, Jane Harrison, A. B. Cook und F. M. Cornford in bezug auf die griechischen Mythen weiterentwickelt wurde.

Andererseits gab es als Gegenreaktion auf monolithische Mythentheorien auch die Tendenz, die Beziehung zwischen Mythos und Ritual allzusehr herunterzuspielen. Frazer belegte in seinem Monumentalwerk, daß zwischen bestimmten bedeutsamen Mythen und der Praxis des rituellen Menschenopfers tatsächlich ein enger Zusammenhang besteht. Er belegte dies nicht aus dem Text selbst (denn in den betreffenden Mythen werden Menschenopfer nicht ausdrücklich erwähnt), sondern anhand einer großen Fülle von Indizienbeweisen, einschließlich der Volksbräuche, die in vielen Ländern zur Saat- und Erntezeit praktiziert wurden.[1]

Die Verbindung zwischen Ritual und Mythos ist jedoch komplexer als Frazer sich vorstellte. Er konstatierte zwar z.B. ganz richtig, daß der altnordische Mythos vom Tode Baldurs mit einem Menschenopfer-Ritual zusammenhing, das zur För-

[1] Frazer 1928 zeigt die Verbindung zwischen den *Mythen* von Hippolytos, Adonis, Attis, Dionysos, Osiris u.a. und dem *Ritus* der Opferung von göttlichen Königen, Göttern in Menschengestalt, Sündenböcken (oder deren Stellvertretern) sowie den *Volksbräuchen* auf, in denen das Menschenopfer symbolisch vollzogen wird.

derung der Fruchtbarkeit vollzogen wurde, und die von ihm angeführten Beweise können nur als unbestreitbar bezeichnet werden. Allerdings dachte er nicht darüber nach, warum der Mythos die Einzelheiten der Opferung in derart verzerrter Form überliefert. Zweifellos hätte er gesagt, daß der Mythos ursprünglich dazu dienen sollte, eine Begründung des Rituals zu liefern, indem man eine Geschichte erzählte, wie es ursprünglich entstanden war. Mit der Zeit wurde dann das Ritual selbst nicht mehr durchgeführt, während die Geschichte um ihrer selbst willen weiterhin erzählt wurde. Da ihr ursprünglicher Zweck aber in Vergessenheit geraten war, wurde sie verzerrt, oder besser gesagt, verändert, um eine verständliche und ergreifende Erzählung zu erhalten; aus einer Geschichte über die Opferung eines menschlichen oder göttlichen Wesens wurde so eine Erzählung voller Pathos, die davon handelt, wie der meistgeliebte aller Götter durch Zufall zu Tode kam und tief betrauert wurde.

Den Zusammenhang auf diese Weise zu erklären, hieße jedoch, die Bedeutung zu unterschätzen, die dem Schuldgefühl bei der Entstehung sowohl von Ritualen als auch von Mythen zukommt. Die athenische Opferzeremonie der Buphonien mag als Beispiel dafür dienen, welch wichtige Rolle die *Verstellung, geradezu die irreführende Schauspielerei,* beim Opferritual spielen kann. Der Stier wurde getötet, aber die Priester flohen vom Altar weg, womit sie ableugnen wollten, für die Tötung verantwortlich zu sein. In der darauf folgenden Gerichtsverhandlung befand man schließlich das Messer für schuldig, den Stier getötet zu haben. Darüber hinaus scheint hier auch der Stier ein stellvertretender Träger von Schuld gewesen zu sein, denn die erste Handlung bei der Zeremonie war es, den Stier in die Nähe des Altars zu locken, auf dem man heilige Gerstenkörner ausgelegt hatte, welche der Stier dann fraß; sein Tod wurde daraufhin als verdiente Strafe für dieses Sakrileg hingestellt. So wurde die mit dem Ackerbau selbst verbundene Schuld getilgt durch ein dazwischengeschaltetes Tieropfer, das dann seinerseits wieder Sühne erforderte und von dem man sich zu distanzieren suchte, indem man die Täterschaft einem unbeseelten Gegenstand zuschob. Die indirekte und vage Darstellungsweise eines Mythos, wie z.B. dem vom Tode Baldurs, ist also nicht darauf zurückzuführen, daß man sich im Laufe der Zeit immer mehr von dem ihm zugrundeliegenden Ritual distanziert hat, sondern es handelt sich um eine Widerspiegelung konstitutiver Elemente des Rituals selbst. Es kann tatsächlich der Fall sein, daß der Mythos nicht zur Begründung des Rituals dienen, sondern vielmehr diejenigen Elemente des Rituals herausstreichen soll, welche die Gemeinschaft von der direkten Beteiligung daran freisprechen, wenngleich man natürlich auch beide Zwecke gleichzeitig erreichen kann, und der Mythos liefert, genauer gesagt, die Bestätigung dafür, daß zwei sich widersprechende Ziele erreicht werden: der Vollzug des Opfers und die Absolution von der durch den Vollzug entstandenen Schuld.

Einige der in jüngerer Zeit vorgetragenen Argumente, mit denen man die Beziehung zwischen Ritual und Mythos auszuhöhlen sucht, gehen daher an der Sache vorbei, da sie auf einem allzu vereinfachenden Konzept darüber aufbauen, was es bedeutet, daß ein Ritual durch einen Mythos »gerechtfertigt« wird. Es werden dabei ausschließlich direkte, deutliche Zusammenhänge berücksichtigt, während der symptomatische, verräterische Hinweis als rein zufälliges, unbedeutendes Detail behandelt wird. Wenn Detektive nicht einkalkulieren dürften, daß Kriminelle ihre Taten zu verbergen suchen, würden nicht eben viele Verbrecher jemals entdeckt werden.

Als konkretes Beispiel können wir den Mythos vom Tod des Neoptolemos, des Sohnes des Achilles, anführen. Neoptolemos, so wird erzählt, äußerte im Apollon-Tempel zu Delphi wiederholt Beleidigungen gegen Apollon sowie gegen die von ihm inspirierte Priesterin, die Pythia, durch deren Mund die delphischen Orakel verkündet wurden. Eines Tages, als sich Neoptolemos in Delphi aufhielt und versuchte, sich die Apollon geweihten Tieropfer anzueignen, verkündete die Pythia, daß er sterben müsse, und er wurde von dem Phoker Machaireus umgebracht, der ihn mit seinem Opfermesser niederstach. Daraufhin ordnete die Pythia an, man möge Neoptolemos unter der Schwelle des neuen Tempels (den alten hatte Neoptolemos bei einem seiner früheren Besuche dort niedergebrannt) begraben. Trotz seines schlimmen Betragens sollte Neoptolemos, der ein berühmter Krieger gewesen war, als Geist das neue Heiligtum bewachen und den Opfern zu Ehren der Helden vorstehen.

G. S. Kirk kommentiert diese Erzählung dahingehend [2], daß sie keineswegs als Beweis für eine Verbindung zwischen Ritual und Mythos anzusehen sei: »Wenn es heißt, der Sohn des Achilles, Neoptolemos, sei in Delphi im Streit mit einem Opfermesser getötet worden, so handelt es sich dabei um eine unwesentliche Erfindung, die darauf zurückgeht, daß an diesem Ort Opfermesser zu rituellen Zwekken benutzt wurden, der aber ansonsten keine Bedeutung beizumessen ist.« Hier werden die Schlüsselhinweise ignoriert; ebensowenig wird in Betracht gezogen, daß in allem, was mit Menschenopfern zu tun hat, das Bedürfnis zur Verschleierung besteht. Daß Neoptolemos mit einem Opfermesser umgebracht wird, *ist* ein aufschlußreiches Detail. Es gibt keinen ersichtlichen Grund, warum man ausgerechnet ein solches Detail einer Geschichte hätte hinzufügen sollen, in der es einfach nur um eine tätliche Auseinandersetzung geht. Richten wir unser Augenmerk nun auf denjenigen, von dem es heißt, er habe das Messer gezückt, so kommt dem Detail eine noch größere Bedeutung zu. Der Name Machaireus ist eine Personifikation des Messers selbst, denn Messer heißt im Griechischen μάχαιρα. Wir haben hier ein weiteres Beispiel für den Mechanismus, der sich bei der Opferzeremonie

---

2 Kirk 1974, *p.* 247.

der Buphonien abspielt, d.h. die Schuld an der Tötung wird dem Messer zugeschrieben. Die Erwähnung, daß Neoptolemos mit einem Buphonien-Opfermesser ermordet wurde, ist daher der Schlüsselhinweis, in dem der Opferungscharakter der Tötung in verdeckter Form erhalten geblieben ist. Ein wichtiges methodologisches Mittel ist die Betrachtung des unpassenden, der Grundlinie der Erzählung zuwiderlaufenden Details. In diesem Fall sagt uns die ganze Geschichte: »Neoptolemos' Ermordung war *kein* Opferungsakt. Sein Leichnam mag zwar wie ein Gründungsopfer unter der Schwelle begraben worden sein, und das mag auch just zur Zeit des Baus eines neuen Tempels gewesen sein, aber dies war nur ein nachträglich hineingebrachter Gedanke. Neoptolemos wurde umgebracht, weil er den Gott und dessen Priesterin beleidigt hatte.« Dann kommt das Detail, das nicht dazu paßt – er wurde mit einem Opfermesser getötet –, gerade so, als ob uns gesagt werden soll: »Dieser Erklärung sollte man nicht allzu viel Glauben schenken. Der Anschein trügt letztendlich doch nicht. Sein Tod *war* ein Opfertod.« Die gebührende Bewertung solch inkongruenter Details entspricht der in der Textkritik gültigen Maxime *lectio difficilis melior*: »die schwierige Lesart ist die bessere«; d.h., wenn zwei Lesarten möglich sind – von denen eine glatt und einfach ist, die andere uns vor Schwierigkeiten und Rätsel stellt –, so ist die letztere mit größerer Wahrscheinlichkeit die richtige, denn es ist viel eher anzunehmen, daß eine schwierige Lesart in eine einfachere umgewandelt wurde als umgekehrt. So ist es auch im vorliegenden Fall viel eher wahrscheinlich, daß die Erwähnung des Opfermessers aus einer älteren Schicht der Erzählung erhalten geblieben ist, als daß es sich um eine später hinzugefügte, »geringfügige Hinzudichtung« handelt. [3]

In diesem speziellen Mythos kommt die Figur des Heiligen Henkers nicht vor, denn hier wird die Distanzierung von der begangenen Tötung auf ganz andere Weise erreicht: die Schuld wird dem Opfer zugeschoben. Wir haben Grund zu der Annahme, daß eine Reihe von Mythen über die Tötung von Ungeheuern auf dieser Art von Distanzierungstechnik aufbaut. [4] Bei dieser Technik besteht eine Spannung bzw. ein Widerspruch zwischen zwei Bestrebungen: dem Wunsch, auszudrücken, daß die geopferte Person ihren Tod verdient hat, und dem Wunsch, diese Person als der großen Rolle des heiligen Opfers würdig darzustellen. Dies führt zu einem holperigen Übergang, in dem Neoptolemos sich vom ungehobelten Schurken zu einem großen Helden wandeln muß, damit er nach seinem Tod als Schutzgottheit des Tempels fungieren kann. Ein entsprechendes Spannungsverhältnis findet sich auch in der Heiligen-Henker-Variante, in der die Schuld demjenigen zugeschrieben wird, der die Tötung begeht. Diese Figur ist je nachdem Mörder oder geheiligte Per-

[3] Es besteht eine gewisse Parallele zwischen der Tötung des Neoptolemos, der Opferfleisch gegessen hatte, und dem Töten des Stiers in den Buphonien, weil dieser die geweihten Körner gefressen hatte.

[4] Vgl. Kapitel 2, Fußnote 12.

son, so daß wahlweise die Unschuld der Gemeinschaft oder die Wirksamkeit des Opfers hervorgehoben werden können. Der grundlegende Widerspruch besteht in beiden Fällen zwischen dem Wunsch der Gemeinschaft nach Erlösung und ihrem Bestreben, die Mittel zu verwerfen, die zu deren Erlangung angewandt werden. Man kann daher sagen, daß, wie es Lévi-Strauss formuliert, der Mythos zwischen diesen beiden entgegengesetzten Wünschen »vermittelt«. Bei der von Lévi-Strauss angewandten Untersuchungsmethode wird dieser Widerspruch jedoch stets ohne jede Berücksichtigung des emotionalen Gehalts und des Schuldgefühls behandelt; daher wäre hier die Verwendung der Terminologie Freuds mit der Wortwahl angebrachter, daß Neurosen oder Träume Mittler in einem »Konflikt« sind und es möglich machen, daß ein Impuls gleichzeitig befriedigt und gehemmt wird. Die »böse« Seite des Opfers in der Geschichte des Neoptolemos wird vielleicht zum Teil durch den Namen Neoptolemos zum Ausdruck gebracht. Denn von Neoptolemos war bekannt, daß er einen Groll gegen den Gott Apollon hegte, da dieser am Tode von Neoptolemos' Vater, Achilles, beteiligt war (entweder dadurch, daß er Paris drängte, Achilles mit einem Pfeil zu töten, oder, wie dies in manchen Versionen geschildert wird, indem er die Gestalt des Paris annahm und den Pfeil selbst abschoß). Neoptolemos war daher die geeignete Person für den Part desjenigen, der den Tempel des Apollon niederbrannte und versuchte, sich der Opfergaben zu bemächtigen, die Apollon dargebracht worden waren – Taten, die notwendig waren, um seine Tötung auf Befehl der Pythia zu rechtfertigen.

Wir können folgern, daß es sich bei dieser Geschichte um einen Gründungsmythos handelt (der ursprünglich wahrscheinlich nichts mit Neoptolemos zu tun hatte), mit dem man der Errichtung eines neuen Tempels in Delphi gedachte. Der alte Tempel war wahrscheinlich infolge eines Unglücksfalles abgebrannt; ein solcher Vorfall löste aber gewöhnlich große Besorgnis und Schuldgefühle aus, und daher mag man beim Wiederaufbau des Tempels ein Gründungsopfer für notwendig erachtet haben. Da das Opfer mit der feindseligen Macht, die den Tempelbrand verursacht hatte, gleichgesetzt wurde, hatte der Opferungsvorgang die Wirkung, diese Macht auf die eigene Seite zu ziehen, so daß sie vom Feinde Apollons, des Gottes dieses Tempels, zu dessen Verbündeten wurde.

Im Fall eines Gründungsopfers ist die Rolle eines zugehörigen Mythos von besonderer Wichtigkeit, da durch die Erzählung des Mythos die Funktion des Opfers fortgesetzt und nicht nur verstärkt wird. Dagegen findet sich bei Ritualen, die regelmäßig vollzogen werden, gleichgültig, ob es sich dabei um ein Opferritual handelt oder nicht, nicht immer ein entsprechender Mythos. Falls ein solcher Mythos vorhanden ist, hat er eine bestimmte Funktion, nämlich die, das Ritual zu begründen und sicherzustellen, daß es auch künftighin vollzogen wird; aber das stellt eher einen nachträglichen Gedanken dar als einen für die Wirksamkeit des Rituals unerläßlichen Beitrag, und bei solchen nachträglichen Einfällen haben wir es, wie G. S. Kirk aufgezeigt hat, oftmals mit zufälligen oder trivialen Ätiologien zu tun, die kaum einen Bezug zur tatsächlichen Bedeutung des Rituals haben. Viele bedeutsame Rituale hatten keinen entsprechenden Begleitmythos. Dagegen wird im Gründungsmythos die Erinnerung an ein Ereignis verewigt, das niemals wiederholt werden kann (wenngleich es sich auch zu bestimmten Zeiten, bei Gefahr oder Katastrophen, erneuern läßt), und die Erzählung des Mythos ist selbst ein Mittel, um den Zusammenhalt und das Identitätsgefühl der Gemeinschaft zu bewahren. Es ist in der Tat nicht unbedingt notwendig, daß das Gründungsopfer als historisches Ereignis wirklich stattgefunden hat, solange es eine Geschichte gibt, die dies behauptet. Man mag bezweifeln, ob Rom wirklich von Zwillingsbrüdern namens Romulus und Remus gegründet wurde, von denen der eine den anderen tötete. Aber dies ist genau die Art Sage, die man anläßlich der Gründung einer Stadt für geeignet hielt, und eine solche Geschichte zeigt uns die Verbindung zwischen Ritual und Mythos ebensogut auf wie ein (direkter) Nachweis, daß das Ritual wirklich vollzogen wurde, denn der Mythos hätte nicht aufkommen können, wenn nicht zumindest die Vorstellung von einem Opferritual existiert hätte. Ein etwas subtileres Beispiel liefert der Gründungsmythos des Christentums, in dem die Tötung tatsächlich stattfand, jedoch auf andere Weise, als es der Mythos verlangte: Aus einer Hinrichtung aus politischen Motiven wurde im Mythos ein Opfertod, obwohl keine der beteiligten Personen (Pilatus, der Hohepriester, das jüdische Volk, Judas) wußte, daß sie an einem Opferritual teilnahmen. Auf kosmischer Ebene fungierte jedoch der Tötungsakt als Opferung, und die Anerkennung dieses Opferungscharakters durch Eingeweihte ist entscheidend für seine rituelle Wirksamkeit. Interessant ist allerdings, daß in der Messe, dem regelmäßig stattfindenden Opferritual der Christen, *nicht* die Kreuzigung, sondern eine ganz andere Art von Opferung nachvollzogen wird, bei der Gott von der Gemeinschaft verspeist wird, die dadurch mit Ihm eins wird. Dieses regelmäßig ausgeübte Ritual wird durch einen eigenen kleinen Mythos begründet: die Geschichte von Jesus, der Brot und Wein beim Letzten Abendmahl mit seinen Jüngern teilt und ihnen aufgibt, zum Gedenken hieran die Messe abzuhalten. Es handelt sich hier um einen schablonenhaften ätiologischen Mythos, der nichts über das Wesen dieses Rituals aussagt, welches von den Mysterienreligionen und damit wiederum vom prähistorischen Totem-Mahl abgeleitet ist.

Die Beziehung zwischen Ritual und Mythos läßt sich daher nicht auf irgendeine einfache Art charakterisieren. Im Fall von Gründungsmythen hat der Mythos eine Funktion, die Malinowski als »Charta« des Stammes bezeichnen würde, ein Beleg, daß der Stamm sich auf eine Art und Weise gegründet hatte, die dem Gott oder den Göttern wohlgefällig war. Selbst die Vorspiegelung, daß die im Mythos überlieferte rituelle Tötung unabsichtlich geschah, ist eine Art Tribut an den Gott, da es nicht angehen würde, zuzugeben, daß ein solch grausames Opfer von diesem gefordert worden war oder ihm gefallen würde. Auf diese Weise hat der Stamm dem Gott den ihm zustehenden Tribut an Menschenleben gezahlt, ohne ihn dadurch zu beleidigen, daß man ihm die Schuld an der Tötung gibt. Aber das bedeutet nicht, daß alle Mythen solche »Chartas« darstellen. Selbst diejenigen, auf die dies zutrifft, haben gleichzeitig auch noch andere Funktionen. Der Mythos von Noah und der Verfluchung Kanaans dient beispielsweise als Freibrief für die Eroberung Kanaans durch die Israeliten, rechtfertigt aber auch israelitische Gesellschaftsnormen, indem er Schemata über die Beziehungen zwischen Vater und Sohn, die Ablehnung von Weinorgien usw. liefert. In anderen Mythen, die in keinem Zusammenhang mit dem Ritual stehen, geschieht dies auf direktere Weise. So führt z.B. der babylonische Mythos den Ursprung der Menschheit auf die Sünde eines aufständischen Gottes zurück, dessen Körper in Stücke geschnitten wurde, aus denen dann die Menschen entstanden; der hauptsächliche Lebenssinn der Menschheit bestand forthin darin, die Sünde ihres Ahnherrn gegen die Götter zu tilgen, indem sie ihnen dienten; durch diesen Mythos erfahren wir einiges über die babylonische Gesellschaft und ihre Einstellung zu Moral und Freiheit. Im Gegensatz dazu schildert der hebräische Mythos über die Entstehung der Menschheit, wie Gott das erste Menschenpaar in einem Akt der freien Schöpfung erschuf, ihnen die Macht über die Natur verlieh und ihnen auftrug, die Erde zu bevölkern und sie zu bestellen; ein Mythos, der den Gedanken der Menschlichkeit und der universellen Brüderlichkeit atmet. Er ist eine Charta für die ganze Menschheit, aber, und gerade deswegen, auch ein ethisches Programm. Die Aussage, daß ein Mythos eine Gründungsurkunde oder Charta darstellt, sagt zwar schon einiges; aber es bleibt immer noch zu klären, um welche Art Charta es sich jeweils handelt.

Mythen sind im allgemeinen die Geschichten, die eine gegebene Gesellschaft charakterisieren und die eine soziologische Erklärung erfordern, die sowohl über individualpsychologische Betrachtungen (individualpsychologische Phänomene können in jeweils festumrissenen Entwicklungsstadien überall die gleichen sein) als auch über abstrakte soziologische Begründungen (die auf jede beliebige Gesellschaft zutreffen können) hinausgeht. Strukturalistische Mythenanalysen bleiben auf der abstrakten soziologischen Ebene und befassen sich mit Problemen und Ängsten, die in allen Gesellschaften vorhanden sind, ohne sich an den Gehalt und die Färbung der einzelnen Gesellschaften zu wagen. Lévi-Strauss gibt zu, daß er sich nicht mit dem Inhalt, sondern nur mit der Struktur der Mythen befaßt, und er sieht dies auch nur im Fall primitiver Gesellschaften als geeignete Methode an, bei denen wir nichts über den Gehalt wissen, nicht aber im Fall »heißer« Gesellschaften, wo wir in den Inhalt mit einbezogen werden und uns nicht allein auf die Struktur beschränken können.[5]

[5] Vgl. Charbonnier 1969, *p.* 33.

Aber es ist genau dieses Einbezogensein, das uns erst das volle Verständnis ermöglicht. Wir können einen Mythos nicht verstehen, wenn wir uns selbst der Werkzeuge für die moralische Bewertung berauben. Denn die Mythen befassen sich mit einer moralischen Bewertung, indem sie Antworten auf die Frage bereithalten: »Wie muß eine gute Gesellschaft beschaffen sein?« Selbst wenn sie sich auf die offensichtlich nicht moralische Frage beschränken: »Was ist beim Aufbau einer Gesellschaft zu berücksichtigen, um ihr die größtmögliche Überlebenschance zu sichern?«, so geben die Antworten doch stets Anlaß zur moralischen Bewertung, da sie stets davon abhängen, wieviel Mut und Hoffnung eine Gesellschaft in ihren Anfängen aufweist, welche ihr geistiges Kapital ausmachen; eine Gesellschaft, die ihre Entscheidungen aus Furcht und Verzweiflung trifft, steuert auf den Zustand der Tyrannei und Grausamkeit zu.

Jede einzelne Kultur hat ihren Basismythos, der in den Umständen wurzelt, unter denen sie entstanden ist. So ist der grundlegende Mythos der griechischen Kultur der des Sieges der olympischen Götter über die rohen, barbarischen Titanen, der den historischen Sieg der Hellenen über die Urbevölkerung Griechenlands widerspiegelt. Im Polytheismus der Griechen zeigt sich das griechische Ideal des aristokratischen Individualismus, der für militaristische Invasoren (wie z.B. die Normannen) charakteristisch ist. Der Basismythos der jüdischen Kultur handelte von der Befreiung eines versklavten Volkes, das den Kampf mit allen unterdrückerischen Regimes der Welt aufnimmt, und zwar durch ein einzigartiges, vereinigendes Bündnis mit einem einzigen Gott, der die Koexistenz mit denjenigen Göttern ablehnte, die die Menschheit betrogen und in die Sklaverei gebracht hatten. Der Basismythos Roms war identisch mit dem seiner Gründung: Er handelt von einer triumphierenden Kains-Gestalt, Romulus, dem Anführer einer Bande von verzweifelten Geächteten, dem durch eine Schar Geier ein Zeichen gegeben wurde, daß seine Nachkommen Beutezüge gegen die Menschheit führen würden, ähnlich wie die Geier oder die Wölfe, die Romulus aufgezogen hatten. Vergil versuchte jedoch, diesen Mythos zur Geschichte von Aeneas umzugestalten, so daß die Römer sich selbst als Quasi-Hellenen mit einer zivilisatorischen Mission betrachten konnten; da Rom in kultureller Hinsicht zum Vasallen der Griechen geworden war, war dieser neue Mythos in einem gewissen Maß erfolgreich, aber erst nachdem der als Adler getarnte römische Geier die gesamte Beute seiner Plünderzüge in Europa und dem Nahen Osten nach Rom geschleppt hatte. Der Basismythos der christlichen Zivilisation, der ebenfalls identisch mit ihrem Gründungsmythos war, drehte sich um die Befreiung des Menschen von Sünde und dem Elend dieser Welt, die der Tyrannei anheimgefallen war; dieser Mythos entstand unter den elenden Bedingungen des griechisch-römischen Imperiums unter Volksmassen, die jede bürgerliche Identität und Bodenständigkeit aufgrund der demoralisierenden Eroberungszüge der mazedonischen Griechen und ihrer römischen Nachahmer verloren hatten; aufgrund der Beibehaltung des Alten Testaments waren jedoch die dem Judentum eigenen Elemente der Menschlichkeit und der Erdverbundenheit als eine Art Splitter im Christentum verblieben, der im Gegensatz zu dessen Haupttendenz stand. Der Basismythos der islamischen Zivilisation besagt, Gott habe das arabische Volk als sein Volk auserwählt; dies ist eine Verpflanzung des jüdischen Mythos, mit dem Unterschied, daß der islamische die Werte der Wüste über die des Ackerlandes stellt, während für das Judentum das Leben in der Wüste nur eine Vorbereitung auf das Leben im Gelobten Land ist; darüber hinaus enthielt der Islam, etwa ähnlich wie die griechische Kultur, das Konzept einer aristokratischen Herrschaft von erfolgreichen Invasoren, die im Grunde ihres Wesens Männer der Wüste geblieben waren, ihrem wahren Gelobten Land und ihrem mentalen Mittelpunkt.

Ein Mythos formt also eine Kultur, und sobald er sich fest in den Gedanken der Menschen verankert hat, liegen auch die Grundzüge der Kultur fest. Die gesamte Sammlung von Mythen einer bestimmten Kultur bildet ein einzigartiges System, und jeder einzelne von ihnen wird nur dann voll verständlich, wenn man ihn im Zusammenhang mit den anderen Mythen des Systems betrachtet. Lévi-Strauss hat dies erkannt, und seine Arbeit über die gegenseitigen Verbindungen zwischen den Mythen und über die Tatsache, daß es für das Erfassen der vollen Bedeutung eines Mythos innerhalb dieses Systems des Stammes wichtig ist, die verschiedenen Versionen des gleichen Mythos in die Betrachtung einzubeziehen, ist wertvoll. Denn jede Version befaßt sich jeweils mit einem ganz bestimmten Aspekt, wobei andere, ebenso wichtige Aspekte vernachlässigt werden; ein Beispiel hierfür liefert die Mythensammlung über Judas, die wir bereits oben untersucht haben. Das bedeutet, daß die Auflistung von Parallelen zwischen zwei Kulturen oft irreführend sein kann. Was als das gleiche mythologische Motiv erscheint, kann in verschiedenen Kulturen ganz verschiedene Bedeutungen haben, selbst dann, wenn derselbe Text zugrunde liegt, wie z.B. das Motiv von Adams Fall, dem in der jüdischen Kultur eine ganz andere Bedeutung zukommt als in der christlichen. Dennoch: die Untersuchung von Parallelen insgesamt als »Parallelomanie« abzutun, hieße, auf ein wichtiges Instrument der Forschung zu verzichten; denn die Parallelen zeigen die grundlegenden psychologischen, soziologischen und technologischen Probleme auf, mit denen die unterschiedlichen Kulturen auf ihre jeweils eigene Art umgehen. Das Aufzeigen von Parallelen steht daher am Anfang der Untersuchung; in der Fortsetzung sollte man nun aber nicht wieder auf die bequeme Annahme verfallen, daß schwierige Lagen für die Menschen und die von ihnen entwickelten Lösungen überall die gleichen sind, sondern es gilt, die ganze Bandbreite der Lösungsansätze zu untersuchen, von denen einige erheblich brauchbarer sind als andere. Das Bewußtsein dafür, wie gefährlich ein oberflächliches Aufzeigen von Parallelen ist, führt jedoch allzuoft zu einem Relativismus, der auf den unüberbrückbaren Unterschieden zwischen der einen und der anderen Kultur besteht und dadurch letztendlich diese wieder auf eine Gleichartigkeit aller reduziert, da eine pauschale Toleranz gegenüber Unterschieden deren Bedeutung und Gewicht gegen Null drückt.

Die Beziehung zwischen Mythologie und Literatur läßt sich im Lichte des oben Gesagten genauer klären. Einige Forscher würden gerne den Begriff »Mythos« auf mündlich überliefertes Material beschränken. Lévi-Strauss zum Beispiel ist der Meinung, seine Mythentheorie treffe nur auf solches Material zu. Als Kriterium sollte jedoch gelten, wie weit die betreffende Geschichte in der Gedankenwelt des Großteils der Gemeinschaft verankert ist. Dies bedeutet für die Praxis, daß der mündlichen Überlieferung eine primäre Bedeutung zukommt, denn es ist weit eher die Art und Weise, wie eine Geschichte von Eltern und Lehrern erzählt wird, die einen bleibenden Eindruck auf die Psyche der einzelnen Mitglieder einer Gemeinschaft macht, als die literarische Form, die eine Geschichte durch die Individualität eines Autors annehmen mag. Bei der Analyse griechischer Mythen ist es zum Beispiel wichtig, *literarische* Varianten, die nur von geringer Bedeutung für die Gemeinschaft waren, herauszufiltern und unberücksichtigt zu lassen. Dennoch kann auch literarischen Versionen von Mythen eine große Bedeutung zukommen, nämlich dann, wenn es darum geht, einen Mythos auf den Punkt zu bringen und ihn festzuschreiben, so daß er fortan eine noch stärkere Wirkung auf die Massen ausübt als zuvor. Die Bibel und Homer sind beeindruckende Beispiele hierfür. Beide wurden kanonische Werke, d.h. sie wurden Gegenstand eigener Mythen, aber auch rein literarische Werke, z.B. die ›Orestie‹ des Aischylos oder Shakespeares ›Kaufmann von Venedig‹, können einem Mythos neuen Schwung verleihen, indem sie den Zeitgenossen des Künstlers seine Bedeutung neu und aktuell vermitteln.

Darüber hinaus ist ein Mythos grundsätzlich einer bestimmten Gesellschaft oder Kultur zugeordnet und außerhalb des Kontexts dieser speziellen Kultur nicht zu verstehen. Die Geschichte der jeweiligen Kultur ist daher ganz besonders wichtig für die Beurteilung ihrer Mythen, insbesondere der Bedingungen, unter denen diese Kultur entstanden ist. Diese Konditionen drücken der gesamten künftigen Geschichte der Kultur ihren Stempel auf, so daß die Geschichte einer Kultur als Auswirkung von Lösungen betrachtet werden kann, die man angesichts der Ausgangsbedingungen entwickelt hatte, und anschließende Fehlschläge, Stillstand oder gar der Zusammenbruch der Kultur lassen sich auf Fehler zurückführen, die bei der ursprünglichen Lösung unterlaufen waren. Es gibt jedoch in jedem mythologischen System verschiedene kulturübergreifende Aspekte, d.h. Ebenen, bei denen es um die Bewältigung von Problemen geht, die allen Kulturen gemein sind. Diese lassen sich wie folgt auflisten: 1. der technologische Aspekt, beispielsweise der Übergang von der Steinzeit zur Eisenzeit oder von der nomadischen Lebensweise des Jägers zum Ackerbau; 2. der psychologische Aspekt, d.h. die Eltern-

Kind-Beziehungen und die mit der Reifezeit und der sexuellen Entwicklung und Orientierung zusammenhängenden Probleme; 3. der politische Aspekt, d.h. die Machtfrage innerhalb der Gesellschaft und das Verhältnis der Herrschenden zu den von ihnen Regierten; 4. die Klassenfrage, eine generalisiertere Variante des politischen Aspekts, insofern als hier die Beziehungen zwischen Machtgruppen vom ökonomischen Standpunkt aus betrachtet werden und die Gruppenbildung unter dem Aspekt der Arbeitsteilung erfolgt; 5. die Geschlechterfrage, wozu die Probleme gehören, die mit der Einteilung der Menschen in biologische Gruppen, männlich und weiblich, und dem daraus resultierenden Machtkampf zusammenhängen; 6. der Aspekt der kulturellen Vielfalt oder der Nationalität, d.h. die Probleme, die sich aus den Beziehungen zu Gruppen außerhalb der betreffenden Gemeinschaft ergeben und der Wahrung einer eigenständigen Identität dieser Gemeinschaft. All diese kulturübergreifenden Aspekte stellen das Material dar, welches in einem Mythensystem behandelt und zu grundlegenden Richtlinien ausgeformt wird, die der Orientierung einer ganz bestimmten Gesellschaft dienen, die zum Zeitpunkt des Zusammentreffens ganz bestimmter Umstände entstanden ist. Einige der vorgenannten kulturübergreifenden Aspekte wurden ihrerseits die Grundlage übertrieben homogener Mythentheorien. Dies führte oft zu wertvollen Ergebnissen, aber es müssen tatsächlich alle Aspekte berücksichtigt und für jede einzelne Kultur zu einer spezifischen Charakterisierung ausgeformt werden; darüber hinaus gilt es zu beachten, daß diese Aspekte keineswegs voneinander unabhängig sind.

Einer der vorgenannten Aspekte, dem in diesem Buch besondere Aufmerksamkeit gewidmet wurde, mag Zweifel aufwerfen. Es handelt sich um Punkt 5, der häufig in bezug auf den Konflikt zwischen Matriarchat und Patriarchat erwähnt wurde, ein Konflikt, der etlichen Forschern der letzten Zeit zufolge gar nicht existiert. Wechselnde Moden der Anthropologie lassen sich schlecht vorhersagen, aber die Bedeutung dieses Konflikts kann nicht lange übersehen werden. Mit »Matriarchat« meine ich nicht die *politische* Macht der Frauen, die offenbar so gut wie nie bestand. Selbst Bachofen, der Urheber der Matriarchatstheorie [6], hat nicht behauptet, daß Frauen in vor-patriarchalischen Gemeinschaften eine politische Machtposition innehatten. Es ist jedoch ebenfalls irreführend, den Begriff »matrilinear« anstelle von matriarchalisch einzusetzen, wie dies manche vorschlagen, da bei dieser Änderung der Terminologie nicht der tatsächliche geistige Einfluß zum Ausdruck kommt, dessen sich die Frauen zu jener Zeit in der Geschichte der menschlichen Gesellschaft erfreuten, als physische Kraft nicht mit der Autorität in magischen und religiösen Angelegenheiten einherging. Dafür, daß es solch eine Ära weiblicher Autorität gegeben hat, während derer die Hauptgottheiten und ihre Diener weiblich waren und die Identität und der Status einer Person nach der weiblichen

[6] Vgl. die Einführung Joseph Campbells zu Bachofen 1967, *pp.* XXXI*sq.*

Linie beurteilt wurden, gibt es bei weitem zu viele und zu verschiedene Belege, als daß man sie ignorieren könnte.[7] Der Wechsel von der Herrschaft der Göttinnen zur Herrschaft der Götter stellt somit eine der folgenschwersten Umwälzungen in der Geschichte der Menschheit dar und muß für die Interpretation von Mythen eine wichtige Rolle spielen. Sicherlich hat auch Aischylos diesen Gedanken gehabt, als er diesen Gegenstand zum Thema seiner überwältigenden Dramentrilogie, der *Orestie*, machte.

Damit soll keineswegs bestimmten Theoretikern des Feminismus recht gegeben werden, die das Matriarchat als das Goldene Zeitalter der Vergangenheit sehen, demgegenüber die Zunahme patriarchalischer Institutionen einen bedauerlichen Verfall darstelle. Das Matriarchat war in vieler Hinsicht primitiv und grausam, und die Schaffung eines vernünftigen Rechtssystems und eines zivilisierten Verhaltenskodex kam größtenteils dank des Patriarchats zustande – obgleich das Patriarchat ebenfalls seine spezifischen Formen von Grausamkeit und Ungerechtigkeit aufwies, insbesondere auch, was die Unterdrückung der Frauen anging. Das Verhältnis zwischen Matriarchat und Patriarchat ist demjenigen zwischen Kindheit und Erwachsensein eines Menschen sehr ähnlich. Das heißt aber keineswegs, daß man nun eine mystische Auffassung über die organisch sich entwickelnden Stadien einer Gesellschaft vertreten müßte, denn es gibt gute immanente Gründe für diese Analogie. In den Frühstadien ihrer Entwicklung hing das Überleben der menschlichen Gesellschaft von der Erde ab, und die Menschen beschafften sich Nahrung durch Sammeln oder Jagen, ohne den Boden kultivieren oder vorausplanen zu müssen. In diesem Stadium ähneln die gedanklichen Vorgänge des Menschen denen eines Kindes an der Mutterbrust, und die entsprechenden Religionsformen konzentrieren sich auf die Gestalt der Mutter. Im Frühstadium des Ackerbaus wird die Rolle des Mannes bei der Befruchtung der Frau und der Bestellung des Bodens stärker anerkannt, und die Götter erscheinen als Gemahle der Göttinnen. Im Spätstadium des Ackerbaus, als technische Fortschritte die Bedeutung der Magie fast ganz vergessen ließen und das Selbstvertrauen der Männer stärkten, setzte die Unterwerfung der Frau ein, und der Himmelsgott, der die Erde mit seinem Samen oder Regen befruchtete, übernimmt die Führung im Pantheon. Je mehr sich die Menschen zutrauen, die Welt um sie herum beeinflussen zu können, desto ausgeprägter wird die Vorherrschaft des Mannes, da er sich in seiner physischen Überlegenheit nicht mehr durch die weibliche Magie einschüchtern läßt. Absolut gesehen, bedeutet dies nicht notwendigerweise Fortschritt, obgleich es zweifellos einen Reifungsprozeß darstellt. Zurück ins Kindheitsstadium zu verfallen, ist auch keine Lösung, und im allgemeinen werden die Probleme mit

[7] Vgl. das riesige Belegmaterial, das Schmidt (1912–1955) zusammengetragen hat. Eine nützliche Zusammenfassung von Schmidts Werk findet sich bei Campbell 1969, *pp.* 318–323.

fortschreitender Entwicklung des Organismus nur komplexer. Bei der Interpretation von Mythen ist stets dasjenige Stadium in der Entwicklung der Menschheit zu berücksichtigen, in dem der Mythos entsteht; so unterscheidet sich z.B. der Attis-Mythos im Kontext der mittleren Periode des Ackerbaus ganz wesentlich vom gleichen Mythos zur Zeit der griechisch-römischen Mysterienreligion. [8]

Die Mythen, die in diesem Buch analysiert wurden, konnten auf die Institution des rituellen Menschenopfers zurückverfolgt werden, das sowohl in matriarchalischen als auch in patriarchalischen Gesellschaften vorkam, aber dort jeweils eine unterschiedliche Bedeutung hatte. In matriarchalischen Gesellschaften förderten der Tod und die Auferstehung von Jünglingen durch sympathetische Magie die Fruchtbarkeit der Felder. In patriarchalischen Gesellschaften dagegen waren Menschenopfer ein Zeichen der Unterwerfung unter einen grollenden männlichen Gott. Sie waren daher ein Ausdruck des Schuldgefühls, das seinerseits wiederum ein Produkt der patriarchalischen Gesellschaft war. Das Problem des Schuldgefühls durch einen Gewaltakt meistern zu wollen, führt jedoch zu einem Eigentor, denn es entstehen neue Schuldgefühle ob der Gewalt, die diese Lösung erfordert. In diesem Buch wurden die verschiedenen Wege untersucht, wie man mit diesem sekundären Schuldgefühl durch die Anwendung von Kunstgriffen, die ich hier als Distanzierungstechniken bezeichnet habe, fertigzuwerden versuchte. Durch die Anwendung dieser Techniken schiebt die Gemeinschaft die Schuld für ihre gewalttätigen Riten, mit denen Schuld getilgt werden soll, auf einen Sündenbock oder Prügelknaben, der für die Gewalt verantwortlich gemacht wird, ohne welche die Gemeinschaft ihre ursprüngliche Schuld nicht loswerden kann. Das wichtigste Beispiel für diese Technik liefert der Antisemitismus, in dem die moderne Gesellschaft Gefühlszustände weiterschleppt, die ihren Ursprung in den Opferritualen der Antike haben.

Eine offen dualistische Religion wie der Zoroastrismus projiziert das Böse von Anfang an in die Außenwelt; das Christentum dagegen verlegt das Böse nach innen, aber auf eine solche Weise, daß das Individuum damit nicht fertigwerden kann und daher ein göttliches Opfer zur Entsühnung nötig ist. Der Heilige Henker übernimmt die Verantwortung für dieses Opfer, aber er muß selbst als böse dargestellt werden, damit die erlöste Person von der Schuld des Opfervollzugs freigesprochen werden kann. Durch die fortgesetzte Identifizierung mit der Opferung (z.B. durch das Ritual der Einverleibung und der Verspeisung des Gottes sowie des Verspeistwerdens durch ihn) wurde es der erlösten Person möglich, sich letztendlich so völlig erlöst zu fühlen, daß das System, dem sie angehört, von allem Bösen geläutert ist; jetzt kann das Tausendjährige Reich Christi eintreten. Das Böse wurde wieder nach außen gedrängt, und der Heilige Henker kann verschwinden (resp.

[8] Vgl. FRANKL 1989.

bekehrt werden), oder er wird alternativ nur noch unter dem Gesichtspunkt des Zerstörers des Guten betrachtet und kann daher zum Kristallisationspunkt für die Verlagerung des Bösen nach außen werden. An dieser Stelle setzen die Massaker an den Juden ein, sei es durch die fanatisierte Bevölkerung zur Zeit der Kreuzzüge, die Chiliasten, die den Antichrist bekämpfen, oder die Nazis mit ihren Vernichtungslagern.

Ein tieferes Verständnis der atavistischen Natur des Antisemitismus und seiner bruchlosen historischen Verbindung zu Menschenopfer-Ritualen mag dazu beitragen, dieses Übel aus der Welt auszurotten, und dem modernen Menschen dabei helfen, die Last seiner eigenen Schuld auf sich nehmen zu können, ohne zu irgendwelchen Mitteln zu greifen, diese Schuld auf seine Mitmenschen abzuladen. Auf diese Weise können wir sogar darangehen, Verhaltensweisen und Eigenschaften, aufgrund derer wir uns so schuldig fühlen, zu verändern oder zu verbessern und zugleich von dem unerreichbaren Ideal absoluter Makellosigkeit und Vollkommenheit Abschied zu nehmen.

Literatur

Adams, Henry Brooks 1904: Travels, France. *Vol.* 1: Mont Saint Michel, *vol.* 2: Chartres, Washington.

Adler, E. N. 1930: Jewish Travellers, London.

Albright, W. F. 1904: From Stone Age to Christianity, Baltimore. (Dt. Übs. Von der Steinzeit zum Christentum. Monotheismus und geschichtliches Werden, Sammlung Dalp, Bd. 55, München [Lehnen] 1949.)

Anderson, G. K. 1965: The Legend of the Wandering Jew, Providence. Ante-Nicene Christian Library (*Ed.* Roberts and Donaldson), Edinburgh 1868–1872.

Augustinus, Aurelius 1951–1953: Der Gottesstaat (De civitate dei). 3 *vol.*, Salzburg.

Bachofen, J. J. 1861: Das Mutterrecht, Stuttgart.

id. 1967: Myth, Religion and Mother Right: Selected Writings of J. J. Bachofen (Übs. Ralph Manheim, mit einem Vorwort von George Boas und einer Einleitung von Joseph Campbell), London.

Baron, Salo W. 1952–1975: A Social and Religious History of the Jews, 16 *vol.*, New York.

Barton, G. A.: »Circumcision (Semitic)«, Encyclopaedia of Religion and Ethics III 679–681.

Bauer, Bruno 1842: Geschichte der Synoptiker und des Johannes, Berlin.

Bauer, Yehuda 1978: The Holocaust in Historical Perspective, London.

Berthold von Regensburg, 1880: Predigten, Wien.

Bertholet, A. 1942: Der Sinn des kultischen Opfers, Berlin.

Bettelheim, Bruno 1975 [1954]: Die symbolischen Wunden. Pubertätsriten und der Neid des Mannes, München (Kindler).

Bin Gorion, Micha Joseph (Berdyczewski) 1926: Sinai und Garizim, Berlin.

Bishop, Carl W. 1939: »The Beginnings of Civilization in Eastern Asia«, Supplement to the Journal of the American Oriental Society, No. 4, Dez.

Black, Matthew (*Ed.*) 1962: Peake's Commentary on the Bible, *rev. ed.*, London.

Bloch, Joseph S. 1923: Israel und die Völker. Nach jüd. Lehre. Berlin (B. Harz) .

Bloy, Léon 1892: Le Salut par les Juifs, Paris.

Boas, Franz 1895: Indianische Sagen von der nord-pacifischen Küste Amerikas, Berlin.

Boling, Robert G. 1975: Judges (Anchor Bible), New York.

Bousset, Wilhelm 1893: Der Antichrist in der Überlieferung des Judentums, des neuen Testaments und der alten Kirche, Göttingen. Engl. Übs. The Antichrist Legend, London 1896.

id. 1900: »Das Chronologische System der biblischen Geschichtsbücher«, Zeitschrift für die Alttestamentliche Wissenschaft XX 136–147.

id. 1908: »Antichrist«, Encyclopaedia of Religion and Ethics I 578–581.

id. 1947: »Antichrist«, Encyclopaedia Britannica II 61.

Braham, Randolph L. (*Ed.*) 1986: The Origins of the Holocaust: Christian Antisemitism, New York (Columbia University Press).

Braude, William G. 1940: Jewish Proselyting in the First Five Centuries CE, Providence.

Briffault, R. 1927: The Mothers, London.

Bright, J. 1959: A History of Israel, Philadelphia.

Budde, Karl 1896: Das nomadische Ideal im AT, Giessen.

id. 1900 Die Religion des Volkes Israel bis zur Verbannung, Giessen (J. Ricker). (Engl. Übs. London 1899).

Bultmann, Rudolf 1950: Das Evangelium des Johannes, Göttingen. (Engl. Übs. London 1971).

id. 1949: Das Urchristentum im Rahmen der antiken Religionen, Zürich
(auch rde = Reinbek bei Hamburg 1965). (Engl. Übs. London 1956).

Burkert, Walter 1972: Homo Necans, RGVV Bd. 32, Berlin (Walter de Gruyter). (Engl. Übs. 1983).

Buttmann, Phillipp (*Ed.*) 1828: Mythologus, oder gesammelte Abhandlungen über die Sagen des Alterthums, Berlin.

Campbell, Joseph 1996 [1959–1968]: Die Masken Gottes, 4 *vol.*, Ungek. Ausg. München (dtv). (S.a. Bachofen 1967).

id. 1990 [1969], Der Flug der Wildgans: mythologische Streifzüge, Basel.

Charbonnier, Georges et Lévi-Strauss, Claude 1969: Entretiens avec Claude Lévi-Strauss, Paris (Union générale d'éditions).

Child, F. J. (*Ed.*) 1882–1898: English and Scottish Ballads, 8 *vol.*, Boston.

Codrington, R. H. 1891: Melanesians, Oxford.

Cohn, Norman 1957: The Pursuit of the Millenium, London. (Dt. Übs.: Das Ringen um das Tausendjährige Reich, Bern [Francke] 1961.)

id. 1967: Warrant for Genocide: the myth of the Jewish world-conspiracy and the Protocols of the Elders of Zion, London. (Dt. Übs.: Die Protokolle der Weisen von Zion. Der Mythos von der jüdischen Weltverschwörung, Köln [Kiepenheuer & Witsch] 1969.)

Colebrook, R. and Wilson, H. 1926: »On the Sacrifice of Human Beings«, Journal of the Royal Asiatic Society XXIII 96–109.

Conway, M. D. 1881: The Wandering Jew, London.

Cornford, F. M. 1913: From Religion to Philosophy, London.

Crone, Patricia and Cook, Michael 1977: Hagarism: The Making of the Islamic World, Cambridge.

Cumont, Franz 1903: Die Mysterien des Mithra (Textes et monuments figurés rel. aux mystères de Mitra, Ausz.). Ein Beitrag z. Religionsgesch. d. röm. Kaiserzeit, Leipzig (B.G. Teubner).

id. 1910: Die orientalischen Religionen im römischen Heidentum [Les Religions Orientales dans le paganisme romain]. Ausg. von Georg Gehrich, Leipzig & Berlin (Teubner).

Davies, W. D. 1948: Paul and Rabbinic Judaism, London.

Delehaye, H. 1912: Les Origines du culte des Martyrs, Brüssel.

De Rougemont, Denis 1956: L'Amour et l'Occident, Paris (Plon).

De Vaux, R. 1951: »La troisième campagne de fouilles à Tell El-Far' ah, près Naplouse«, Revue Biblique, LVIII 401–403.

Dieterich, A. 1903: Eine Mithrasliturgie, Leipzig.

id. 1905: Mutter Erde, Leipzig-Berlin.

Dodd, C. H. 1961: The Parables of the Kingdom, New York.

Doughty, C. M. 1888: Travels in Arabia Deserta, 2 *vol.*, Cambridge. (Dt. Übs.: Reisen in Arabia Deserta. Wanderungen in der arabischen Wüste, Köln [Dumont] 1979.)

Eerdmans, B. D. 1947: The Religion of Israel, Leiden.

Eissfeldt, Otto 1935: Molk als Opferbegriff im Punischen und Hebräischen und das Ende des Gottes Moloch. Beiträge zur Religionsgeschichte des Altertums, Heft 3, Halle.

Ellis, W. 1831: Polynesian Researches, [2]London.

FISCHEL, H. A. 1947–1948: »Martyr and Prophet«, Jewish Quarterly Review, 37, *pp.* 265*sqq.* und 363*sqq.*
FLANNERY, Edward H. 1965: The Anguish of the Jews, New York.
FLIGHT, J. W. 1923: »The Nomadic Idea and Ideal in the Old Testament«, Journal of Biblical Literature XLII.
FOUCART, P. 1914: Les Mystères d'Eleusis, Paris.
FRANKFORT, Henri 1948: Kingship and the Gods, Chicago & London.
FRANKL, George 1974: The Failure of the Sexual Revolution, London.
id. 1989: The Social History of the Unconscious (Psychoanalysis and Society 1), London (Open Gate Press).
FRAZER, Sir J. G. 1928: Der goldene Zweig (Dt. autorisierte gek. Ausgabe, Leipzig [Hirschfeld]).
id. 1918: Folklore in the Old Testament, 3 *vol.*, London. Abr. ed. in 1 *vol.*, London 1923. (Dt. Übs.: Die Arche. Biblische Geschichte im Lichte der Völkerkunde, Stuttgart [Koehler] 1960.)
FREUD, Sigmund 1940 *sqq*: Die Traumdeutung, GW II/III (GW = Gesammelte Werke) London (Imago Publ.).
FRIEDLAENDER, I. 1910: »The Jews of Arabia and the Rechabites«, Jewish Quarterly Rewiev I.
GAER, J. 1961: The Legend of the Wandering Jew, New York.
GARDENER, P.: »Mysteries (Greek)«, Encyclopaedia of Religion and Ethics IX 77–82.
GASTER, T. H. 1961: Thespis: Ritual, Myth and Drama in the Ancient Near East, rev. ed., New York.
id. 1962: »Sacrifices«, Interpreter's Dictionary of the Bible, New York.
GAUTIER, L. 1927: »À propos des Rékabites«, Etudes sur la religion d'Israel, Lausanne.
GEALY, F. D. 1962 »Stephanus«, Interpreter's Dictionary of the Bible, New York.
GENNEP, Arnold van 1986: Les rites de passage, Paris.
GILBERT, Arthur 1968: The Vatican Council and the Jews, Cleveland & New York.
GIRARD, René 1972: La violence et le sacré, Paris (Editions Bernard Grasset). (Engl. Übs.: Violence and the Sacred, Baltimore [John Hopkins University Press] 1979).
id. 1972: Des choses cachées depuis la fondation du monde, Paris (Editions Bernard Grasset). (Engl. Übs.: Things Hidden from the Foundation of the World, London [Athlone Press] 1987).
GRAETZ, H. 1897–1911: Geschichte der Juden, 11 *vol.*, Leipzig.
GRAY, G. B. 1924: Sacrifice in the Old Testament, Oxford.
GRAYZEL, Solomon 1966: The Church and the Jews in the Thirteenth Century, New York.
GREEN, A. R. W. 1975: The Role of Human Sacrifice in the Ancient Near East, Missoula, Montana.
GUGLIEMO, A. 1955: »Sacrifice in the Ugaritic Texts«, Catholic Biblical Quarterly XVII 196–216.
HARE, Douglas A. R. 1967: The Theme of Jewish Persecution of Christians in the Gospel according to St. Matthew, Cambridge.
HARNACK, A. 1906: Die Mission und Ausbreitung des Christentums in den ersten drei Jahrhunderten, 2. durchges. Aufl. (2 *vol.*), Leipzig.
HARRISON, Jane Ellen 1912: Themis, Cambridge.
id. 1922: Prolegomena to the Study of Greek Religion, ³London.
HARRISON, R. K. 1980: Leviticus, Leicester.
HARTLAND, E. Sidney: »Foundation«, Encyclopaedia of Religion and Ethics IV 109–115.
HASTINGS, J. (*Ed.*) 1908–1918: Encyclopaedia of Religion and Ethics, Edinburgh.

HATCH, E. 1890: The Influence of Greek Ideas and Usages upon the Christian Church, London.
HAUGG, D. 1930: Judas Iskarioth in den neutestamentlichen Berichten, Berlin.
HAY, Malcolm 1950: The Foot of Pride, Boston.
HEER, Friedrich 1967: Gottes erste Liebe, München/Esslingen.
HEPDING, Hugo 1903: Attis: Seine Mythen und sein Kult, RGVV I, Giessen.
HOCART, A. M. 1927: Kingship, Oxford.
HOEVELS, Fritz Erik 1993: Collected Papers on Psychoanalysis of Religion, New Delhi (Freethought International).
id. 1984: Das Tabu der Nacktheit, System ubw 2/1984, *pp.* 86–114, Freiburg (engl. Übers. in *id.* 1993).
id. 2004: Praktische Theaterwissenschaft oder: die deutsche Uraufführung von Maccobys ›Disputation‹, Ketzerbriefe 123, *pp.* 12–31, Freiburg.
id. 2004: In memoriam Hyam Maccoby, Ketzerbriefe 123, *pp.* 5–11, Freiburg.
id. 2013: Mordfall Jephta: Die Spur führt nach Brauron, System ubw 1/2013, *pp.* 44–66, Freiburg.
HOOKE, S. H. 1933: Myth and Ritual, Oxford.
id. 1947: In the Beginning, Oxford.
id. 1956: The Siege Perilous: Essays in Biblical Anthropology, London.
id. 1963: Middle Eastern Mythology, Harmondsworth.
HUBERT, H., und MAUSS, M. 1964: Sacrifice: Its Nature and Function, London.
JACOBS, Louis 1964: Principles of the Jewish Faith, London.
id. 1973: A Jewish Theology, London.
JAMES, E. O. 1971: The Origins of Sacrifice, New York.
JAMES, M. R. (*Ed.*) 1953: The Apocryphal New Testament, Oxford.
KATZ, Jacob 1961: Exclusiveness and Tolerance, London.
KAUFMANN, Y. 1960: The Religion of Israel, Chicago.
KENNEDY, H. A. A. 1913: St. Paul and the Mystery-Religions, London.
KERÉNYI, Karl 1950: »Die orphische Kosmologie und der Ursprung der Orphik«, Eranos-Jahrbuch 1949, Zürich.
id. 1966: Die Mythologie der Griechen, *vol.* 2: Die Heroen-Geschichten, ungek. Ausg., München (dtv [Tb.]) .
KERMODE, Frank 1979: The Genesis of Secrecy: On the Interpretation of Narrative, Cambridge, Mass. & London.
KIERKEGAARD, Søren 1949: Furcht und Zittern (Orig.: Frygt og baeven), Krefeld.
KIRK, G. S. 1970: Myth: its Meaning and Functions in Ancient and Other Cultures, Cambridge.
id. 1974: The Nature of Greek Myths, Harmondsworth.
KLEIN, Melanie 1932: Die Psychoanalyse des Kindes, Wien/Leipzig.
id. und RIVIÈRE, Joan 1974: Seelische Urkonflikte. Liebe, Haß und Schuldgefühl, München (Kindler).
KRAUSE, M. 1964: »Das literarische Verhältnis der Eugnotosbriefe zur Sophia Jesu Christi«, in Mullus: Festschrift Theodor Klauser, Jahrbuch für Antike und Christentum, Ergänzungsband, I 215–223.
LAKE, K. 1933: »The Death of Judas«, in: F. J. Foakes-Jackson und K. Lake (*Edd.*), The Beginnings of Christianity, V 22–30.
LEIPOLDT, J. 1923: Sterbende und auferstehende Götter, Leipzig.
id. 1931: Dionysos, Leipzig.

Lévi-Strauss, Claude 1968: Das wilde Denken (Orig. »La pensée sauvage«), Frankfurt/M. (Suhrkamp).
Levy, G. R. 1963: The Gate of Horn, London.
Liebrecht, F. 1879: Zur Volkskunde, Heilbronn.
Loisy, A. 1930: Les mystères païens et le mystère chrétien, [2]Paris.
Maass, E. W. T. 1895: Orpheus, München.
Maccoby, Hyam 1966: »Two Notes on Ash Wednesday«, Notes & Queries, Nov.
id. 1968: »Jesus and Barabbas«, New Testament Studies, XVI 55–60.
id. 1969: »A Study of the ›jew‹, in ›Gerontion‹«, Jewish Quarterly, 17, 2.
id. 1970a: »The Figure of Shylock«, Midstream, 16, 2.
id. 1970b: »The Delectable Daughter«, Midstream, 16, 9.
id. 1972: »The Legend of the Wandering Jew: a New Interpretation«, Jewish Quarterly, 20, 1.
id. 1973: »The Anti-semitism of T. S. Eliot«, Midstream, 19, 5.
id. 1976a: »Is the Political Jesus Dead?«, Encounter, Feb.
id. 1976b: »The Jew as Anti-Artist: the Anti-semitism of Ezra Pound«, Midstream, 22, 3.
id. 1980: »Gospel and Midrash«, Commentary, April, *pp.* 69–72 (1).
id. 1982: Judaism on Trial: Christian-Jewish Medieval Disputations, East Brunswick.
id. 1996: Jesus und der jüdische Freiheitskampf (Unerwünschte Bücher zur Kirchen- und Religionsgeschichte 15.1), Hrsg. F. E. Hoevels, [2]Freiburg.
id. 2007: Der Mythenschmied, Paulus und die Erfindung des Christentums (Unerwünschte Bücher zur Kirchen- und Religionsgeschichte 15.2), Hrsg. u. Übers. F. E. Hoevels, [3]Freiburg.
MacCulloch, J. A. 1911: The Religion of the Ancient Celts, Edinburgh.
MacRae, George 1976: »Nag Hammadi«, Interpreter's Dictionary of the Bible (Supplementary Volume), Abingdon.
Maier, F. W. 1933: »Judas Iskarioth«, Lexikon für Theologie und Kirche V, *col.* 671–672, Freiburg im Breisgau.
Malinowski, Bronislaw 1913: The Family among the Australian Aborigines, London.
id. 1962 Geschlechtstrieb und Verdrängung bei den Primitiven, Reinbek b. Hamburg (rde 139/140).
Mellinkoff, Ruth 1981: The Mark of Cain, Kalifornien.
Meyer, Eduard 1906: Die Israeliten und ihre Nachbarstämme, Halle.
Migne, I. P. 1844 *sqq*: Patrologia Latina, Paris.
Milgrom, J. 1971: »Bloodguilt«, Encyclopedia Judaica, IV 1118.
id. 1976: Cult and Conscience: The Asham and the Priestly Doctrine of Repentance, Leiden.
id. 1976: »Sacrifices, Offerings, Old Testament«, Interpreter's Dictionary of the Bible (Supplementary Volume), Abingdon.
id. 1981: »The Paradox of the Red Cow«, Vetus Testamentum XXXI, 1, 62–72.
Money-Kyrle, R. E. 1965: The Meaning of Sacrifice, New York.
Moore, George Foot 1895: »Judges«, International Critical Commentary, Edinburgh.
id. 1927: Judaism in the First Centuries of the Christian Era, 2 *vol.*, Cambridge, Mass..
Moret, A. 1913: Mystères Égyptiens, Paris.
Morgenstern, J. 1927: »The Oldest Document of the Hexateuch«, Hebrew Union College Annual, IV, 1–138.
id. 1963: »The ›Bloody Husband‹ (?) (Ex 4,24–26) Once Again«, Hebrew Union College Annual, *pp.* 35–70.

MURRAY, Gilbert 1935: Five Stages of Greek Religion, London.
id. 1946: Edition of Aeschylus' Oresteia, London.
NOTH, M. 1958: History of Israel, London.
NYSTRÖM, Samuel 1946: Beduinentum und Jahvismus, Lund.
OESTERLEY, W. O. E. 1935: The Labyrinth, London.
id. 1937: Sacrifices in Ancient Israel, London.
OTTO, Walter 1940: »Der Sinn der eleusinischen Mysterien«, Eranos-Jahrbuch 1939, Zürich.
PARIS, Matthew 1872–1883: Chronica Maiora, 7 *vol.*, *Ed.* H. R. Luard, London.
PARKES, James 1934: The Conflict of the Church and the Synagogue, London.
PASCAL, Blaise 1931: Pensées, London.
PAULY, A. 1842–1866: Realencyclopädie der klassischen Altertumswissenschaft, Stuttgart.
PAUSANIAS 1890: Description of Greece, Übs. mit Anmerkungen von J. G. Frazer, 6 *vol.*, London.
POLIAKOV, Léon 1977 *sqq*: Geschichte des Antisemitismus (8 *vol.*), Worms.
POPE, Marvin 1977: The Song of Songs, New York.
PRESCOTT, William Hickling 1848: Geschichte der Eroberung von Peru mit einer einleitenden Übersicht d. Bildungszustandes unter den Inkas (2 *vol.*), Leipzig (Brockhaus).
PREUSS, H. 1906: Die Vorstellung vom Antichrist im späteren Mittelalter, Leipzig.
PRITCHARD, James B. 1955: Ancient Near Eastern Texts related to the Old Testament, Princeton.
PROPP, Vladimir 1958: Morphology of Folktale, Bloomington.
RAILO, Eino 1927: The Haunted Castle: A Study of the Elements of English Romanticism, London.
RANKE-GRAVES, Robert von 1960: The Greek Myths, 2 *vol.*, rev. ed., Harmondsworth.
id. 1988: Die Weiße Göttin, Reinbek bei Hamburg (rde).
REICH, Wilhelm 1933: Charakteranalyse, Wien.
REIK, Theodor 1919: Probleme der Religionspsychologie I: Das Ritual, Leipzig/Wien.
REINACH, A. J. 1908: »La Lutte de Jahve avec Jacob et avec Moise et l'Origine de la circoncision«, Revue des Études Sémitiques I, 351.
REINACH, S. 1909: Orpheus: histoire générale des religions, Paris. (Dt. Übs. Wien 1910).
REITZENSTEIN, R. 1927: Die hellenistischen Mysterienreligionen, [3]Leipzig/ [3]Berlin.
RIVERS, W. H. R.: »Mother Right«, Encyclopaedia of Religion and Ethics VIII 851–859.
ROBERTSON, J. M. 1911: Pagan Christs, [2]London.
ROBINSON, J. (*Ed.*) 1975 *sqq*: The Coptic Gnostic Library, Leiden.
id. (*Ed.*) 1977: The Nag Hammadi Library in English, Leiden.
RÓHEIM, Géza 1945: The Eternal Ones of the Dream, New York.
ROSENBERG, Edgar 1961: From Shylock to Svengali: Jewish Stereotypes in English Fiction, London.
ROTH, Cecil 1943: A Short History of the Jewish People, rev. ed., Oxford.
id. 1963: »David Reubeni«, Midstream, 9, *pp.* 76–81.
ROWLEY, H. H. 1950: From Joseph to Joshua, London.
RUETHER, Rosemary 1978: Nächstenliebe und Brudermord, München (Kaiser).
SANDERS, E. P. 1977: Paul and Palestinian Judaism, London.
SCHMIDT, W. 1912–1955: Der Ursprung der Gottesidee, 12 *vol.*, Münster in Westfalen.
SCHMÖKEL, H. 1933: »Yahweh and the Kenites«, Journal of Biblical Literature, LII.

SIMON, Ernst 1958: »Kierkegaard and the Akedah«, Conservative Judaism 12, *pp.* 15–19.
SIMON, M. 1958: St. Stephen and the Hellenists in the Primitive Church, London.
id. 1964: Verus Israel, [2]Paris.
SKINNER, John 1930: Genesis, International Critical Commentary, [2]Edinburgh.
SMITH, D. M. 1965: The Composition and Order of the Fourth Gospel, London.
SMITH, W. Robertson 1903: Kinship and Marriage in Early Arabia, [2]London.
id. 1899: Die Religion der Semiten, Freiburg i.Br./Tübingen.
SOMBART, Werner 1911: Die Juden und das Wirtschaftsleben, Leipzig.
SOUSTELLE, Jacques 1956: So lebten die Azteken am Vorabend der spanischen Eroberung, Stuttgart (DVA).
SPEISER, E. A. 1962: »Man, Ethnic Divisions of«, Interpreter's Dictionary of the Bible III, 235–242.
id. 1964: Genesis (Anchor Bible), New York.
SPENCER, B. und GILLEN, F. J. 1899: The Native Tribes of Central Australia, London.
SPIEGEL, Shalom 1969: The Last Trial, New York.
STADE, Bernhard 1887: Geschichte des Volkes Israel, Berlin.
STARR, Joseph 1939: The Jews in the Byzantine Empire, Athen.
STARR, Joshua 1942: »Jewish Life in Crete under the Rule of Venice«, Proceedings of the American Academy for Jewish Research XII, 59–114.
STEIN, S. 1955: »The Development of the Jewish Law on Interest«, Historia Judaica XVII, 3–4.
STRACK, Hermann L. 1911: Das Blut im Glauben und Aberglauben, [8]München. (Engl. Übs. H. Blanchamp, The Jew and Human Sacrifice, London 1909).
STRACKENJAN, L. 1908: Aberglaube aus dem Herzogtum Oldenburg, [2]Oldenburg.
THOMSON, George 1946: Aeschylus and Athens, [2]London.
TIERNEY, Patrick 1989: The Highest Altar: The Story of Human Sacrifice, New York (Viking).
TORREY, Charles Cutler 1967: The Jewish Foundation of Islam, USA.
TRACHTENBERG, Joshua 1966: The Devil and the Jews, New York.
VAN BUREN, E. D. 1952: »Foundation Rites of a New Temple«, Orientialia (New Series), No. 21, *pp.* 293–306.
VELLAY, Charles 1904: Le culte et les fêtes d'Adonis-Thammuz dans l'Orient antique, Paris.
VERMES, Geza 1973: Scripture and Tradition in Judaism: Haggadic Studies, Leiden.
VISCHER, Eberhard 1929: Jahwe der Gott Kains, Berlin.
WATT, W. M. 1956: Muhammad at Medina, Oxford.
WELLHAUSEN, Julius 1905: Prolegomena zur Geschichte Israels, [6]Berlin.
WELLS, G. A. 1971: The Jesus of the Early Christians, London.
WILLIAMS, A. L. 1935: Adversus Judaeos, Cambridge.
YERKES, R. K. 1953: Sacrifice in Greek and Roman Religions and Early Judaism, London.
ZIRUS, Werner 1928: Der ewige Jude in der Dichtung, vornehmlich in der englischen und deutschen, Leipzig.

Bildnachweis

Umschlag: Photo von Timur Kulgarin/Shutterstock.com; Cain and Abel by Ghiberti. Detail of the panel on the doors (»Gates of Paradise«) of the Duomo Baptistry, Florence, Italy.
Frontispiz: »Der Ewige Jude geht über einen Friedhof«, Kupferstich von Gustave Doré (Bildarchiv Thorbecke).
Illustrationen im Text:
S. 9: »Kain erschlägt Abel« (1529), Kupferstich von Lucas van Leyden (Ausschnitt; Rijksmuseum, Amsterdam).
S. 51: »Noahs Opfer«, Stich aus dem 17. Jahrhundert (Bildarchiv Thorbecke).
S. 55: »Lamech und Kain« (1524), Kupferstich von Lucas van Leyden (Kupferstichkabinett. Staatliche Museen zu Berlin – Preußischer Kulturbesitz; Hollstein 14a, Inventar: 360–1902).
S. 93: »Isaaks Opferung« (1655), Kupferstich von Rembrandt Harmensz van Rijn (Archiv für Kunst und Geschichte, Berlin).
S. 141: »Christus am Kreuze mit den drei Engeln« (1510), Holzschnitt von Albrecht Dürer (Ausschnitt; Bildarchiv Thorbecke).
S. 174: »Ecce Homo«, Kupferstich von Nicolas Lauwers nach Peter Paul Rubens (Staatliche Graphische Sammlung, München; Inv. Nr. 67 451).
S. 185: oben: Ritualmordlegende (1575), zeitgenössischer Holzschnitt aus dem späten Mittelalter (Bildarchiv Thorbecke).
S. 185: unten: Folterung von Juden, damit sie den Ritualmord an dem hl. Simon von Trient »gestehen« (1475). Holzschnitt aus Nürnberg (Archiv für Kunst und Geschichte, Berlin).
S. 191: »Maria im Strahlenkranz« (1511), Holzschnitt von Albrecht Dürer (Ausschnitt), Titelblatt der Serie »Das Marienleben« (Bildarchiv Thorbecke).
S. 193: »Hostienfrevel der Juden von Sternberg« (1492), Holzschnitt aus Lübeck (Archiv für Kunst und Geschichte, Berlin).
S. 200: Wahlplakat des Völkischen Blocks (1924; Bayerisches Hauptstaatsarchiv Plakatsammlung, München; Inv. Nr. 14 971).
Farbbilder:
S. 27: »Kain erschlägt Abel«, Bronzerelief der Osttür, der sogenannten »Paradiestür« (1424–1452), des Baptisteriums in Florenz von Lorenzo Ghiberti (Photo von Timur Kulgarin/Shutterstock.com).
S. 65: Kains Tod durch Lamechs Pfeil, Kalkmalerei aus dem 14. Jahrhundert, Südschweden (Bildarchiv Thorbecke).
S. 196: »Verheißung des Erlösers im Paradies« (1764–1766), Deckengemälde in der Zwiefaltener Klosterkirche von Andreas Meinrad von Au (Kreisarchiv Sigmaringen, Bestand XI/10; Sammlungsgut Ausstellung Meinrad von Au).

Sach- und Personenregister

In Kursivschrift angegebene Seitenzahlen beziehen sich auf die Illustrationen im Text. Begriffe und Namen in Kursivschrift finden sich im Text teilweise nur in ihrer griechischen bzw. hebräischen Schreibweise.

A

B

C

D

E

I

J

K

N

O

P

Q

R

S

T

U

V

W

X

Y

Z

AHRIMAN-Verlag
Unser Programm ist die
Wiederkehr des Verdrängten